Código do Registo Comercial

Código do Registo Comercial

ANOTADO E COMENTADO

2023 · 3ª Edição

Isabel Ferreira Quelhas Geraldes
Conservadora dos Registos Predial e Comercial e Vogal
do Conselho Consultivo do Instituto dos Registos e do Notariado, I.P. (Ap.)
e Advogada

ALMEDINA

CÓDIGO DO REGISTO COMERCIAL
AUTOR
Isabel Ferreira Quelhas Geraldes
1ª edição: Dezembro, 2005
EDITOR
EDIÇÕES ALMEDINA, S.A.
Avenida Emídio Navarro, 81, 3D
3000-151 Coimbra
Tel.: 239 851 904 · Fax: 239 851 901
www.almedina.net · editora@almedina.net
DESIGN DE CAPA
FBA.
CAPA
EDIÇÕES ALMEDINA, S.A.
PRÉ-IMPRESSÃO
EDIÇÕES ALMEDINA, S.A.
IMPRESSÃO E ACABAMENTO
Europress - Indústria Gráfica
Abril, 2023

ISBN
978-989-40-1164-4

DEPÓSITO LEGAL
514211/23

ALMEDINA | GRUPOALMEDINA

NOTA DE ABERTURA

Aproveitando o exercício do cargo de Conservadora do Registo Comercial e de Vogal do Conselho Técnico e do Conselho Consultivo do Instituto dos Registos e do Notariado, I.P. (secção do registo predial e secção do registo comercial e de bens móveis) procurámos sistematizar um conjunto de notas dispersas, que, ao longo do tempo, fomos coligindo atinentes a questões relacionadas com o Registo Comercial.

O trabalho (atualizado) que agora se disponibiliza tem um cariz essencialmente prático, dando conta da principal Doutrina, designadamente dos pareceres do Conselho Consultivo (bem como do anterior Conselho Técnico) do IRN, I.P., e da jurisprudência dos Tribunais Superiores.

Com esta publicação mais não se pretende do que pôr ao alcance dos interessados um instrumento pragmático, acessível e útil de trabalho, que contribua para o encontro das melhores soluções que enriqueçam o Direito e satisfaçam sempre, e sobretudo, os cidadãos que têm necessidade de contactar com os serviços públicos de registo.

ABREVIATURAS USADAS

Diplomas

C.C.	Código Civil
CCOM	Código Comercial
Cód. Coop.	Código Cooperativo
CIRE	Código da Insolvência e da Recuperação de Empresas
CN	Código do Notariado
CPA	Código do Procedimento Administrativo
CPC	Código de Processo Civil
CRCIVIL	Código do Registo Civil
CRC	Código do Registo Comercial
CRP	Código do Registo Predial
CSC	Código das Sociedades Comerciais
LOIRN	Lei Orgânica do Instituto dos Registos e do Notariado, I.P.
PORT.	Portaria
RERN	Regulamento Emolumentar dos Registos e do Notariado
RJPADLEC	Regime Jurídico dos Procedimentos Administrativos de Dissolução e de Liquidação de Entidades Comerciais
RRNPC	Regime do Registo Nacional de Pessoas Coletivas

Tribunais

STA	Supremo Tribunal Administrativo
STJ	Supremo Tribunal de Justiça
TC	Tribunal Constitucional
TRC	Tribunal da Relação de Coimbra
TRE	Tribunal da Relação de Évora
TRG	Tribunal da Relação de Guimarães

TRL	Tribunal da Relação de Lisboa
TRP	Tribunal da Relação do Porto

PUBLICAÇÕES

BMJ	Boletim do Ministério da Justiça
BRN	Boletim dos Registos e do Notariado
CJ	Coletânea de Jurisprudência
CJ (STJ)	Coletânea de Jurisprudência do Supremo Tribunal de Justiça
REGESTA	Revista de Direito Registral
RLJ	Revista de Legislação e Jurisprudência
RN	Revista do Notariado
ROA	Revista da Ordem dos Advogados

OUTRAS

AC.	Acórdão
ACE	Agrupamento Complementar de Empresas
AEIE	Agrupamento Europeu de Interesse Económico
ANH	Associação na Hora
CC	Conselho Consultivo
CT	Conselho Técnico
EIRL	Estabelecimento Individual de Responsabilidade Limitada
ENH	Empresa na Hora
EOL	Empresa Online
EPE	Empresas Públicas Empresariais
RNPC	Registo Nacional de Pessoas Coletivas

ADVERTÊNCIAS

- Sempre que neste texto surja qualquer referência a «escritura pública» só deve assim ser entendida se, face à legislação atual, a mesma for exigível, caso contrário, deve subentender-se como reportada também a título, documento escrito (n.º 2 do artigo 39.º do Decreto-Lei n.º 76-A/2006, de 29 de março).

- A referência a qualquer artigo sem indicação de diploma pertence ao Código do Registo Comercial (CRC).

- As alterações ao Código do Registo Comercial e aos demais diplomas avulsos estão introduzidas nos lugares próprios, salvo indicação em contrário.

- Os pareceres do Conselho Técnico citados encontram-se publicados nos Boletins do Registo e do Notariado até 2005 e, posteriormente, em irn.justica.gov.pt (Doutrina registal).

- Os pareceres do Conselho Consultivo encontram-se também publicados no site acabado de identificar.

Decreto-Lei n.º 403/86[1],[2] de 3 de dezembro

1 – O Código do Registo Comercial, que agora se publica, surge na sequência das reformas que têm vindo a ser empreendidas nos registos civil e predial, tendo em vista a sua modernização e a simplificação de formalismos, de modo a facilitar a tarefa do público, com simultâneo reforço da segurança do comércio jurídico.

Com ele pretende-se também introduzir as modificações requeridas pela entrada em vigor do novo Código das Sociedades Comerciais (aprovado pelo

[1] O Código do Registo Comercial foi alterado pelos Decretos-Leis n.os 7/88, de 15 de janeiro, 349/89, de 13 de outubro, 238/91, de 2 de julho, 31/93, de 12 de fevereiro, 267/93, de 31 de julho, 216/94, de 20 de agosto, 328/95, de 9 de dezembro, 257/96, de 31 de dezembro, 368/98, de 23 de novembro, 172/99, de 20 de maio, 198/99, de 8 de junho, 375-A/99, de 20 de setembro, 410/99, de 15 de outubro, 533/99, de 11 de dezembro, 273/2001, de 13 de outubro, 323/2001, de 17 de dezembro, 107/2003, de 4 de junho, 53/2004, de 18 de março, 70/2004, de 25 de março, 2/2005, de 4 de janeiro (e a Declaração de Retificação n.º 6/2005, de 17 de fevereiro), 35/2005, de 17 de fevereiro, 111/2005, de 8 de julho, 52/2006, de 15 de março, 76-A/2006, de 29 de março, 8/2007, de 17 de janeiro, 318/2007, de 26 de setembro, 34/2008, de 26 de fevereiro, 73/2008, de 16 de abril, 116/2008, de 4 de julho, 247-B/2008, de 30 de dezembro, Lei n.º 19/2009, de 12 de maio, Decretos-Leis n.os 122/2009, de 21 de maio, 185/2009, de 12 de agosto, 292/2009, de 13 de outubro, 209/2012, de 19 de setembro, 250/2012, de 23 de novembro, 201/2015, de 17 de setembro, Leis n.ºs 30/2017, de 30 de maio, e 89/2017, de 21 de agosto, e Decreto-Lei n.º 24/2019, de 1 de fevereiro, Lei n.º 30/2017, de 30 de Maio – com início de vigência a 31 de Maio de 2017; – Lei n.º 89/2017, de 21 de Agosto – com início de vigência a 19 de Novembro de 2017; – Decreto-Lei n.º 24/2019, de 1 de Fevereiro – com entrada em vigor a partir de 1 de Julho de 2019 – Lei n.º 58/2020, de 31 de Agosto, com início de vigência a 1 de Setembro de 2020, Decreto-Lei n.º 109-D/21, de 9 de dezembro, Lei n.º 99-A/21, de 31 de dezembro, e Lei n.º 9/22, de 11 de janeiro.

[2] As referidas alterações encontram-se todas inseridas nos lugares próprios.

Decreto-Lei n.º 262/86, de 2 de setembro), dar cumprimento a diretivas das Comunidades e preparar uma nova articulação com o Registo Nacional de Pessoas Coletivas, cuja reestruturação está a ser promovida.

2 – O segredo é, tradicionalmente, considerado uma das condições do êxito no comércio, mas cada vez mais se sente a necessidade de dar publicidade a certos tipos de situações das entidades que intervêm na vida comercial, para desenvolvimento do crédito e para proteção dos próprios comerciantes, dos consumidores e do interesse público.

3 – Foi para garantir a segurança do comércio jurídico que o Código Comercial de 1833 criou um registo público de comércio, então junto dos tribunais de comércio (artigos 209.º a 217.º), pois que tinham desaparecido os registos das velhas corporações.

O Código Comercial de 1888 manteve tal registo (artigos 45.º a 61.º), que veio a ser regulamentado pelo Decreto de 15 de novembro de 1888. Só nas comarcas de Lisboa e do Porto os tribunais de comércio tinham secretários privativos, sendo nas restantes as funções desempenhadas pelo delegado do procurador da República. Posteriormente, foram desanexados os serviços de registo comercial dos Tribunais de Comércio de Lisboa, Porto, Coimbra, Braga e Funchal e atribuídos a conservadores privativos (Decreto n.º 5 555, de 10 de maio de 1919, e Decreto n.º 9 153, de 29 de setembro de 1923).

Uma vez suprimida a jurisdição comercial (pelo Decreto n.º 21 649, de 29 de setembro de 1932), o artigo 322.º do Código do Registo Predial (aprovado pelo Decreto n.º 17 070, de 4 de julho de 1929, alterado pelo Decreto n.º 22 253, de 25 de fevereiro de 1933), veio determinar que nas comarcas onde não houvesse conservatórias privativas do registo comercial seriam os respetivos serviços desempenhados pelos conservadores do registo predial, deixando então de estar a cargo dos delegados do procurador da República.

Os serviços de registo comercial sofreram nova alteração com a publicação da Lei n.º 2049, de 6 de agosto de 1951, que os manteve estreitamente ligados ao registo predial.

O registo comercial tem hoje o seu regime fundamentalmente no Decreto-Lei n.º 42 644, de 14 de novembro de 1959, e no Regulamento aprovado pelo Decreto n.º 42 645, da mesma data.

4 – Mantendo embora o mesmo objetivo de publicidade, como meio de alcançar a segurança no comércio jurídico, o novo Código vem introduzir profundas alterações ao regime anterior.

5 – Abandona-se a tradicional subsidiariedade do regime do registo comercial relativamente ao do registo predial. Por isso, o diploma aparece com disposições sobre matérias que até hoje estavam contidas apenas no Código do Registo Predial e com um caráter sistemático e sintético que legitimam a sua designação.

6 – O registo comercial passa a ser reservado à publicidade relativa às pessoas ligadas à vida comercial, em sentido amplo, deixando de incluir o registo de navios. Transitoriamente, mantêm-se em vigor as disposições que lhes são aplicáveis enquanto não se completar a reforma dos registos de veículos automóveis e aeronaves.

7 – Abandona-se a conceção do registo comercial como registo dos comerciantes, aliás só aparentemente seguida pela lei atual. Nele se incluem as pessoas, singulares ou coletivas, profissional ou estatutariamente ligadas ao comércio, em sentido amplo, independentemente de serem ou não comerciantes. Por isso, ficam abrangidos pelo registo comercial os comerciantes individuais e as sociedades comerciais, mas não só estes. Também a ele se sujeitam as sociedades civis sob forma comercial, como resultava já do artigo 106.º do Código Comercial.

Na sua disciplina se incorporam as cooperativas, cujo registo formalmente autonomizado, tem continuado, de facto, a ser feito pelas conservatórias do registo comercial, de harmonia com o artigo 101.º do Código Cooperativo. Nem se vêem motivos de ordem técnica ou conceptual que justifiquem suficientemente tal autonomia.

Já estavam sujeitas ao mesmo registo as empresas públicas (pelo Decreto-Lei n.º 77/79, de 7 de abril), assim como os agrupamentos complementares de empresas (na sequência da Base IV da Lei n.º 4/73, de 4 de junho, e do artigo 4.º do Decreto-Lei n.º 430/73, de 25 de agosto).

Pela primeira vez são abrangidos pelo registo comercial os agrupamentos europeus de interesse económico [criados pelo Regulamento (CEE) n.º 2 137/85 do Conselho, de 25 de julho de 1985] e ainda os estabelecimentos individuais de responsabilidade limitada, nova forma de exercício de atividade pelos comerciantes individuais (criada pelo Decreto-Lei n.º 248/86, de 25 de agosto).

Todas estas entidades, apesar das especificidades da sua natureza e do seu regime substantivo, ficam submetidas ao mesmo regime registral, variando apenas o número e a espécie de atos a publicitar.

8 – Quanto às sociedades comerciais e às sociedades civis sob forma comercial, este diploma vai permitir executar os princípios contidos no novo Código das Sociedades Comerciais. Entre as principais inovações, salienta-se o caráter constitutivo do registo e a possibilidade de registo prévio do contrato de sociedade.

9 – O registo passa a compreender, para além da matrícula (reduzida a mera ficha de identificação), das inscrições e dos averbamentos, o depósito de documentos e as publicações legais.

A cada pessoa singular ou coletiva, assim como a cada estabelecimento individual de responsabilidade limitada, passa a corresponder uma pasta em que ficarão arquivados a ficha dos registos, as requisições de atos registrais e todos os documentos que os instruem.

Aliás, nenhum ato sujeito a registo poderá ser lavrado sem que se encontrem depositados os respetivos documentos. E este depósito é tão importante que a omissão ou deficiência da inscrição ou do averbamento não prejudica os efeitos atribuídos por lei ao registo, desde que os documentos estejam depositados.

Além disso, na sequência da 1.ª Diretiva Comunitária, na pasta de cada sociedade passa a ser depositado o texto integral do contrato de sociedade, atualizado após cada alteração.

As publicações legais serão feitas depois do registo, por iniciativa do conservador, embora a expensas dos interessados. Saliente-se que muitas publicações passam a poder ser feitas, à escolha do interessado, por simples menção do depósito na pasta respetiva, e não só integralmente ou por extrato, como até aqui.

Só terão de ser publicados integralmente os atos constitutivos de pessoas coletivas e respetivas alterações, os documentos de prestação de contas e a ata do encerramento da liquidação das sociedades anónimas.

10 – Os registos são pedidos em impresso próprio, que pode ser assinado não só pelos interessados e seus procuradores, mas também por advogados e solicitadores.

Assegura-se ainda a prioridade dos atos recusados, em caso de reclamação ou de recurso julgados procedentes.

11 – Aponta a 1.ª Diretiva Comunitária para que as publicações sejam feitas no boletim nacional designado pelo Estado membro (artigo 3.º, n.º 4). Daí que, na doutrina mais autorizada, tenha sido posta em dúvida a vantagem, numa perspetiva de direito a constituir, da publicação num jornal não oficial. Acontece, no entanto, que, em termos de realidade, os jornais oficiais (*Diário da República* e folhas oficiais das regiões autónomas) poderão não assegurar ainda, só por si, a finalidade última de qualquer publicação: o efetivo conhecimento dos atos de registo.

Daí que se estabeleça um período transitório sobre o regime das publicações obrigatórias; um período de três anos parece suficiente para promover uma gradual convolação para o novo sistema.

Assim:

O Governo decreta, nos termos da alínea *a)* do n.º 1 do artigo 201.º da Constituição, o seguinte:

Artigo 1.º

É aprovado o Código do Registo Comercial, que faz parte do presente decreto-lei.

Artigo 2.º

1 – Na contagem dos prazos previstos no artigo 19.º do Código, será levado em conta o tempo decorrido antes da data da sua entrada em vigor.

2 – Os registos não sujeitos a caducidade segundo a lei anterior podem ser renovados nos 6 meses posteriores à data da entrada em vigor deste Código.

Artigo 3.º

1 – A aplicação do sistema de depósito e de fichas fica dependente da aprovação da Lei Orgânica do Registo de Comércio.

2 – Para os atos de registo relativos a pessoas singulares ou coletivas já registadas podem ser transitoriamente utilizados os livros atualmente em vigor, escriturados nos mesmos termos que as fichas com as adaptações necessárias.

3 – Dentro das possibilidades de cada conservatória, até à total substituição dos livros e à medida que forem sendo pedidos novos atos de registo, serão extratados nas fichas os atos de registo em vigor que lhes digam respeito, com indicação dos respetivos números e anotando-se nos livros a abertura da ficha.

4 – Durante um período transitório de três anos, a contar da entrada em vigor do presente Código, as publicações referidas nas alíneas *a)*, *b)*, *d)*, *e)* e *f)* do n.º 1 do artigo 70.º do Código devem ser feitas não só nas folhas oficiais mencionadas nos n.os 2 e 3 desse artigo 70.º, como ainda num jornal da localidade da sede da sociedade ou, na falta deste, num dos jornais aí mais lidos.

5 – Às publicações a que se refere a parte final do n.º 4 do presente artigo aplica-se o regime dos artigos 71.º e 72.º do Código, cabendo ao interessado indicar, no pedido de registo, o jornal em que pretende seja feita a publicação, com observância do disposto no número anterior.

Artigo 4.º

Os livros de registo substituídos integralmente por fichas e os documentos que serviram de base aos respetivos registos podem ser microfilmados e destruídos ou depositados em arquivos centrais, nos termos fixados por despacho do Ministro da Justiça.

Artigo 5.º

1 – Sem prejuízo do disposto no n.º 2, é revogada toda a legislação anterior referente às matérias abrangidas pelo Código do Registo Comercial, designadamente o Decreto-Lei n.º 42 644, de 14 de novembro de 1959, o Regulamento aprovado pelo Decreto n.º 42 545, de 14 de novembro de 1959, a Portaria n.º 330/79, de 7 de julho, e os artigos 17.º, 18.º, 84.º a 94.º e 101.º do Código Cooperativo.

2 – As disposições referentes ao registo de navios mantêm-se em vigor até à publicação de nova legislação sobre a matéria.

Artigo 6.º

1 – Os emolumentos cobrados pelos atos previstos no Código do Registo Comercial constituem receita do Cofre dos Conservadores, Notários e Funcionários de Justiça, que suportará igualmente as despesas de instalação e funcionamento da orgânica do registo de comércio.

2 – As tabelas e a participação emolumentar são fixadas por portaria do Ministro da Justiça.

Artigo 7.º

Este diploma entra em vigor em 1 de janeiro de 1987.

Decreto-Lei n.º 76-A/2006[3], de 29 de março

O presente decreto-lei visa concretizar uma parte fundamental do Programa do XVII Governo Constitucional na área da justiça, colocando este setor ao serviço dos cidadãos e das empresas, do desenvolvimento económico e da promoção do investimento em Portugal.

Com efeito, o Programa do XVII Governo Constitucional dispõe que «os cidadãos e as empresas não podem ser onerados com imposições burocráticas que nada acrescentem à qualidade do serviço», determinando ainda que «no interesse conjunto dos cidadãos e das empresas, serão simplificados os controlos de natureza administrativa, eliminando-se atos e práticas registrais e notariais que não importem um valor acrescentado e dificultem a vida do cidadão e da empresa (como sucede com a sistemática duplicação de controlos notariais e registrais)».

Assim, em 1.º lugar, este decreto-lei torna facultativas as escrituras públicas relativas a atos da vida das empresas. Portanto, deixam de ser obrigatórias, designadamente, as escrituras públicas para constituição de uma sociedade comercial, alteração do contrato ou estatutos das sociedades comerciais, aumento do capital social, alteração da sede ou objeto social, dissolução, fusão ou cisão das sociedades comerciais. Apenas ficam ressalvadas as situações em que se verifique a transmissão de um bem imóvel, pois nestes casos continua a ser exigida a forma legalmente determinada para negócios jurídicos que envolvam bens desta natureza.

Evita-se desta forma o duplo controlo público que se exigia às empresas através da imposição da obrigatoriedade de celebração de uma escritura pública no

[3] Este diploma procedeu a uma grande Reforma do Registo Comercial alterando a estrutura, modalidade e procedimentos do registo comercial.

cartório notarial e, posteriormente, do registo desse ato na conservatória do registo comercial, quando a existência de um único controlo público de legalidade é suficiente para assegurar a segurança jurídica.

Desta forma, quando uma empresa pretenda utilizar um processo mais complexo e minucioso, pode utilizar os serviços do cartório notarial, aí celebrando uma escritura pública e, depois, solicitar o registo do ato na respetiva conservatória. Se, ao invés, pretender utilizar um procedimento mais célere e barato, que é igualmente apto para assegurar a segurança jurídica do ato pretendido, o Estado passa a garantir a possibilidade de praticar esse ato num único local.

Em 2.º lugar, o presente decreto-lei elimina a obrigatoriedade de existência dos livros da escrituração mercantil nas empresas e, correspondentemente, a imposição da sua legalização nas conservatórias do registo comercial. Logo, os livros de inventário, balanço, diário, razão e copiador deixam de ser obrigatórios, apenas se mantendo os livros de atas. Consequentemente, elimina-se a obrigatoriedade de legalização dos livros, incluindo dos livros de atas. Estima-se que, por esta via, deixem de ser obrigatórios centenas de milhares de atos por ano nas conservatórias, que oneravam as empresas.

Em 3.º lugar, o presente decreto-lei aborda a matéria da dissolução de entidades comerciais, incluindo sociedades comerciais, cooperativas e estabelecimentos individuais de responsabilidade limitada.

Por um lado, é criada uma modalidade de «dissolução e liquidação na hora» para as sociedades comerciais, assim se permitindo que se extingam e liquidem imediatamente, num atendimento presencial único, nas conservatórias de registo comercial, quando determinados pressupostos se verifiquem.

Por outro lado, adota-se uma modalidade de dissolução e liquidação administrativa e oficiosa de entidades comerciais, por iniciativa do Estado, quando existam indicadores objetivos de que a entidade em causa já não tem atividade embora permaneça juridicamente existente. Esta medida é especialmente relevante tendo em conta o elevado número de sociedades comerciais criadas sem atividade efetiva na economia nacional, pois estima-se que existam dezenas, senão centenas, de milhar de empresas a estar nessas circunstâncias. E essa relevância cresce tendo em conta que um número substancial dessas empresas está nessas condições por estas não terem elevado o seu capital social de 400 000$00 para 1 000 000$00 quando a isso passaram a estar obrigadas.

O procedimento administrativo que agora se estabelece evita que todas essas situações, que podem ser dezenas de milhar, originem um processo judicial para cada uma delas, pois atribui a competência para a dissolução e liquidação às conservatórias, sempre com garantia do direito de impugnação judicial.

Finalmente, acolhe-se igualmente um procedimento administrativo da competência da conservatória para os casos legais de dissolução e liquidação de entidades comerciais, a requerimento de sócios e credores da entidade comercial.

Em 4.º lugar, modifica-se substancialmente o regime da fusão e cisão de sociedades, tornando-o muito mais simples e barato.

Com as novas regras contidas neste decreto-lei, bastarão dois registos na conservatória e duas publicações num sítio na Internet, a efetuar por via eletrónica, para concretizar uma fusão ou cisão. Antes do XVII Governo Constitucional começar a atuar neste domínio, eram necessários três atos de registo nas conservatórias, quatro publicações em papel na 3.ª série do *Diário da República,* uma escritura pública a celebrar no notário e duas publicações em jornais locais para efetuar uma fusão ou cisão.

Em 5.º lugar, atua-se no domínio da autenticação e do reconhecimento presencial de assinaturas em documentos, permitindo que tanto os notários como os advogados, os solicitadores, as câmaras de comércio e indústria e as conservatórias passem a poder fazê-las. Trata-se de facilitar aos cidadãos e às empresas a prática destes atos junto de entidades que se encontram especialmente aptas para o fazer, tanto por serem entidades de natureza pública ou com especiais deveres de prossecução de fins de utilidade pública como por já hoje poderem fazer reconhecimentos com menções especiais por semelhança e certificar ou fazer e certificar traduções de documentos.

Em 6.º lugar, prevê-se a possibilidade de praticar atos de registo *on-line,* que estará em funcionamento até ao final do ano de 2006, estipulando-se que o preço destes registos seja mais barato.

Em 7.º lugar, adotam-se as medidas legislativas necessárias para criar a certidão permanente. Com este serviço, a entrar em vigor no 2.º semestre de 2006, permite-se que as empresas possam ter uma certidão permanentemente disponível num sítio na Internet, assegurando-se que, enquanto essa certidão estiver *on-line,* nenhuma entidade pública possa exigir de quem aderiu a este serviço uma certidão em papel, pois ficará obrigada a consultar o *site* sempre que pretenda confirmar a informação que lhe foi declarada.

Em 8.º lugar, reduzem-se e clarificam-se muitos dos atuais custos da prática dos atos da vida das empresas regulados pelo presente decreto-lei. Assim, permite-se, designadamente, que os preços praticados nas conservatórias de registo comercial se tornem mais claros e apreensíveis para o utente, porque em numerosas situações passam a incluir, num valor único e fixo de registo, todos os restantes atos e custos que eram cobrados avulsamente, como os emolumentos pessoais, certidões, publicações e inscrições subsequentes no ficheiro central de pessoas coletivas.

Em 9.º lugar, ainda no cumprimento do Programa do XVII Governo Constitucional e no domínio dos registos, adotam-se medidas destinadas a facilitar a relação dos cidadãos e das empresas com as conservatórias de registo comercial, enquanto serviços públicos. Com efeito, aí se determina que «serão ainda extintas as circunscrições e competências territoriais, nomeadamente em matéria de registos». Consagra-se, pois, a eliminação da competência territorial das conservatórias de registo comercial, estabelecendo-se uma data para o efeito. Trata-se de permitir que qualquer cidadão ou empresa possa praticar qualquer ato de registo comercial em qualquer conservatória do registo comercial do território nacional, independentemente da conservatória da sede da sociedade em causa.

Finalmente, eliminam-se ainda no registo comercial outros atos e práticas que não acrescentem valor, reformulando procedimentos e criando condições para a plena utilização e aplicação de sistemas informáticos.

A título de exemplo, reduz-se o número de atos sujeitos a registo, adota-se a possibilidade de praticar determinados atos através de um registo «por depósito», cria-se um novo regime de registo de transmissão de quotas e reformulam-se atos e procedimentos internos, sempre com garantia da segurança jurídica e da legalidade.

Com estes propósitos de eliminação e simplificação de atos nos setores registrais e notariais, o presente decreto-lei visa, portanto, objetivos e propósitos de interesse nacional e coletivo, relacionados com a promoção do desenvolvimento económico e a criação de um ambiente mais favorável à inovação e ao investimento em Portugal, sempre com garantia da segurança jurídica e salvaguarda da legalidade das medidas adotadas.

O presente decreto-lei visa também atualizar a legislação societária nacional, em vigor desde 1986, que carecia de uma revisão aprofundada atendendo, em particular, aos desenvolvimentos ocorridos na temática do governo das sociedades nos últimos anos, de forma a adaptar os modelos societários previstos no atual Código das Sociedades Comerciais.

No ordenamento jurídico nacional, o tema do governo das sociedades tem estado restrito a um pequeno, mas muito significativo, universo empresarial, caracterizado pelas sociedades com ações admitidas à negociação em mercados regulamentados. Por outro lado, a intervenção normativa nesta matéria tem-se restringido à *soft law*, ou seja, a recomendações e a regulamentação aprovada pela autoridade reguladora e supervisora do mercado de capitais português, a Comissão do Mercado de Valores Mobiliários (CMVM).

Ora, considerou-se que a experiência recolhida nesta área poderia ser alargada ao restante universo societário nacional, sem deixar de atender às suas especificidades e condicionantes.

Assim, as linhas de fundo da reforma realizada por este decreto-lei prendem-se com as seguintes ideias. De um lado, a preocupação de promover a competitividade das empresas portuguesas, permitindo o seu alinhamento com modelos organizativos avançados. A presente revisão do Código das Sociedades Comerciais assenta no pressuposto de que o afinamento das práticas de governo das sociedades serve de modo direto a competitividade das empresas nacionais. Esse é o primeiro objetivo de fundo que este decreto-lei visa prosseguir, em prol de uma maior transparência e eficiência das sociedades anónimas portuguesas. Ao encetar este caminho, Portugal colocar-se-á a par dos sistemas jurídicos europeus mais avançados no plano do direito das sociedades, salientando-se o Reino Unido, a Alemanha e a Itália como países que têm identicamente orientado reformas legislativas com base nestes pressupostos.

Também a ampliação da autonomia societária, designadamente através da abertura do leque de opções quanto a soluções de governação, é uma das linhas de fundo desta reforma. O direito das sociedades é direito privado e, como tal, deve considerar-se determinado e conformado pelo princípio da autonomia privada. E a autonomia privada postula, de entre as suas concretizações principais, a liberdade de escolha do modelo de governação, vertente essa que se aprofunda nesta reforma. Com efeito, em 1986, o Código das Sociedades Comerciais então aprovado deu um importante sinal de abertura ao disponibilizar dois modelos possíveis de estruturação do governo societário. Contudo, impunha-se agora dar continuidade a este regime, proporcionando três modelos de organização da administração e da fiscalização igualmente credíveis, somando aos dois figurinos atuais a possibilidade de se optar por um terceiro modelo de organização, típico das sociedades anglo-saxónicas, que compreende a existência obrigatória de uma comissão de auditoria dentro do órgão de administração.

Além disso, impõe-se também uma ampliação de normas permissivas, em reforço da margem de escolha de soluções de governação, aspeto que tem sido corroborado pela jurisprudência do Tribunal de Justiça das Comunidades Europeias, que, em sede de livre estabelecimento de sociedades, tem encorajado movimentos migratórios de constituição destas, em direção a sistemas jurídicos mais flexíveis. Este cenário de concorrência legislativa constitui uma oportunidade para que os Estados europeus com legislações societárias mais ágeis chamem a si a constituição de sociedades, ou seja, a criação de riqueza, para o âmbito interno das suas fronteiras geográficas.

A eliminação das distorções injustificadas entre modelos de governação é também um dos propósitos desta revisão do Código das Sociedades Comerciais.

Cada modelo de governação oferece características próprias, que decorrem nomeadamente do contexto histórico em que surge e das necessidades funcionais a que visa responder. Sucede que, em Portugal, o modelo dualista, além de denotar especificidades, tem sido objeto de algumas distorções, que o tornaram quase inaplicado nas sociedades portuguesas. Ora, uma vez que os modelos de governação não constituem fórmulas organizativas imutáveis, procurou-se eliminar tais elementos de distorção de modo que a liberdade de escolha de modelo de governo societário passasse a ser efetiva.

Mantém-se, em todo o caso, a proibição de combinações de elementos típicos de modelos distintos *(cherry-picking)* nos órgãos de existência obrigatória.

O aproveitamento dos textos comunitários concluídos com relevo direto sobre a questão dos modelos de governação e direção de sociedades anónimas esteve igualmente na base da preparação deste decreto-lei. Na Europa, sobretudo na sequência do Plano de Ação sobre Direito das Sociedades, aprovado pela Comissão Europeia em 21 de maio de 2003, foram iniciadas diversas medidas normativas relacionadas com o governo das sociedades. Destaca-se a revisão de alguns textos comunitários fundamentais, como a 4.ª, 7.ª e 8.ª Diretivas de Direito das Sociedades, a que acrescem a Recomendação da Comissão Europeia n.º 2005/162/CE, de 15 de fevereiro, sobre o papel dos administradores não executivos, e a Recomendação da Comissão Europeia n.º 2004/913/CE, de 14 de dezembro, sobre a remuneração dos administradores. Outros instrumentos comunitários recentes apresentam implicações em matéria de governo das sociedades, tais como a Diretiva n.º 2004/25/CE, do Parlamento Europeu e do Conselho, de 21 de abril, sobre ofertas públicas de aquisição, e o Regulamento (CE) n.º 2157/2001, do Conselho, de 8 de outubro, e a Diretiva n.º 2001/86/CE, do Conselho, de 8 de outubro, sobre sociedades anónimas europeias, transposta para o ordenamento jurídico nacional pelo Decreto-Lei n.º 2/2005, de 4 de janeiro.

Importa ainda apontar o atendimento das especificidades das pequenas sociedades anónimas como preocupação que esteve subjacente à preparação deste decreto-lei. O regime nacional sobre fiscalização de sociedades anónimas tem negligenciado o relevo da dimensão das sociedades fiscalizadas, o que é, em alguma medida, dissonante com as indicações comunitárias, em particular provindas da 4.ª Diretiva sobre Direito das Sociedades.

Propõe-se que tal seja submetido a uma modificação, dada a condenação generalizada das soluções de governação que desconsiderem a dimensão das sociedades *(one size fits all)*, antes se buscando uma diferenciação de regimes entre pequenas sociedades anónimas e grandes sociedades anónimas.

Também foi dada atenção, na preparação deste decreto-lei, à necessidade de aproveitamento das novas tecnologias da sociedade da informação em benefício do funcionamento dos órgãos sociais e dos mecanismos de comunicação entre os sócios e as sociedades. O Código das Sociedades Comerciais foi preparado e aprovado em época anterior à popularização dos computadores pessoais e da Internet e merece, por isso, ser atualizado em atenção aos novos dados tecnológicos. A tecnologia representa um aliado importante do governo das sociedades.

Novos modos de transmitir informação e de realizar reuniões de órgãos sociais devem ser objeto de normas permissivas, desde que a segurança e acessibilidade das novas técnicas seja assegurada pela sociedade.

De modo a concretizar as medidas enunciadas, o presente decreto-lei procede à alteração, revogação e aprovação dos seguintes diplomas e regimes jurídicos:

(...)
b) Alteração ao Código do Registo Comercial, aprovado pelo Decreto-Lei n.º 403/86, de 3 de dezembro, incluindo a revogação de algumas disposições;
(...)
ii) Aprovação do regime jurídico dos procedimentos administrativos de dissolução e liquidação de entidades comerciais, que se publica em anexo ao presente decreto-lei, do qual faz parte integrante.

Foram ouvidos os órgãos de governo próprio das Regiões Autónomas.

Foram ouvidos o Conselho Superior da Magistratura, o Conselho Superior dos Tribunais Administrativos e Fiscais, o Conselho Superior do Ministério Público, a Comissão Nacional de Proteção de Dados, o Banco de Portugal, a Comissão do Mercado de Valores Mobiliários, a Ordem dos Advogados, a Ordem dos Revisores Oficiais de Contas, a Câmara dos Solicitadores, o Conselho dos Oficiais de Justiça, o Instituto António Sérgio do Setor Cooperativo, a Associação Nacional de Municípios Portugueses, a Associação Nacional de Freguesias, a Associação Empresarial de Portugal, a Associação Industrial Portuguesa, a Associação Portuguesa de Bancos, a Associação Portuguesa de Fundos de Investimento, Pensões e Patrimónios, a Confederação da Indústria Portuguesa e o Instituto Português de Corporate Governance.

Assim: No uso da autorização legislativa concedida pelo artigo 95.º da Lei n.º 60-A/ /2005, de 30 de dezembro, e nos termos das alíneas *a*) e *b*) do n.º 1 do artigo 198.º da Constituição, o Governo decreta o seguinte:

CAPÍTULO I
Disposição geral

Artigo 1.º – Objeto

1 – O presente decreto-lei adota medidas de simplificação e eliminação de atos e procedimentos registrais e notariais, tais como:

a) A eliminação da obrigatoriedade das escrituras públicas relativas aos atos da vida das empresas, ressalvando situações como quando seja exigida forma mais solene para a transmissão dos bens com que os sócios entram para a sociedade;

b) A reformulação do regime e dos procedimentos do registo comercial, designadamente através da redução do número de atos sujeitos a registo, da prática de atos através do registo por depósito, da criação de um novo regime de registo de transmissão de quotas, da simplificação do regime da fusão e cisão de sociedades, da criação de condições para a plena utilização e aplicação dos sistemas informáticos e da reformulação de atos e procedimentos internos, sempre com garantia da segurança jurídica e da legalidade;

c) A eliminação da obrigatoriedade de existência dos livros da escrituração mercantil de inventário, balanço, diário, razão e copiador e a eliminação da legalização dos livros de atas nas conservatórias do registo comercial;

d) A criação de um procedimento especial de extinção imediata de entidades comerciais;

e) A criação de procedimentos administrativos de dissolução e de liquidação de entidades comerciais da competência das conservatórias que consagra, designadamente, causas oficiosas de dissolução e liquidação por iniciativa do Estado, quando existam indicadores objetivos de que a entidade em causa não tem atividade efetiva embora permaneça juridicamente existente;

f) O alargamento das entidades que podem reconhecer assinaturas em documentos e autenticar e traduzir documentos, permitindo que tanto os notários como os advogados, os solicitadores, as câmaras de comércio e indústria e as conservatórias possam fazê-lo;

g) A alteração do regime dos custos da prática de atos da vida das empresas, criando condições para a sua redução e permitindo, designadamente, que as taxas e emolumentos cobrados nas conservatórias do registo comercial se tornem mais claros e apreensíveis para o utente, passando a incluir, num valor único e fixo de registo, os montantes antes cobrados avulsamente, como os emolumentos pessoais, as certidões, as publicações e as inscrições subsequentes no ficheiro central de pessoas coletivas;

h) A eliminação da competência territorial das conservatórias do registo comercial a partir de 1 de janeiro de 2007.

2 – O presente decreto-lei visa ainda atualizar a legislação societária nacional, adotando designadamente medidas para atualizar e flexibilizar os modelos de governo das sociedades anónimas.

3 – Aprova-se ainda o regime jurídico dos procedimentos administrativos de dissolução e de liquidação de entidades comerciais, que se publica em anexo ao presente decreto-lei, do qual faz parte integrante.

CAPÍTULO II
Alterações legislativas

(...)

SECÇÃO II
Alteração ao Código do Registo Comercial

SECÇÃO III
Outras alterações legislativas

CAPÍTULO III
Reconhecimentos de assinaturas e autenticação e tradução de documentos

Artigo 38.º – Extensão do regime dos reconhecimentos de assinaturas e da autenticação e tradução de documentos

1 – Sem prejuízo da competência atribuída a outras entidades, as câmaras de comércio e indústria, reconhecidas nos termos do Decreto-Lei n.º 244/92, de 29 de outubro, os conservadores, os oficiais de registo, os advogados e os solicitadores podem fazer reconhecimentos simples e com menções especiais, presenciais e por semelhança, autenticar documentos particulares, certificar, ou fazer e certificar, traduções de documentos nos termos previstos na lei notarial.

2 – Os reconhecimentos, as autenticações e as certificações efetuados pelas entidades previstas nos números anteriores conferem ao documento a mesma força probatória que teria se tais atos tivessem sido realizados com intervenção notarial.

3 – Os atos referidos no n.º 1 apenas podem ser validamente praticados pelas câmaras de comércio e indústria, advogados e solicitadores mediante registo em sistema informático, cujo funcionamento, respetivos termos e custos associados são definidos por portaria do Ministro da Justiça.

4 – Enquanto o sistema informático não estiver disponível, a obrigação de registo referida no número anterior não se aplica à prática dos atos previstos nos Decretos-Leis n.ºs 237/2001, de 30 de agosto, e 28/2000, de 13 de março.

5 – O montante a cobrar, pelas entidades mencionadas no n.º 3, pela prestação dos serviços referidos no n.º 1, não pode exceder o valor resultante da tabela de honorários e encargos aplicável à atividade notarial exercida ao abrigo do Estatuto do Notariado, aprovado pelo Decreto-Lei n.º 26/2004, de 4 de fevereiro.

CAPÍTULO IV
Disposições finais e transitórias

SECÇÃO I
Disposições finais

Artigo 39.º – Referências a escritura pública

1 – Todas as disposições legais, regulamentares ou outras que exijam, para a prova de determinado facto, certidão de qualquer escritura pública que tenha sido tornada facultativa por este decreto-lei, devem ser entendidas como referindo-se a certidão do registo comercial que inclua os elementos necessários à prova dos factos.

2 – Todas as disposições legais, regulamentares ou outras que pressuponham ou exijam a celebração de escritura pública para a prática de atos societários equivalentes àqueles em relação aos quais se torna esta forma facultativa devem ser entendidas como pressupondo ou exigindo a forma estabelecida pelo presente decreto-lei.

Artigo 40.º – Novas designações dos órgãos sociais

As expressões «conselho geral» e «direção», utilizadas em qualquer ato normativo, estatuto, negócio unilateral ou contrato, consideram-se substituídas, respetivamente, pelas expressões «conselho geral e de supervisão» e «conselho de administração executivo».

Artigo 41.º – Informação sobre número de identificação fiscal

A publicitação do número de identificação fiscal dos sujeitos do registo pode ser efetuada oficiosamente, com base na informação obtida mediante acesso das conservatórias do registo comercial às bases de dados da Direção-Geral dos Impostos, nos termos de protocolo celebrado entre esta e a Direção-Geral dos Registos e do Notariado.

Artigo 42.º – Ação executiva por dívidas de emolumentos e outros encargos

1 – Não é instaurada nem pode prosseguir qualquer execução por dívidas de emolumentos e outros encargos que sejam devidos pelos atos e processos registrais, se a dívida for de montante tão reduzido que não justifique a atividade ou as despesas a que o processo daria lugar.

2 – Por despacho do diretor-geral dos Registos e do Notariado pode ser determinado o montante abaixo do qual não são promovidas ações executivas para cobrança das dívidas referidas no número anterior.

3 – O disposto na primeira parte do n.º 1 é ainda aplicável se os serviços de registo, por qualquer meio idóneo, designadamente no decurso de processo de dissolução ou liquidação, apurarem que a situação patrimonial da entidade devedora não permite assegurar o pagamento da quantia em dívida e das custas do processo executivo.

SECÇÃO II
Disposições transitórias

SUBSECÇÃO I
Competência territorial

Artigo 43.º – Transitoriedade da competência territorial das conservatórias de registo comercial

O disposto na presente subsecção apenas vigora até 31 de dezembro de 2006, enquanto não entrar em vigor o n.º 2 do artigo 28.º do Decreto-Lei n.º 87/2001, de 17 de março, modificado pelo artigo 33.º deste diploma, que elimina a competência territorial das conservatórias de registo comercial, permitindo a prática dos atos para os quais essas conservatórias sejam competentes, bem como a obtenção dos respetivos meios de prova, em qualquer conservatória do registo comercial, independentemente da sua localização geográfica.

Artigo 44.º – Inexistência do registo

1 – O registo é juridicamente inexistente quando tiver sido feito em conservatória territorialmente incompetente.

2 – A inexistência pode ser invocada por qualquer pessoa, a todo o tempo, independentemente de declaração judicial.

3 – No caso previsto no n.º 1, o conservador deve transferir o processo para a conservatória competente, que efetua oficiosamente o registo, com comunicação ao interessado.

Artigo 45.º – Competência relativa aos comerciantes individuais e aos estabelecimentos individuais de responsabilidade limitada

Para o registo dos comerciantes individuais é territorialmente competente a conservatória em cuja área estiver situado o estabelecimento principal ou, na falta deste, onde exercerem a atividade principal e para o registo dos estabelecimentos individuais de responsabilidade limitada a conservatória em cuja área estiver situada a respetiva sede.

Artigo 46.º – Competência relativa a pessoas coletivas

1 – Para o registo das sociedades, cooperativas, empresas públicas, agrupamentos complementares de empresas e agrupamentos europeus de interesse económico é territorialmente competente a conservatória em cuja área estiver situada a sua sede estatutária.

2 – Para o registo das sociedades ou outras pessoas coletivas ou estabelecimentos de tipo correspondente a qualquer dos abrangidos pelo Código do Registo Comercial com sede estatutária no estrangeiro, mas que tenham em Portugal a sede principal e efetiva da sua administração, é territorialmente competente a conservatória em cuja área estiver situada esta sede.

Artigo 47.º – Competência para o registo de fusão

Para o registo da fusão de sociedades ou cooperativas sediadas na área de diferentes conservatórias, ao abrigo das regras definidas no artigo anterior, ou para o registo de constituição de sociedade anónima europeia por fusão em cujo processo intervenham sociedades nas mesmas condições, é competente a conservatória da sede da sociedade incorporante ou da nova sociedade resultante da fusão.

Artigo 48.º – Competência relativa às representações

1 – Para o registo da representação permanente em Portugal de sociedades ou de outras pessoas coletivas de tipo correspondente a qualquer das abrangidas pelo Código do Registo Comercial que tenham sede principal e efetiva da sua administração no estrangeiro, bem como do ato constitutivo da própria sociedade ou de outra pessoa coletiva, é competente a conservatória da área da situação dessa representação.

2 – Para o registo das representações de pessoas coletivas sujeitas a registo com sede em Portugal são competentes as conservatórias da área da sede daquelas pessoas coletivas.

3 – As conservatórias detentoras dos registos referidos no número anterior e dos registos de mandato comercial enviam oficiosamente as respetivas pastas às conservatórias competentes para o registo das entidades representadas ou mandantes, as quais transcrevem os registos em vigor nas fichas daquelas entidades e arquivam os documentos respetivos nas pastas destas últimas.

4 – Para o registo do contrato de agência é competente a conservatória da área de situação da sede ou do estabelecimento do agente.

Artigo 49.º – Mudança voluntária da sede ou do estabelecimento

1 – Quando a sociedade ou outra entidade sujeita a registo mudar a sede para localidade pertencente à área de conservatória diversa daquela em que está registada, deve pedir na conservatória de origem o registo da alteração do contrato.

2 – O disposto no número anterior é aplicável à mudança do estabelecimento do comerciante individual.

Artigo 50.º – Recusa do registo por transcrição

1 – O registo por transcrição deve ser recusado quando a conservatória for territorialmente incompetente.

2 – Quando o primeiro registo for recusado com fundamento em incompetência territorial da conservatória, não há lugar à abertura de matrícula.

Artigo 51.º – Factos a averbar às inscrições

São registados por averbamento às inscrições a que respeitam os seguintes factos:

a) A mudança de estabelecimento principal do comerciante individual, dentro da área de competência territorial da conservatória;
b) A deslocação da sede da pessoa coletiva ou do estabelecimento individual de responsabilidade limitada dentro da área de competência territorial da conservatória.

Artigo 52.º – Certidões negativas e de documentos ou despachos

1 – Os pedidos de certidão negativa devem conter, além da identificação do requerente, o nome ou firma da entidade, o seu número de matrícula e o concelho de localização da sede ou estabelecimento principal.

2 – A emissão de certidões negativas e de documentos ou despachos deve ser recusada se a conservatória não for territorialmente competente para esse efeito.

SUBSECÇÃO II
Suportes de registo

Artigo 53.º – Livros, fichas e verbetes

Enquanto não se verificar a informatização do serviço de registo, são aplicáveis a este as disposições do Código do Registo Comercial revogadas ou alteradas pelo presente decreto-lei que respeitem a livros, fichas e verbetes ou que pressuponham a sua existência.

Artigo 54.º – Atos de registo por depósito

Os atos de registo referidos no n.º 2 do artigo 55.º do Código do Registo Comercial são efetuados em suporte informático no momento em que as condições técnicas o permitirem, em termos a definir por portaria do Ministro da Justiça.

Artigo 55.º – Publicações

Quando estiverem reunidas as condições técnicas para esse efeito, as publicações a que se refere o n.º 2 do artigo 70.º do Código do Registo Comercial devem incluir o texto integral dos documentos que servem de base ao registo, em termos a definir por portaria do Ministro da Justiça.

SUBSECÇÃO III
Prazos no Código do Registo Comercial

Artigo 56.º – Prazos

1 – Sem prejuízo do disposto nos números seguintes, as normas aprovadas pelo presente decreto-lei que alterem prazos previstos no Código do Registo Comercial são apenas aplicáveis aos registos ou procedimentos requeridos a partir da data da sua entrada em vigor.

2 – A alteração dos prazos prevista na nova redação do artigo 15.º do Código do Registo Comercial é apenas aplicável aos factos jurídicos ocorridos após a sua entrada em vigor.

3 – O n.º 4 do artigo 65.º do Código do Registo Comercial, na redação dada pelo presente decreto-lei, é aplicável aos registos vigentes à data da sua entrada em vigor.

SUBSECÇÃO IV
Procedimentos administrativos de dissolução e de liquidação de entidades comerciais

Artigo 57.º – Aplicação aos procedimentos tramitados ao abrigo do Decreto-Lei n.º 235/2001, de 30 de agosto

1 – Os procedimentos administrativos de dissolução e de liquidação de entidades comerciais criados pelo presente decreto-lei são aplicáveis aos procedimentos que, à data da sua entrada em vigor, tenham sido tramitados ao abrigo do Decreto-Lei n.º 235/2001, de 30 de agosto, e ainda não tenham originado um processo judicial.

2 – Nos casos em que já tenha sido efetuada pelo conservador a participação a que se refere os n.os 1 a 3 do artigo único do decreto-lei referido no número anterior e não tenha ainda sido requerido ou promovido pelo Ministério Público o processo de dissolução ou de liquidação judicial, este fica impossibilitado de o requerer ou promover e deve comunicar ao conservador esse facto.

3 – Após a comunicação do Ministério Público referida no número anterior, o conservador profere imediatamente decisão, declarando a dissolução da sociedade ou da cooperativa, ou a entrada em liquidação do estabelecimento individual de responsabilidade limitada, seguindo-se os termos ulteriores previstos

no regime jurídico dos procedimentos administrativos de dissolução e de liquidação de entidades comerciais.

4 – Tendo ocorrido a notificação a que alude o n.º 5 do artigo único do Decreto-Lei n.º 235/2001, de 30 de agosto, o conservador só profere a decisão depois de decorrido o prazo de regularização previsto nesse preceito.

5 – Decorrido o prazo referido no número anterior sem que se tenha verificado a regularização da situação, o conservador profere decisão, nos termos do n.º 3.

Artigo 58.º – Aplicação do novo regime aos processos judiciais pendentes ao abrigo do disposto no Decreto-Lei n.º 235/2001, de 30 de agosto

1 – Os procedimentos administrativos de dissolução e de liquidação de entidades comerciais criados pelo presente decreto-lei são aplicáveis aos processos judiciais de dissolução e de liquidação que, à data da sua entrada em vigor, se encontrem instaurados ao abrigo do disposto no Decreto-Lei n.º 235/2001, de 30 de agosto, e relativamente aos quais não tenha ainda sido proferida decisão.

2 – Para efeitos do número anterior, o juiz determina o envio do processo ao serviço de registo competente, apenas ficando registada a identificação do processo remetido.

3 – Caso existam vários processos nas condições previstas no n.º 1, o juiz deve elaborar um despacho genérico que determine o envio conjunto dos processos para os diversos serviços de registo competentes.

4 – Recebido o processo judicial, o conservador, tendo em conta os atos já praticados no âmbito do processo judicial de dissolução ou de liquidação, declara quais os atos do procedimento administrativo que se devem considerar já cumpridos e determina a passagem do procedimento à fase imediatamente posterior à do último ato praticado.

Artigo 59.º – Aplicação do regime jurídico dos procedimentos administrativos de dissolução e de liquidação de entidades comerciais

O regime jurídico dos procedimentos administrativos de dissolução e de liquidação de entidades comerciais é aplicável imediatamente a todas as situações em que os requisitos previstos para a sua aplicação estejam cumpridos no momento da sua entrada em vigor.

SUBSECÇÃO V
Sociedades em processo de privatização

Artigo 60.º – Sociedades em processo de privatização

As ações a privatizar, nos termos da lei, constituem sempre uma categoria especial de ações, à qual, salvo disposição legal em contrário, não é aplicável a limitação da contagem de votos permitida na alínea *b*) do n.º 2 do artigo 384.º do Código das Sociedades Comerciais.

SECÇÃO III
Revogações, aplicação no tempo e entrada em vigor

Artigo 61.º – Norma revogatória

São revogados:

c) As alíneas *h*) e *x*) do n.º 1 do artigo 3.º, a alínea *c*) do artigo 4.º, os artigos 19.º, 21.º, 24.º, 25.º, 25.º-A e 26.º, os n.os 3 a 5 do artigo 27.º, o artigo 31.º, o n.º 5 do artigo 35.º, o n.º 5 do artigo 42.º, as alíneas *a*) e *f*) do n.º 1 do artigo 48.º, os artigos 56.º e 60.º, as alíneas *d*), *f*), *g*), *h*), *l*) e *m*) do n.º 1 e a alínea *a*) do n.º 2 do artigo 64.º, o n.º 1 do artigo 67.º, as alíneas *a*) a *j*) e *m*) a *p*) do n.º 1 e a alínea *a*) do n.º 2 do artigo 69.º, a alínea *c*) do n.º 1 e o n.º 5 do artigo 70.º, o n.º 5 do artigo 72.º, os artigos 79.º e 80.º, o n.º 4 do artigo 82.º, os artigos 98.º, 99.º, 100.º, 103.º, 109.º e 112.º-A e o n.º 6 do artigo 112.º-B do Código do Registo Comercial, aprovado pelo Decreto-Lei n.º 403/86, de 3 de dezembro;

Artigo 62.º – Republicação

São republicados, em anexo, que faz parte integrante ao presente decreto-lei, o Código das Sociedades Comerciais, aprovado pelo Decreto-Lei n.º 262/86, de 2 de setembro, e o Código do Registo Comercial, aprovado pelo Decreto-Lei n.º 403/86, de 3 de dezembro, com a redação atual.

Artigo 63.º – Aplicação no tempo

1 – Às sociedades constituídas antes da data de entrada em vigor do presente decreto-lei e que não procedam, no prazo de um ano a contar daquela data, à alteração dos respetivos estatutos em matéria de administração e fiscalização, aplicam-se as seguintes regras:

a) Nas sociedades estruturadas segundo a modalidade de conselho de administração e conselho fiscal, é adotada a modalidade prevista na alínea *a*) do n.º 1 do artigo 278.º do Código das Sociedades Comerciais, na redação introduzida pelo presente decreto-lei;

b) Nas sociedades estruturadas segundo a modalidade de direção, conselho geral e revisor oficial de contas, é adotada a modalidade prevista na alínea *c*) do n.º 1 do artigo 278.º do Código das Sociedades Comerciais, na redação introduzida pelo presente decreto-lei.

2 – As disposições sobre convocatória e funcionamento da assembleia geral, acesso à informação por parte dos sócios e exercício de direito de voto, cuja aplicação possa ser afastada pelos estatutos, são aplicáveis às sociedades referidas no número anterior, imediatamente, por sua opção, ou a partir de 30 de junho de 2007, obrigatoriamente.

3 – O artigo 5.º, na parte em que altera os n.ᵒˢ 1 e 3 do artigo 46.º, os artigos 53.º, 58.º, 62.º e 62.º-A, a alínea *v*) do n.º 1 do artigo 69.º e o n.º 5 do artigo 71.º do Código do Registo Comercial, o artigo 6.º, na parte em que adita o artigo 45.º-A ao Código do Registo Comercial, o artigo 34.º, na parte em que altera as alíneas *d*) e *e*) do n.º 1 do artigo 15.º do Regulamento Emolumentar dos Registos e do Notariado, aprovado pelo Decreto-Lei n.º 322-A/2001, de 14 de dezembro, o artigo 47.º e a alínea *c*) do artigo 61.º, na parte em que revoga o artigo 56.º do Código do Registo Comercial, produzem efeitos desde 31 de outubro de 2005.

4 – O artigo 4.º, na parte em que altera o n.º 2 do artigo 72.º do Código do Registo Comercial, produz efeitos em relação aos registos requeridos a partir de 1 de janeiro de 2006.

5 – As disposições transitórias a que se referem os artigos 43.º a 52.º cessam a produção de efeitos na data de entrada em vigor das normas referidas no n.º 2 do artigo 64.º, que permitem que os atos relativos a entidades comerciais sejam praticados em qualquer conservatória do registo comercial, independentemente da sua localização geográfica.

Artigo 64.º – Entrada em vigor

1 – Sem prejuízo do disposto no número seguinte, o presente decreto-lei entra em vigor no dia 30 de junho de 2006.

2 – Os artigos 11.º e 33.º, na parte em que altera o n.º 2 do artigo 28.º, e o artigo 37.º do Decreto-Lei n.º 87/2001, de 17 de março, entram em vigor no dia 1 de janeiro de 2007.

CÓDIGO DO REGISTO COMERCIAL

CAPÍTULO I
Objeto, Efeitos e Vícios do Registo

Artigo 1.º – Fins do registo

1 – O registo comercial destina-se a dar publicidade à situação jurídica dos comerciantes individuais, das sociedades comerciais, das sociedades civis sob forma comercial e dos estabelecimentos individuais de responsabilidade limitada, tendo em vista a segurança do comércio jurídico.

2 – O registo das cooperativas, das empresas públicas, dos agrupamentos complementares de empresas e dos agrupamentos europeus de interesse económico, bem como de outras pessoas singulares e coletivas por lei a ele sujeitas, rege-se pelas disposições do presente Código, salvo expressa disposição de lei em contrário.

COMENTÁRIOS
Publicidade registal e segurança do comércio jurídico

1 – A segurança do comércio jurídico é tão importante e decisiva nos nossos dias que, muito embora a ideia última da segurança perpasse por toda a estrutura do Código, o legislador sentiu necessidade de lhe dar especial relevância consagrando essa finalidade logo no n.º 1 do artigo 1.º, à semelhança, aliás, do que acontece com outros diplomas que regem o registo dos bens.

Neste sentido, e pelas mesmas razões, encontra-se também prescrito, em uníssono, no artigo 1.º do Código do Registo Predial, quanto à situação jurídica dos prédios, no artigo 1.º do Decreto-Lei n.º 54/75, de 12 de fevereiro, que rege o registo da propriedade automóvel, bem como no artigo 1.º do Decreto-Lei n.º 42 644, de 14 de novembro de 1959 (vigente ainda no que respeita ao registo de navios), o objetivo da publicidade registal como meio para se alcançar a segurança do comércio jurídico.

Na mesma senda, também o Código do Registo dos Bens Móveis, aprovado pelo Decreto-Lei n.º 277/95, de 25 de outubro (que ainda não entrou em vigor porque não foram publicados os regulamentos e as portarias nele previstas) estabelece, no n.º 1 do seu artigo 1.º, que o registo de bens móveis tem por fim dar publicidade à situação jurídica desses bens, com vista à segurança do comércio jurídico.

2 – Da decomposição da asserção precedente (de que o registo comercial se destina a dar publicidade à situação jurídica das pessoas singulares e coletivas e de outras entidades ligadas à vida mercantil, por lei sujeitas a registo comercial, tendo em vista a segurança do comércio jurídico) decorrem assim, claramente, duas ideias fundamentais que aqui cumpre dar o devido realce – a da publicidade registal e a da segurança do comércio jurídico.

2.1 – A publicidade registal ou racionalizada é instituída ou imposta pelo Estado e visa dar a conhecer intencionalmente determinada situação jurídica aos cidadãos, através dos seus serviços especializados.

Para mais desenvolvimentos sobre esta matéria, cfr. Ferreira de Almeida, in *Publicidade e Teoria dos Registos*, bem como, da autora, *Impugnação das Decisões do Conservador nos Registos*.

2.2 – A segurança do comércio jurídico resulta da proteção conferida pela publicidade registal, que é condição de oponibilidade e eficácia dos atos sujeitos a registo perante terceiros, como flui do disposto no artigo 14.º deste Código.

A segurança que o registo há de transmitir a terceiros, resulta da coincidência entre a realidade traduzida pelo registo e a realidade dos factos a ele sujeitos, vale por dizer, da realidade registal e da realidade substantiva.

O registo por transcrição constitui presunção da sua existência e da verdade do que publicita, tendo, em determinados casos, eficácia constitutiva – artigos 11.º, 13.º e 14.º.

Aquele que adquire e regista o seu direito merece, em suma, que o ordenamento jurídico lhe conceda a devida proteção.

3 – No que concerne à segurança do comércio jurídico, veja-se ainda Rocheta Gomes, in Revista *O Direito*, Ano 122, 1990, pág. 41, que subordinado ao tema «Um passo intermédio na dinâmica do registo comercial», escreve, muito

apropriadamente que *«A ideia de segurança exorna a trave mestra do edifício registral. Sobre ser seguro, o registo deve, porém, ser acessível e quanto possível simples e célere.»*.

4 – Do *Dicionário Jurídico de Administração Pública*, Volume VII, pág. 167, consta também a este respeito que: «os registos públicos correspondem à necessidade de dar às situações jurídicas uma publicidade em sentido próprio ou técnico, a publicidade registral, necessária para que os factos registados sejam eficazes em relação a terceiros, tendo em vista a segurança do comércio jurídico».

Artigo 2.º – Comerciantes individuais

Estão sujeitos a registo os seguintes factos relativos a comerciantes individuais:

a) **O início, alteração e cessação da atividade do comerciante individual;**

b) **As modificações do seu estado civil e regime de bens;**

c) **A mudança de estabelecimento principal.**

COMENTÁRIOS

I. Comerciantes individuais

II. Factos sujeitos a registo facultativo

III. Menções da matrícula e inscrições

IV. Legitimidade

V. Tributação emolumentar

I. Comerciantes individuais

1 – A noção de comerciante encontra-se consagrada no artigo 13.º do Código Comercial, nos termos seguintes:

«1 – As pessoas que, tendo capacidade para praticar atos de comércio, fazem deste profissão.

2 – As sociedades comerciais».

2 – Em torno da questão de saber se as pessoas referidas no n.º 1 deste preceito são apenas as pessoas singulares ou se este abrange também as pessoas coletivas, que não sejam sociedades comerciais, gerou-se na doutrina uma viva discussão.

2.1 – Uma corrente de opinião, alicerçada na história do preceito, vai no sentido de que o mesmo se refere apenas a pessoas singulares, comerciantes em nome individual ou simplesmente comerciantes individuais (na terminologia constante do artigo 2.º do CRC), considerando bizarro contrapor pessoas singulares e coletivas a sociedades comerciais – cfr., entre outros, Menezes Cordeiro, in *Manual de Direito Comercial*, 2001, Vol. I, pág. 197.

2.2 – Em sentido contrário, veja-se, designadamente, Coutinho de Abreu, in *Curso de Direito Comercial,* 3.ª edição, Vol. I, pág. 98 e seguintes, a defender que "em rigor, as pessoas tanto podem ser singulares como coletivas" e "uma interpretação objetivo-atualista da citada norma do art. 13.º, que tenha em conta a sua teleologia e as novas (ou renovadas) realidades económico-empresariais, não pode impor o intuito lucrativo como nota essencial, «indefetível», de profissão".

Em abono da sua tese, dá como exemplo paradigmático o caso das Empresas Públicas Empresariais e das Empresas Públicas Municipais e Intermunicipais, que têm «capacidade para praticar atos de comércio» e que «nada há no n.º 1 do artigo 13.º do Cód. Com. que impeça estas entidades de serem comerciantes».

3 – São comerciantes individuais as pessoas que, tendo capacidade para praticar atos de comércio, fazem deste profissão, como resulta da conjugação do disposto nos artigos 2.º, 7.º e 13.º do Código Comercial.

4 – A doutrina fala, também, em pessoas semelhantes a comerciantes, entre as quais figuram o mandatário comercial e o gerente comercial, mas negando-lhe a qualidade de comerciantes. – Cfr., adrede, Menezes Cordeiro, in ob. cit., pág. 202, e Oliveira Ascensão, in *Direito Comercial,* Vol. I, pág. 250.

5 – O Supremo Tribunal de Justiça, no Acórdão de 13 de abril de 1971, publicado no BMJ n.º 212, pág. 243, pronunciou-se no sentido de que os gerentes comerciais, por não preencherem o requisito da profissionalidade, que supõe o exercício do comércio em nome próprio, pois só em nome próprio se exercita uma profissão, não podem ser considerados comerciantes.

6 – Já no que respeita aos corretores, uma parte significativa da doutrina portuguesa considera-os como comerciantes, já que exercem a atividade a título profissional, seja em nome próprio seja em nome de outrem, como verdadeiros comerciantes, apesar de o seu estatuto ser fortemente marcado pela proteção do interesse público inerente ao bom funcionamento dos mercados bolsistas. – Vide, em conformidade, Brito Correia, in *Direito Comercial,* I Vol., 1987, pág. 207, e, ainda, Pupo Correia, in *Direito Comercial,* 2003, pág. 237.

II. Factos sujeitos a registo

1 – Os factos sujeitos a registo relativamente a comerciantes individuais são os referidos neste artigo 2.º, bem como os previstos nas alíneas *a)* e *e)* do artigo 10.º do CRC, e ainda outros que, eventualmente, a lei, ao abrigo da faculdade prevista na alínea *g)* deste mesmo artigo, venha a declarar sujeitos a registo comercial.

2 – Da análise conjugada do prescrito nos artigos referidos no número anterior com o disposto no artigo 15.º deste Código conclui-se que nenhum dos factos elencados nos aludidos preceitos com referência a comerciantes individuais está sujeito a registo obrigatório.

Por isso, não sendo obrigatório o registo de nenhum dos aludidos factos respeitantes a comerciantes individuais, também, por maioria de razão, os atos correspondentes não estão sujeitos a publicação obrigatória, visto que é condição desta a existência prévia de registo – a omissão do registo conduz inexoravelmente à omissão, ou melhor, à impossibilidade de publicação.

3 – A inexistência de obrigatoriedade de registo para os factos respeitantes a comerciantes individuais tem suscitado diversas e certeiras críticas de reputados comercialistas, entre os quais se destaca António Caeiro.

Este, aquando da elaboração do Código do Registo Comercial de 1986, apresentou uma proposta no sentido de introduzir a obrigatoriedade do registo dos comerciantes individuais como condição de aquisição dessa qualidade, mas não vingou, mantendo-se neste Código o regime que vigorava anteriormente.

No entanto, segundo Brito Correia, in ob. cit., pág. 360, o registo do início de atividade do comerciante individual é condição de oponibilidade a terceiros da qualidade de comerciante e dos direitos dela resultantes.

III. Menções da matrícula e inscrições

1 – Os registos respeitantes a comerciantes individuais consignados no artigo 2.º, são, em regra, lavrados por transcrição, como resulta *a contrario sensu* do disposto no n.º 5 do artigo 53.º-A.

No entanto, os factos previstos nas alíneas *a)* e *e)* do artigo 10.º ingressam no registo por depósito, por força do prescrito na alínea *h)* do n.º 5 do citado artigo 53.º-A.

2 – Do extrato da matrícula devem constar as menções referidas no artigo 8.º do RRC. O extrato das inscrições deve também observar o prescrito nos artigos 9.º e 10.º do referido Regulamento, no que respeita às menções gerais e especiais, respetivamente.

No que concerne às menções gerais e especiais a inserir nos averbamentos a efetuar às inscrições vigentes e anotações veja-se também o que dispõem os artigos 11.º, 12.º, 13.º e 13.º-A do RRC.

Alínea *a)* – O início, alteração e cessação da atividade do comerciante individual

Início da atividade do comerciante individual

1 – O pedido de registo definitivo do início de atividade do comerciante individual deve ser formulado pelo interessado.

A necessidade de ser apresentado ou não em impresso próprio, de modelo aprovado, depende de portaria do Ministro da Justiça, em conformidade com o disposto no n.º 2 do artigo 28.º do CRC.

2 – O referido pedido deve ser instruído com a declaração do interessado, que contenha a sua identificação completa, a data do início da atividade, o respetivo ramo e a localização do estabelecimento principal, como decorre do disposto no artigo 34.º do CRC.

No caso de o comerciante adotar uma firma diferente do seu nome completo ou abreviado deve ser verificada a disponibilização de certificado de admissibilidade da firma, em conformidade com o disposto na alínea *a)* do n.º 1 do artigo 56.º do Regime do Registo Nacional de Pessoas Coletivas.

3 – Em todas as menções da localização de estabelecimento é obrigatória a indicação de código postal válido, em cumprimento do disposto no artigo 13.º-A do RRC, aditado pela Portaria n.º 1 259/2009, de 14 de outubro.

4 – No n.º 1 do citado artigo 34.º refere-se que o registo do início, alteração e cessação de atividade do comerciante se efetua com base na declaração do interessado, *tout court.*

Ora, a referida declaração tanto pode ser exarada no próprio impresso-requisição (havendo-o), rosto ou verso, como constar de documento avulso, sendo, contudo, essencial e imprescindível que contenha a assinatura do interessado e se observem, quanto à forma, as regras fixadas no artigo 45.º do CRP aplicável subsidiariamente por força do disposto no artigo 115.º do CRC.

Esta declaração é considerada principal, em virtude de constituir ela própria título para registo, por contraposição às declarações complementares (artigo 33.º do CRC), que se destinam a suprir deficiências ou contradições detetadas entre os títulos e as tábuas, ou a completar a identificação dos sujeitos, que não envolva a prova do estado civil, visto que esta só pode ser feita mediante um dos meios previstos no Código do Registo Civil – cfr., em conformidade, o disposto nos seus artigos 4.º e 211.º.

5 – A inscrição do início de atividade e a matrícula do comerciante daquela decorrente, não é condição indispensável nem necessária da aquisição da quali-

dade de comerciante individual, ao invés do que acontece relativamente às sociedades comerciais, para as quais o registo é constitutivo, como flui do disposto no artigo 5.º do CSC.

Porém, sem que se mostre efetuada a referida inscrição de início da atividade do comerciante individual, da qual decorre a correspondente matrícula, nenhum facto que lhe respeite pode ser registado, com a exceção prevista no n.º 2 do artigo 61.º do CRC (registos dependentes do processo de insolvência).

Alteração da atividade do comerciante individual

1 – O pedido de registo de alteração da atividade do comerciante individual deve ser instruído com declaração do próprio na qual indique em que consiste a alteração ocorrida.

2 – No caso de a alteração respeitar à firma adotada deve ainda ser efetuada a verificação da disponibilização do correspondente certificado de admissibilidade da firma, nos termos do disposto na alínea *a)* do n.º 1 do artigo 56.º do RRNPC.

Cessação da atividade do comerciante individual

A declaração exarada pelo próprio, com indicação da data em que ocorreu a cessação, é documento bastante para titular o registo da cessação da atividade do comerciante.

Alínea *b)* – As modificações do estado civil e regime de bens

Subjacente à titulação do registo de modificação do estado civil e do respetivo regime de bens do comerciante individual está a declaração do próprio e a apresentação do documento comprovativo do facto que se pretende registar. – Cfr. o disposto nos artigos 32.º, 33.º e 34.º, n.º 2, deste Código e, ainda, nos artigos 1.º, 3.º, 4.º e 211.º, todos do Código do Registo Civil.

Alínea *c)* – A mudança de estabelecimento principal

1 – O estabelecimento referido nesta alínea respeita ao local onde o comerciante exerce a sua atividade, estando empregue em termos restritos, isto é, relativo a armazém ou a loja aberta ao público pelo comerciante, ou a local onde este exerce a sua atividade.

2 – Para Ferrer Correia, in *Lições de Direito Comercial,* Vol. I, 1973, págs. 230 e 296, o estabelecimento comercial é, normalmente, uma organização de

serviços ou de pessoas, podendo ter um sinal distintivo figurativo ou emblemático, que se designa por insígnia do estabelecimento.

3 – Em sentido amplo, o estabelecimento comercial é definido como uma esfera jurídica afeta ao comércio e não, apenas, um património, podendo incluir o passivo e toda uma série de posições contratuais recíprocas – cfr. Menezes Cordeiro, in ob. e vol. cit., pág. 258.

4 – A propósito da natureza jurídica do estabelecimento comercial, que, consabidamente, tem sido objeto de múltiplas doutrinas (da personalidade jurídica, do património autónomo, do bem imaterial, da universalidade – de facto, de direito, mista – etc.), veja-se, ainda, Coutinho de Abreu, in *Da Empresarialidade (As Empresas no Direito)*, pág. 69.

5 – Para o registo da mudança de estabelecimento principal é necessária a declaração do interessado indicando a nova localização do estabelecimento, código postal válido, e, sendo caso de mudança para outro concelho e o comerciante tenha adotado firma diferente do seu nome completo ou abreviado, a verificação da disponibilização do certificado de admissibilidade da firma, como decorre do disposto na citada alínea *a)*, *in fine*, do n.º 1 do artigo 56.º do RRNPC.

IV. Legitimidade

1 – Para requisitar o registo do início de atividade do comerciante individual, bem como o da sua alteração ou o da cessação da atividade do comerciante e, ainda, da mudança do seu estabelecimento principal, só tem legitimidade o próprio ou o seu representante legal, como flui do preceituado no n.º 2 do artigo 29.º deste Código.

2 – Para o pedido de registo da modificação do estado civil e regime de bens do comerciante individual, bem como dos factos previstos nas alíneas *a)* e *e)* do artigo 10.º deste Código, tem legitimidade não só o próprio ou o seu representante como ainda qualquer outra pessoa que neles tenha interesse, como resulta do disposto no n.º 1 do referido artigo 29.º.

3 – Para além dos factos sujeitos a registo supra referidos, estão também sujeitas a registo as ações e decisões consignadas nas alíneas *a)*, *f)*, g), *h)* a *o)* do artigo 9.º deste Código.

O registo de ações e decisões além de poder ser requisitado pelos sujeitos referidos no número anterior, pode também sê-lo pelo Ministério Público nos termos do prescrito no n.º 4 do artigo 29.º deste Código.

V. Tributação emolumentar dos atos

A tributação emolumentar devida pelos atos de registo comercial praticados nos serviços de registo competentes encontra-se prevista no artigo 22.º do RERN.

Decorre do n.º 2.1 do referido artigo 22.º que pela constituição de pessoas coletivas é atualmente devido o emolumento de 360 €. Ora, o registo do início da atividade do comerciante individual não se subsume na *facti species* da citada norma pelo que tal registo (bem como as demais inscrições que àquele respeitem) deve ser tributado nos termos previstos no n.º 2.10 do citado artigo 22.º, sob a rubrica «Outras inscrições ...».

Artigo 3.º – Sociedades comerciais e sociedades civis sob forma comercial

1 – Estão sujeitos a registo os seguintes factos relativos às sociedades comerciais e sociedades civis sob forma comercial:

a) **A constituição;**

b) **A deliberação da assembleia geral, nos casos em que a lei a exige, para aquisição de bens pela sociedade;**

c) **A unificação, divisão e transmissão de quotas de sociedades por quotas, bem como de partes sociais de sócios comanditários de sociedades em comandita simples;**

d) **A promessa de alienação ou de oneração de partes de capital de sociedades em nome coletivo e de sociedades em comandita simples e de quotas de sociedades por quotas, bem como os pactos de preferência, se tiver sido convencionado atribuir-lhes eficácia real, e a obrigação de preferência a que, em disposição de última vontade, o testador tenha atribuído igual eficácia;**

e) **A transmissão de partes sociais de sociedades em nome coletivo, de partes sociais de sócios comanditados de sociedades em comandita simples, a constituição de direitos reais de gozo ou de garantia sobre elas e a sua transmissão, modificação e extinção, bem como a penhora dos direitos aos lucros e à quota de liquidação;**

f) **A constituição e a transmissão de usufruto, o penhor, o arresto, o arrolamento, a penhora e a apreensão em processo penal de quotas ou direitos sobre elas e ainda quaisquer outros atos ou providências que afetem a sua livre disposição, designadamente a declaração de insolvência relativamente a quotas ou direitos que integrem a massa insolvente;**

g) A exoneração e exclusão de sócios de sociedades em nome coletivo e de sociedades em comandita, bem como a extinção de parte social por falecimento do sócio e a admissão de novos sócios de responsabilidade ilimitada;
h) (Revogada.)
i) A amortização de quotas e a exclusão e exoneração de sócios de sociedades por quotas;
j) A deliberação de amortização, conversão e remissão de ações;
l) A emissão de obrigações, quando realizada através de oferta particular, exceto se tiver ocorrido, dentro do prazo para requerer o registo, a admissão das mesmas à negociação em mercado regulamentado de valores mobiliários;
m) A designação e cessação de funções, por qualquer causa que não seja o decurso do tempo, dos membros dos órgãos de administração e de fiscalização das sociedades, bem como do secretário da sociedade;
n) A prestação de contas das sociedades anónimas, por quotas e em comandita por ações, bem como das sociedades em nome coletivo e em comandita simples quando houver lugar a depósito, e de contas consolidadas das sociedades obrigadas a prestá-las;
o) A mudança da sede da sociedade e a transferência de sede para o estrangeiro;
p) O projeto de fusão interna ou transfronteiriça e o projeto de cisão de sociedades;
q) O projeto de constituição de uma sociedade anónima europeia por meio de fusão, o projeto de constituição de uma sociedade anónima europeia por meio de transformação de sociedade anónima de direito interno e o projeto de constituição de uma sociedade anónima europeia gestora de participações sociais, bem como a verificação das condições de que depende esta última constituição;
r) A prorrogação, fusão interna ou transfronteiriça, cisão, transformação e dissolução das sociedades, bem como o aumento, redução ou reintegração do capital social e qualquer outra alteração ao contrato de sociedade;
s) A designação e cessação de funções, anterior ao encerramento da liquidação, dos liquidatários das sociedades, bem como os atos de modificação dos poderes legais ou contratuais dos liquidatários;
t) O encerramento da liquidação ou o regresso à atividade da sociedade;
u) A deliberação de manutenção do domínio total de uma sociedade por outra, em relação de grupo, bem como o termo dessa situação;

_v)_ O contrato de subordinação, suas modificações e seu termo;

_x)_ (Revogada.)

_z)_ A emissão de warrants sobre valores mobiliários próprios, quando realizada através de oferta particular por entidade que não tenha valores mobiliários admitidos à negociação em mercado regulamentado nacional, exceto se tiver ocorrido, dentro do prazo para requerer o registo, a admissão dos mesmos à negociação em mercado regulamentado de valores mobiliários.

2 – Estão sujeitos a registo os seguintes factos relativos às sociedades anónimas europeias:

_a)_ A constituição;

_b)_ A prestação das contas anuais e, se for caso disso, das contas consolidadas;

_c)_ O projeto de transferência da sede para outro Estado membro da União Europeia;

_d)_ As alterações aos respetivos estatutos;

_e)_ O projeto de transformação em sociedade anónima de direito interno;

_f)_ A transformação a que se refere a alínea anterior;

_g)_ A dissolução;

_h)_ O encerramento da liquidação ou o regresso à atividade da sociedade;

_i)_ Os restantes factos referentes a sociedades anónimas que, por lei, estejam sujeitos a registo.

3 – (Revogado.)

COMENTÁRIOS

I. Formas de registo

II. Sociedades – Tipos

III. Pessoas coletivas de utilidade pública

IV. Factos sujeitos a registo – Menções, documentos, publicação obrigatória e tributação emolumentar

I. Formas de registo

1 – Os registos são elaborados por transcrição ou por depósito, como decorre do prescrito no n.º 1 do artigo 53.º-A.

Os factos elencados nas alíneas nas alíneas *b)* a *l)*, *n)*, *p)*, *q)*, *u)*, *v)*, e *z)* do n.º 1 deste artigo 3.º, com exceção do registo do projeto de constituição de sociedade anónima europeia gestora de participações sociais e o da verificação das condições de que depende a sua constituição, são registados por depósito, por força do prescrito na alínea *a)* do n.º 5 do referido artigo 53.º-A.

Os factos referidos nas alíneas *b)*, *c)* e *e)* do n.º 2 do artigo 3.º são também registados por depósito em face do que se encontra preceituado na alínea *b)* do n.º 5 do artigo 53.º-A.

O registo dos demais factos elencados no artigo 3.º é, por exclusão de partes, efetuado por transcrição.

2 – No que respeita às menções gerais e especiais a inserir no extrato da matrícula das sociedades bem como no extrato das inscrições e dos averbamentos e anotações veja-se, respetivamente, o disposto nos artigos 8.º, 9.º, 10.º, 11.º, 12.º 13.º e 13.º-A do RRC.

3 – O registo por depósito, sem prejuízo dos regimes especiais de depósito da prestação de contas, consiste no mero arquivamento dos documentos que titulam factos sujeitos a registo, sendo tributado nos termos prescritos no artigo 22.º, n.º 3, do RERN.

4 – As menções gerais e especiais do registo por depósito encontram-se estabelecidas nos artigos 14.º e 15.º do RRC.

II. Sociedades – Tipos

1 – A noção de sociedade encontra-se consagrada no artigo 980.º do Código Civil. Como requisitos do contrato deste tipo societário ressalta a existência de vários sócios, que se obrigam a prestar uma contribuição, o exercício em comum de certa atividade económica que não seja de mera fruição e a repartição dos lucros.

Em anotação ao referido preceito, Pires de Lima e Antunes Varela, in Código Civil Anotado, pág. 275, salientam que não se esquece nesta definição o elemento *organização* da sociedade, situado para além do simples *aspeto negocial* que retrata a origem da sociedade. É que o artigo 980.º não dá uma definição de *sociedade*, mas do *contrato de sociedade*, refletindo-se a origem necessariamente contratual da sociedade no regime do ato jurídico que dá lugar à sua constituição.

2 – O contrato de constituição de sociedade não tem que revestir qualquer formalidade especial, salvo se esta for exigida pela natureza dos bens com que os sócios entram para a sociedade, como decorre do disposto no artigo 981.º, n.º 1, do Código Civil.

3 – As referidas sociedades podem, ao abrigo do disposto no n.º 4 do artigo 1.º do Código das Sociedades Comerciais (CSC), adotar um dos tipos referidos no n.º 2 do citado artigo, passando então a aplicar-se-lhes a lei comercial.

3.1 – Como se sabe, os únicos tipos de sociedade que é possível adotar são os constantes do n.º 2 do referido artigo 1.º, visto vigorar entre nós o princípio da tipicidade.

Este princípio acaba por constituir uma restrição ao princípio da autonomia das partes, que tem consagração expressa no artigo 405.º do Código Civil e, consabidamente, é aplicável aos contratos em geral.

4 – Do conteúdo mínimo do contrato das sociedades comerciais fazem parte os elementos consignados no artigo 9.º do Código das Sociedades Comerciais.

A saber:

a) Tipo social – um dos previstos no artigo 1.º do CSC;
b) Nomes ou firmas de todos os sócios fundadores e demais elementos respeitantes à sua identificação;
c) Firma – artigos 9.º, n.º 1, alínea *c)*, 10.º, 177.º, 200.º, 270.º-B, 275.º e 467.º, todos do CSC e, ainda, artigos 3.º, 6.º, 32.º a 35.º, e 37.º do RRNPC;
d) Objeto social – artigos 9.º, n.º 1, alínea *d)*, e 11.º, n.ºs 1 e 2, do citado Código;
e) Sede da sociedade – artigos 9.º, n.º 1, alínea *e)*, e 12.º do CSC;
f) Capital social, a quota e a natureza da entrada de cada sócio, bem como os respetivos pagamentos efetuados por conta de cada quota, em cumprimento do prescrito na alínea *g)* do n.º 1 do artigo 9.º do CSC. Veja-se ainda o disposto no artigo 14.º do mesmo Código; e
g) Data do encerramento do exercício anual, quando o início e o termo do exercício social não coincida com o do ano civil – alínea *i)* do n.º 1 do citado artigo 9.º.

4.1 – Imprescindível é também que, sendo a entrada efetuada em bens diferentes de dinheiro, seja feita a descrição dos respetivos bens e a especificação dos referidos valores, em conformidade com o prescrito nos artigos 9.º, n.º 1, alínea *h)*, e 28.º, ambos do CSC.

O relatório do ROC está sujeito às formalidades de publicidade prescritas na lei, nos termos previstos no n.º 6 do citado artigo 28.º.

5 – As cláusulas atinentes à designação dos membros dos órgãos sociais não se encontram incluídas no conteúdo mínimo obrigatório do contrato de sociedade – vd., nesta conformidade, o parecer proferido no proc.º n.º C.Co.8/2013 STJ-CC.

6 – O número mínimo de partes de um contrato de sociedade é de dois, exceto se a lei exigir número superior (como é o caso das sociedades anónimas – n.º 1 do artigo 273.º do CSC) ou permitir que a sociedade seja constituída por uma só pessoa singular ou coletiva (como acontece, designadamente, com as sociedades

unipessoais por quotas – n.º 1 do artigo 270.º-A do citado Código –, ou nos casos em que uma só sociedade pode constituir uma sociedade anónima de cujas ações ela seja inicialmente a única titular – sociedades em relação de domínio total inicial, prevista no n.º 1 do artigo 488.º do mesmo Código).

7 – O conteúdo do contrato desenhado acima em termos gerais é complementado ainda pelas prescrições constantes dos artigos 176.º, 199.º, 270.º-A, 272.º, 474.º e 478.º do CSC, conforme o tipo social adotado corresponda, respetivamente, a sociedades em nome coletivo, sociedades por quotas (plurais ou unipessoais), sociedades anónimas, sociedades em comandita simples ou sociedades em comandita por ações.

8 – A indicação da duração da sociedade é dispensável, entendendo-se que, não sendo referida no contrato social, se tem como constituída por tempo indeterminado, como flui do disposto no n.º 1 do artigo 15.º do CSC.

9 – A existência de direitos especiais de algum (ou alguns) dos sócios tem de ser refletida no contrato social, nos termos do estipulado no artigo 24.º do Código das Sociedades Comerciais.

Os direitos especiais podem revestir formas diversas. A saber:

a) Direitos especiais de conteúdo patrimonial, nomeadamente o direito de participar (com vantagem) nos benefícios sociais (direito a uma parte acrescida dos lucros periódicos ou direito a uma parte favorecida dos lucros finais de exploração); e

b) Direitos especiais de conteúdo não patrimonial, *verbi gratia*, o direito de voto qualificado (n.º 2 do artigo 250.º do CSC), ou o direito de nomeação à gerência (n.º 3 do artigo 257.º do citado Código).

10 – Nas sociedades em nome coletivo os direitos especiais são intransmissíveis, salvo disposição em contrário.

Nas sociedades por quotas os direitos especiais de natureza patrimonial são transmissíveis, enquanto que os restantes direitos são, igualmente, intransmissíveis.

Nas sociedades anónimas os direitos inerentes às ações da mesma sociedade não têm que ser todos iguais, mas os direitos especiais só podem ser atribuídos a categorias de ações, sendo sempre transmissíveis com estas – artigos 272.º, alínea *c)*, 302.º e 341.º e seguintes do CSC.

A emissão de ações privilegiadas assenta em motivações diversas, das quais se destaca a necessidade de proteger especialmente certos acionistas, em regra, os fundadores ou, apenas, alguns deles.

11 – O contrato de sociedade, como emerge do disposto n.º 1 do artigo 7.º do CSC, deve ser reduzido a escrito e as assinaturas dos seus subscritores reconhecidas presencialmente, salvo se forma mais solene for exigida para a transmissão dos bens com que os sócios entram para a sociedade, devendo, neste caso, o contrato revestir essa forma.

Os Decretos-Leis n.os 111/2005, de 8 de julho, e 125/2006, de 29 de junho, aprovaram, respetivamente, o regime especial de constituição imediata de sociedades (ENH) e o regime especial de constituição de sociedades online (EOL) que, adiante, trataremos.

FIRMA

1 – O comerciante na sua individualidade económica é identificado pela firma, que é o nome por ele usado no comércio, assim se dando a conhecer e, ao mesmo tempo, se distinguindo dos demais no exercício da sua atividade mercantil.

A firma é, pois, o sinal distintivo do comerciante enquanto titular de certa empresa, sendo o direito à firma uma espécie de direito ao nome – um direito de personalidade de aspeto fortemente patrimonial, sendo possível traçar um certo paralelismo entre esta e o nome da pessoa singular, consagrado no artigo 72.º do Código Civil. – Cfr. Ferrer Correia, in *Direito Comercial*, Vol. I, págs. 258 e 293.

Salienta-se, contudo, que, ao contrário do que acontece quanto ao nome civil, o direito à firma é transmissível, não é vitalício e é extinguível, mesmo em vida do seu titular.

2 – A firma é um sinal de identificação comercial que desempenha, relativamente à sociedade, a mesma função do nome civil quanto às pessoas singulares (...). Cfr. Albino de Matos, in *Constituição de Sociedades,* 4.ª edição, 1998, pág. 47.

Para mais desenvolvimentos, referentes à natureza jurídica do direito à firma, pode ver-se também Coutinho de Abreu, in *Curso de Direito Comercial,* 3.ª edição, II Vol., pág. 169.

3 – Por força do disposto no n.º 1 do artigo 56.º do RRNPC para o registo definitivo da constituição de sociedades comerciais e outras entidades sujeitas a registo comercial é imprescindível proceder-se à verificação da disponibilização do certificado de admissibilidade da respetiva firma ou denominação, que visa assegurar a observância dos princípios da verdade e da exclusividade da firma, consagrados respetivamente nos artigos 32.º e 33.º do RRNPC.

No que respeita aos requisitos da firma das sociedades comerciais deve ter-se, especialmente, em atenção o disposto no artigo 10.º do CSC.

4 – O princípio da verdade consiste no facto de a firma dever corresponder à situação real a que respeita, não podendo os seus elementos componentes induzir em erro sobre a identificação do comerciante, natureza ou atividade do seu titular. – Cfr. Ferrer Correia, in *Lições de Direito Comercial,* Vol. I, 1973, pág. 263, bem como os Acórdãos do STJ, publicados no BRN n.º 1/2000, I, págs. 9 e 13.

5 – A propósito do princípio da verdade veja-se o parecer proferido pelo CT no proc. n.º 79/92-R.P.4, in BRN n.º 7/2002, II Caderno, pág. 24, segundo o qual o aludido princípio é delimitado por via negativa, na medida em que a firma não pode sugerir atividade diferente da que constitui o objeto social, muito embora não tenha que incluir integralmente a atividade que a pessoa coletiva ou singular exerce ou se propõe exercer.

6 – O princípio da novidade ou exclusividade traduz-se no facto de as firmas e denominações deverem ser distintas e insuscetíveis de confusão ou erro com as registadas ou licenciadas no mesmo âmbito de atividade.

Este princípio destina-se a assegurar às firmas a sua função diferenciadora, donde resulta que a firma mais recente, para ter acolhimento no Direito, tem de ser distinta de outra mais antiga. – Cfr. Ferrer Correia, ibidem, pág. 278 e seguintes.

7 – «I – A função individualizadora da firma ou denominação social em cuja composição entrem vocábulos de uso corrente, topónimos ou indicações de proveniência geográfica, só pode ser desempenhada por outros elementos componentes.

II – O princípio da novidade não autoriza que a pessoa coletiva, que incluiu na sua firma a denominação particular determinado vocábulo de uso livre, exclua a sua posterior utilização por qualquer outra pessoa coletiva.

III – O que significa é que qualquer outra pessoa coletiva, além desse ou desses vocábulos, terá que utilizar outro ou outros, novos, capazes de distinguir a pessoa coletiva das demais, individualizando-a». – Cfr. o Acórdão do STJ, de 26 de setembro de 2002, Rev. n.º 2471/2002, 7.ª, in Sumários, 9/2002.

8 – O vocábulo «brisa», utilizado pela sociedade «Brisa – Auto Estradas de Portugal, S.A.» porque de uso corrente não pode ser considerado de uso exclusivo, pelo que outras firmas podem utilizar livremente o referido vocábulo para compor a sua denominação.

No Acórdão do STJ, publicado no BRN n.º 8/99, I, pág. 14, firmou-se o entendimento de que a palavra "brisa", como vocábulo de uso corrente, é livre, qualquer pessoa a pode utilizar, nenhuma podendo dela apropriar-se só para si, com exclusão das demais.

9 – No que respeita às condições impostas no certificado de admissibilidade da firma, veja-se o parecer proferido pelo CT no proc.º n.º R.Co.37/98 DSJ-CT, in BRN n.º 2/99, II, pág. 19, do qual se transcrevem as seguintes conclusões:

«I – Quando o Registo Nacional de Pessoas Coletivas entenda que a admissibilidade da firma ou denominação pretendida deva ficar dependente da verificação de determinadas circunstâncias ou imposições devê-lo-á fazer constar do competente certificado e a verificação delas constitui, então, condição de validade do mesmo.

II – No caso de o interessado discordar dos condicionalismos impostos poderá impugnar a decisão que tal determinou através dos meios do recurso hierárquico e do recurso contencioso previstos no Título IV do Regime do Registo Nacional de Pessoas Coletivas, aprovado pelo Decreto-Lei n.º 129/98 (...).

III – Não tendo o interessado impugnado as condições impostas e constantes do certificado de admissibilidade – e antes o tendo utilizado – não poderá, depois, em sede de recurso do despacho de qualificação do Conservador do Registo Comercial, sustentar que as consequentes dúvidas opostas ao registo sejam consideradas improcedentes pelo mero facto de entender que aquelas condições do certificado não deveriam ter sido determinadas».

10 – Relativamente à possibilidade de confusão entre as firmas, o acórdão do STJ, de 15 de novembro de 1995, in BRN n.º 9/98, I, pág.11, firmou o entendimento de que o juízo de distinção ou de confundibilidade deve considerar a globalidade das firmas e, no seu âmbito, os elementos impressivos objetivamente e à luz das circunstâncias fáticas apurar se há ou não confundibilidade razoável entre as firmas em questão.

No mesmo sentido, cfr., ainda, o Ac. do STJ de 23 de maio de 1991, in BMJ n.º 407, pág. 571, e também Oliveira Ascensão, in CJ, Ano XIII, Tomo IV, pág. 27.

11 – Os estrangeiros que pretendam beneficiar da titularidade exclusiva de determinado nome de estabelecimento, insígnia ou marca, devem, à semelhança dos nacionais, comunicar tal direito ao RNPC.

O artigo 8.º da Convenção da União de Paris, de 20 de março de 1883 (Convenção de Paris para a Proteção da Propriedade Industrial), determina a proteção do nome comercial em todos os países da União *sem obrigação de registo*, quer faça ou não parte de uma marca de fábrica ou de comércio.

12 – No sentido atrás expresso veja-se o Acórdão do STJ, in BRN n.º 7/99, I, pág.12, do qual se transcrevem a seguir as conclusões relevantes para o caso:

«III – Por força do artigo 8.º da Convenção da União de Paris o nome comercial será protegido em todos os países da União sem obrigação de registo, quer faça ou não parte de uma marca ou de comércio.

IV – Significa isto que, dentro dos países da União, para os países que conhecem um direito privativo ao nome comercial por intermédio de um registo, o efeito do artigo 8.º é, assim, o de limitar o exclusivo que a lei interna atribui.

V – Se os nacionais portugueses que pretendam beneficiar da titularidade exclusiva de determinado nome de estabelecimento, insígnia ou marca, devem comunicar tal direito ao RNPC, igual comportamento têm de adotar os estrangeiros.».

13 – No sentido de que o «nome comercial» compreende também incontestavelmente, em Portugal, a firma e a denominação, veja-se o Acórdão do Supremo Tribunal de Justiça, de 11 de julho de 1961, in BMJ n.º 109, pág. 676 e ainda, mais recente, o Acórdão do mesmo Tribunal, de 11 de dezembro de 1979, in BMJ n.º 292, pág. 391.

14 – O artigo 15.º do Decreto-Lei n.º 111/2005, de 8 de julho, determinou a criação de uma bolsa de firmas reservada a favor do Estado, compostas por expressões de fantasia, para afetação exclusiva às sociedades a constituir ao abrigo do regime especial consagrado neste diploma.

Às referidas firmas está desde logo associado um número de identificação de pessoa coletiva (NIPC), independentemente da localização da sede da sociedade, que é aliás o número que vai corresponder à matrícula da sociedade, por força do que se encontra consagrado no n.º 2 do artigo 10.º do diploma em apreço.

15 – A propósito da bolsa de firmas ou da bolsa de firmas e marcas associadas veja-se, também, o que dispõe o n.º 1 do artigo 14.º do Decreto-Lei n.º 125/2006.

Sede

1 – A sede da sociedade é o local onde esta se considera situada para a generalidade dos efeitos jurídicos em que a localização seja relevante. – Cfr., a este propósito, Brito Correia, in *Direito Comercial*, 2.º Vol., pág. 282, e, ainda, Raúl Ventura, in SI, XXVI, 1977, pág. 3.

A sede, como flui do disposto no n.º 3 do artigo 12.º do CSC, constitui o domicílio da sociedade, sem prejuízo da possibilidade de no contrato social se estipular domicílio particular para determinados negócios.

2 – A alteração legislativa introduzida no n.º 2 do artigo 12.º do CSC pelo Decreto-Lei n.º 76-A/2006, veio ampliar a possibilidade de deslocação da sede da sociedade pela administração dentro do território nacional, salvo disposição em contrário inserta no contrato da sociedade.

3 – «I – A lei não reconhece "sedes de facto", nas sociedades comerciais, nem lhes dá relevância para efeito algum, na medida em que impõe a menção da sede no contrato de sociedade, celebrado por escritura pública, mesmo quando se trate de "domicílio particular para determinados negócios" (arts.12.º, n.º 3 e 7.º, n.º 1 do Cód. Soc. Comerciais.

II – A localização da sede é facto que só pode provar-se através de documento autêntico com força probatória igual à do título do pacto social onde necessariamente é feita tal menção. (...) – Cfr. o Ac. do TRP, de 19 de dezembro de 1991-JTRP00000023/ITIJ/Net.

OBJETO

1 – O objeto da sociedade corresponde ao conjunto de atos ou à atividade económica específica para cujo exercício ela é criada, devendo ser concretamente definido no contrato de sociedade, como flui do disposto no artigo 11.º do CSC.

Respeitante a esta matéria veja-se ainda o disposto nos artigos 13.º, n.º 2, do Código Comercial bem como os artigos 1.º, n.º 2, e 142.º, n.º 1, alínea *b)*, ambos do CSC.

2 – «I – São supérfluas as menções do contrato de sociedade, quanto ao objeto, que nada acrescentam com respeito à atividade da sociedade, nem condicionam o facto sujeito a registo.

II – Tais referências não determinam então um juízo de nulidade manifesta do contrato social, para efeitos de recusa do registo.

III – É supérflua, para este efeito, a simples referência a outras operações, quando do contrato consta, como objeto da sociedade, "a construção, compra e venda e outras operações sobre imóveis"». – Conclusões extraídas no parecer proferido pelo CT no proc.º n.º 10/88-R.P.3, in *Pareceres do Conselho Técnico,* II Volume, pág. 285.

3 – Pode ser alterado o objeto declarado no certificado de admissibilidade, apresentado para instruir o instrumento que documente o contrato de sociedade ou a sua alteração, desde que não seja ampliado o objeto social a atividades naquele não contidas, como decorre da análise do disposto nos n.º 1, 2 e 3 do artigo 54.º do RRNPC.

No aludido sentido, veja-se o parecer do CT proferido no proc.º n.º 23/90-R.P.4, designadamente a 2.ª conclusão.

4 – Não obstante do n.º 1 do artigo 11.º do CSC, na redação dada pelo Decreto-Lei n.º 257/96, de 31 de dezembro, conste que «A indicação do objeto da sociedade

deve ser corretamente redigida em língua portuguesa», parece-nos inquestionável que o legislador não quis abranger nesta norma as expressões que, sendo embora de feição estrangeira, sejam de uso generalizado na nossa língua, designadamente *snack-bar* ou *rent-a-car*, ou ainda as que nela não tenham tradução, como é o caso de *factoring*, *marketing* e *design*, entre outras.

5 – «I – Como objeto de sociedade devem ser concretamente determinadas no contrato as atividades que os sócios propõem que a sociedade venha a exercer.

II – Não satisfaz essa exigência a cláusula contratual que estipula ter a sociedade por objeto as atividades referidas em determinado preceito legal, ou seja, as atividades apenas determináveis por remissão para esse preceito legal». – Conclusões firmadas no parecer do CT proferido no proc.º n.º 46/89-Not.2, in BRN n.º 8/2003, II, pág. 24.

6 – «1. Do contrato de qualquer tipo de sociedade devem constar, especificadas em termos suficientemente precisos, como objeto social, todas as atividades que os sócios propõem que a sociedade venha a exercer (artigos 9.º, n.º 1, alínea *d)*, e 11.º, n.º 1 do Código das Sociedades Comerciais;

2. Consequentemente, a lei comercial não consente que uma sociedade comercial indique, como objeto social, toda e qualquer atividade económica, não concretamente determinada não sendo, assim, permitidas formulações que, pelo seu caráter vago ou genérico, o não esclareçam devidamente;

3. Tal sucede, v.g., quando se pretende, como objeto social, a título principal ou secundário, "o comércio em geral" ou "qualquer atividade comercial e industrial em conformidade com a lei"; – Cfr. o parecer da PGR, constante do proc.º n.º 74/97, homologado por despacho de Sua Excelência o Ministro do Comércio e Turismo em 7 de abril de 1995 e publicado no Diário da República, II série, n.º 142, de 22 de junho de 1995.

Capital social

1 – O capital social de uma sociedade é o valor ou cifra representativa da soma das entradas dos sócios – traduz o ponto de referência da capacidade económica da sociedade – devendo ser sempre e apenas expresso em moeda com curso legal em Portugal, em face do preceituado no artigo 14.º do CSC.

2 – O referido capital é intangível, não podendo ser feitas atribuições aos sócios que ponham em causa o *património líquido* da sociedade, tornando-o inferior à cifra do capital.

A referida intangibilidade prende-se também com a reserva legal (artigos 295.º e 296.º do CSC) e as reservas estatutárias (artigos 32.º e 33.º do mesmo

Código). – Cfr. Menezes Cordeiro, in *Novos Estudos de Direito Privado*, Vol. IV, pág 573 e seguintes, e ainda *Manual de Direito Comercial*, Vol. II, pág. 230, 2001, quanto à obrigação de entrada, conservação do capital social e perda de metade deste.

O princípio da conservação do capital é válido para todos os tipos societários. Contudo, enquanto nas sociedades anónimas assume uma importância decisiva, visto que nestas cada sócio limita a sua responsabilidade ao valor das ações que subscreveu, no que tange às sociedades por quotas encontra-se hoje fortemente abalado com a publicação do Decreto-Lei n.º 33/2011, de 7 de março, que alterou o disposto nos artigos 201.º e 219.º, n.º 3, do CSC.

3 – O património de uma sociedade traduz-se num fundo real de bens e direitos, efetivo, concreto e continuamente variável na sua composição e montante. – Cfr., quanto ao capital/património, Paulo de Tarso Domingues, in *Estudos de Direitos das Sociedades*, 8.ª edição, pág.167 e segs.

1. Sociedades em nome coletivo

1.1 – As sociedades em nome coletivo caraterizam-se pela responsabilidade individual do sócio pela sua entrada, respondendo pelas obrigações sociais subsidiariamente em relação à sociedade e solidariamente com os outros sócios, como decorre do disposto nos artigos 175.º do CSC.

Estas sociedades são consideradas de pessoas (por contraposição às sociedades de capitais, de que é exemplo paradigmático a sociedade anónima), porque o elemento pessoal é decisivo, em detrimento do aspeto patrimonial da sociedade, que é secundarizado.

Desta pessoalidade resulta também que a firma deve conter, pelo menos, o nome de um dos sócios e o aditamento, abreviado ou por extenso, «e Companhia», ou qualquer outro que sugira a existência de mais sócios, por força do preceituado no artigo 177.º do CSC.

1.2 – Com o intuito de vedar o acesso ao *grémio* de pessoas indesejadas é imprescindível o consentimento de todos os sócios para a alienação de partes sociais, como flui do disposto nos artigos 182.º e 184.º do citado Código.

Do facto de o elemento patrimonial ser aqui quase irrelevante, resulta a admissibilidade de entradas em indústria, proibidas expressamente noutros tipos societários, designadamente nas sociedades por quotas e nas sociedades anónimas, por força do prescrito nos artigos 202.º, n.º 1, e 277.º, n.º 1, do CSC, respetivamente.

1.3 – Os contratos de sociedades em nome coletivo, bem como nas sociedades em comandita simples, podem ser opostos a terceiros logo a partir da data do seu registo definitivo, como decorre do preceituado no n.º 4 do artigo 168.º do CSC, *a contrario*, em conjugação com o n.º 1 do artigo 14.º e a alínea *a)* do n.º 1 do artigo 70.º, ambos do CRC, visto não estarem sujeitos a publicação.

1.4 – A pesada responsabilidade que impende sobre os sócios nas sociedades em nome coletivo faz com que seja um tipo societário pouco adotado, comparativamente com os demais tipos.

Com efeito, em 2022 encontravam-se registadas apenas 1674 sociedades comerciais em nome coletivo enquanto que a realidade ilustrada pela «Estatística da Justiça», relativamente às sociedades comerciais por quotas e às sociedades unipessoais por quotas, por exemplo, revela que o número destas perfaz 800 588 e 333 803, respetivamente.

2. Sociedades por quotas

2.1 – Nas sociedades comerciais por quotas o capital está dividido em quotas, sendo os sócios (dois, no mínimo) solidariamente responsáveis por todas as entradas convencionadas no contrato social, como resulta do disposto nos artigos 197.º e 207.º do CSC.

A este propósito, Raúl Ventura, in *Sociedades por Quotas*, Vol. I, pág. 29, refere que «talvez fosse mais rigoroso dizer que a sociedade por quotas é a sociedade em que a entrada convencionada de cada sócio autonomiza inicialmente a sua quota e as entradas de todos os sócios, convencionadas e não efetuadas, constituem o limite da responsabilidade dos sócios».

2.2 – As quotas de capital de cada sócio devem ser concretamente especificadas no contrato de constituição das sociedades, sob pena de o registo correspondente não poder ser lavrado em termos definitivos. – Veja-se, em conformidade, a doutrina firmada no parecer proferido pelo CT no proc.º n.º 70/89-R.P.3.

2.3 – Atualmente, o capital social mínimo das sociedades por quotas (plural) não pode ser inferior a dois euros no momento da sua constituição, e, posteriormente, também não pode ser reduzido a importância inferior à mencionada, por força do prescrito nos artigos 201.º e 219.º, n.º 3, do CSC.

Veja-se, para mais desenvolvimentos sobre o ponto, o parecer proferido no proc.º n.º C.Co.5/2012 SJC-CT, págs. 6 e segs., disponível em www.irn.mj.pt (Doutrina).

2.4 – O valor da quota social determina o número de votos de que cada sócio pode dispor, daí a enorme relevância do valor das quotas nas deliberações sociais uma vez que, em regra, se conta um voto por cada cêntimo do valor nominal da quota, conforme resulta do n.º 1 do artigo 250.º do CSC.

Porém, da análise conjugada das normas plasmadas nos n.os 1 e 2 deste preceito, resulta claramente que o contrato social pode permitir que, como direito especial, sejam atribuídos dois votos por cada cêntimo, correspondente ao valor nominal da quota ou quotas de sócio que, no total, não venha a ultrapassar 20% do capital social.

Sendo o voto duplo atribuído como *direito especial*, aplicam-se-lhe as regras previstas no artigo 24.º do CSC.

Por isso, e salvo disposição expressa em contrário, este direito especial dos sócios criado no contrato social ou em posteriores alterações ao mesmo, não pode ser coartado sem o consentimento expresso do respetivo titular. Veja-se Raúl Ventura, in *Sociedade por Quotas,* II Volume, pág. 221 e seguintes.

2.5 – Para além das considerações de ordem genérica atrás tecidas relativamente à firma, deve atentar-se no disposto no artigo 200.º do CSC que determina no seu n.º 1 que esta deve ser formada, com ou sem sigla, pelo nome ou firma de todos os sócios, algum ou alguns dos sócios, ou por uma denominação particular, ou pela reunião de ambos esses elementos, mas em qualquer caso concluirá sempre pelo aditamento, por extenso da palavra «Limitada», ou pela abreviatura «Lda».

2.6 – A administração e representação da sociedade fica a cargo de gerentes, que podem ser sócios ou estranhos à sociedade, devendo, contudo, ser pessoas singulares com capacidade jurídica plena.

Não obstante não decorra expressamente da lei uma solução de compromisso como a prevista para as sociedades anónimas no n.º 4 do artigo 390.º do CSC (que admite que uma pessoa coletiva pode ser designada administrador devendo, no entanto, nomear uma pessoa singular para exercer o cargo em nome próprio, respondendo a pessoa coletiva solidariamente com a pessoa designada pelos atos desta), cremos que ela não é proibida relativamente às sociedades por quotas, e, sendo assim, não se vê justificação plausível para que não se admita aqui solução idêntica.

2.7 – Os gerentes podem ser logo designados no contrato de sociedade ou eleitos posteriormente, por deliberação dos sócios, se não tiver sido consignada no contrato outra forma de designação, como flui do disposto nos artigos 252.º e seguintes do CSC.

A fixação do número de gerentes no contrato pode ser feita expressa ou implicitamente, *verbi gratia*, inserindo-se no texto daquele que a gerência é composta por três gerentes (via expressa) ou que todos os sócios são gerentes – é a fixação por via indireta.

2.8 – A gerência é intransmissível por ato entre vivos ou por morte. À transmissão da quota efetuada por um sócio gerente não está inerente a transmissão da gerência, como decorre expressamente do disposto nos n.os 3 e 4 do artigo 252.º do CSC.

Para mais desenvolvimentos, veja-se Raúl Ventura, in *Sociedades por Quotas*, Vol. III, pág. 5 e seguintes.

2.9 – «I – Nas sociedades por quotas – diversamente do que sucede noutros tipos de sociedades, incluindo a anónima – ao conjunto dos sócios pertence a orientação e representação da sociedade não tendo a gerência uma competência exclusiva e que possa ser excetuada da tutela última que cabe sempre e necessariamente ao universo dos sócios.

II – Nesta ótica, o legislador fixou à assembleia geral deste tipo societário uma competência inderrogável e exclusiva nomeadamente no tocante às matérias enunciadas no n.º 1 do art. 246.º do Cód. Soc. Com.

III – Entre estas se inscrevem as matérias mencionadas nas alíneas *c)* e *d)* do citado preceito legal, sendo ainda certo que, quanto à destituição dos gerentes, o n.º 1 do art. 257.º do mesmo Código prescreve que os sócios a podem deliberar a todo o tempo.

IV – De harmonia com o princípio da tipicidade (basicamente decorrente do disposto no n.º 2 do art. 1.º do aludido Código) não pode, na sociedade por quotas, ser convencionada qualquer cláusula estatutária que derrogue a descrita competência atribuída ao universo dos sócios.

V – Consequentemente, ter-se-á de considerar como manifestamente nula a disposição do contrato de uma sociedade por quotas que impeça (ou tenha por fim coativamente impedir) os sócios de deliberar a todo o tempo a destituição dos gerentes».

Conclusões firmadas no parecer proferido pelo CT no proc.º n.º R.Co.18/98 DSJ-CT, in BRN n.º 8/98, II, pág.19.

2.1. Sociedades unipessoais por quotas

2.1.1 – A Décima Segunda Diretiva do Conselho (n.º 89/667/CEE), de 21 de dezembro de 1989, relativa às sociedades de responsabilidade limitada com um único sócio, visava o desenvolvimento das pequenas e médias empresas no seio da União Europeia.

O estabelecimento individual de responsabilidade limitada instituído pelo Decreto-Lei n.º 248/86, de 25 de agosto, procurava já atingir esses mesmos objetivos, mas não obteve a adesão esperada.

Posteriormente, este regime veio a ser muito criticado designadamente no preâmbulo do citado Decreto-Lei n.º 257/96, de 31 de dezembro, que introduziu sete novos artigos (270.º-A a 270.º-G) no Código das Sociedades Comerciais, criando as sociedades unipessoais por quotas, e procedendo, concomitantemente, à transposição da citada Diretiva.

2.1.2 – A admissibilidade generalizada da sociedade unipessoal obrigou a adaptar o conceito de sociedade comercial, no sentido da sua simplificação.

Com efeito, como salienta Paulo Olavo Cunha, in *Estudos em Homenagem ao Professor Doutor Inocêncio Galvão Telles*, Vol. IV, pág. 662, «A sociedade comercial terá de passar a ser entendida como um ente jurídico que, tendo um substracto essencialmente patrimonial (e sendo composto por uma ou mais pessoas jurídicas), exerce uma atividade económica lucrativa que se traduz na prática de atos de comércio».

As sociedades comerciais unipessoais por quotas não correspondem a um novo tipo societário, já que tal violaria a tipologia permitida pelo artigo 1.º do CSC, mas a uma forma especial das sociedades comerciais por quotas.

Como salienta Ricardo Costa no tema «Algumas considerações a propósito do regime jurídico da sociedade por quotas unipessoal», in *Estudos Dedicados ao Prof. Mário Júlio de Almeida Costa*, págs. 1238, o legislador, ignorando a notável dimensão do fenómeno da unipessoalidade, não aproveitou a ocasião, como deveria, para inserir um regime jurídico especial e completo da constituição, formação e atividade funcional da sociedade unipessoal, em particular no que tange às relações com terceiros que com ela entabulam relações jurídicas.

2.1.3 – A sociedade unipessoal por quotas não tem origem contratual, visto que é constituída por ato unilateral de um único sócio, pessoa singular ou coletiva, que é o titular da totalidade do capital social – é o que se designa por unipessoalidade originária e está consignada no n.º 1 do artigo 270.º- A do CSC.

Todavia, a unipessoalidade pode também resultar da concentração de todas as quotas de uma sociedade por quotas (plural) na titularidade de um único sócio, independentemente da causa subjacente à concentração, falando-se, então, de unipessoalidade superveniente, consagrada no n.º 2 do citado artigo 270.º-A.

2.1.4 – Tanto a constituição originária da sociedade como a sua transformação posterior podem ser tituladas por documento particular desde que, no primeiro caso, não sejam efetuadas entradas em bens diferentes de dinheiro para cuja transmissão seja necessária escritura pública e, no segundo, não façam parte da sociedade bens que exijam para a sua transmissão a celebração de escritura pública (artigo 7.º do CSC).

Do referido documento particular ou da própria requisição de registo ou ainda de documento avulso, conforme o caso, é conveniente que conste a declaração exarada e assinada pelo próprio, no sentido de que não é titular de qualquer outra sociedade unipessoal por quotas (n.º 1 do artigo 270.º-C do CSC), obviando assim à possibilidade de aplicação posterior do disposto no n.º 3 do referido artigo 270.º-C.

Uma sociedade unipessoal por quotas também não pode ter como sócio único uma sociedade unipessoal por quotas, por força do disposto no n.º 2 do artigo citado.

2.1.5 – Para a transformação de uma sociedade por quotas em unipessoal por quotas na sequência da concentração de todas as quotas na titularidade de um único sócio, basta a declaração proferida pelo referido sócio, nesse sentido, não sendo naturalmente exigíveis os documentos específicos das verdadeiras situações de transformação de sociedades, consagradas nos artigos 130.º e seguintes do CSC.

2.1.6 – No sentido referido, veja-se o parecer emitido no proc.º n.º R.Co.5/98-DSJ, in BRN n.º 3/99, I, pág. 27, que fixou o entendimento que se reflete nas seguintes conclusões:

«I – Só por si, não implica transformação de sociedade, em caso de concentração das quotas de uma sociedade por quotas na titularidade de um único sócio, a declaração deste de a modificar para ("transformar" em) sociedade unipessoal por quotas.

II – Assim, em tal caso, não são exigíveis os documentos legalmente específicos das verdadeiras situações de transformação».

2.1.7 – No que concerne à constituição de sociedades comerciais por quotas ou unipessoais por quotas respeitantes a agentes de seguros, autorização especial para o acesso e exercício da atividade de mediação de seguros e capital social mínimo exigível para a constituição daquelas sociedades veja-se o parecer proferido no proc.º n.º C. Co. 5/2012 SJC-CT.

2.1.8 – Às sociedades unipessoais por quotas aplicam-se todas as regras inerentes às sociedades por quotas, salvo, naturalmente, as relativas à pluralidade de sócios, como resulta do preceituado no artigo 270.º-G do CSC.

Da sua firma ou denominação deve sempre constar a expressão «sociedade unipessoal» ou apenas «unipessoal» antes da palavra «Limitada» ou da abreviatura «Lda.», nos termos prescritos no artigo 270.º-B do CSC.

2.1.9 – O sócio único da sociedade unipessoal por quotas é livre de nomear quem bem lhe aprouver, nos termos gerais, como seu representante voluntário na tomada de decisões de natureza igual à das deliberações em assembleia geral da sociedade por quotas plural, não lhe sendo aplicável o regime restritivo que na matéria se estabelece, para estas mesmas deliberações, no art. 249.º/5 CSC.

Nestes termos, a viabilidade do pedido de registo do facto objeto da decisão aprovada pelo arrogado representante do sócio único depende da comprovação da qualidade e poderes que efetivamente a isso o legitimem – vd. parecer ínsito no proc.º n.º R.Co.29/19STJSR-CC.

3. Sociedades anónimas

3.1 – A constituição das sociedades anónimas é livre e, em regra, reveste natureza contratual, podendo a mesma ser instantânea ou com apelo a subscrição pública.

A constituição de sociedades anónimas pode, contudo, resultar de um ato unilateral, como no caso das empresas públicas (criadas por Decreto-Lei) ou no caso de uma sociedade constituir uma sociedade anónima de cujas ações ela seja inicialmente a única titular (domínio total inicial), ao abrigo do disposto no artigo 488.º, n.º 1, do CSC.

3.2 – Nas sociedades anónimas a responsabilidade de cada sócio está limitada ao valor das ações que subscreveu, como resulta do preceituado no artigo 271.º do CSC.

As ações representam uma fração do capital, sendo o voto atribuível ao seu titular em função das ações de que é proprietário.

As ações podem conferir direitos diferentes, designadamente quanto à atribuição de dividendos e à partilha do ativo resultante da liquidação – privilégio patrimonial consignado no n.º 1 do artigo 345.º do CSC –, podendo também respeitar a privilégios de índole não patrimonial – n.º 2 do artigo 391.º do CSC.

3.3 – A falta de menção no contrato social do valor da entrada de algum sócio ou de prestações realizadas por conta desta é causa da nulidade do contrato, visto que, de acordo com o estatuído no artigo 42.º, n.º 1, alínea *b)*, do CSC, pode o mesmo ser declarado nulo, mesmo após o registo definitivo do contrato de sociedade. – Cfr., neste sentido, João Labareda, in *Das Ações das Sociedades Anónimas,* AAFD, 1988, pág. 14.

3.4 – As ações podem ser nominativas ou ao portador, como flui do estipulado no n.º 1 do artigo 299.º do CSC.

As ações devem ser nominativas nos casos previstos no n.º 2 do citado artigo.

3.5 – A estrutura adotada para a administração e fiscalização das sociedades anónimas deve, por força do disposto na alínea *g)* do artigo 272.º do CSC, constar obrigatoriamente do conteúdo do contrato bem como do registo correspondente.

3.6 – «I – A menção da forma de obrigar a sociedade constante do contrato constitutivo deve ser expressamente indicada no registo e, sendo modificada, na da correspondente inscrição de alteração.

II – No caso de ter sido lavrada inscrição de alteração, sem que aquela menção nela tenha sido incluída, deve esse registo ser retificado de modo a completá-lo com a menção omitida, ainda que os efeitos que a lei lhe atribui não sejam prejudicados, em virtude dos documentos respetivos terem sido depositados na pasta da sociedade.

III – Tendo o contrato constitutivo relegado para um órgão da sociedade para tanto competente (como é o caso do conselho de administração) a indicação do número e das pessoas dos administradores que podem obrigar a sociedade, essa designação é facto sujeito a registo». – Conclusões firmadas no parecer do CT proferido no proc.º R.Co.25/98 DSJ-CT, in BRN n.º 3/99, II, pág. 10.

3.7 – No que respeita à possibilidade, ou não, de transformação de uma sociedade anónima numa sociedade comercial por quotas veja-se o parecer proferido no proc.º n.º R.Co.7/2013 SJC-CT.

3.8 – O Decreto-Lei n.º 2/2005, de 4 de janeiro, aprovou o Regime Jurídico aplicável às sociedades anónimas europeias com sede em Portugal bem como à constituição de sociedades anónimas europeias em que estejam envolvidas sociedades reguladas pelo direito interno português – cfr. o que dispõem os artigos 1.º e seguintes.

4. Sociedades em comandita

4.1 – O grau de responsabilidade dos sócios pelas dívidas nas sociedades em comandita depende de serem sócios comanditários ou comanditados.

Os sócios comanditários respondem apenas pela sua entrada, o que os coloca numa posição similar às dos sócios nas sociedades de capitais – cfr. os artigos 465.º, n.º 1, primeira parte, e 271.º, do CSC.

Os sócios comanditados respondem pelas dívidas da sociedade nos mesmos termos em que respondem os sócios das sociedades em nome coletivo, isto é, respondem individualmente pela sua entrada, e pelas obrigações sociais, subsidiariamente, em relação à sociedade e, solidariamente, com os outros sócios, como decorre do preceituado no n.º 1, *in fine*, do artigo 465.º e no n.º 1 do artigo 175.º do CSC.

Salvo disposição expressa do contrato, só os sócios comanditados podem ser gerentes, por força do disposto no artigo 470.º do citado Código.

4.2 – O conjunto dos sócios comanditados não pode ter menos de metade dos votos pertencentes aos sócios comanditários, também em conjunto, como flui do disposto no n.º 2 do artigo 472.º do CSC.

4.1. Sociedades em comandita simples

4.1.1 – Este tipo de sociedades nunca conheceu, entre nós, grande êxito. São consideradas de tipo misto ou híbrido, coexistindo nelas dois grupos de sócios, uns de responsabilidade limitada (sócios comanditários) e outros de sócios de responsabilidade ilimitada (sócios comanditados).

Acentua-se aqui o caráter mais personalista da sociedade, aplicando-se-lhe supletivamente as regras atinentes às sociedades em nome coletivo, cujo regime é, efetivamente, o que melhor se lhe adapta, por força do preceituado nos artigos 474.º e 477.º do CSC.

4.1.2 – Da firma das sociedades em comandita simples tem de constar expressamente o nome ou firma de, pelo menos, um dos sócios comanditados e o aditamento «em Comandita» ou «& Comandita», por força do disposto na primeira parte do n.º 1 do artigo 467.º do CSC.

4.2. Sociedades em comandita por ações

4.2.1 – Às sociedades em comandita por ações, dado o seu caráter acentuadamente capitalista, aplicam-se-lhe subsidiariamente as regras relativas às sociedades anónimas consignadas nos artigos 271.º e seguintes do CSC, que sejam compatíveis, por força do disposto no 478.º do mesmo Código.

Por isso, aproximando-se do regime prescrito no n.º 1 do artigo 273.º, o número mínimo de sócios comanditários neste tipo societário é de cinco, como resulta do prescrito no artigo 479.º do CSC.

4.2.2 – Da composição das firmas das sociedades em comandita por ações deve sempre constar o nome ou firma de um, pelo menos, dos sócios comanditados e o aditamento «em Comandita por Ações» ou «& Comandita por Ações», em cumprimento do estipulado na parte final do n.º 1 do artigo 467.º do CSC.

5. Sociedades civis sob forma comercial

5.1 – Às sociedades civis sob forma civil ou sociedades civis puras, cujo regime está consagrado nos artigos 980.º e seguintes do Código Civil, contrapõem-se as sociedades civis sob forma comercial, isto é, aquelas que, ao abrigo da possibilidade conferida pelo disposto nos n.os 2 e 4 do artigo 1.º do Código das Sociedades Comerciais, podem adotar um dos tipos aí contemplados.

5.2 – A constituição de uma sociedade civil sob forma comercial, na sequência de *redomiciliação* em Portugal, não está sujeita ao pagamento do imposto de selo previsto na verba n.º 26.1 da Tabela Geral do Imposto do Selo, aprovada pela Lei n.º 150/99, de 11 de setembro – cfr., nesta conformidade, a deliberação tomada no proc.º C.Co. 15/2009 SJC-CT.

III. Pessoas coletivas de utilidade pública

1 – As associações que sejam reconhecidas como pessoas coletivas de utilidade pública são equiparadas às sociedades comerciais, para fins de registo, como decorre do disposto no artigo 1.º do Decreto-Lei n.º 57/78, de 1 de abril.

Daí que os factos elencados no artigo 2.º do citado diploma devam ser registados nas conservatórias do registo comercial territorialmente competentes.

Salienta-se, contudo, que a Lei n.º 36/2021, de 14 de junho, procedeu à revogação do citado diploma, exceto para efeitos do disposto no n.º 4 do artigo 17.º. Tal equivale a dizer que se mantém a possibilidade de requerer registos sobre as referidas associações, nos termos do Decreto-Lei n.º 57/78, de 1 de abril, que, à data de entrada em vigor da presente lei, se mostrem inscritas no registo comercial, enquanto mantiverem o estatuto de utilidade pública.

2 – A equiparação supra referida queda-se, porém, na lei registral (e dentro desta apenas no que concerne a procedimentos registrais), não lhe sendo atribuído o efeito constitutivo que o artigo 5.º do Código das Sociedades Comerciais confere ao registo do contrato de sociedade.

Consequentemente, o registo de constituição das associações reconhecidas como pessoas coletivas é mera condição de eficácia do facto perante terceiros, nos termos previstos no n.º 1 do artigo 14.º do CRC.

3 – II – As pessoas coletivas de utilidade pública são equiparadas, para fins exclusivamente de registo, às sociedades comerciais, por força do a prescreve o artigo 1.º do Decreto-Lei n.º 57/78, de 1 de abril.

III – As instituições de solidariedade social previstas no Decreto-Lei n.º 119/83 encontram-se dispensadas do registo comercial por força do disposto no artigo 8.º do referido diploma.

IV – É obrigatório o registo de constituição das sociedades comerciais, previsto na alínea *a)* do n.º 1 do artigo 3.º do Código do Registo Comercial, bem como o dos factos constantes, designadamente, das alíneas *m)* e *t)* do mesmo preceito, como resulta da análise conjugada destas normas com o prescrito no artigo 15.º, n.º 1, do citado Código.

V – Tal obrigatoriedade, contudo, não é extensiva ao registo dos mesmos factos (constantes do artigo 2.º do Decreto-Lei n.º 57/78) atinentes às pessoas coletivas de utilidade pública uma vez que a sua equiparação respeita apenas a procedimentos registrais» – conclusões firmadas no parecer do C.T. constante do proc.º n.º C.Co.110/2008 SJC-CT.

4 – O registo das pessoas colectivas religiosas encontra-se inserido no âmbito da competência funcional do RNPC, daquele decorrendo a atribuição da personalidade jurídica, como resulta do disposto no artigo 1.º do DL n.º 134/2003, de 28 de Junho. A decisão de recusa de acto de registo nos termos requeridos é impugnável para o presidente do IRN ou para o tribunal da área da circunscrição a que pertence a conservatória, nos termos do prescrito no artigo 101.º do CRC, aplicável subsidiariamente por força do disposto no artigo 19.º do citado Decreto-Lei n.º 134/2003. Contudo, tendo a decisão de recusa sido proferida na sequência de parecer vinculativo proferido pela Comissão da Liberdade Religiosa, e optando a recorrente pela via do recurso hierárquico, a apreciação daquela fica restrita a juízos de mera legalidade, designadamente da sua conformação com o aludido parecer, uma vez que o teor deste é insindicável pela entidade *ad quem*, atento que também a vincula visto que se encontra inserida no âmbito da Administração Pública. Consequentemente, só mediante impugnação judicial será viável obter pronúncia sobre o teor do parecer emitido pela Comissão da Liberdade Religiosa no exercício das suas funções – cfr. o disposto no artigo 54.º, n.º 1, alínea d), da Lei n.º 16/2001, e no artigo 9.º, n.º 3, do referido DL n.º 134/2003 – vd. pareceres constantes dos proc.ºs n.º R. Co. 19/2010SJC-CT e n.º 34/2007SJC-CT.

IV. Factos sujeitos a registo – menções, documentos, publicação obrigatória e tributação emolumentar

Alínea *a)* – A constituição

1 – Em termos gerais, podemos indicar como imprescindíveis para o registo definitivo da constituição de sociedades comerciais os seguintes documentos:

a) documento escrito, com as assinaturas dos seus subscritores reconhecidas presencialmente, salvo se outra forma mais solene (escritura pública) for exigida devido à natureza dos bens com que os sócios entrem para a sociedade – artigo 7.º do CSC;

b) ou ainda, embora mais restritamente, decreto-lei – artigo 37.º deste Código;

c) relatório do revisor oficial de contas (ROC), no caso de a realização do capital social ser feita por entrada de bens diferentes de dinheiro – n.º 1 do artigo 28.º do CSC;

d) certificado de admissibilidade da firma ou denominação correspondente (ou verificação da sua disponibilização), dentro do seu prazo de validade – artigos 56.º, n.º 1, alínea b), e 53.º do RRNPC;

e) documento comprovativo da concessão de autorizações especiais, sendo caso disso, salvo se o ato de constituição for titulado por escritura pública que o mencione – n.º 1 do artigo 35.º do CRC.

2 – O regime especial de constituição de sociedades consagrado no Decreto-Lei n.º 111/2005, de 8 de julho, permite a constituição imediata de sociedades comerciais e civis sob forma comercial do tipo por quotas e anónima, com ou sem a simultânea aquisição, pelas sociedades, de marca registada, ao abrigo do preceituado no seu artigo 1.º.

Os pressupostos de aplicação deste regime são os seguintes:

a) A opção por firma constituída por expressão de fantasia previamente criada e reservada a favor do Estado ou a apresentação de certificado de admissibilidade de firma emitido pelo RNPC; e

b) A opção por pacto ou ato constitutivo de modelo aprovado pelo Presidente do Instituto dos Registos e do Notariado) – artigo 3.º.

2.1 – A declaração de início de atividade para efeitos fiscais pode ser logo apresentada, mas se não o for, os interessados são advertidos de que o devem fazer no serviço competente, no prazo legalmente fixado para o efeito – n.os 6 e 7 do artigo 7.º do Decreto-Lei n.º 111/2005 – não constituindo a falta de apresentação da referida declaração qualquer obstáculo à elaboração do registo em termos definitivos.

2.2 – Os interessados na constituição de uma sociedade comercial ou civil sob forma comercial podem dirigir-se a qualquer serviço competente, independentemente da localização da sociedade a constituir, e aí manifestar a intenção de constituir a empresa, bastando-lhes, para o efeito, selecionar uma das firmas pré-aprovadas postas à sua disposição e escolher o pacto ou ato constitutivo previamente aprovado e certificado pelos serviços de registo e de notariado, nos termos consignados nos artigos 3.º, 4.º, 7.º e 15.º do citado Decreto-Lei.

Os referidos serviços devem iniciar e concluir a tramitação do procedimento no mesmo dia, em atendimento presencial único – vd. artigos 5.º e seguintes do citado diploma.

2.3 – Após a conclusão do procedimento de constituição das sociedades o conservador deve promover as publicações legais no prazo de vinte e quatro horas, por força do prescrito na alínea *a)* do n.º 1 do artigo 13.º do Decreto-Lei n.º 111/2005, de 8 de julho.

2.4 – O serviço competente, após a conclusão do procedimento de constituição da sociedade, deve remeter a pasta da sociedade à conservatória do registo comercial competente nos termos fixados no Código do Registo Comercial.

O envio referido só deve ocorrer enquanto não existirem condições que possibilitem o acesso à informação sobre a sociedade em causa por via eletrónica – n.os 2 e 3 do artigo 13.º do citado Decreto-Lei n.º 111/2005.

2.5 – O conservador deve recusar o preenchimento do pacto ou ato constitutivo, de acordo com o modelo aprovado, nos termos das indicações dos interessados, sempre que se verifique a existência de omissões, vícios ou deficiências que afetem a formação e exteriorização da vontade dos intervenientes no ato ou nos documentos que o devam instruir e que obstem à realização do correspondente registo definitivo, bem como quando, em face das disposições aplicáveis *in casu*, o ato não seja viável, como resulta do prescrito no n.º 1 do artigo 9.º do citado Decreto-Lei n.º 111/2005.

O conservador deverá igualmente recusar a realização do ato referido na alínea *d)* do n.º 1 do artigo 8.º, sempre que o mesmo seja anulável ou ineficaz, ao abrigo do disposto no n.º 2 do citado artigo 9.º.

2.5.1 – No caso de o interessado não se conformar com a decisão do conservador e declarar, verbalmente ou por escrito, que pretende impugnar a recusa, o conservador deve lavrar despacho especificando os fundamentos respetivos, em cumprimento do prescrito no n.º 3 do artigo 9.º do diploma em apreço.

2.5.2 – A recusa da titulação do ato é impugnável por força do prescrito no n.º 4 do citado artigo 9.º, obedecendo aos trâmites previstos para a impugnação das decisões do conservador, consagrada nos artigos 101.º e seguintes do CRC.

3 – O regime especial de constituição *online* de sociedades comerciais e civis sob forma comercial do tipo por quotas e anónima, com ou sem a aquisição simultânea de marca registada, foi criado pelo Decreto-Lei n.º 125/2006, de 29 de junho, ocorre através de sítio na Internet, encontrando-se regulamentado pela Portaria n.º 657-C/2006, de 29 de junho.

Este regime especial não é aplicável à constituição de sociedades cujo capital seja realizado por entradas em espécie que demandem, para a transmissão dos bens, forma mais solene do que a mera forma escrita, nem às sociedades anónimas europeias, como decorre do prescrito no artigo 2.º do citado decreto-lei.

4 – Após a entrada em vigor do CSC, aprovado pelo Decreto-Lei n.º 262/86, de 2 de setembro, e tendo em conta os acórdãos contraditórios proferidos,

designadamente a nível do Supremo Tribunal de Justiça, o Assento n.º 12/96, de 1 de outubro de 1996, publicado no BMJ n.º 460, pág. 125, uniformizou jurisprudência no sentido de que «as sociedades por quotas que, depois da entrada em vigor do Código Civil de 1966 e mesmo depois das alterações nele introduzidas pelo Decreto-Lei n.º 496/77, de 25 de novembro, e antes da vigência do Código das Sociedades Comerciais, aprovado pelo Decreto-Lei n.º 262/86, de 2 de setembro, ficaram reduzidas a dois únicos sócios, marido e mulher, não separados judicialmente de pessoas e bens, não são, em consequência dessa redução, nulas.»

5 – «I – A I Diretiva do Conselho das Comunidades sobre sociedades comerciais vem, além do mais, reduzir as causas de invalidade das sociedades por ações (anónimas e em comandita) e das sociedades por quotas (de responsabilidade limitada, segundo a terminologia da Diretiva).

II – Segundo o Código das Sociedades Comerciais, celebrada a escritura pública e efetuada a inscrição do contrato social no registo, a sociedade por quotas apenas pode ser declarada nula em casos previstos no seu artigo 42.º, n.º 1, norma esta que deu execução ao disposto no artigo 11.º, n.º 2, da citada Diretiva.

III – Assim, para as sociedades por quotas constituídas após a entrada em vigor do referido Código, não releva, como causa de invalidade, o facto de as mesmas serem constituídas entre cônjuges.

IV – Tendo em conta o projeto, o anteprojeto e o Código das Sociedades Comerciais vigente, verifica-se que o anteprojeto não tinha qualquer norma igual à do art. 24.º, n.º 1, do projeto e à do atual art. 8.º, n.º 1.

V – Assim, de entre as várias correntes sustentadas anteriormente, a lei preferiu a orientação mais liberal, consagrando-a.

VI – O art. 8.º do Cód. Soc. Com. é interpretativo da lei anterior, e, portanto, de aplicação retroativa». – Sumário do Acórdão do STJ, de 17 de janeiro de 1990 – JSTJ00000097/ITIJ.

6 – É obrigatório o registo do contrato social dois meses após a data em que tenha sido titulado, por força do disposto no n.º 2 do artigo 15.º do CRC.

Decorrido o aludido prazo, pelo registo que venha a ser posteriormente peticionado é devido o emolumento do ato em dobro, nos termos prescritos no artigo 17.º deste Código.

7 – É igualmente obrigatória a publicação do correspondente ato de registo desde que respeitante a sociedade por quotas (plural ou unipessoal), anónimas e em comandita por ações, como decorre do disposto na alínea *a)* do n.º 1 do artigo 70.º do CRC.

8 – Da análise conjugada do disposto na alínea *a)* do n.º 1 do artigo 3.º com o preceituado na alínea *a)* do n.º 1 do artigo 70.º do CRC, resulta claramente que a obrigatoriedade de publicação não é extensiva à constituição de sociedades em nome coletivo ou em comandita simples.

A desnecessidade de publicação dos atos constitutivos referidos radica, certamente, no facto de se entender que a responsabilidade solidária assumida pelos sócios nestes tipos societários, justificará a dispensa de publicação dos mesmos.

9 – Do extrato da inscrição de constituição de sociedade deve também constar, como menção especial, a data do encerramento do exercício social, ainda que coincidente com o ano civil, por força do disposto na alínea *b)* do n.º 1 do artigo 10.º do RRC.

Idêntica exigência, mas apenas quando a data do encerramento do exercício anual seja diferente do ano civil, encontra-se também vertida na alínea *i)* do n.º 1 do artigo 9.º do CSC, subentendendo-se, *in casu*, que se nada se disser em contrário existe, naturalmente, coincidência entre o exercício anual e o ano civil – veja-se o parecer proferido pelo C.T. no proc.º n.º R.Co.4/2007 DSJ-CT.

10 – O extrato da inscrição de constituição de qualquer sociedade comercial deve conter, como menção especial, a data do encerramento do exercício social, ainda que coincidente com o ano civil, em face do disposto na alínea *b)* do n.º 1 do artigo 10.º do RRC. Sendo o exercício anual diferente do ano civil, a data do respetivo encerramento deve constar expressamente do contrato de sociedade, como resulta do prescrito na alínea i) do n.º 1 do artigo 9.º do CSC – cfr. o parecer proferido no proc.º n.º R.Co.4/2007 SJC-CT.

11 – Para além das menções gerais plasmadas no artigo 9.º do RRC e das menções especiais já referidas, devem ainda constar da inscrição do contrato as demais menções mencionadas na alínea *b)* do n.º 1 do artigo 10.º do citado Regulamento.

Alínea *b)* – A deliberação da assembleia geral, nos casos em que a lei a exige, para aquisição de bens pela sociedade

1 – De harmonia com o prescrito no n.º 1 do artigo 29.º do CSC, a aquisição de bens por uma sociedade anónima ou uma sociedade em comandita por ações deve ser previamente aprovada por deliberação da assembleia geral, só podendo ocorrer desde que se verifiquem cumulativamente os seguintes requisitos:

a) Seja efetuada, diretamente ou por interposta pessoa, a um fundador da sociedade ou a pessoa que desta se torne sócio no período referido na alínea *c)*;

b) O contravalor dos bens adquiridos à mesma pessoa durante o período referido na alínea *c)* exceda 2% ou 10% do capital social, consoante este seja igual ou superior a 50 000 euros, ou inferior a esta importância, no momento do contrato donde a aquisição resulte;

c) O contrato de que provém a aquisição seja concluído antes da celebração do contrato de sociedade, simultaneamente com este ou nos dois anos seguintes ao registo do contrato de sociedade ou do aumento de capital.

2 – A deliberação de aquisição de bens é válida desde que seja tomada em assembleia geral, por maioria simples dos votos, se tiver sido regularmente convocada e reunida, ou unanimemente por escrito, a menos que o contrato social estabeleça outra forma deliberativa.

2.1 – Quanto às deliberações dos sócios e formas que as mesmas devem revestir observe-se, designadamente, o disposto nos artigos 53.º, 54.º, n.º 1, 373.º e 386.º, todos do CSC.

3 – A deliberação em causa tem de ser precedida da verificação do valor dos bens a adquirir, que deve constar de um relatório elaborado por um revisor oficial de contas sem interesse na sociedade, designado por deliberação dos sócios, de harmonia com preceituado no artigo 28.º do CSC.

O fundador (ou o sócio acionista não fundador) a quem os bens sejam adquiridos não tem direito de voto no que concerne à designação do revisor oficial de contas, por identidade de razão com o que acontece relativamente aos sócios que efetuam as entradas em bens diferentes de dinheiro, nos termos prescritos no n.º 1 do citado artigo 28.º.

4 – Na deliberação para aquisição de bens pela sociedade os que efetuam as entradas em causa (quer seja o sócio fundador, quer seja o acionista não fundador) estão impedidos de votar, como decorre do disposto no n.º 3, *in fine,* do artigo 29.º e da alínea *d),* do n.º 6, do artigo 384.º ambos do CSC.

No entanto, se a deliberação for mesmo tomada com violação das normas referidas fica ferida de nulidade, pelo que sendo requisitado o correspondente ato de registo com base em documento que contenha tal deliberação, tem o mesmo de ser recusado, ao abrigo do preceituado na alínea *d)* do n.º 1 do artigo 48.º do CRC.

5 – As aquisições de bens são ineficazes quando os referidos contratos, que devem ser reduzidos a escrito, não sejam aprovados pela assembleia geral, como flui do disposto nos n.ºs 4 e 5 do artigo 29.º do CSC. – Cfr., para mais desenvolvimentos sobre esta temática, Brito Correia, in *Direito Comercial,* 2.º Vol., 1997, pág. 342.

6 – O disposto no n.º 1 do artigo 29.º do CSC não é aplicável a aquisições feitas em bolsa, em processo judicial executivo ou compreendidas no objeto da sociedade, por força da exceção consignada no n.º 2 do mesmo artigo 29.º.

Consequentemente, as referidas aquisições não estão sujeitas a registo comercial, visto que o que a lei aqui submete a registo é apenas a deliberação da assembleia geral para a aquisição de bens pela sociedade.

7 – O disposto no referido artigo 29.º do CSC veio corresponder à necessidade de dar execução ao preceituado no artigo 11.º da 2.ª Diretiva do Conselho, 77/91/CEE, de 13 de dezembro de 1976, que tende a coordenar as garantias que, para proteção dos sócios e de terceiros, são exigidas nos Estados-Membros às sociedades, na aceção do artigo 58.º do Tratado, a fim de tornar equivalentes essas garantias em toda a União relativamente à constituição da sociedade anónima e à conservação e modificação do seu capital social.

8 – O pedido de registo da deliberação da assembleia geral, deve ser instruído com fotocópia da ata que consigne a deliberação tomada, ou certidão da ata notarial exarada pelo notário presente na assembleia geral, ou com base noutro documento, do qual conste a deliberação tomada por escrito, sendo, no caso concreto, legalmente admissível.

Deve também ser apresentado o relatório do revisor oficial de contas, visto que faz parte integrante da documentação sujeita às formalidades de publicidade prescritas na lei, como decorre do disposto no n.º 6 do artigo 28.º do CSC.

9 – A deliberação da assembleia geral está sujeita a registo obrigatório bem como a publicação obrigatória, como flui não só dos artigos 29.º, n.º 3, e 166.º do CSC como também da análise conjugada do disposto na alínea *b)* do n.º 1 do artigo 3.º, com o preceituado na alínea *a)* do n.º 1 do artigo 15.º e na alínea *a)* do n.º 1 do artigo 70.º todos do CRC.

10 – No que respeita às menções gerais e especiais do registo por depósito veja-se o disposto nos artigos 14.º e 15.º, n.º 1, alínea a), do RRC.

Alínea *c)* – A unificação, divisão e transmissão de quotas de sociedades por quotas, bem como de partes sociais de sócios comanditários de sociedades em comandita simples

Unificação

1 – A unificação de quotas consiste na junção numa única quota de duas ou mais quotas anteriormente autónomas mas forçosamente pertencentes ao mesmo sócio.

Trata-se de um ato do sócio não da sociedade, razão pela qual a unificação não tem que ser previamente por esta autorizada.

Na sequência da unificação, o capital social passa naturalmente a ser dividido em quotas de montantes nominais diversos dos anteriormente existentes, correspondendo ao somatório do valor das quotas unificadas.

2 – A unificação de quotas pressupõe a homogeneidade das quotas em questão, só sendo possível ocorrer nos casos em que às respetivas quotas, integralmente liberadas, não correspondam, segundo o contrato de sociedade, direitos e obrigações diversos, como resulta do disposto no n.º 4 do artigo 219.º do CSC.

3 – Como exemplo paradigmático de direitos diversos que podem respeitar às quotas, refere-se o que consiste na atribuição, como direito especial, de dois votos por cada cêntimo de valor nominal da quota ou quotas de sócios que, no total, não correspondam a mais de 20% do capital, como se colhe do preceituado no n.º 2 do artigo 250.º do CSC.

4 – A unificação do ponto de vista formal encontra-se hoje bastante facilitada, exigindo-se apenas a sua redução a escrito, comunicação à sociedade e registo por depósito, como determina o n.º 5 do artigo 219.º, na redação dada pelo Decreto-Lei n.º 76-A/2006, de 29 de março.

5 – «I – A unificação de quotas é, em face do disposto no artigo 219.º do Cód. Soc. Com., um ato do sócio e não da sociedade.

II – O sócio que possuir uma quota como solteiro e posteriormente adquirir outra já casado em regime de comunhão de adquiridos, só poderá unificá-la com a primeira desde que demonstre que ela é também seu bem próprio, designadamente face ao disposto na al. *c)* do art. 1723.º do Código Civil.

III – Em caso de aumento de capital por incorporação de reservas a quota inicial é acrescida do que lhe couber, sem qualquer impedimento, uma vez que o sócio já possuía na sua parte social o correspondente valor». – Conclusões extraídas no parecer emitido pelo Conselho Técnico no proc.º n.º 4/95-R.P.4, www.dgrn.mj.pt/pareceres/1995.

Divisão e transmissão

1 – Ao contrário do registo da unificação cuja imposição resulta diretamente da lei substantiva, em face do que preconiza o n.º 5 do artigo 219.º do CSC, quanto ao registo da divisão e transmissão da quota a lei substantiva nada diz, decorrendo, porém, tal registo da previsão consignada na alínea *c)* do n.º 1 do artigo 3.º do CRC, ora em apreço.

2 – A divisão de quotas apenas é permitida nos casos de amortização parcial, transmissão parcial ou parcelada, partilha ou divisão entre contitulares, como flui do disposto no artigo 221.º do CSC.

Decorre inequivocamente do exposto que o titular único de uma quota não pode proceder à divisão daquela para continuar titular único da quota dividida e das quotas resultantes da referida divisão.

3 – A partir da redação introduzida pelo artigo 2.º do Decreto-Lei n.º 76-A/ /2006, de 29 de março, no n.º 2 do artigo 221.º do CSC, também a titulação dos atos que importem divisão de quotas ficou bastante facilitada, bastando a sua redução a escrito.

4 – A divisão de quotas pode ser proibida no contrato, contanto que da proibição não resulte impedimento à partilha ou divisão entre contitulares por período superior a cinco anos, como decorre do disposto no n.º 3 do artigo 221.º do CSC.

A formulação desta regra coincide, aliás, com a constante da primeira parte do n.º 2 do artigo 1412.º e do n.º 2 do artigo 2101.º ambos do Código Civil, no que respeita à compropriedade e à partilha da herança, respetivamente.

5 – «1 – É nula, por ir contra a disposição imperativa do artigo 1714.º, n.º 2 do Código Civil, a cessão onerosa de quotas entre cônjuges não separados judicialmente de pessoas e bens.» – conclusão extraída no parecer do CT constante do proc.º n.º 34/90-R.P.4. Neste sentido, veja-se ainda o parecer emitido no proc.º n.º 1/118-R.P.4.

6 – Na cessão de quotas a filhos ou netos, o consentimento da sociedade é dispensável, em face do disposto no n.º 2 do artigo 228.º do CSC, sem prejuízo, contudo, do preceituado na lei civil.

No artigo 877.º do Código Civil encontra-se estabelecido que, para a venda de bens (quotas, *in casu*), é imprescindível o consentimento dos outros filhos ou netos, sob pena de anulabilidade.

Também para a cessão de quotas a nora ou genro se exige que seja prestada a autorização dos filhos não intervenientes no contrato, por identidade das situações descritas.

7 – Em conformidade, veja-se o Acórdão do STJ, de 8 de julho de 1997, CJ, Tomo II, 1997, pág. 163, cujo sumário se transcreve a seguir:

«I – As vendas às noras ou genros sempre implicará um prejuízo para os filhos não intervenientes nessas vendas sendo indiferente, atenta a razão da lei, que também possa beneficiar um dos herdeiros.

II – A cessão de quotas em que é adquirente a nora do cedente necessita sempre da autorização dos filhos deste, não intervenientes no contrato».

8 – «I – A divisão e cessão de quotas entre sócios não necessitam de consentimento da sociedade, sendo indispensável, contudo, que lhe sejam comunicadas por escrito, a menos que haja reconhecimento societário, expresso ou tácito». – Sumário do Acórdão do STJ, de 16 de março de 1999, in CJ (STJ), 1999, I, pág. 158.

9 – A cessão de quota da sociedade carece do consentimento desta para ser eficaz. Havendo recusa do consentimento esta deve ser acompanhada de uma proposta de amortização ou de aquisição da quota sob pena de a cessão se tornar livre.

A não aceitação da proposta mantém a recusa do consentimento – Cfr. o Acórdão do STJ, de 21 de outubro de 1999, JSTJ00032835/ITIJ/Net.

10 – Quando a cessão da quota não é livre, o consentimento tem de ser dado pela sociedade, não pelos sócios, como decorre do preceituado no n.º 2 do artigo 228.º, do CSC.

Considera-se prestado o consentimento da sociedade quando o cessionário tenha participado em deliberação dos sócios e nenhum deles a impugne com esse fundamento.

Para efeitos de registo da cessão, o consentimento tácito prova-se pela ata da deliberação, como resulta do disposto no n.º 6 do artigo 230.º do CSC.

11 – O disposto no artigo 228.º pode ser amplamente derrogado no contrato social, que pode inserir cláusulas contratuais tão díspares, como proibir a cessão de quotas, ou, nos antípodas, dispensá-la do consentimento da sociedade ou, ainda, exigir o consentimento da sociedade para todas ou só para algumas das cessões referidas na parte final do n.º 2 do artigo citado, por força do disposto no n.º 3 do artigo 229.º do CSC.

Nos casos em que seja necessário o consentimento da sociedade, pode ser livremente estipulado, por exemplo, que a deliberação seja tomada por maioria qualificada e não por maioria simples, como resulta da análise do artigo 229, n.º 5, do CSC.

12 – Quando o contrato social dispensar a comunicação por escrito à sociedade entre vivos para a transmissão de quotas, a aludida comunicação apenas pode ser substituída por outro facto previsto na lei, a saber: o reconhecimento expresso ou tácito, como postula o n.º 3 do artigo 228.º do citado Código.

13 – Não se fixa na lei a quem incumbe a obrigação de efetuar a comunicação à sociedade nos casos em que é devida, parecendo-nos, contudo, que aquela tanto

pode ser feita pelo cedente como pelo cessionário, visto que qualquer deles tem interesse em que seja atribuída eficácia à cessão.

14 – No que respeita à possibilidade de aquisição de quotas pela sociedade, em determinadas circunstâncias, e também à proibição de aquisição de quotas não liberadas pela sociedade, veja-se Brito Correia, in *Direito Comercial*, 2.º Volume, pág. 344 e seguintes.

15 – «I – É ilegal a cláusula existente num pacto social em que se estabelece que as cessões de quotas entre sócios são livres, no todo ou em parte, e que a estranhos só depois de ser dada preferência primeiro aos sócios não cedentes e depois à sociedade.

II – Tal ilegalidade emerge do facto de essa cláusula violar a norma de caráter imperativo constante do art. 229.º, n.º 5 do Cód. das Soc.Com. que estipula que o contrato de sociedade não pode subordinar os efeitos da cessão a requisito diferente do consentimento da sociedade, embora possa condicionar esse consentimento a requisitos especiais.

III – Assim sendo, e já que tal cláusula não é permitida, há que considerar a mesma automaticamente substituída pela disposição de caráter imperativo da nova lei (o Cód. Soc. Com.), sendo porém lícito o recurso à aplicação das disposições de caráter supletivo que ao caso convierem – art. 530.º do Cód. Soc. Com.

IV – A disposição que ao caso convém é o art. 228.º, n.º 2, do citado Código, que prescreve que a cessão de quotas não produz efeitos para com a sociedade enquanto não for consentida por esta, a não ser que se trate de cessão entre cônjuges, ascendentes ou descendentes ou entre sócios.

V – Nestes termos, é plenamente eficaz relativamente à sociedade a cessão de quotas de pai para filha e em que além disso, numa assembleia geral extraordinária da sociedade os sócios representantes de 70% do capital social votaram favoravelmente o consentimento da cessão, tendo o presidente considerado prestado tal consentimento. – Cfr. o Acórdão do STJ, de 9 de dezembro de 1999, in BMJ n.º 492, pág. 459.

16 – «De acordo com as regras de direito internacional privado português:

1. É regulável pela lei aplicável à substância do negócio, mas podendo sê-lo também pela lei em vigor no lugar da celebração, ou pela do estado para que esta remeta, a forma da cessão de quotas em sociedade portuguesa, efetuada no estrangeiro. É, portanto, reconhecida pelo nosso ordenamento a validade formal duma referida cessão efetuada por documento particular, se for formalmente válida nos termos duma das referidas leis.

2. A ou as leis que regulam a substância do negócio – "cisão de sociedade", é/são as dos Estados em que se encontram situadas as sedes principais e efetivas das administrações das sociedades intervenientes, como suas leis pessoais.

3. É reconhecida pelo nosso ordenamento a validade formal de uma cessão de quotas em sociedade portuguesa, como efeito de cisão entre sociedades estrangeiras, validamente efetuada por documento particular, como se diz em 1.

4. É regulada pela lei pessoal da sociedade, como requisito de aquisição da qualidade de sócio, a eventual exigência do consentimento social indispensável à eficácia, relativamente à sociedade, da cessão de quotas validamente efetuada ao abrigo doutra lei». – Conclusões firmadas no parecer proferido no proc.º n.º C.Co.25/99-DSJ.

17 – Na transmissão da quota em processo executivo, podem sempre exercer o direito de preferência os sócios, em primeiro lugar, a sociedade ou uma pessoa por esta designada.

A decisão judicial que determine a venda da quota em processo de execução ou insolvência do sócio, tem de ser notificada oficiosamente à sociedade, como decorre do disposto no artigo 239.º do CSC.

A norma que impõe esta notificação é imperativa, pelo que a sua falta acarreta a nulidade, porquanto constitui irregularidade que influi na decisão da causa.

18 – «I – A cessão de quotas sem autorização da sociedade é ineficaz em relação a esta mas válida entre as partes.

II – A falta do registo da cessão, não pode ser invocada por credor do cedente, que não é terceiro, para efeitos de registo.». – Sumário extraído no Acórdão do STJ, de 21 de setembro de 1993, in CJ (STJ), 1993, Tomo III, pág. 22.

19 – Através da escritura de habilitação de herdeiros apenas pode ser comprovada a qualidade de herdeiro ou meeiro do autor da sucessão. Assim, com base nela (e mesmo no caso de haver um único herdeiro) apenas é possível demonstrar a transmissão da *herança,* como universalidade, – e nunca que determinado bem (trate-se de imóvel, de quota social ou de qualquer outro) dela faz parte.

Não existindo partilha judicial ou extrajudicial a concretizar os bens da herança, o Código do Registo Predial permite que se efetue o registo *em comunhão hereditária* a favor de todos os herdeiros (e meeiro) apenas com base no documento comprovativo da habilitação acompanhado do pedido formulado por qualquer dos herdeiros (ou pelo meeiro) em que estes, identifiquem os bens a registar, se não estiverem descritos – arts. 49.º e 37.º do referido Código.

No Código do Registo Comercial não existe disposição semelhante a regulamentar esta matéria, sendo, contudo, de admitir que, por identidade de razão e porque a solução em causa *não contraria* os princípios enformadores do registo comercial, tal lacuna de estatuição normativa seja colmatada com base no disposto no art. 115.º desse Código – consentindo-se, portanto e em suma, que o sistema registal mercantil *acolha* o registo de aquisição de participação social *em comunhão hereditária* de modo análogo (quanto à titulação) ao que se encontra expressamente previsto para o registo predial.

20 – Relativamente à cessão de quotas, contemplada nos artigos 228.º a 231.º do CSC, é de salientar que a mesma depende em geral do consentimento da sociedade, pelo que se torna inútil convencioná-lo no contrato de sociedade.

Com efeito, e salvo nos casos de cessão entre cônjuges, entre ascendentes e descendentes ou entre sócios, a cessão de quotas não produz efeitos para com a sociedade enquanto não for consentida por esta (n.º 2 do citado artigo 228.º do mesmo Código).

Daqui resulta, por um lado, que o referido consentimento se apresenta como simples condição de eficácia, não como requisito de validade da cessão, e, por outro lado, que o mesmo consentimento não tem que preceder necessariamente o negócio, podendo ser prestado validamente em momento posterior. – Cfr. Albino de Matos, in *Constituição de Sociedades*, 5.ª edição, pág. 1999.

21 – Segundo Raúl Ventura, in *Sociedades por Quotas*, Vol. I, pág. 570 e seguintes, só se pode falar em cessão de quotas, quando exista um ato voluntário do seu titular na origem do facto transmissivo.

Assim, a cessão duma quota poderá integrar-se numa venda, permuta ou doação, o que não acontece, *verbi gratia,* nas arrematações, adjudicações judiciais e transmissões por morte, em que não existe, na sua origem, qualquer ato voluntário do titular inscrito da quota objeto da transmissão.

22 – A transmissão de quotas em processo executivo ou de liquidação de patrimónios não pode ser proibida ou limitada pelo contrato de sociedade, nem está dependente do consentimento desta, embora o pacto possa atribuir à sociedade o direito de amortizar quotas em caso de penhora, como flui do estipulado no n.º 2 do artigo 239.º do CSC.

23 – «I – Por estipulação no contrato (na sua versão originária ou na resultante de alteração de pacto), podem as sociedades comerciais atribuir a um ou alguns sócios o privilégio ou o direito especial de usar os bens do património social (art. 89.º do Cód. Soc. Com).

II – Nas sociedades por quotas, e salvo estipulação em contrário, os direitos especiais de natureza patrimonial são transmissíveis com a respetiva quota – art. 24.º, n.º 3, do CSC.

III – Os direitos especiais dos sócios são direitos de socialidade ou direitos corporativos, pois têm a sua base no próprio estatuto social não podendo como tal ser configurados ou chamados direitos extracorporativos ou extrassociais, como sejam os direitos de que os sócios são titulares, independentemente da sua qualidade de sócios, como terceiros, como credores.

IV – Embora estabelecidos no pacto social, são extracorporativos ou extrassociais os direitos dos sócios ao uso exclusivo de parte delimitada de certa fração autónoma, não pertencente à sociedade, pois tais direitos têm de emergir de negócio jurídico em que os sócios assumam a veste de terceiros, independentemente da sua posição social.

V – A cláusula do pacto social que atribui a alguns sócios, como direitos especiais, os direitos a que se reporta a alínea imediatamente anterior, é legalmente impossível e, por isso, nula – arts. 24.º, n.º 1, do CSC e 280.º, n.º 1, do CC.

VI – Assim, nos termos do art. 173.º, n.º 1, al. *a)*, do Código do Notariado, é legítima a recusa da celebração de escritura pública de cessão de quota com a menção de que o direito referido na precedente al. *d)* é inseparável da respetiva quota e com ela transmissível». – Cfr. o parecer do CT proferido no proc.º n.º 10/96-Not.3, no qual se extraíram as conclusões transcritas.

24 – As participações sociais, vistas como um conjunto de direitos e vinculações resultantes do contrato de sociedade, pertencem ao núcleo dos bens móveis, como decorre da análise conjugada do disposto nos artigos 204.º e 205.º do Código Civil.

A alienação e a oneração de participações sociais que sejam bens próprios competem ao cônjuge titular, sem necessidade de consentimento ou intervenção do outro cônjuge, com exceção das situações previstas nas alíneas *f)* e *g)* do n.º 2 do artigo 1678.º do Código Civil.

A alienação e a oneração de participações, qualificáveis como bens comuns, levadas por um dos cônjuges para o casamento ou por ele adquiridas a título gratuito, depois do casamento, e ainda das participações sub-rogadas em lugar de bens vindos à comunhão por qualquer um dos meios indicados, competem exclusivamente ao cônjuge que adquiriu diretamente a participação.

De igual modo, também a alienação de participações comuns doadas ou deixadas ao casal com exclusão de administração por um dos cônjuges, com ressalva da última parte da alínea *d)* do n.º 2 do artigo 1678.º do Código Civil, cabe ao cônjuge não excluído.

A alienação e a oneração das demais participações sociais comuns, cuja administração caiba aos dois cônjuges, são da sua competência conjunta, devendo necessariamente intervir ou consentir nos respetivos atos, salvo nos casos em que se deva considerar ato de administração ordinária.

O n.º 2 do artigo 8.º do Código das Sociedades Comerciais atribui ao cônjuge que designa como sócio, legitimidade para o exercício dos direitos sociais inerente à participação social comum, de modo pleno e exclusivo, pelo que o cônjuge administrador tem poderes para proceder à alienação da participação social comum sem o consentimento do seu consorte – conclusões firmadas no parecer do C.T. proferido no proc.º n.º R.Co. 35/2007 DSJ-CT.

Registo obrigatório e publicação

1 – O registo dos factos mencionados na alínea em anotação é obrigatório, sendo efetuado por depósito [artigo 53.º-A, n.º 5, alínea *a)*], na sequência da promoção do mesmo que deve ocorrer no prazo de dois meses a contar da data da respetiva titulação, por força do disposto nos n.ºs 1 e 2 do artigo 15.º do CRC.

2 – Os correspondentes atos de registo, contudo, não estão sujeitos a publicação obrigatória, visto que se enquadram na exceção consignada na parte final da alínea *a)* do n.º 1 do artigo 70.º do citado Código.

Alínea *d)* – A promessa de alienação ou de oneração de partes de capital de sociedades em nome coletivo e de sociedades em comandita simples e de quotas de sociedades por quotas, bem como os pactos de preferência, se tiver sido convencionado atribuir-lhes eficácia real, e a obrigação de preferência a que, em disposição de última vontade, o testador tenha atribuído igual eficácia

A redação desta alínea foi alterada pelo artigo 3.º do Decreto-Lei n.º 349/89, de 13 de outubro, porque a sua formulação primitiva tinha saído truncada como facilmente se constata perante a publicação inicial:

«A promessa de alienação ou de oneração de partes de capital de sociedades em nome coletivo e de sociedade em comandita simples e de quotas de sociedades por quotas e os pactos de preferência, a que, em disposições de última vontade, o testador tenha atribuído igual eficácia.».

Promessa de alienação e de oneração

1 – O regime jurídico aplicável à promessa de alienação ou de oneração de partes de capital de sociedades em nome coletivo e de sociedades em comandita simples e de quotas de sociedades por quotas, a que tenha sido atribuída eficácia real, é o que se encontra consagrado nos artigos 410.º e 413.º do Código Civil.

Para que seja atribuída eficácia real à promessa deve a mesma ser exarada em documento bastante, do qual conste declaração expressa nesse sentido, e levada a registo, data a partir da qual passa a produzir efeitos contra terceiros.

2 – A propósito do registo destes factos, bem como dos pactos de preferência, veja-se a doutrina firmada no parecer proferido no proc. n.º C.P.92/2014 STJ-CC, o qual não obstante respeite a registo predial é aqui aplicável com as devidas adaptações.

Pactos de preferência

1 – A noção de pacto de preferência decorre do disposto no artigo 414.º do Código Civil.

Se as partes tiverem atribuído eficácia real ao pacto de preferência e outorgado o título correspondente, este também está sujeito a registo comercial, como flui do disposto na alínea d) em anotação bem como do n.º 1 do artigo 421.º do citado Código.

2 – «I – Quando numa cláusula do pacto social se preveja a preferência da sociedade na aquisição de quotas cedidas a estranhos à sociedade e, se a sociedade não quiser preferir, que a preferência possa ser requerida pelos sócios, essa cláusula não pode ser interpretada no sentido de que ali também se prevê a preferência da sociedade e, em segundo lugar, a dos sócios na cessão de quotas aos próprios sócios, porque essa situação não é de um declaratário normal e não tem o mínimo de correspondência no texto do documento que incorpora aquele pacto.

II – Esta é a única interpretação possível face ao art. 236.º n.º 1 do Cód. Civil, onde se consagra a teoria da impressão do destinatário na interpretação das *cláusulas* dos negócios jurídicos e também face ao disposto no art. 238.º do mesmo diploma legal, onde se consagra aquele mínimo de correspondência com o texto do documento» – Cfr. o Ac. do STJ, de 17 de novembro de 1992, JSTJ00017534/ITIJ/Net.

Obrigação de preferência

1 – A noção de obrigação de preferência encontra-se consagrada no artigo 2235.º do Código Civil, nos seguintes termos:

«O testador pode impor ao legatário a obrigação de dar preferência a certa pessoa na venda da coisa legada ou na realização de outro contrato, nos termos prescritos para os pactos de preferência.»

2 – Para instrução do correspondente pedido de registo, deve ser apresentada certidão do testamento em causa (que pode revestir a forma de testamento público ou cerrado, como resulta do disposto no artigo 2204.º do C.C.), a qual, como é sabido, só pode ser emitida após o averbamento do falecimento do testador – cfr. os artigos 131.º, n.º 1, alínea *a)*, e 187.º, n.º 1, alínea *a)*, do CN.

Registo obrigatório e publicações

1 – Nenhum dos factos elencados na alínea *d)* do n.º 1 do artigo 3.º está sujeito a registo obrigatório como se depreende da análise conjugada da referida alínea com o disposto no n.º 1 do artigo 15.º do CRC.

2 – Mesmo nos casos em que seja promovido o registo dos factos supra referidos, não há lugar à publicação dos correspondentes atos, em virtude de não caírem no âmbito de aplicação do disposto na regra consagrada na alínea *a)* do n.º 1 do artigo 70.º do CRC.

Alínea *e)* – A transmissão de partes sociais de sociedades em nome coletivo, de partes sociais de sócios comanditados de sociedades em comandita simples, a constituição de direitos reais de gozo ou de garantia sobre elas e a sua transmissão, modificação e extinção, bem como a penhora dos direitos aos lucros e à quota de liquidação

Transmissão

1 – A transmissão de partes sociais de sociedades em nome coletivo e de partes sociais de sócios comanditados de sociedades em comandita simples, por ato entre vivos, encontra-se prevista nos artigos 182.º, n.º 1, e 469.º, n.º 1, do CSC, respetivamente.

A parte de um sócio nas sociedades em nome coletivo só pode ser transmitida por ato entre vivos, com o consentimento expresso dos restantes sócios, por força do prescrito no n.º 1 do artigo 182.º do CSC.

A referida transmissão deve ser reduzida a escrito, nos termos do disposto no n.º 2 do citado artigo, tornando-se eficaz perante a sociedade logo que lhe seja comunicada por escrito ou por ela reconhecida expressa ou tacitamente, como decorre do disposto no n.º 4 do citado artigo 182.º.

2 – A transmissão de participações sociais dos sócios comanditários nas sociedades em comandita simples subordina-se ao regime das sociedades por quotas (artigos 225.º a 231.º do CSC), por força do preceituado no artigo 475.º do mesmo Código.

Às sociedades em comandita por ações, aplica-se o regime vigente para as transmissões de ações das sociedades anónimas, como decorre do disposto no artigo 478.º do CSC.

3 – A natureza *intuitu personae* do contrato das sociedades comerciais em nome coletivo demanda a incomunicabilidade das partes sociais ao cônjuge mesmo que casados no regime de comunhão geral, como decorre do disposto no artigo 1733, n.º 1, alínea *c)*, *in fine*, do Código Civil.

Neste sentido, veja-se, entre outros, o Acórdão do STJ, de 23 de junho de 1988, in *Tribuna da Justiça*, n.º 47, 1988, pág. 21, cujo sumário se transcreve: «I – A qualidade de sócio de uma sociedade em nome coletivo não é comunicável ao seu cônjuge, ainda que casados sob o regime de comunhão de bens.

II – Falecido o cônjuge do sócio, e não sendo ele mesmo um sócio da sociedade, não podia transmitir «mortis causa» uma tal qualidade aos seus herdeiros.

III – Consequentemente, também não tem a qualidade de sócio o neto a quem, em partilha por morte do cônjuge do sócio, foi adjudicada a respetiva «meação» no respetivo quinhão social.

IV – E, não tendo tal qualidade, carece de legitimidade para requerer a anulação de deliberação social no sentido de dissolução da mesma sociedade».

4 – «I – Contraria o princípio da imutabilidade das convenções antenupciais e viola os n.os 2 e 3 do artigo 1714.º do Cód. Civil a participação dos dois cônjuges, casados segundo o regime geral de bens, numa sociedade de pessoas, como é a sociedade em nome coletivo.

II – É nulo o contrato de cessão pelo qual os dois cônjuges casados segundo esse regime de bens adquiriram um quinhão social numa sociedade em nome coletivo, sendo, por isso, lícita a recusa do registo da sua aquisição por parte do conservador do Registo Predial.» – Cfr. o Acórdão do STJ, de 3 de fevereiro 1981, in BMJ n.º 304, pág. 424.

Constituição de direitos reais de gozo ou de garantia

1 – À constituição de direitos reais de gozo nas sociedades em nome coletivo é aplicável o previsto nos referidos n.os 1 e 2 do artigo 182.º do CSC, respeitante à transmissão de parte de um sócio, por força do determinado no n.º 3 do mesmo preceito.

2 – A constituição de direitos reais de gozo sobre partes sociais de sociedades em nome coletivo e de partes sociais de sócios comanditados de sociedades em comandita simples deve obedecer ao regime prescrito no artigo 23.º conjugado com o citado n.º 3 do artigo 182.º do CSC.

A impossibilidade de se constituírem direitos reais de gozo sobre a parte social de um sócio sem o consentimento expresso dos demais sócios, resulta também do já assinalado caráter pessoal deste tipo societário.

3 – O credor pignoratício, enquanto mero titular de um direito à satisfação do seu crédito, bem como dos juros, se os houver, com preferência sobre os demais credores, pelo valor da participação social, pertencente ao devedor ou a terceiro (vd. art. 666.º do Cód. Civil), não beneficia diretamente das utilidades ou frutos

gerados pela participação dada em penhor, nem é ele o titular dos demais direitos inerentes à quota.

Só assim não será quando for convencionado pelas partes que todos ou alguns dos direitos relativos à participação, designadamente o direito aos lucros, sejam exercidos pelo credor pignoratício (n.º 4 do artigo 23.º). – Cfr., sobre o assunto, João Labareda, *Das Ações das Sociedades Anónimas*, AAFD, 1988, pág. 129.

Penhora dos direitos aos lucros e à quota de liquidação

O credor de um sócio de uma sociedade em nome coletivo só pode executar o direito aos lucros e à quota de liquidação, não a parte do sócio na sociedade, como decorre do disposto no artigo 183.º, n.º 1, do CSC.

O caráter personalista deste tipo de sociedades não permite ao credor que ingresse, sem mais, no grémio social. Decorrentemente, ao credor social apenas é reconhecida a possibilidade de ser pago pelo valor da parte social do devedor, nada mais.

Registo obrigatório e publicações

Todos os factos mencionados na alínea em apreço são objeto de registo obrigatório, de harmonia com o estipulado no n.º 1 do artigo 15.º do CRC.

Todavia, nenhum dos correspondentes atos está sujeito a publicação obrigatória, como decorre do disposto na alínea *a)* do n.º 1 do artigo 70.º do mesmo Código.

Alínea *f)* – A constituição e a transmissão de usufruto, o penhor, o arresto, o arrolamento, a penhora e a apreensão em processo penal de quotas ou direitos sobre elas e ainda quaisquer outros atos ou providências que afetem a sua livre disposição, designadamente a declaração de insolvência relativamente a quotas ou direitos que integrem a massa insolvente.

Constituição e transmissão de usufruto

1 – O registo da constituição do usufruto não estava previsto na alínea *h)* do artigo 3.º do Decreto-Lei n.º 42 644, de 14 de novembro de 1949, mas tão só o da transmissão do usufruto.

Com a introdução desta norma no Código do Registo Comercial reparou-se a anomalia existente adotando-se o regime clássico consagrado no registo predial que desde sempre acolheu autonomamente (e bem) o registo da própria constituição de usufruto.

2 – O usufruto corresponde, como se sabe, ao desmembramento da propriedade ou titularidade, ficando o usufrutuário a exercer todos os direitos que não alterem a «forma ou substância» da participação em causa.

O usufruto sobre participações sociais consiste no direito de gozar temporária e plenamente os direitos inerentes às participações sociais, sem alterar a sua forma ou substância, como se infere da conjugação do disposto nos artigos 1439.º, 1466.º e 1467.º do Código Civil. Veja-se também, quanto a esta matéria, o que estipula o n.º 2 do artigo 23.º do CSC.

Para mais desenvolvimentos sobre esta temática, veja-se Brito Correia, in *Direito Comercial*, 2.º Volume, 1989, pág. 360 e seguintes.

3 – O usufruto sobre quotas sociais tanto pode ser constituído no próprio contrato social como posteriormente, ficando, neste caso, sujeito à forma e às limitações estabelecidas para a transmissão de quotas, como prescreve o n.º 1 do artigo 23.º do CSC.

4 – Por força do estipulado no n.º 5 do artigo 92.º do CSC, havendo participações sociais sujeitas a usufruto, este incidirá nos mesmos termos sobre as novas participações ou sobre as existentes, com o valor nominal aumentado.

O direito de participar no aumento de capital será exercido pelo titular de raiz ou pelo usufrutuário ou por ambos, nos termos que entre si acordarem.

Na falta de acordo, o direito de participar no aumento de capital pertence ao titular de raiz, mas, se este não declara tempestivamente que pretende subscrever a nova quota, o referido direito devolve-se ao usufrutuário – artigos 266.º, n.º 5, 269.º, n.ºs 1 e 2 e 462.º do CSC.

5 – «I – A divisão e cessão de quotas entre sócios não necessitam de consentimento da sociedade sendo indispensável, contudo, que lhe sejam comunicadas por escrito, a menos que haja reconhecimento societário, expresso ou tácito.

II – A constituição de usufruto sobre quotas está sujeita às limitações estabelecidas para a transmissão». – Cfr. o Ac. do STJ, de 16 de março de 1999, in CJ(STJ), 1999, Tomo I, pág. 158.

6 – «I – O aumento de capital de uma sociedade por quotas constitui uma alteração do contrato de sociedade (dos estatutos), que tem de ser tomada, pelo menos, por maioria de três quartos dos votos correspondentes ao capital social, sob pena de nulidade da respetiva deliberação (arts. 9.º, n.º 1, al. *f)*, 56.º, n.º 1 al. *d)*, 85.º e 87.º n.º 1 e 2, do CSC).

II – Nas deliberações em que o voto pertence conjuntamente ao usufrutuário e ao proprietário de raiz da quota (aquelas que importem alteração dos estatutos da sociedade – art. 1467.º, n.ºs 1, al. *b)* e 2 do CC) devem ambos manifestar a sua vontade por meio de votos separados, embora relativamente à sociedade esse voto valha como um só.

III – Daí resulta que só haverá voto relativo à quota quando o usufrutuário e o titular da raiz se pronunciarem no mesmo sentido; caso contrário, não há voto em nenhum sentido.

IV – Em cada caso e perante a natureza e a finalidade do preceito legal que aluda à qualidade de sócio, há que apurar da sua aplicabilidade só ao usufrutuário, só ao nu proprietário ou a ambos; todavia quando nada em contrário se deduza de algum preceito legal, sócio é o titular da raiz.

V – O art. 23.º, n.º 2, do CSC e os arts. 1466.º e 1467.º do CC não tratam dos direitos do titular da raiz e do usufrutuário da quota no caso de aumento do capital social por novas entradas; tais direitos são regulados no art. 269.º do CSC, dele resultando que, na falta de acordo entre ambos, o direito a participar no aumento cabe ao primeiro, por isso lhe cabendo também o direito de voto.» – Cfr. o Ac. do STJ, de 4 de julho de 2002, Rev. n.º 1638/2002 – 6.ª, Sumários, 7/2002.

Penhor

1 – O penhor, nos termos do disposto no artigo 666.º do Código Civil, confere ao credor o direito à satisfação do seu crédito, bem como dos juros, se os houver, com preferência sobre os demais credores, pelo valor das participações empenhadas. – Cfr. Brito Correia, in *Direito Comercial,* 2.º Volume, 1989, pág. 362.

2 – No caso de penhor de quotas, a entrega é substituída pelo correspondente registo efetuado nos serviços de registo.

Relativamente ao registo de penhor de quota e juros que este pode abranger, veja-se o parecer constante do proc.º n.º 1/120-R.P.94-DST, in BRN n.º 4/2000, I, pág. 14.

Arresto

1 – O credor que tenha justo receio de perder a garantia patrimonial do seu crédito, pode requerer o arresto dos bens do credor, nos termos da lei do processo, por força do disposto no artigo 619.º do Código Civil.

O arresto consiste na apreensão judicial de bens, à qual são aplicáveis as disposições relativas à penhora, em tudo o que não contrariar o preceituado no Capítulo II, Secção V, do Código de Processo Civil, como resulta do disposto no artigo 391.º do citado diploma legal.

2 – O arresto, na vigência do referido Decreto-Lei n.º 42 644, de 14 de novembro de 1949, não se encontrava sujeito a registo.

Atualmente, por força do disposto na alínea *f)* do n.º 1 do artigo 3.º deste Código, este facto passou também a estar sujeito a registo.

Arrolamento

O arrolamento consiste na descrição, avaliação e depósito dos bens, como decorre do disposto nos artigos 406.º e seguintes do CPC.

Penhora e apreensão em processo penal de quotas ou direitos sobre elas

1 – A penhora consiste na transferência forçada da posse de bens do devedor para o tribunal a fim de este os usar para a realização dos fins da ação executiva. – Cfr., sobre este assunto, Brito Correia, in *Direito Comercial*, 2.º Volume, 1989, pág. 363.

A penhora de quota em sociedade obedece ao prescrito no n.º 6 do artigo 781.º e no artigo 755.º do CPC, com as devidas adaptações, visto que o correspondente registo é efetuado mediante depósito, como decorre do disposto no artigo 53.º-A, n.º 5, alínea *a*), do CRC.

2 – Os atos de disposição ou de oneração dos bens penhorados são ineficazes relativamente ao exequente, sem prejuízo das regras de registo, como resulta do disposto no artigo 819.º do Código Civil.

3 – As quotas são livremente penhoráveis, sendo ilícitas quaisquer cláusulas do contrato da sociedade em sentido contrário, daí que a transmissão de quotas em processo executivo (ou em liquidação de patrimónios) não possa ser proibida ou limitada no contrato de sociedade nem esteja dependente do consentimento desta, como flui do disposto no n.º 2 do artigo 239.º do CSC.

A decisão judicial que determine a venda de quotas tem de ser notificada oficiosamente à sociedade, sendo que a falta de notificação da referida decisão judicial determina a nulidade, porquanto constitui irregularidade que influi na decisão da causa.

O exercício do direito de preferência encontra-se diferido, em primeiro lugar, aos sócios, e depois à sociedade ou a uma pessoa por esta designada – cfr. os n.os 4 e 5 do artigo 239.º.

4 – «As quotas sociais são coisas suscetíveis de serem possuídas, sendo admissível a dedução de embargos de terceiro contra a sua penhora.» – Cfr. o Ac. do STJ, de 6 de maio de 1998, CJ (STJ), 1999, Tomo II, pág. 71.

5 – «I – Os factos que a lei sujeita a registo comercial – designadamente os que, quanto às sociedades comerciais, se acham indicados no artigo 3.º do Código do Registo Comercial – são taxativos e não meramente exemplificativos.

II – Os factos respeitantes à aquisição, penhora e outras providências, relativos às ações de sociedades anónimas ou em comandita por ações, não estão enumerados naquela, nem em qualquer outra, disposição legal e, consequentemente – como também resulta da própria natureza desses títulos –, não estão sujeitos a registo.» – Cfr. o parecer do CT constante do proc.º n.º 80/96-R.P.4, in BRN n.º 6/97, II, pág. 8.

6. A sujeição a registo obrigatório da apreensão em processo penal de quotas sociais ou direitos sobre elas foi introduzida pela Lei n.º 30/2017, de 30 de maio.

7 – Com a alteração introduzida pelo artigo 7.º da Lei n.º 9/22, de 10 de janeiro, da alínea f) ora em apreço passou a constar expressamente o registo da declaração de insolvência relativamente a quotas ou direitos que integrem a massa insolvente.

Sobre o ponto, veja-se o que ficou dito nos pontos 15 e 16 em relação ao artigo 66.º, bem como o disposto no n.º 3 do artigo 38.º do CIRE.

Registo obrigatório e publicações

1 – Dentro do prazo de dois meses a contar da data da titulação de qualquer um dos factos elencados na alínea *f)* aqui em apreço, deve ser obrigatoriamente requerido o registo correspondente, por força do preceituado nos n.os 1 e 2 do artigo 15.º do CRC.

2 – Nenhum dos atos de registo previstos na referida alínea *f)*, está sujeito a publicação, devido ao seu enquadramento na exceção consignada na parte final do disposto na alínea *a)* do n.º 1 do artigo 70.º do mesmo Código.

Alínea *g)* – A exoneração e exclusão de sócios de sociedades em nome coletivo e de sociedades em comandita, bem como a extinção de parte social por falecimento do sócio e a admissão de novos sócios de responsabilidade ilimitada

Exoneração de sócios

1 – A exoneração é a saída ou desvinculação do sócio da sociedade em nome coletivo, por sua iniciativa e com fundamento na lei ou no contrato social e, ainda, nos casos previstos nas alíneas *a)* e *b)* do n.º 1 do artigo 185.º do CSC.

O exposto é aplicável, com as devidas adaptações, à exoneração do sócio da sociedade em comandita simples, por força do prescrito no artigo 474.º do mesmo Código.

2 – A exoneração só se torna efetiva no fim do ano social em que a comunicação respetiva é feita, mas nunca antes de decorridos três meses sobre a referida comunicação, nos termos preceituados no n.º 4 do citado artigo 185.º.

3 – A possibilidade de exoneração de sócios encontra-se ainda prevista nos artigos 105.º, 137.º, 161.º, n.º 5, e 185.º todos do CSC.

No que respeita à análise dos casos em que é atribuído o direito à exoneração, à liquidação da participação e o direito a requerer a dissolução da sociedade, veja-se, em comentário ao artigo 185.º do CSC, Maria Augusta França, in *Novas Perspetivas do Direito Comercial*, pág. 209 e seguintes.

4 – Como a lei não estabelece expressamente qualquer limite à estipulação dos contraentes, estes poderão usar, nesta matéria, da máxima liberdade.

Por conseguinte, podem convencionar um direito especial de um sócio de exoneração *ad nutum*, por sua vontade arbitrária, ou submetê-la a um certo termo inicial, ou conferir a possibilidade de exoneração a todos os sócios que venham a encontrar-se em certas situações, ou ainda limitar a faculdade aos sócios dissidentes de determinadas deliberações importantes, como, por exemplo, de admissão de novo sócio, de modificação do objeto social, ou de outra alteração do contrato, etc». – Cfr., neste sentido, Albino de Matos, in *Constituição de Sociedades*, 5.ª edição, 2001, pág. 178.

5 – Para instruir o pedido de registo de exoneração de sócio deve ser apresentado documento que comprove a exoneração e a receção da comunicação desta pela sociedade. – Cfr. o disposto no artigo 185.º do CSC e, ainda, no que respeita à eficácia da declaração, o artigo 224.º do Código Civil.

Exclusão de sócio

1 – A exclusão define-se como a saída do sócio de uma sociedade, em regra, por iniciativa desta e por ela ou pelo tribunal decidida, com fundamento na lei ou em cláusula estatutária que tal preveja, como decorre do disposto no artigo 186.º do CSC.

2 – A sociedade pode excluir um sócio, em caso de acompanhamento de maior, quando assim resulte de decisão judicial de acompanhamento, ou ocorrendo declaração de insolvência, ao abrigo do prescrito na alínea *b)* do n.º 1 do artigo 186.º do CSC.

3 – Nas sociedades em nome coletivo e nas sociedades em comandita que tenham apenas dois sócios a exclusão de qualquer deles, com fundamento nalgum dos factos previstos nas alíneas *a)* e *c)* do n.º 1 do artigo 186.º do CSC, só pode ser decretada pelo tribunal, como resulta do preceituado no n.º 3 do mesmo artigo.

4 – O registo de exclusão de sócio deve ser documentado mediante a apresentação de fotocópia da ata que contenha a deliberação de exclusão tomada nos termos legais, ou certidão da sentença judicial, sendo o caso, como flui do disposto no artigo 186.º do CSC.

Extinção de parte social

Como se sabe, neste tipo societário, o falecimento do sócio pode acarretar a extinção da sua parte social, nos termos consignados nos artigos 184.º do CSC.

Quanto ao destino da parte social extinta rege o artigo 187.º do mesmo Código que, se esta não for acompanhada da correspondente redução do capital, o respetivo valor nominal acrescerá às restantes partes, segundo a proporção entre elas existente, devendo proceder-se à alteração do contrato de sociedade em conformidade.

Os sócios podem, contudo, deliberar, por unanimidade, que seja criada uma ou mais partes sociais, de valor nominal igual à que foi extinta, para imediata transmissão a sócios ou a terceiros.

Admissão de novos sócios

1 – A admissão de novos sócios, como se extrai do disposto no n.º 2 do artigo 194.º do CSC, também exige deliberação tomada por unanimidade.

Do mesmo diploma legal veja-se ainda a parte final do n.º 2 do artigo 187.º, que prevê a criação de uma ou mais partes sociais para imediata transmissão a terceiros (ou a sócios), tornando-se aqueles novos sócios.

2 – Para o registo de admissão de novo sócio deve ser apresentada ata que contenha a deliberação em causa.

Registo obrigatório e publicação

1 – Todos os factos constantes da alínea *g)* em apreço estão sujeitos a registo obrigatório, como flui do disposto no n.º 1 do artigo 15.º do CRC.

2 – No entanto, porque respeitantes a sociedades em nome coletivo, os atos correspondentes não estão sujeitos a publicação, como se depreende *a contrario sensu* do preceituado na alínea *a)* do n.º 1 do artigo 70.º deste Código.

3 – Ao registo de partes sociais aplica-se, com as necessárias adaptações, o regime legal previsto para o registo das quotas, por força do disposto no artigo 188.º-A, do CSC.

Alínea *i)* – A amortização de quotas e a exclusão e exoneração de sócios de sociedades por quotas

Amortização de quotas

1 – A amortização (que só pode recair sobre quotas totalmente liberadas, salvo nos casos de redução de capital, como prescreve o n.º 3 do artigo 232.º do CSC) é o negócio jurídico pelo qual a sociedade extingue determinada quota com todos os direitos e obrigações inerentes, mas sem prejuízo dos direitos já adquiridos e das obrigações já vencidas. – Cfr., sobre esta temática, Ferrer Correia, in *Temas de Direito Comercial e de Direito Internacional Privado*, 1989, pág. 163.

2 – Os pressupostos da amortização de quotas são os seguintes:

a) permissão legal (artigos 225.º, n.º 2, 226.º, n.º 2, 231.º, n.º 1, 240.º, n.º 3 e 242.º, n.º 3, todos do CSC) ou contratual que a preveja (v.g., n.º 4 do artigo 232.º e n.º 2 do artigo 239.º do CSC), por força do preceituado no n.º 1 do artigo 232.º do CSC;
b) consentimento do respetivo sócio – n.ºs 3, 4 e 5 do artigo 233.º do mesmo Código, ou verificação do facto permissivo da amortização compulsiva contemplado no contrato social – n.º 1 do citado artigo 233.º;
c) deliberação social em conformidade, tomada dentro do prazo legal – artigo 234.º do CSC; e
d) a quota a amortizar integralmente liberada, salvo se o capital for reduzido – n.º 3 do citado artigo 232.º; e
e) manutenção da intangibilidade do capital social, a não ser que simultaneamente seja deliberada a redução do capital social – n.º 1 do artigo 236.º do CSC.

3 – A amortização de quota sobre a qual incida direito de usufruto ou de penhor deve ser consentida também pelo titular deste direito, nos termos previstos no n.º 4 do citado artigo 233.º do CSC, considerando que tal provoca a extinção da quota.

4 – A amortização efetua-se por deliberação dos sócios, com base na verificação dos pressupostos legais e contratuais, tornando-se eficaz mediante comunicação dirigida ao sócio por esta visado.

A deliberação deve ser tomada no prazo de 90 dias, contados a partir da data do conhecimento por algum gerente dos factos que permitam a amortização, por força do disposto no artigo 234.º do CSC.

Os sócios devem fixar, na deliberação, o novo valor nominal das quotas, como decorre do disposto no n.º 2 do artigo 237.º do CSC.

5 – A contrapartida da amortização obedece ao prescrito no artigo 235.º do CSC.

A contrapartida da amortização é, no dizer de Raúl Ventura, in *Sociedades por Quotas*, Vol. I, pág. 709, apenas um elemento *natural* desta e não um elemento *essencial*, podendo ser afastada por força do contrato ou mediante acordo das partes, casos em que a amortização se diz gratuita.

6 – A sociedade pode amortizar uma quota própria, bastando para o efeito a existência de autorização genérica da amortização de quotas e a deliberação dos sócios em conformidade.

A amortização de quota pertencente a uma sociedade é forçosamente gratuita, visto que, naturalmente, a sociedade não pode pagar uma contrapartida a si própria.

Para mais desenvolvimentos sobre o tema, veja-se Raúl Ventura, in *Sociedades por Quotas*, Vol. I, págs. 645 e seguintes.

7 – «I – O facto de o sócio que vê amortizada a quota e que requereu a anulação da deliberação social ter recebido o valor da quota que foi fixada para efeitos de amortização não conduz a mera inutilidade superveniente da lide, já que anulada a deliberação, a quota renasce e o sócio terá que repor o valor recebido.

II – Não é válida a amortização de quota quando na deliberação não se ressalvou o capital social e este, juntamente com a reserva legal, não chegavam para pagar o valor da amortização.

III – A nulidade verificada não é suscetível de ser retificada pela realização de outra assembleia geral, já que a lei não o consente». – Cfr. o Acórdão do STJ, de 6 de maio de 1997, in CJ (STJ), Tomo 2, pág. 77.

8 – «I – A amortização nos termos do art. 236.º do Cód. Soc. Com. visando evitar a proteção dos interesses dos credores sociais através da aplicação do princípio da conservação ou da intangibilidade do capital social, não se aplica aos casos em que não haja qualquer "contrapartida" a satisfazer, seja por se tratar de amortização gratuita, seja por a aplicação do critério de determinação do seu montante conduzir a um valor negativo.

II – Não revelando os factos provados, nem o teor da ata referente à respetiva deliberação social, que o montante da amortização da quota do sócio fosse de valor negativo nem que tal amortização fosse gratuita, impunha-se o cumprimento do disposto no n.º 2 do art. 236.º do Cód. Soc. Com., cuja violação, por ação ou por omissão, determina a nulidade da deliberação e não a simples anulabilidade.» – Ac. do STJ, de 24 de junho de 1993, in BMJ n.º 428, pág. 625.

9 – «I – A amortização de quotas determina a extinção da correspondente participação social.

II – Tratando-se de uma quota amortizada antes da entrada em vigor do Cód. Soc. Com. é permitido que continue a figurar no balanço como quota amortizada, sem embargo de a todo o tempo poder ser deliberado retirá-la dessa situação.

III – Nesta última hipótese, não havendo lugar à redução do capital, o efeito estabelecido pela lei é o aumento proporcional das quotas dos outros sócios.

IV – Este aumento proporcional pode ser deliberado em assembleia geral da sociedade, sem imposição, nem necessidade, de simultânea alteração do contrato social.

V – Uma vez que tenha sido tomada tal deliberação, deve constar do registo a alteração do valor das quotas subsistentes». – Conclusões firmadas no parecer emitido pelo CT no proc.º n.º 68/93-R.P.4, in BRN n.º 5/94, pág. 5.

10 – «I – A deliberação de amortização de quotas, quando permitida por lei ou pelo contrato, deve ser tomada no prazo de 90 dias, contados do conhecimento por algum gerente do facto que permite a amortização.

II – É nula a deliberação tomada na assembleia geral destinada a amortizar quota do sócio falecido, que teve lugar fora daquele prazo e sem a convocação dos seus herdeiros – mesmo considerando que o eventual voto negativo destes não afetaria o resultado da votação, em face da existência da maioria favorável à proposta». – Conclusões firmadas no parecer emitido pelo CT no proc.º n.º 53/93-R.P.4, in *Regesta*, n.º 5/94, pág. 86.

11 – «I – A permissão de amortização de quotas no contrato de sociedade envolve, independentemente dos seus termos, a possibilidade de amortização com o consentimento do titular.

II – Assim, tal consentimento não é um facto-fundamento da amortização que tenha de ser expressamente previsto no contrato, ao contrário do que sucede com a amortização compulsiva». – Cfr. o parecer constante do proc.º n.º 1/25-R.P.96 DST, in BRN n.º 5/97, I, pág. 21.

12 – No Ac. do TRP, de 8 de julho de 1999, in CJ, Ano XXIV, T. IV, 1999, pág. 194, firmou-se o entendimento expresso nas seguintes conclusões:

«III – Não estando expressamente previsto no pacto social o critério de determinação do valor da quota do sócio excluído por decisão judicial, a respetiva amortização far-se-á segundo o critério supletivo fixado no n.º 4 do art. 242.º do CSC.

IV – A inobservância desse critério, acarretará, então, a anulabilidade da respetiva deliberação.».

13 – «I – A amortização de quota é um meio de extinção da participação social que depende da existência de permissão legal ou dada pelo contrato de sociedade.

II – A exclusão de sócio é a perda de participação social imposta a um sócio, a qual, podendo ser deliberada por força do contrato ou resultar de decisão judicial, implica a amortização ou a aquisição da quota pela sociedade.

III – O contrato de sociedade pode fixar, quer para os casos de exclusão judicial, quer para os outros, critérios de cálculo do valor da quota diferentes dos estabelecidos no Cód. Soc. Com.

IV – O critério consignado no contrato social para os casos de exclusão com base no contrato não vale, em princípio, para os casos de exclusão judicial.» – Cfr. o Acórdão do STJ, de 11 de abril de 2000, in CJ (STJ), 2000, Tomo 2, pág. 29.

Exclusão de sócios

1 – Em regra, a exclusão de um sócio consiste na sua saída da sociedade por iniciativa desta, por ela ou pelo tribunal decidida, com fundamento na lei ou em cláusula inserta no contrato social.

Assim, um sócio pode (contra ou sem a sua vontade) ser erradicado da sociedade nos termos previstos na lei (causas legais), bem como nos casos fixados no contrato (causas contratuais), que são respeitantes à pessoa ou ao comportamento do sócio, como dispõe o n.º 1 do artigo 241.º do CSC.

2 – O sócio não pode votar quando relativamente à matéria da deliberação se encontre em situação de conflito de interesses com a sociedade, o que ocorrerá quando na ordem do dia se estabeleça a exclusão do sócio, como decorre do disposto na alínea *d)* do n.º 1 do artigo 251.º do CSC.

3 – Acompanha-se Raúl Ventura, in *Sociedade por Quotas,* Vol. II, pág. 58, ao salientar que «A via judicial não deverá ser usada quando a causa de exclusão é especificamente fixada na lei e esta estabelece os *termos* que lhe devem corresponder. Assim, a exclusão do sócio remisso está regulada no art. 204.º, em termos que não se compadecem com a exclusão por via judicial.

Afastada a deliberação, como via de exclusão, afastada está também como pressuposto da ação judicial de exclusão, pois tão inútil é num caso como no outro.

Afigura-se-me, porém, que a alteração do regime é mais profunda, pois sempre que a sociedade tenha só dois sócios, a exclusão de um deles só pode ocorrer por ação judicial proposta pelo outro contra aquele».

4 – «I – A exclusão de um sócio pressupõe sempre uma deliberação da sociedade, seja para determinar diretamente a perda forçada da respetiva participação social, seja para promover a ação judicial de exclusão.

II – O processo de exclusão por deliberação dos sócios não afasta a intervenção do tribunal, apenas a difere para depois da exclusão à qual o sócio pode opor-se impugnando a deliberação tomada pela sociedade.

III – As deliberações dos sócios só podem ser tomadas por alguma das formas admitidas por lei para cada tipo de sociedade. Quanto às sociedades por quotas além de deliberações tomadas nos termos do artigo 54.º do Cód. Soc. Com., os sócios podem tomar deliberações por escrito e deliberações em assembleia geral.

IV – O facto da respetiva deliberação não estar fundamentada em factos concretos, não impede, nem dificulta os recursos aos meios de defesa contra ela.» – Cfr. o Ac. do STJ, de 29 de setembro de 1993 – JSTJ00020827/ITIJ/Net.

5 – «I – Nas sociedades por quotas, a exclusão de um sócio pode verificar-se por motivo expressamente previsto na lei ou no contrato, ou, genericamente, atenta a particular gravidade do seu comportamento, por decisão judicial.

II – Consequentemente, quando a lei especialmente prevê a exclusão, é a própria sociedade que, na deliberação, ajuíza da verificação, ou não, dessa causa legal, sem embargo de poder sempre existir intervenção judicial "a posterior", em ação de suspensão ou de anulação dessa deliberação.

III – O sócio goza de um amplo direito à informação nos termos especialmente previstos no art. 214.º do Cód. Soc. Com., mas, se utilizar as informações obtidas de modo a prejudicar injustamente a sociedade ou os sócios, fica sujeito a exclusão conforme determina a parte final do n.º 6 desse artigo.

IV – Assim, a ata da assembleia geral de onde conste ter sido deliberada a exclusão do sócio por virtude de ter utilizado as informações de forma abusiva, nos termos da previsão daquele n.º 6 do art. 214.º, é documento bastante para titular o facto e para basear o correspondente pedido de registo.

V – Na hipótese da mencionada exclusão legal não se exige, designadamente para instruir o pedido de registo, que a sociedade comprove ter notificado a deliberação ao sócio excluído». Conclusões firmadas no parecer do CT proferido no proc.º n.º 42/96-R.P.4.

Exoneração de sócios

1 – A exoneração do sócio da sociedade é o direito à saída ou desvinculação deste, por sua iniciativa e com fundamento na lei ou no contrato social, não estando dependente da aceitação dos demais sócios, mas apenas do conhecimento daqueles, devendo, para o efeito, ser-lhe comunicada por escrito, nos termos prescritos nos n.ºs 1 e 3 do artigo 240.º do CSC.

2 – «I – É taxativa a enumeração das causas de exoneração de sócio da sociedade por quotas, prevista nas alíneas do n.º 1 do art. 240.º do Cód. Soc. Com..

II – A referência feita neste preceito à "lei" reporta-se apenas à lei aplicável às sociedades por quotas, com exclusão das normas reguladoras das sociedades em geral e das sociedades civis.» – Sumário do Ac. do TRP, de 10 de janeiro de 1995, JTRP00013424/ITIJ/Net.

3 – «I – A quota há de corresponder, tanto quanto possível, ao valor real do quinhão do sócio na sociedade, tanto que a lei (art. 1021.º do Cód. Civil) que visa igualmente o caso de exoneração, manda que o seu valor seja fixado com base no estado da sociedade à data e que a exoneração produz efeitos.

II – O que é configurável através de um balanço destinado unicamente a determinar o seu valor, ou seja, pré-ordenado à liquidação desta quota, que não se compreende como balanço de liquidação da própria sociedade.» – Veja-se o Acórdão do STJ, de 7 de outubro de 1997, in CJ(STJ), Ano V, Tomo 3, pág. 52.

Documentos para o registo

a) De amortização: fotocópia da ata da assembleia de onde conste a deliberação, tomada nos termos legais; tratando-se de amortização compulsiva deve, para além da fotocópia da ata, ser apresentado documento comprovativo da comunicação da deliberação ao titular da quota – artigos 233.º, 234.º e 236.º do CSC;

b) De exclusão: fotocópia da ata da assembleia geral da qual conste a deliberação tomada nos termos legais – artigo 241.º do CSC, ou certidão da sentença judicial que a tenha decretado, transitada em julgado – artigo 242.º do mesmo Código;

c) De exoneração: documento comprovativo da comunicação escrita efetuada pelo sócio da pretensão de se exonerar, bem como da prova de recebimento daquela comunicação pela sociedade – artigo 240.º do CSC.

Registo obrigatório e publicações

1 – O registo de amortização, exclusão e de exoneração deve ser requerido no prazo de dois meses, a contar da data da sua titulação, como prescrevem os n.os 1 e 2 do artigo 15.º deste Código.

2 – Os atos de registos referidos no número anterior não estão sujeitos a publicação, por força da exceção consignada na alínea *a)*, *in fine*, do n.º 1 do artigo 70.º do CRC.

Alínea *j)* – A deliberação de amortização, conversão e remissão de ações

Deliberação de amortização de ações

1 – As deliberações de amortização e de conversão de ações podem ser tomadas por qualquer das modalidades admitidas nas sociedades anónimas (artigos 53.º, n.º 1, 54.º e 373.º, n.º 1, do CSC) e estão sujeitas a registo, bem como a publicação, não só por força do disposto no presente Código como também em face do que preceitua o n.º 10 do artigo 346.º do CSC.

2 – A amortização de ações sem redução de capital e sem extinção de ações (conhecida por amortização-reembolso) não tem que estar prevista no contrato, mas deve ser deliberada pela maioria exigida para a alteração do contrato de sociedade e o reembolso só poderá fazer-se com ressalva do capital social e das reservas legal e estatutária, tendo em conta o preceituado nos artigos 32.º, 33.º e 346.º, n.ºs 1 e 2, todos do CSC.

A amortização de ações com redução de capital (também designada como amortização-extinção) pode ser imposta ou permitida no contrato social, ocorrendo, em certos casos, mesmo sem consentimento dos seus titulares, como decorre do disposto no artigo 347.º do mesmo Código, extinguindo-se as ações amortizadas na data da redução do capital.

3 – Se as ações a amortizar, na modalidade prevista no artigo 346.º do CSC, estiverem sujeitas a usufruto, haverá que aplicar as regras do artigo 1467.º do Código Civil, ou seja, na deliberação sobre a amortização, o voto inerente às ações usufruídas é exercido em conjunto pelo usufrutuário e pelo titular da raiz, e, uma vez amortizadas, o usufrutuário terá direito a usufruir o valor do reembolso e as ações de fruição. – Cfr. João Labareda, in *Das Ações das Sociedades Anónimas*, AAFD, 1988, pág. 120.

4 – «I – O Código das Sociedades Comerciais prevê a redução do capital das sociedades anónimas em duas situações: uma – resultante diretamente da lei –, através de alteração do contrato de sociedade, que só pode ser decidida pelos sócios, salvo quando a lei permita atribuir cumulativamente essa competência a outro órgão (arts. 85.º e 94.º); outra – resultante do próprio contrato –, através da amortização de ações com redução do capital, imposta ou permitida em certos casos e sem assentimento dos seus titulares (arts. 271.º e 347.º).

II – O modo e circunstância em que delibera a assembleia está previsto nos arts. 373.º e segs., não tendo de haver qualquer consentimento expresso do acionista para redução do capital na alteração do contrato de sociedade, sendo apenas aplicáveis as regras que se referem às alterações do contrato em geral e as que disciplinam as assembleias e deliberações das sociedades anónimas». – Cfr. o Acórdão do STJ, de 20 de janeiro de 1999, JSTJ00035398/ITIJ/Net.

Deliberação de conversão de ações

1 – As ações totalmente reembolsadas passam a denominar-se ações de fruição, constituindo uma categoria, e esse facto deve constar do título ou do registo das ações, como decorre do disposto no n.º 5 do artigo 346.º do CSC.

2 – As ações de fruição podem vir a ser convertidas em ações de capital, mediante deliberações da assembleia geral e da assembleia especial dos respetivos titulares, tomadas pela maioria exigível para a alteração do contrato de sociedade, por força do preceituado no n.º 6 do citado artigo 346.º.

3 – A conversão considera-se efetuada no momento em que os dividendos retidos atinjam o montante dos reembolsos efetuados ou, no caso de entradas pelos acionistas, no fim do exercício em que estas tenham sido realizadas, nos termos do disposto no n.º 9 do artigo 346.º do CSC.

4 – Salvo proibição legal ou estatutária, o emitente pode decidir a conversão dos valores mobiliários quanto à sua forma de representação seguindo os trâmites consignados nos artigos 48.º e seguintes do Código dos Valores Mobiliários.

Salienta-se, porém, que o registo da deliberação de conversão de ações previsto na alínea *j)* do n.º 1 do artigo 3.º do Código do Registo Comercial, respeita apenas à deliberação de conversão de ações prevista no artigo 346.º do Código das Sociedades Comerciais.

Consequentemente, deve ser rejeitado o pedido de registo da deliberação respeitante à conversão de ações nominativas tituladas em escriturais, por o facto não estar sujeito a registo comercial, ao abrigo do disposto na alínea *d)* do n.º 2 do artigo 48.º do Código do Registo Comercial – cfr., sobre o ponto, o parecer proferido no proc.º n.º R.Co.29/2007 DSJ-CT.

Deliberação de remissão de ações

1 – Se o contrato de sociedade o autorizar, as ações que beneficiem de algum privilégio patrimonial, mesmo que sem direito de voto, podem, na sua emissão, ficar sujeitas a remissão em data fixa ou quando a assembleia geral assim o deliberar, como resulta do disposto no n.º 1 do artigo 345.º do CSC.

Para o efeito, as ações devem estar integralmente liberadas antes de serem remidas, sendo aquela efetuada pelo valor nominal das ações, salvo se o contrato previr a concessão de um prémio.

No caso de remissão de ações, o capital social tem de ficar devidamente ressalvado – artigos 32.º e 33.º do CSC.

2 – Da remissão de ações não resulta redução de capital, podendo até, salvo disposição expressa em contrário no contrato social, ser emitidas novas ações da mesma espécie em substituição das ações remidas, nos termos consignados no n.º 7 do artigo 345.º do CSC.

3 – As ações cujo privilégio ou preferência revista natureza patrimonial (v.g., dividendo ou quota de liquidação especiais, etc.) podem ficar sujeitas, mediante cláusula contratual expressa, a remição, quer em data pré-fixa que os estatutos desde logo definam, quer quando a assembleia geral o deliberar na falta de data fixa.

Todavia, mesmo na primeira hipótese, isto é, quando o contrato de sociedade fixe data para a remissão, esta não opera automaticamente, carecendo de um ato social que a concretize. Com efeito, a remissão opera mediante o pagamento aos acionistas do valor nominal das ações remidas, eventualmente acrescidas de um prémio de remissão se o contrato social o previr. Mas para que possa verificar-se é necessário que a sociedade disponha de bens que possa distribuir aos acionistas nos termos gerais dos arts. 32.º e 33.º. – Cfr. João Labareda, *Das Ações das Sociedades Anónimas,* AAFDL, 1988, pág. 51.

Documentos subjacentes ao registo

a) Da deliberação de amortização e de remissão de ações: fotocópia da ata da assembleia geral que contenha a deliberação, tomada nos termos legais – artigos 346.º, n.ºs 1, 347.º, n.ºs 1 e 5, e 345.º, n.ºs 1 e 8, todos do CSC;

b) Da deliberação da conversão de ações: fotocópia das atas da assembleia geral e da assembleia especial dos titulares das ações a converter, tomadas pela maioria exigida para alteração do contrato de sociedade – n.ºs 6 e 10 do artigo 346.º do mesmo Código.

Obrigatoriedade do registo e das publicações

O registo das deliberações previsto nesta alínea, bem como as publicações dos correspondentes atos, é obrigatório, como resulta do disposto nos artigos 346.º, n.º 10, e 345.º, n.º 8, do CSC e, ainda, nos artigos 15.º, n.º 1, e 70.º, n.º 1, alínea *a)*, do CRC.

Alínea *l)* – A emissão de obrigações, quando realizada através de oferta particular, exceto se tiver ocorrido, dentro do prazo para requerer o registo, a admissão das mesmas à negociação em mercado regulamentado de valores mobiliários.

1 – Os títulos de crédito que representam capitais emprestados à sociedade emitente denominam-se obrigações. Nestes termos, as obrigações representam capital *alheio,* tornando-se o obrigacionista *credor* da respetiva sociedade.

2 – A emissão de obrigações deve, em princípio, ser deliberada pelos acionistas, a não ser que o contrato de sociedade autorize que ela seja deliberada pelo conselho de administração, como flui do disposto no n.º 1 do artigo 350.º do CSC.

A emissão de cada uma das séries de obrigações é registada por depósito, nos termos do disposto nos n.os 3 e 5, alínea *a)*, do artigo 53.º-A.

Enquanto a emissão ou série não estiver registada em termos definitivos não podem ser emitidos os respetivos títulos, como resulta do prescrito no artigo 351.º do CSC.

A omissão de registo, contudo, não torna inválidos os respetivos títulos, fazendo apenas incorrer os administradores em responsabilidade civil.

3 – Para defesa dos interesses comuns dos obrigacionistas pode, por cada emissão de obrigações, ser designado pela assembleia geral de obrigacionistas [alínea *a)* do n.º 4 do artigo 355.º do CSC] um representante comum dos obrigacionistas, podendo ser nomeados representantes comuns substitutos, ao abrigo do preceituado no n.º 3 do artigo 357.º do mesmo Código.

4 – A designação e a destituição do representante comum devem ser comunicadas por escrito à sociedade e registadas por depósito na conservatória do registo competente por iniciativa da sociedade, ou do próprio representante, como decorre do disposto no n.º 5 do artigo 358.º do CSC conjugado com o disposto no artigo 10.º, alínea *g)*, do CRC.

5 – Apesar de não existir norma remissiva pertinente, devem ser aplicadas, por analogia, às assembleias de obrigacionistas, os preceitos relativos às deliberações dos sócios, devendo assim ser lavrada ata, com os requisitos, conteúdo, eficácia, etc., decorrente daquele regime geral. – Cfr. Albino Matos, *A documentação das deliberações sociais no Projeto do Código das Sociedades*, in Revista do Notariado, 1986/1, págs. 90 e 91.

6 – No que respeita ao registo de emissão de obrigações veja-se o parecer do CT proferido no proc.º n.º 35/88-R.P.3, in *Pareceres do Conselho Técnico*, Vol. II, pág. 326, do qual se extrai a conclusão relevante, in casu:

«I – A emissão de obrigações quer seja efetuada por sociedades, quer seja autorizada para empresas públicas, está sujeita a registo, sendo obrigatório apenas o das primeiras – artigo 15.º, n.os 1 e 2, do CRC (...)».

7 – Resulta do disposto no artigo 359.º do CSC que a competência do representante comum dos obrigacionistas se limita à defesa dos interesses comuns destes.» – Cfr. o Ac. do STJ, de 10 de fevereiro de 1998, Sumários 18.º, pág. 27.

Documentos para o registo

Fotocópia da ata da assembleia geral dos acionistas ou de ata da reunião do conselho de administração, nos casos em que o contrato social o autorize – artigos 350.º, n.º 1, 373.º, n.º 1, do CSC.

Pode ainda ser apresentado documento comprovativo da deliberação dos acionistas tomada nos termos previstos no artigo 54.º do CSC, visto que a deliberação unânime por escrito é uma forma de todos os sócios deliberarem sobre assuntos respeitantes à sociedade sem se reunirem em assembleia.

Salienta-se ainda que, se não for proibido pelos estatutos, as reuniões do conselho podem realizar-se através de meios telemáticos, nos termos prescritos no n.º 8 do artigo 410.º do Código citado.

Obrigatoriedade do registo e das publicações

É obrigatório o registo da emissão de obrigações, bem como a publicação dos correspondentes atos, como resulta da análise conjugada do preceituado no n.º 1 do artigo 15.º e na alínea *a)* do n.º 1 do artigo 70.º, ambos do CRC.

Do registo deve constar, como menção especial, o montante da emissão, o valor nominal das obrigações e a data da deliberação, nos termos do disposto na alínea *c)* do n.º 1 do artigo 15.º do RRC.

Alínea *m)* – A designação e cessação de funções, por qualquer causa que não seja o decurso do tempo, dos membros dos órgãos de administração e de fiscalização das sociedades, bem como do secretário da sociedade

1 – A redação atual desta alínea foi dada pelo artigo 9.º do Decreto-Lei n.º 257/96, de 31 de dezembro, sendo a anterior a seguinte:

«A designação e a cessação de funções, por qualquer causa que não seja o decurso do tempo, dos membros dos órgãos de administração e de fiscalização das sociedades».

Designação dos membros dos órgãos de administração

1 – Na estrutura organizatória das sociedades em nome coletivo o poder supremo sobre a sociedade, salvo estipulação em contrário, pertence à coletividade dos sócios, quer tenham constituído a sociedade quer tenham adquirido posteriormente a qualidade de sócios, como flui do disposto no n.º 1 do artigo 191.º do CSC.

Por deliberação unânime dos sócios, podem ser designadas pessoas estranhas à sociedade como gerentes, mas uma pessoa coletiva sócia não pode ser gerente, embora possa indicar uma pessoa singular para, em nome próprio, exercer esse cargo, salvo disposição contratual – n.º 3 do citado preceito.

2 – Nas sociedades por quotas, a administração e representação da sociedade é exercida por um ou mais gerentes, que podem ser escolhidos de entre os sócios ou entre pessoas estranhas à sociedade, devendo ser pessoas singulares com capacidade jurídica plena, como consagra o n.º 1 do artigo 252.º do CSC.

3 – «I – As sociedades comerciais estão sujeitas ao princípio da tipicidade, não podendo adotar tipos não definidos na lei.

II – Este princípio abrange não só a obrigatoriedade de opção por um dos quatro tipos de sociedade comercial previsto no Código das Sociedades Comerciais, mas também a necessidade de adoção dos órgãos administrativo-representativos para este tipo previstos.

III – Não pode, assim, nos estatutos de uma sociedade comercial por quotas, atribuir-se a um conselho de administração a administração dos negócios sociais e a representação em juízo ou fora dele, já que, nos termos do n.º 1 do artigo 252.º daquele Código, a administração e representação das sociedades por quotas deve ser efetuada por um ou mais gerentes.» – Cfr. o Ac. do STJ, de 5 de março de 1992, in BMJ n.º 415, pág. 666.

4 – «1 – A expressão "salvo cláusula do contrato que disponha de modo diverso" no art. 261.º, 1, do Código das Sociedades Comerciais, impõe que a derrogação do regime dispositivo de representação de sociedade comercial por quotas, em caso de pluralidade de gerentes, se faça através de cláusula do contrato que diretamente estabeleça um regime diferente.

2 – Assim, não é válida uma cláusula que não se propõe estabelecer qualquer regime de representação, antes se limita a remeter para deliberações ordinárias dos sócios a fixação da forma de obrigar a sociedade.» – Cfr. o parecer proferido no proc.º n.º R.Co.39/98-DSJ.

5 – «I – A vinculação da sociedade para com terceiros pelos atos praticados pelos gerentes dentro dos poderes que a lei lhes confere, estabelecida no n.º 1 do art. 260.º do C.S.C., é uma norma de interesse e ordem pública.

II – Esta regra imperativa da ilimitação dos poderes de representação dos gerentes não pode, pois, ser afastada pela vontade, mesmo unânime dos sócios.

III – Por isso, é nula a cláusula do pacto da sociedade que limite aquela vinculação.» – Conclusões firmadas no parecer do CT proferido no proc.º n.º 59/88-R.P.3, in *Pareceres do Conselho Técnico,* Vol. II, pág. 321.

6 – O legislador afastou, naturalmente, a possibilidade de transmissibilidade da gerência devido à relação de confiança estritamente pessoal estabelecida entre o gerente e a sociedade, que motiva a sua designação – artigo 252.º, n.º 4, do CSC.

Assim, qualquer ato de transmissão da mesma, quer entre vivos quer *mortis causa*, é nula, nos termos do artigo 294.º do Código Civil. Neste sentido pode ver-se o parecer constante do proc.º n.º 1/69-R.P.96-DST, in BRN n.º 12/96, I, pág. 27.

7 – Na estrutura da administração das sociedades por quotas é inadmissível a existência de administrador-delegado, pelo que se tal figurar no contrato social ou nas suas alterações posteriores não pode ser admitido a registo. – Veja-se, neste sentido, o parecer do CT proferido no proc.º n.º 89/91-R.P.4., in BRN n.º 3/2003, II, pág. 43.

8 – No que respeita às menções supérfluas inseridas nas inscrições de nomeação de gerentes, veja-se o parecer do CT proferido no proc.º 74/87-R.P.3, in *Pareceres do Conselho Técnico,* Vol. I, pág. 342, cujas conclusões se transcrevem a seguir:

«I – As menções redundantes, que nada acrescentem aos factos ou situações jurídicas publicitadas pelo registo, não devem dele constar.

II – Quando nem no contrato de sociedade nem em qualquer deliberação válida, se particularize uma função específica para os gerentes será supérflua que a inscrição de nomeação de um deles lhe atribua mais qualificativos, como o de "administrador das coisas comuns".»

9 – «I – Na gerência das sociedades por quotas – como aliás, na administração de todas as sociedades e até de pessoas coletivas em geral – há que distinguir dois setores: a gestão (também chamada administração "*stricto sensu*") e a representação.

II – Na gerência colegial os gerentes atuam em grupo, mediante deliberação tomada em reunião cabendo a cada um direito a voto e não manifestação direta de vontade em nome da sociedade. Daí a impossibilidade prática de um "Conselho" exercer as funções representativas, mas tão só as de gestão.

III – O enxerto duma estrutura legal típica das sociedades anónimas numa sociedade por quotas, não pode deixar de significar a descaracterização do regime próprio desta última – com flagrante ofensa do disposto no art. 1.º, n.os 2 e 3, do Cód. Soc. Com..

IV – A representação passiva da sociedade regulada nos termos do n.º 3 do art. 261.º do C.S.C. tem caráter imperativo, sendo nula toda a disposição em contrário do contrato de sociedade.

V – O art. 261.º, n.º 1, do C.S.C., é norma de natureza dispositiva (ou supletiva). Os interessados não são forçados a conformar-se com os métodos aí estabelecidos relativamente ao funcionamento duma gerência plural.

VI – É vontade imperativa do sistema legal que os membros da administração das sociedades anónimas se apelidam de administradores ou diretores em certos casos (art.s 278.º, n.º 1, al.*b)* e 424.º); e os das restantes sociedades, gerentes.

VII – A estipulação no contrato relativo a uma sociedade por quotas duma estrutura legal própria da sociedade anónima, viola o princípio da tipicidade consagrado no art. 1.º, n.º 2 e 3 do C.S.C. – Cfr. o Acórdão do TRL, de 18 de abril de 1991 – JTRL00003012/ITIJ/Net.

10 – «I – A nossa lei admite, nas sociedades por quotas com gerência plural, gerentes desprovidos do poder de representação da sociedade.

II – São, por isso, válidas cláusulas como as que restringem a possibilidade de obrigar a sociedade com gerência plural apenas a determinado gerente, ou apenas aos gerentes que sejam sócios.» – Cfr. o parecer constante do proc.º n.º 33-R.P.96-DST.

11 – «I – O art. 263.º do Código Civil, ao dispor sobre a capacidade do procurador, não exclui a possibilidade de serem atribuídos voluntariamente poderes de representação a pessoas coletivas.

II – Conferidos voluntariamente a uma pessoa coletiva poderes de representação, a determinação das pessoas físicas que, de facto, os exercerão, dependerá – observadas as disposições legais aplicáveis – do disposto nos respetivos estatutos e, sendo o caso, da deliberação dos órgãos competentes». – Cfr. os pareceres proferidos nos proc.ºs n.ºs C.N. 38/98-DSJ, in BRN n.º 10/98, I, pág. 18, e 126/92-R.P.4, in BRN n.º 11/2002, II, pág. 44.

12 – «I – Nas sociedades por quotas, as assembleias gerais estão sujeitas às formalidades e pressupostos previstos no Código das Sociedades Comerciais, designadamente no que toca ao seguimento de uma ordem do dia, que deve constar da convocatória e da ata.

II – O sócio tem o direito de participar na assembleia geral e de, em geral, nela intervir na discussão dos assuntos constantes da ordem do dia, bem como fazer propostas e declarações de voto.

III – Tendo um dos sócios emitido uma declaração – em fase que será mais curial considerar como incluída no decurso dessa ordem do dia e, de qualquer modo, sempre necessariamente antes do encerramento dos trabalhos – no sentido de que se opunha à eleição de um determinado gerente, não pode deixar de se considerar tal declaração como manifestando um voto no sentido de rejeitar essa eleição.» – Conclusões exaradas no parecer do CT ínsito no proc.º n.º 77/96-R.P.4, in BRN n.º 8/1997, II, pág. 38.

13 – «1. Uma cláusula dum contrato de sociedade por quotas, só porque designa gerentes os sócios fundadores, não pode ser interpretada como significando que no futuro apenas sócios podem ser gerentes.

2. É anulável – não impedindo o seu registo definitivo – uma deliberação que contrarie o clausulado num contrato de sociedade por quotas sobre nomeação de gerentes». – Conclusões firmadas no parecer constante do proc.º n.º R.Co.18/99--DSJ.

14 – «I – Os sócios que tenham estado presentes em assembleia geral devem dar testemunho das deliberações nela tomadas mediante a aposição da sua assinatura na respetiva ata, e a sociedade tem o dever de requerer a notificação judicial avulsa dos sócios que não a tenham assinado, podendo fazê-lo, para que a assinem num prazo não inferior a oito dias – cfr. o disposto nos artigos 248.º, n.º 6, 521.º, e 63.º, n.º 3, do Código das Sociedades Comerciais.

II – A ata referida adquire força probatória mediante a assinatura da maioria dos sócios presentes na assembleia geral ainda que as assinaturas que permitam atingir essa maioria venham a ocorrer em momento posterior, como resulta da conjugação do prescrito nos n.ºs 1 e 3 do artigo 63.º do citado Código.

III – Contudo, tratando-se de instrumentos de atas de reuniões de órgãos sociais lavrados pelo notário devem ser assinados por todos os sócios presentes na assembleia geral e pelo notário, quando respeitem a sociedades comerciais por quotas, sob pena de nulidade, por vício de forma, como decorre da análise conjugada do prescrito nos artigos 46.º, n.º 6, 70.º, n.º 1, alíneas *d)* e *e)*, do Código do Notariado.

IV – Em regra, a referida nulidade pode ser sanada ou o ato revalidado, nos casos insuscetíveis de sanação, nos termos consagrados nos artigos 70.º, n.º 2, alíneas *c)* e *d)*, e 73.º, alíneas *d)* e *e)*, do citado Código.

V – Porém, faltando no aludido instrumento notarial a assinatura de alguns dos sócios presentes na assembleia geral da sociedade comercial por quotas, e sabendo-se, *in casu*, que o mesmo não é passível de sanação ou revalidação, o documento em causa fica desprovido da sua *autenticidade*, mas vale ainda assim como documento particular, revestindo a natureza de documento formalmente bastante para titular o registo de designação de gerentes peticionado.

VI – No entanto, se existirem dúvidas acerca da existência da própria deliberação social, como acontece no caso configurado nos autos, o registo só poderá ser elaborado em termos definitivos em face de *accertamento* efetuado em sede de ação judicial de simples apreciação». – conclusões firmadas no parecer do C.T.

constante do proc.º n.º R.Co.5/2010 SJC-CT. Veja-se também, em conformidade, o acórdão do TRP – Apelação n.º 4847/10.1 TBVFR.P1.

15 – Após a alteração legislativa introduzida pelo artigo 2.º do Decreto-Lei n.º 76-A/2006, de 29 de março, no n.º 1 do artigo 390.º do CSC, o conselho de administração deixou de ser obrigatoriamente composto por um número ímpar de membros, podendo o contrato autorizar a eleição de administradores suplentes até um número igual a um terço do número de administradores efetivos, por força do disposto no n.º 5 do citado artigo 390.º.

16 – Se o número de administradores não for divisível por três, a aplicação da regra do n.º 5 do artigo 390.º do CSC, no que concerne aos administradores suplentes, deverá ser feita mediante arredondamento por defeito, e não por excesso. – Cfr., no mesmo sentido, Abílio Neto, in *Código das Sociedades Comerciais,* 2.ª edição, 2003, pág. 837.

17 – Quanto à necessidade de fixação do número de membros no contrato social, veja-se o parecer do Conselho Técnico proferido no proc.º n.º R.Co.1/98 DSJ-CT, in BRN n.º 4/98, II, pág. 38, que nas suas conclusões fixa o seguinte entendimento:

«I – Quando o contrato de sociedade estabelecer que esta é administrada por um conselho de administração, deve fixar o número (...) dos seus membros.

II – Não pode entender-se que exista essa fixação, imperativamente estabelecida pelo n.º 1 do art. 390.º do Código das Sociedades Comerciais, quando o contrato de sociedade se limita a indicar um número mínimo de administradores.

III – Para que possa ter-se por cumprido o aludido preceito legal é indispensável que, pelo menos, o contrato social fixe um número mínimo e um número máximo (...) dos membros do conselho de administração.».

18 – No caso de o capital social da sociedade anónima não exceder os 200 000 euros, o contrato social pode dispor que aquela tenha um só administrador, aplicando-se-lhe as regras relativas ao conselho de administração em tudo o que não pressuponha a pluralidade de administradores, como resulta do disposto no n.º 2 do citado artigo 390.º do CSC.

19 – A designação da administração pode ocorrer segundo uma das formas seguintes:

a) no contrato de sociedade ou eleitos pela assembleia geral ou constitutiva – n.º 1 do artigo 391.º do CSC;

b) ou outras especiais previstas no contrato – n.º 1 do artigo 392.º do mesmo Código; e ainda

c) pelo tribunal – artigo 394.º do CSC.

20 – «I – A designação de funções dos membros dos órgãos de administração das sociedades anónimas está sujeita a registo obrigatório [art. 3.º, al. *m)*, e 15.º, n.º1, do Cód. Reg. Com.] e a publicação obrigatória [art. 70.º, n.º 1, al. *a)*, do mesmo Código].

II – Essa designação de funções só produz efeitos contra terceiros depois da data da sua publicação (art.14.º, n.º 2), ressalvado o que estabelecer a tal respeito o Cód. Soc. Com. (art.14.º, n.º 4 como aquele do Cód. Reg. Com.).

III – Suscitada a questão da validade de procuração passada a advogado pelo único administrador de sociedade anónima, é de observar o disposto nos arts. 168.º, n.º 2, do Cód. Soc. Com. e 3.º, al. *m)*, 15.º, n.º 1, 70.º, n.º al. *a)*, e 14.º, n.ºs 2 e 4 do Cód. Reg. Com.

IV – A oficiosidade da publicação (art. 71.º, n.º 1 do Cód. Reg. Com.) não dispensa a sociedade comercial de provar que foi feita a publicação da designação do seu administrador para poder afastar a regra da não oposição a terceiros, expressa na primeira parte do art. 168.º, n.º 2, do Cód. Soc. Com.

V – Não pode valer como título constitutivo de mandato forense a procuração em que a sociedade comercial confere poderes a advogado para a representar em juízo, quando tal sociedade, provando embora que ao tempo do despacho que apreciou a validade dessa procuração já se encontrava registada a designação do administrador que a subscreveu em seu nome, não fez prova de ter sido publicada essa designação, nem de que terceiro teve conhecimento daquele registo.» – Cfr. o Ac. do STJ, de 17 de dezembro de 1997, in BMJ n.º 472, pág. 521.

No que respeita à obrigatoriedade do registo de designação de funções ver, também, os acórdãos do TRC de 12 de fevereiro de 2008 e do TRL de 30 de junho de 2009.

21 – O presidente do conselho de administração que não seja designado logo pela assembleia geral, será escolhido pelo conselho de administração, que o pode substituir em qualquer momento, ao abrigo da faculdade prescrita no artigo 395.º do CSC.

22 – O prazo de designação da administração pode ser fixado no contrato, não podendo, contudo, exceder quatro anos civis, como flui do preceituado no n.º 3 do artigo 391.º do citado Código.

No caso do prazo da designação não ter sido fixado no contrato, entende-se que é feita por quatro anos civis, por força da aplicação do mencionado preceito.

O ano civil em que os administradores forem designados conta-se sempre por completo independentemente do dia e mês em que a designação ocorra.

23 – Os administradores nomeados mantêm-se em funções para lá da data indicada no respetivo documento e subsequente registo até à designação de nova administração, salvo o disposto nos artigos 394.º, 403.º e 404.º.

Esta medida visa sobretudo evitar vazios de poder, considerados muito perniciosos ao funcionamento da vida societária – cfr. o disposto no n.º 4 do artigo 391.º do CSC.

24 – Quanto à vinculação da sociedade, o artigo 409.º do CSC preceitua que aos atos praticados pelos administradores, em nome e dentro dos poderes que a lei lhes confere, vinculam-na para com terceiros, não obstante as limitações constantes do contrato de sociedade ou resultantes de deliberações dos acionistas, mesmo que tais limitações estejam publicadas.

A aposição da assinatura dos administradores, com a indicação dessa qualidade, obriga a sociedade.

25 – Os contratos celebrados entre a sociedade e os seus administradores devem ser previamente autorizados pelo conselho de administração, com parecer favorável do conselho de fiscalização ou do fiscal único, sendo o caso, sob pena de nulidade.

Nesta deliberação, o administrador interessado não pode exercer o seu direito de voto, por força do estipulado no n.º 2 do artigo 397.º do CSC.

26 – «VI – Atenta a proibição estabelecida no art. 397.º, n.º 1 do Código das Sociedades Comerciais, é nulo – nos termos do art. 294.º do Código Civil – o negócio jurídico de prestação de garantia hipotecária por sociedade anónima a obrigações contraídas por administrador dessa sociedade que não se destinem à aquisição de ações próprias no âmbito do regime acolhido no art. 322.º daquele Código, e, sendo, como é, caso de nulidade manifesta, o registo deverá ser recusado (art. 69.º, n.º 1, d) do CRP).» – Cfr. o parecer do CT proferido no proc.º n.º R.P.127/98 DSJ-CT, in BRN n.º 4/99, II, pág. 19.

27 – A possibilidade de delegação de poderes de gestão corrente pelo conselho de administração em membros seus, mesmo que prevista no contrato de sociedade ou na alteração do contrato não é matéria registável, seja na inscrição do contrato ou na sua alteração seja na nomeação de administradores. Com efeito, o princípio do *numerus clausus* dos factos sujeitos a registo não permite ao intérprete que acrescente novos factos à enumeração legal dos factos

sujeitos a registo, a título de integração de lacunas da lei. – Cfr. o parecer ínsito no proc.º n.º R.Co.25/97-DSJ, in BRN n.º 5/2000, I, pág.18.

28 – «I – O período das funções dos administradores das sociedades anónimas não cessa com o termo indicado no ato de designação, mas, não ocorrendo outra causa de cessação, quando ocorre nova designação (dos mesmos ou de outros administradores).

II – O registo dessas funções, nesse caso, apenas caduca com o registo de nova designação.

III – Está sujeita a registo a renúncia dos administradores ocorrida em qualquer momento do período assim balizado.» – Conclusões extraídas no parecer emitido no proc.º n.º R.Co.23/98-DSJ, in BRN n.º 3/99, I, pág.22.

29 – «A ata, constante de documento particular avulso, contendo deliberações tomadas em asssembleia geral de sociedade comercial, apenas constitui princípio de prova da mesmas deliberações, pelo que não é documento bastante para o respetivo registo. No entanto, este poderá ser efetuado definitivamente se outros elementos de prova forem presentes ao conservador, confirmando o conteúdo da ata, iniludivelmente, isto é, com aquele grau de credibilidade suficiente para a realização do direito, pois que então esse conjunto de documentos passa a constituir prova bastante do facto a registar». – Cfr. o parecer emitido no proc.º n.º R.Co.16/97-DSJ, in BRN n.º 2/98, I, pág. 28.

Designação dos membros dos órgãos da fiscalização

1 – A estrutura, composição quantitativa e qualitativa, e competência dos órgãos de fiscalização das sociedades anónimas encontra-se prevista nos artigos 413.º, 414.º e 420.º e segs. do CSC.

2 – A validade da designação dos membros dos órgãos de fiscalização das sociedades comerciais, bem como do correspondente registo nas conservatórias, está dependente do consentimento expresso prestado pelos revisores oficiais de contas em documento escrito, por força do prescrito no n.º 7 do artigo 50.º do Decreto-lei n.º 487/99, de 16 de novembro. – cfr. Deliberação tomada pelo Conselho no proc.º n.º R.Co.20/2012 SJC-CT, tendo em consideração que o Decreto-Lei referido foi revogado pelo artigo 4.º da Lei n.º140/15, de 7 de setembro, que aprovou o novo Estatuto da Ordem dos Revisores Oficiais de Contas. No entanto, a doutrina exposta mantém plena atualidade já que o n.º 4 do artigo 50.º da nova Lei acolhe prescrição idêntica.

3 – «I – O revisor oficial de contas não detém as mesmas competências que são próprias do conselho fiscal, em especial não possui quaisquer poderes de fiscalização da administração da sociedade, dado que tais poderes são exercidos pelo conselho geral, como se vê do art. 441.º, al. *d)*, do CSC.

II – Ao revisor oficial de contas apenas compete exercer a fiscalização das contas da sociedade». – Cfr. o Ac. do STJ, de 17 de janeiro de 2002, Rev. n.º 3856/01 – 2.ª, in *Sumários*, 1/2002.

4 – «I – A falta de confiança nos membros do conselho fiscal, por parte dos acionistas, poderá levar à sua destituição por parte da assembleia geral.

II – Todavia, aquela falta de confiança deverá ser alicerçada em facto ou factos justificativos, não sendo livre a destituição, dado que só tem lugar ocorrendo justa causa.

III – O art. 419.º, n.º 1, do Cód. Soc. Com., além de dar estabilidade aos órgãos sociais, limita a soberania da assembleia geral, quer no interesse dos sócios minoritários, quer no interesse dos credores da sociedade». – Cfr. o Acórdão do STJ, de 4 de julho de 1995, in BMJ n.º 449, pág. 351.

5 – «I – As assembleias gerais das sociedades anónimas podem revogar, desde que ocorra justa causa, a designação dos membros do conselho fiscal ou dos fiscais por ela eleitos, ou designados pela assembleia constitutiva ou pelos estatutos, devendo conceder aos visados, porém, a oportunidade de, antes da deliberação, esclarecerem perante ela a sua ação.

II – A disposição que nas sociedades anónimas só permite revogar a designação dos membros do conselho fiscal por justa causa tem caráter imperativo.

III – A lei não dá uma noção de justa causa, pelo que a mesma, num critério de prudente arbítrio, deve ser apreciada livremente pelo tribunal, não sendo, no entanto, de admitir para a caracterizar, uma causa subjetiva, mas sim, objetiva, considerando-se como tal a atuação deliberadamente contrária aos interesses gerais do ente coletivo». – Cfr. o Ac. do STJ, de 30 de maio de 1978, in BMJ n.º 277, pág. 288.

6 – «II – Não sendo indicado o suplente, não pode, em consequência, ser lavrado como definitivo o registo de designação da pessoa que exerce o cargo de fiscal único». – Cfr. o parecer do CT proferido no proc.º n.º 1/15-R.P.96-DST, in BRN n.º 6/97, I, pág. 10.

Designação do secretário

1 – O secretário da sociedade não é um órgão social, mas sim um funcionário da sociedade dotado de qualificação específica, ao qual o legislador atribuiu

importantes funções para a vida societária, que consistem, designadamente, na elaboração de atas e outros documentos, de certificação e autenticação – artigo 446.º-B do CSC.

Como requisito essencial de elegibilidade para o exercício do cargo de secretário figura a qualificação própria adequada, devendo ser exercido por pessoa com curso superior adequado ao desempenho das funções ou por solicitador.

A este propósito, veja-se Pupo Correia, in *Direito* Comercial, 8.ª Edição, 2003, pág. 610, e Oliveira Ascensão, in *Direito Comercial*, Vol. IV, págs. 446 e seguintes.

2 – A nomeação do secretário, bem como a cessação de funções por qualquer causa que não seja o mero decurso do prazo, são factos sujeitos a registo comercial.

O efetivo início de funções do secretário (ou do seu suplente) pode ocorrer imediatamente a seguir à sua nomeação.

3 – Cada pessoa só pode exercer as funções de secretário em sete sociedades, salvo se as sociedades se encontrarem em relação de simples participação, em relação de participações recíprocas, em relação de domínio ou em relação de grupo, por força do disposto no n.º 3 do artigo 446.º-A do CSC.

4 – As sociedades emitentes de ações admitidas à negociação em mercado regulamentado devem, no ato de constituição da sociedade (ou posteriormente o conselho de administração ou o conselho de administração executivo), designar um secretário e um suplente, nos termos previstos nos n.º s 1 e 2 do artigo 446.º-A do CSC.

No caso de impedimento do secretário efetivo, as funções deste passam a ser exercidas pelo suplente, como decorre do estipulado no n.º 4 do artigo 446.º-A do CSC.

5 – Nas sociedades anónimas excluídas do âmbito de aplicação do n.º 1 do artigo 446.º-A do CSC, bem como nas sociedades por quotas, o regime de designação de secretário é facultativo, como resulta do disposto no artigo 446.º-D do referido Código.

No entanto, se optarem pela nomeação de secretário devem também nomear o suplente, visto que a adesão ao figurino prescrito para as sociedades cotadas em bolsa de valores, tem de ser observado na íntegra e não parcialmente.

6 – «I – O Decreto-Lei n.º 257/96, de 31 de dezembro, criou a figura do secretário da sociedade, tendo, para o efeito, aditado a Secção VI (artigos 446.º-A a 446.º-F) ao Capítulo VI do Título IV do CSC. No preâmbulo do diploma é

frisado (além do mais) que aquela figura do secretário era "uma realidade de facto já existente nas sociedades de maior dimensão".

II – Tratou-se, portanto, de valorar uma função que, afinal, constituía "uma realidade" que diversas sociedades haviam reconhecido como vantajosa (ou até necessária) para a sua "vida" económico-empresarial e que, portanto, já figurava nos seus "quadros" societários.

III – É facto notório (e que, consequentemente, nem mesmo judicialmente careceria de ser demonstrado) que são os gestores e os economistas os profissionais que, na generalidade dos casos desempenham tais funções (de quase superintendência) na mencionada "vida económica-empresarial" das sociedades, incluindo a de certos aspetos jurídicos, já que na sua própria preparação universitária tiveram necessariamente formação em várias matérias "de direito", nomeadamente comercial, fiscal e de trabalho.

IV – O n.º 3 do artigo 446.º-A indica expressamente que "as funções de secretário são exercidas por pessoa com curso superior adequado ao desempenho das funções ou solicitador". Isto é, seguindo a aludida "prática" a que se refere o "preâmbulo" do citado Decreto-Lei, não se exige que o secretário seja licenciado em direito, até porque a lei não o menciona e admite mesmo que se trate de um solicitador.

V – Consequentemente, se o legislador pretendesse restringir as habilitações literárias daqueles profissionais à licenciatura em direito constituiria um "erro grosseiro" da sua parte não o ter dito explicitamente (o que à luz do n.º 3 do artigo 9.º do Código Civil é admissível pressupor), tendo, pelo contrário, utilizado antes uma expressão genérica: curso superior adequado ao desempenho das funções. Obviamente que o texto legal não limitou esse curso ao de direito». – Deliberação tomada pelo CT e homologada por despacho do diretor-geral, em 28 de junho de 2001, constante no proc.º n.º R.Co.31/2001 DSJ-CT, publicada no BRN n.º 7/2001, II, pág. 12.

7 – «I – O secretário da sociedade é de designação obrigatória nas sociedades cotadas em bolsa e facultativa nas demais sociedades anónimas e nas sociedades por quotas.

II – Este cargo é exercido profissionalmente, no âmbito de uma competência específica e legalmente prevista, por quem tenha as habilitações adequadas para essa atividade, sendo assegurada a respetiva substituição – em caso de falta ou impedimento – por um secretário suplente, que terá de possuir as mesmas qualificações.

III – É, assim, necessário que, sendo designado o secretário da sociedade, também o seja o respetivo suplente». – Cfr. o parecer constante do proc.º n.º R.Co.2/98 DSJ-CT, publicado in BRN n.º 4/99, II, pág. 2.

8 – «I – O efetivo início de funções por parte do secretário (ou seu suplente) da sociedade comercial não está sujeito a um ato de posse ou a qualquer outra forma de investidura no cargo.

II – Com efeito, e à semelhança do que, quanto ao administrador, se acha previsto no n.º 5 do artigo 391.º do CSC, a aceitação do cargo pode revestir uma forma meramente tácita e, assim, iniciar-se imediatamente após a nomeação.

III – A ata que é subscrita pelo secretário da sociedade – que acabou de ser nomeado e declaradamente nela refere que a vai assinar – dever-se-á considerar que também é feita (lavrada) sob a sua responsabilidade.

IV – É ainda possível que constem da mesma ata várias e sucessivas deliberações, nomeadamente estas: a que designa o secretário da sociedade e, subsequentemente, a que muda a sede da sociedade e altera o correspondente artigo do contrato social.

V – A designação do secretário está sujeito a registo obrigatório, o qual, porém, não tem efeitos constitutivos, pelo que a ata (documento que é interno da própria sociedade) que aquele tenha lavrado antes de efetuada a respetiva inscrição que o designou, não deve considerar-se inválida e, muito menos, nula.

VI – Nada obstará assim – e nem sequer podia ser tido em conta um tal eventual obstáculo se o mesmo não foi levantado no despacho de qualificação – a que tenha sido pedido o registo daquela mencionada alteração do contrato (que só respeita à mudança de sede), sem que previamente o tenha sido o da designação do secretário (e suplente), não só pelo que foi referido na conclusão anterior, como ainda porque não se verifica a necessidade de cumprimento de qualquer trato sucessivo entre as citadas inscrições de designação do secretário e a de alteração contratual constante da ata por este lavrada.

VII – A mudança da sede da sociedade e a correspondente alteração do artigo do contrato que a menciona são factos que ficam suficiente e validamente titulados se constarem de ata lavrada pelo secretário da sociedade». – Conclusões emitidas no parecer do CT constante do proc.º n.º R.Co.44/2000 DSJ-CT, in BRN n.º 1/2001, II, pág. 37.

9 – Nas inscrições de designação, recondução ou cessação das funções de secretário, e pese embora não se tratar de órgão societário (o artigo 17.º do RRC equipara-o a tal mas só para efeitos de tributação emolumentar), aplicam-se, com as devidas adaptações, as menções supra referidas para as inscrições e averbamentos dos órgãos dos membros de administração e de fiscalização das sociedades.

10 – No que concerne à residência ou domicílio profissional dos membros dos órgãos de administração e de fiscalização veja-se o que preceitua o artigo 13.º-A do RRC.

Recondução

1 – A recondução dos membros dos órgãos da administração e da fiscalização, bem como a do secretário, é lavrada por averbamento à inscrição da qual conste a nomeação respetiva, por força do disposto na alínea *l)* do n.º 1 do artigo 69.º do CRC.

2 – Os referidos averbamentos de recondução correspondem, na substância, a inscrições, daí que também sejam conhecidos por "subinscrições" e possam ser lavrados com a natureza de provisórios.

Cessação de funções

1 – A cessação de funções, por qualquer causa que não seja o decurso do tempo, dos membros dos órgãos de administração e de fiscalização pode ocorrer por:

a) Renúncia dos próprios membros da administração ou da fiscalização – artigos 258.º e 404.º do CSC; ou
b) destituição – artigos 257.º, 403.º e 419.º do mesmo Código.

2 – O administrador pode renunciar ao seu cargo, mediante carta dirigida ao presidente do conselho de administração ou, sendo este o renunciante, ao conselho fiscal ou à comissão de auditoria, como flui do disposto no n.º 1 do artigo 404.º do CSC.

A produção dos efeitos da referida renúncia é diferida para o final do mês seguinte àquele em que tiver sido comunicada, salvo se entretanto tiver sido designado ou eleito o substituto – n.º 2 do citado preceito.

3 – «II – A renúncia dos gerentes das sociedades pode processar-se mediante comunicação que, a estas, eles façam por escrito e torna-se efetiva oito dias depois de recebida a comunicação, em conformidade com o disposto no n.º 1 do artigo 258.º do Código das Sociedades Comerciais.

III – Trata-se, portanto, de uma comunicação recetícia, devendo considerar-se comprovada tal receção se for apresentado um duplicado de comunicação do qual conste ter sido recebido o original e esta afirmação esteja feita sob carimbo a óleo da sociedade, assinado por quem, em nome desta, recebeu tal comunicação». – Conclusões extraídas do parecer proferido no proc.n.º R.Co.63/2000 DSJ-CT, in BRN n.º 5/2001, II, pág. 9.

4 – «I – A cessação de funções de gerente da sociedade por quotas, por renúncia, verifica-se com a emissão da respetiva declaração e com o decurso do prazo fixado no artigo 258.º, n.º 1 do Código das Sociedades Comerciais (ou na data em que o renunciante indicar, se ulterior ao decurso deste prazo).

II – São títulos suficientes para o registo do facto a fotocópia da carta de renúncia dirigida a outro gerente, ou, se não houver outro gerente, ao órgão de fiscalização, ou não o havendo, a qualquer sócio, e o respetivo aviso de receção datado e assinado». – Cfr. o parecer do CT constante do proc.º n.º 69/96-R.P. 4, in BRN n.º 5/97, II, pág. 21.

5 – «I – A cessação de funções, por qualquer motivo que não seja o decurso de tempo, dos membros dos órgãos de administração está sujeito a registo e publicação obrigatórios, pelo que só produz efeitos contra terceiros depois da data da publicação.

II – A falta de registo não pode ser oposta aos interessados pelos representantes legais da sociedade a quem incumbe a obrigação de o promover.

III – Por isso, é regular a citação de sociedade comercial, feita na pessoa de gerente exonerado, anteriormente ao pedido de registo da cessação de funções». – Cfr. o Ac. do STJ, de 25 de julho de 1996, in BMJ n.º 458.º, pág. 354.

6 – «I – A cessação de funções de gerente de sociedade por quotas, por renúncia, verifica-se com a emissão da respetiva declaração, a receção pela sociedade desta declaração, e com o decurso do prazo fixado no art. 258.º, n.º 1, do CSC (ou na data que o renunciante indicar, se ulterior ao decurso desse prazo).

II – Decorrentemente, a data da cessação de funções de gerente, por renúncia, que deve constar do respetivo averbamento nos termos da alínea *e)* do art. 17.º-A do Regulamento do Registo Comercial é a data em que a renúncia se tornou efetiva nos termos do n.º 1 do art. 258.º do CSC (8 dias depois do recebimento da comunicação).

III – Formalizando-se a renúncia por carta registada com aviso de receção e não tendo sido datado pelo destinatário, a data da receção – a que deve acrescer o prazo legal (8 dias) da efetivação para que ocorra a eficácia do facto – é a data do carimbo aposto no aviso pela estação dos CTT reexpedidora.

IV – A carta de renúncia – que deve ser dirigida a outro gerente, havendo-o (cfr. art. 260.º, n.º 5, do CSC) – não tem que ser enviada para a sede social, podendo sê-lo para a morada do gerente destinatário.

V – Também não é essencial à perfeição da declaração que o aviso de receção seja assinado pelo gerente destinatário, podendo sê-lo por pessoa que tenha a necessária "competência de recebimento"». – Deliberação tomada pelo CT, e homologada por despacho do Diretor-Geral em 31 de maio de 2004, constante dos proc.os n.os R.Co.214/2002 DSJ-CT e R.Co.215/2002 DSJ-CT, publicada no BRN n.º 6/2004, II, pág. 2.

7 – «É o Cód. Soc. Com. que define quando é que a renúncia à gerência se torna eficaz, limitando-se o Código do Registo Comercial a estatuir que a renúncia

está sujeita a registo sem pretender dispor quanto às respetivas condições de eficácia». – Cfr. o Ac. do STJ, de 13 de outubro de 1993 – JSTJ00019964/ITIJ/Net.

8 – Qualquer membro do conselho de administração pode, em qualquer momento, ser destituído por deliberação da assembleia geral, desde que não tenha sido nomeado pelo Estado ou entidade a ele equiparada por lei para esse efeito.

9 – «I – A invocação de justa causa de destituição de gerente de sociedade por quotas ocorre quando, com essa finalidade, se denuncie uma situação de facto que torne inexigível para a sociedade manter o gerente no cargo.

II – Tendo a sociedade apenas dois sócios e querendo um deles afastar o outro da gerência com invocação de justa causa, só ao tribunal compete, a pedido daquele contra o destituendo, declarar a existência de justa causa e decretar a destituição.

III – Mas é anulável, e não nula, a deliberação que destitui o gerente nas circunstâncias referidas». – Cfr. o parecer proferido no proc.º n.º R.Co.3/99-DSJ, in BRN n.º 6/99, I, pág. 29.

10 – Numa sociedade por quotas com mais de dois sócios, a deliberação da assembleia geral que destitui um gerente com fundamento em justa causa, considera-se validamente aprovada desde que, tendo em conta as presenças nessa assembleia, os votos emitidos a favor da proposta de destituição excedam os emitidos contra, não sendo consideradas as abstenções, como resulta da conjugação do disposto no artigo 250.º, n.º 3, com o artigo 257.º, n.º 2, ambos do CSC.

Nestes termos, dever-se-á ter como formada a deliberação em que apenas um sócio, independentemente do valor da sua quota, vota nessa assembleia a destituição de um gerente, com fundamento em justa causa, dado que para a realização dessa assembleia geral o Código das Sociedades Comerciais não exige nenhum quórum constitutivo, ou seja, a lei não exige um número mínimo de presenças (ou representações) para que se possa deliberar». – Cfr., neste sentido, os pareceres proferidos nos proc.os n.os R.Co.100/2001 DSJ-CT, in BRN n.º 5/2003, II, pág. 6, R.Co. 22/2005 DST-CT.

Obrigatoriedade do registo e das publicações

1 – O registo da designação e da cessação de funções, por qualquer causa que não seja o decurso do prazo, dos membros de administração e de fiscalização das sociedades, bem como do secretário da sociedade, é obrigatório devendo ser requerido no prazo de dois meses, contados a partir da data da sua titulação, como resulta do preceituado nos n.ºs 1 e 2 do artigo 15.º do CRC.

2 – Os correspondentes atos de registo referidos no número anterior estão sujeitos a publicação nos termos previstos na alínea *a)* do n.º 1 do artigo 70.º do citado Código.

A designação e cessação de funções, por qualquer causa que não seja o mero decurso do prazo, dos órgãos de administração e fiscalização deve ser oficiosa e gratuitamente comunicada, por via eletrónica, aos serviços da administração tributária e da segurança social, por força do disposto na alínea *c)* do n.º 1 do artigo 72.º-A.

3 – Do registo de designação dos membros dos órgãos de administração, fiscalização e liquidação, bem como do secretário da sociedade, deve constar, como menções especiais, o prazo por que foram designados, se o houver, e a data da deliberação – cfr. a alínea *i)* do artigo 10.º do RRC.

Tributação emolumentar

1 – Pela inscrição de nomeação ou recondução de órgãos sociais, é devido o emolumento previsto no n.º 2.7 do artigo 22.º do RERN.

Pelos averbamentos de cessação de funções, é cobrada a quantia emolumentar prevista no n.º 4.1 do citado artigo 22.º.

Alínea *n)* – A prestação de contas das sociedades anónimas, por quotas, em comandita por ações, bem como das sociedades em nome coletivo e em comandita simples, quando houver lugar a depósito, e de contas consolidadas das sociedades obrigadas a prestá-las

1 – O registo da prestação de contas é efetuado por depósito, como decorre do disposto na alínea *a)* do n.º 5 do artigo 53.º-A do CRC.

O depósito dos documentos atinentes à prestação de contas é mencionado na ficha de registo respetiva acrescido da indicação do ano de exercício bem como dos elementos referidos nos n.ºs 3 e 4 do artigo 72.º do CRC, por força do prescrito na alínea *d)* do n.º 1 do artigo 15.º do RRC.

Os termos do pedido e do registo de prestação de contas encontram-se definidos na referida Portaria n.º 1416-A/2006, de 19 de dezembro, com as alterações posteriormente sofridas – cfr. o disposto nos artigos 1.º, alínea *c)*, e 13.º-A e segs.

2 – O Decreto-Lei n.º 8/2007, de 17 de janeiro, criou a Informação Empresarial Simplificada (IES) que consiste na prestação de informação de natureza fiscal, contabilística e estatística respeitante ao cumprimento das obrigações fiscais referidas no n.º 1 do artigo 2.º deste diploma, através de uma declaração única transmitida por via eletrónica.

3 – A publicação da prestação de contas é obrigatória apenas no que respeita às sociedades por quotas, anónimas e em comandita por ações, nos termos do preceituado na alínea *a)* do n.º 1 do artigo 70.º do citado Código.

A publicação dos documentos de prestação de contas das sociedades abertas que não tenham valores mobiliários admitidos à negociação em mercado regulamentado deve ser feita integralmente – n.º 3 do artigo 72.º.

Alínea *o)* – A mudança da sede da sociedade e a transferência de sede para o estrangeiro

1 – A sede da sociedade é um elemento essencial do contrato social [alínea *e)* do n.º 1 do artigo 9.º do CSC], constituindo o seu domicílio, sem prejuízo de, ao abrigo do disposto no n.º 3 do artigo 12.º do CSC, se poder estipular no contrato social domicílio particular para determinados negócios.

2 – O órgão de administração da sociedade pode, salvo disposição em contrário no contrato da sociedade, deslocar a sede dentro do território nacional, nos termos do n.º 2 do citado artigo 12.º.

Ainda que proferido na vigência do direito pregresso, reveste interesse consultar, sobre o ponto, o Acórdão do STJ, publicado no BRN n.º 10/99, I Caderno, págs. 15 e segs.

3 – O legislador entendeu autonomizar nesta alínea *o)* a mudança de sede das restantes alterações ao contrato previstas na alínea *r)* do n.º 1 do citado artigo 3.º, norma que se refere, além do mais, a «qualquer outra alteração do contrato».

Ora, parece-nos que de tal facto têm de ser extraídas consequências, e, sendo assim, tudo nos leva a crer que a *mens legislatoris* foi precisamente no sentido de não conferir a esta mera mudança de sede a natureza de uma alteração formal que demandasse invariavelmente a alteração da correspondente cláusula contratual e a apresentação do texto completo do contrato alterado, na sua redação atualizada (artigo 59.º, n.º 2), como acontece necessariamente nas situações abrangidas pela norma plasmada na citada alínea *r), in fine.*

Nesta conformidade, veja-se a Deliberação tomada no proc.º n.º C.Co.30/2013 STJ – CC.

4 – O registo definitivo de transferência de sede para o estrangeiro determina o cancelamento oficioso da matrícula respetiva, por força do prescrito na alínea *d)* do artigo 62.º-A e no n.º 2 do artigo 27.º.

Documentos para o registo

1 – Em conformidade com o que salientámos no ponto 3, diremos então que para titular a mudança de sede basta que seja apresentado documento escrito, ou a ata da respetiva deliberação a não ser que esta, a lei ou o contrato exijam outro documento, como decorre do disposto nos n.os 3 e 4 do artigo 85.º do CSC, e do certificado de admissibilidade da firma ou denominação, sendo o caso, tendo em consideração o prescrito na alínea *b)* do n.º 1 do artigo 56.º e no n.º 3 do artigo 54.º, ambos do RRNPC.

Obrigatoriedade do registo e das publicações

1 – O registo de mudança da sede e a transferência de sede para o estrangeiro é obrigatório, por força do disposto no n.º 1 do artigo 15.º do CRC.

2 – Quando o referido ato respeite a sociedades por quotas, anónimas e em comandita por ações está igualmente sujeito a publicação obrigatória, como resulta do disposto na alínea *a)* do n.º 1 do artigo 70.º do CRC.

Alínea *p)* – O projeto de fusão interna ou transfronteiriça e o projeto de cisão de sociedades

1 – O registo do projeto de fusão (e de cisão – artigo 120.º) consagrado no n.º 1 do artigo 100.º do Código das Sociedades Comerciais, aprovado pelo Decreto--Lei n.º 262/86, de 2 de setembro, é uma inovação deste Código, visto que tal registo não estava previsto nas normas ínsitas no Decreto-Lei n.º 598/73, de 8 de novembro.

Esta inovação da lei substantiva foi imediatamente acolhida, como não podia ter deixado de ser, no Código do Registo Comercial, aprovado pelo Decreto-Lei n.º 403/86 de 3 de dezembro, concretamente na alínea *p)* do n.º 1 do seu artigo 3.º.

Anteriormente, na vigência do Decreto-Lei n.º 42 644, 14 de novembro de 1959, apenas estava sujeito a registo comercial o próprio facto fusão ou cisão [artigo 3.º, alínea *e)*], não o respetivo projeto.

2 – Para o registo do projeto de fusão e de cisão devem ser apresentados os seguintes documentos:

- *a)* o projeto, elaborado nos termos prescritos nos artigos 98.º ou 119.º do CSC, conforme se trate de projeto de fusão ou de projeto de cisão; e
- *b)* os pareceres exigíveis por força do disposto no artigo 99.º do CSC, aplicável também ao projeto de cisão, em face do prescrito no artigo 120.º do citado Código.

3 – O registo do projeto de fusão, bem como o de cisão, é feito por depósito – alínea *a)* do n.º 5 do artigo 53.º-A, dele devendo constar, como menções especiais,

a modalidade, a firma, o número de identificação de pessoa coletiva e a sede, com indicação do código de postal válido das entidades participantes, como decorre do disposto na alínea *f)* do n.º 1 do artigo 15.º do RRC.

4 – Sendo o projeto de fusão registável por depósito *online*, a publicação prevista no n.º 1 do artigo 100.º do CSC não pode ser promovida automática e imediatamente pelos serviços de registo, devendo, por isso, o requerente, aquando da feitura do registo em causa, diligenciar nos termos da informação prestada pelo portal da empresa.

Contudo, mesmo quem considere que a publicação do registo do projeto de fusão e a do próprio projeto são indissociáveis, a omissão da publicação deste não acarreta qualquer cominação que se deva refletir negativamente na qualificação do posterior registo de fusão, dado que da ordem jurídica não são eliciáveis quaisquer efeitos inerentes à publicação do projeto de fusão – cfr., neste sentido e para mais desenvolvimentos, o parecer proferido pelo Conselho Consultivo no proc.º n.º R.Co.2/2013 STJ-CC.

5 – Entende-se por «fusão transfronteiriça» a reunião numa só de duas ou mais sociedades constituídas de acordo com a legislação de um Estado membro e tendo a sede estatutária, a administração central ou o estabelecimento principal no território da Comunidade, desde que, pelo menos, duas delas sejam regidas pelos ordenamentos jurídicos de diferentes Estados membros – vd. o disposto na alínea *a)* do artigo 2.º da Lei n.º 19/2009, de 12 de maio, bem como nos artigos 117.º-A a 117.º-L do CSC.

6 – As sociedades em nome colectivo e as sociedades em comandita simples não podem participar numa fusão transfronteiriça.

Alínea *q)* – O projeto de constituição de uma sociedade anónima europeia por meio de fusão, o projeto de constituição de uma sociedade anónima europeia por meio de transformação de sociedade anónima de direito interno e o projeto de constituição de uma sociedade anónima europeia gestora de participações sociais, bem como a verificação das condições de que depende esta última constituição

1 – A redação desta alínea foi introduzida pelo artigo 2.º do Decreto-Lei n.º 2/2005, de 4 de janeiro, que aprovou o Regime Jurídico das Sociedades Anónimas Europeias (RJSAE).

A primitiva alínea *q)* passou a ser a alínea *r)* e, todas as demais alíneas subsequentes passaram, em consequência de tal, a alíneas *s)*, *t)*, *u)*, *v)*, *x)* e *z)*, respetivamente.

2 – Por força do disposto na alínea *a)* do n.º 2 do artigo 4.º do Decreto-Lei n.º 2/2005, estão também sujeitos a registo e a publicação os projetos de constituição de sociedades anónimas europeias, em qualquer das modalidades admissíveis.

Os referidos projetos devem ser elaborados pelo órgão de direção ou de administração, em conformidade com as regras prescritas no Regulamento (CE) n.º 2157/2001, do Conselho, de 8 de outubro.

Sobre o ponto, veja-se Menezes Cordeiro, in Direito Europeu das Sociedades, 2005, págs. 945 e segs.

3 – Na alínea *b)* do n.º 2 do artigo 4.º do citado Decreto-Lei n.º 2/2005 também se encontra previsto o registo e a publicação da verificação das condições de que depende a constituição da sociedade anónima europeia gestora de participações sociais.

Obrigatoriedade do registo e das publicações

1 – Os factos elencados na alínea em apreço estão sujeitos a registo obrigatório, em face do estipulado no n.º 1 do artigo 15.º do CRC.

2 – No que respeita às menções a inserir no registo por depósito dos factos supra veja-se o que prescreve a alínea *g)* do n.º 1 do artigo 15.º do RRC.

3 – Os atos de registo correspondentes estão sujeitos a publicação, por força do prescrito na alínea *a)* do n.º 1 do artigo 70.º.

Após a publicação efetuada nos termos previstos no n.º 2 deste preceito, procede-se ainda, no prazo de cinco dias a contar do registo, à promoção daquelas publicações no Jornal Oficial da União Europeia, por força do disposto nos artigos 70.º, n.º 4, e 71.º, n.º 2, deste Código.

Alínea *r)* – A prorrogação, fusão interna ou transfronteiriça, cisão, transformação e dissolução das sociedades, bem como o aumento, redução ou reintegração do capital social e qualquer outra alteração ao contrato de sociedade

Prorrogação

1 – A questão da prorrogação do prazo de vigência das sociedades só se coloca quando, no contrato social ou nas suas alterações posteriores, tenha sido fixado prazo de duração para a vigência daquelas, situação que, na verdade, não acontece com muita frequência.

Como decorre do disposto no artigo 15.º do CSC, a duração da sociedade fixada no contrato ou nas suas alterações só pode ser prorrogada por deliberação tomada antes do referido prazo ter expirado.

Depois da ocorrência deste facto, a prorrogação da sociedade dissolvida só pode ser deliberada nos termos prescritos no artigo 161.º do referido Código, isto é, mediante deliberação dos sócios no sentido do regresso à atividade.

Para mais desenvolvimentos no que respeita às condições a preencher para o regresso à atividade de sociedade dissolvida, veja-se, entre outros, Raúl Ventura, in *Dissolução e Liquidação de Sociedades*, 1997, pág. 441.

2 – «A estipulação da duração poderá fazer-se de diferentes modos, mas todos os imagináveis se reconduzem dogmaticamente a dois: o do termo certo (*certus na, certus* quando) e o do termo incerto (*certus na, incertus quando*), ambos perfeitamente compatíveis com a letra do art. 15.º, n.º 1. No primeiro caso, a certeza do facto inclui a data da sua verificação, sabendo-se que o facto se dará e quando se dará: por exemplo, "a sociedade durará até à data tal"ou "durará tantos anos". No segundo, o evento é do mesmo modo certo, mas é incerto o momento em que se verificará: por exemplo, a "sociedade durará até à morte do sócio tal".» – Cfr. Albino de Matos, *Constituição de Sociedades*, 5.ª edição, pág. 93.

3 – Para instruir o pedido de registo da prorrogação, deve ser apresentado documento emitido em conformidade com o prescrito no artigo 85.º do CSC, sendo a data da deliberação indicada na respetiva inscrição, por força do prescrito na alínea *l)* do artigo 10.º do RRC.

Fusão Interna ou fusão transfronteiriça

1 – Como é sabido, uma das manifestações da plasticidade da instituição societária revela-se no instituto de fusão, o qual foi inicialmente consagrado nos artigos 124.º a 127.º do Código Comercial e, posteriormente, no Decreto-Lei n.º 598/73, de 8 de novembro (que passou abranger também o regime da cisão), encontrando-se atualmente minuciosamente regulado nos artigos 97.º e segs. do CSC.

2 – A fusão surge cada vez mais como um meio de assegurar a racionalização da gestão e de aumentar a competitividade das empresas no mercado, consistindo na reunião de duas ou mais sociedades, ainda que de tipo diverso, numa só, como dispõe o n.º 1 do artigo 97.º do CSC.

Para atingir tal finalidade, o Estado tem criado incentivos fiscais conducentes à concentração de empresas. O processo é, contudo, demasiado moroso, se tivermos em conta a premência e a calendarização própria das empresas envolvidas.

3 – A fusão pode realizar-se mediante uma das seguintes modalidades:

a) a transferência global do património de uma ou mais sociedades para outra e atribuição aos sócios daquelas de partes, ações ou quotas destas – fusão por incorporação;

b) a constituição de uma nova sociedade, para a qual se transferem globalmente os patrimónios das sociedades fundidas, sendo aos sócios destas atribuídas partes, ações ou quotas da nova sociedade – fusão-concentração ou fusão por constituição de nova sociedade.

4 – Os limites à fusão encontram-se previstos no n.º 3 do artigo 97.º do CSC, consistindo no impedimento da fusão de uma sociedade a partir da data da petição de apresentação à insolvência ou do pedido de declaração desta.

O n.º 2 do citado artigo 97.º possibilita, porém, a fusão de sociedades dissolvidas, independentemente das restantes sociedades participantes estarem ou não dissolvidas, desde que umas e outras preencham os requisitos de cuja verificação depende o regresso à atividade, como decorre do disposto no artigo 161.º do CSC.

5 – As fases da fusão, em traços gerais, são as seguintes:

a) Elaboração do projeto, da responsabilidade conjunta das administrações das sociedades intervenientes – artigo 98.º, n.º 1, do CSC;

b) Parecer do órgão de fiscalização – artigo 99.º do mesmo Código;

c) Registo do projeto – artigo 100.º do CSC;

d) Deliberação da fusão (artigos 102.º e 103.º) e correspondente registo na conservatória do registo comercial, requerido por qualquer dos administradores das sociedades participantes na fusão ou da nova sociedade – artigos 106.º, 111.º e 112.º do CSC.

6 – O registo da fusão, que é constitutivo, tem como efeitos jurídicos a extinção das sociedades incorporadas ou, no caso de constituição de nova sociedade, de todas as sociedades fundidas, e a transmissão de todos os seus direitos e obrigações para a sociedade incorporante ou para a nova sociedade, tornando-se os sócios das sociedades extintas sócios da sociedade incorporante ou da nova sociedade, consoante o caso, por força do disposto no artigo 112.º do CSC.

7 – A lei permite que as sociedades envolvidas numa futura fusão elejam uma data a partir da qual as operações da sociedade incorporada ou das fundidas, sejam consideradas, do ponto de vista contabilístico, como efetuadas na sociedade incorporante ou na nova sociedade, consoante o caso, ao abrigo do preceituado na alínea *i)* do n.º 1 do artigo 98.º do CSC.

Atento o princípio da neutralidade fiscal acolhida no CIRC e a permissão consignada na aludida alínea *i)*, as operações das sociedades incorporadas ou fundidas são imputadas, para efeitos fiscais, na sociedade incorporante ou na nova sociedade, desde que se situem no período de tributação coincidente com aquele em que se verifique a produção dos efeitos jurídicos da operação em causa, por força da aplicação do disposto no n.º 7 do artigo 74.º do referido Código – vd., neste sentido, o parecer ínsito no proc.º n.º R.Co.2/2013 SJT-CC.

8 – A nulidade da fusão só pode ser declarada nos casos taxativamente previstos no n.º 1 do artigo 117.º CSC, sendo que a declaração judicial da nulidade da fusão está, naturalmente, sujeita à mesma publicidade que o registo da própria fusão.

9 – «A extinção, por fusão, de uma sociedade comercial, com efeitos do artigo 112.º, alíneas *a)* e *b)*, do Código das Sociedades Comerciais, não extingue o procedimento por contra-ordenação praticada anteriormente à fusão nem a coima que lhe tenha sido aplicada.» – Cfr. o Acórdão n.º 5/2004, do Pleno das secções criminais do Supremo Tribunal de Justiça, in DR n.º 144, II série, de 21 de junho de 2004.

10 – «II – A fusão da sociedade traduz-se no ato pelo qual duas ou mais sociedades reúnem as suas forças económicas para formarem com os sócios de todas elas uma só personalidade coletiva». – Cfr. o Ac. do STJ, de 9 de maio de 2002, in CJ(STJ), Ano X, Tomo II, pág. 53.

11 – O regime respeitante às fusões transfronteiriças, dadas as suas especificidades próprias, encontra-se expressamente previsto nos artigos 117.º-A e segs. do CSC, aditados pela Lei n.º 19/2009, de 12 de maio, aplicando-se, subsidiariamente, às sociedades com sede em Portugal algumas das prescrições atinentes à fusão interna, nos termos consignados no artigo 117.º-B.

12 – Para efeitos de registo, configura-se como uma ação de oposição judicial de credor, o requerimento entregue em juízo, no qual o autor expressamente vem deduzir oposição à fusão ao abrigo do art.º 101-A do CSC, em processo especial de jurisdição voluntária (art.º 1488.º do CPC) e que conclui pedindo a procedência da oposição e, em conformidade, a condenação do requerido a pagar um valor ou, subsidiariamente, a prestar uma caução – vd. o parecer proferido no proc.º n.º R.Co.34/2012SJC-CT.

13 – A propósito das menções especiais a inserir nas inscrições de fusão ou cisão veja-se o que prescrevem as alíneas *m)* e a*h)* do artigo 10.º do RRC.

DOCUMENTOS PARA O REGISTO

a) O título é variável consoante a existência dos bens (e a sua natureza) a incorporar – artigos 7.º e 106.º do CSC; e
b) Certificado de admissibilidade – alínea *b)* do n.º 1 do artigo 56.º do RRNPC.

Cisão

1 – O paralelismo traçado no Código das Sociedades Comerciais entre o artigo 98.º (projeto de fusão) e o artigo 119.º (projeto de cisão) é evidente, contemplando, porém, as cambiantes exigidas por cada um dos institutos em causa.

2 – A cisão manifesta-se segundo uma fenomenologia inversa à da fusão, visto que a transformação dá aqui lugar a uma ou mais sociedades comerciais, obedecendo às seguintes modalidades:

a) uma sociedade destaca parte do seu património para com ela constituir outra sociedade – cisão-simples, prevista na alínea *a)* do n.º 1 do artigo 118.º do CSC;
b) uma sociedade dissolve-se e divide o seu património, sendo cada uma das partes resultantes daquela destinada a constituir uma nova sociedade – cisão-dissolução, prevista na alínea *b)* do n.º 1 do citado artigo 118.º; e
c) uma sociedade destaca partes do seu património ou dissolve-se, dividindo o seu património em duas ou mais partes, para as fundir com sociedades já existentes ou com partes do património de outras sociedades, separadas por idênticos processos e com igual finalidade – é a cisão-fusão referida na alínea *c)* do n.º 1 do artigo 118.º do CSC.

3 – A extensão, o grau de participação dos sócios da sociedade dissolvida e os requisitos especiais da cisão-fusão encontram-se previstos nos artigos 126.º e seguintes do CSC.

Também os limites à cisão-simples, bem como os seus requisitos, têm consagração legal, respetivamente, nos artigos 123.º, n.º 1, 124.º e 125.º, todos do CSC.

4 – A constituição de novas sociedades, por cisões-fusões simultâneas de duas ou mais sociedades, só pode resultar da intervenção destas, como se refere no n.º 1 do artigo 129.º do CSC.

Quanto à intervenção na constituição de novas sociedades e número inicial de sócios, bem como da veracidade do capital social das novas sociedades, veja-se Raúl Ventura, in *Cisão, Fusão, Transformação de Sociedades*, 1990, págs. 411 e seguintes.

5 – «I – Pela cisão, é permitido a uma sociedade destacar parte do seu património para com ele constituir outra sociedade.

II – Na cisão simples, a sociedade cindida subsiste e só parte dos seus bens são transmitidos para novas sociedades.

III – A inscrição da cisão no registo determina a transmissão, para a nova sociedade, de todos os direitos e obrigações destacados do património da sociedade cindida, sem necessidade de satisfação ou preenchimento dos requisitos de que a lei faça depender a transmissão singular de cada direito ou obrigação.». – Sumário extraído do acórdão do TRL, de 6 de fevereiro de 2001, in JTRL0003592/ITIJ/Net.

6 – A Sexta Diretiva n.º 82/891/CEE, de 17 de dezembro de 1982, estabeleceu regras importantes relativas às cisões de sociedades anónimas, mediante incorporação ou mediante constituição de novas sociedades, à semelhança do que já tinha acontecido relativamente as fusões de sociedades anónimas pela Diretiva n.º 78/885/CEE, de 9 de outubro de 1978.

Transformação

1 – A transformação de sociedades recebeu também um pormenorizado tratamento legislativo no Código das Sociedades Comerciais, orientado não só para defesa dos sócios minoritários, como também dos credores sociais, como decorre do prescrito nos artigos 130.º e seguintes do referido Código.

As sociedades comerciais constituídas segundo um dos tipos taxativamente enumerados no n.º 2 do artigo 1.º do CSC podem, posteriormente transformar-se mediante a adoção de um tipo societário diferente daquele sob o qual inicialmente se constituíram.

2 – As sociedades civis podem transformar-se em sociedades comerciais (n.ᵒˢ 2 e 4 do artigo 1.º do CSC) e as sociedades comerciais constituídas segundo determinado tipo societário podem posteriormente adotar outro, ao abrigo do disposto nos artigos 1.º, n.ᵒˢ 2 e 4, e 130.º do CSC.

Tendo, porém, em consideração a taxatividade dos tipos societários enunciados no referido artigo 1.º, as sociedades comerciais não podem ser atípicas, isto é, não podem aditar uma regulamentação incompatível com o tipo legal assinalado nos estatutos, conjugando, designadamente, notas essenciais de dois ou mais tipos societários.

3 – Até à entrada em vigor do Decreto-Lei n.º 76-A/2006, de 29 de março, que procedeu à revogação do artigo 135.º do CSC, a deliberação de transformação de sociedade devia ser consignada em escritura pública, mas, após a referida alteração legislativa, a deliberação de transformação passou a ser o próprio ato de transformação enquanto facto sujeito a registo comercial.

Nestes termos, para titular o correspondente registo basta apresentar ata que contenha a deliberação de transformação, validamente tomada, já que esta passou a ser o próprio ato *de transformação* enquanto facto sujeito a registo – cfr., para mais desenvolvimentos, o parecer proferido no proc.º n.º R.Co.7/2013 STJ-CC.

4 – «I – Para que qualquer sociedade possa transformar-se em sociedade de tipo diferente, é indispensável que o capital esteja integralmente liberado ou que as entradas convencionadas no contrato estejam totalmente realizadas.

II – Não se mostrando cumpridas as condições apontadas, o contrato de transformação será nulo (artigo 294.º do Código Civil), pelo que o registo deve ser recusado.» – Cfr. o parecer do CT proferido no proc.º n.º 58/88-R.P.3, in *Pareceres do Conselho Técnico,* Vol. II, pág. 316.

5 – «II – As formalidades da transformação podem, porém, ser abreviadas pela deliberação unânime dos sócios, se daí não puderem resultar prejudicados quaisquer dos interesses protegidos pela lei». – Conclusões firmadas no parecer do CT emitido no proc.º n.º 65/88-R.P. 3, in *Pareceres do Conselho Técnico,* Vol. II, pág. 339.

6 – «I – Uma sociedade não pode transformar-se se o capital não estiver integralmente liberado ou se não estiverem totalmente realizadas as entradas convencionadas no contrato (art.º 131.º, n.º 1, al. *a)*, do Cód. Soc. Comerciais).

II – Porém, a integral realização do capital deve reportar-se, de acordo com o escopo legal, à sociedade tal como existe quando vai ser outorgada a escritura que a transforma.

III – A lei permite, assim, a transformação em sociedade anónima de uma sociedade por quotas cujo capital é aumentado, no contexto da mesma escritura, para 9 000 contos, ficando o mesmo realizado quanto a 6 300 contos». – Cfr. o Acórdão do TRL, de 15 de fevereiro de 1990, Ano XV, Tomo I, pág. 169.

7 – «Nos casos em que a transformação de uma sociedade não importe a dissolução, mantendo esta a sua personalidade jurídica e inalterado o seu objeto, tem aquela operação jurídica de ser encarada apenas como uma especial alteração do contrato da dita sociedade». – Conclusão firmada no parecer emitido no proc.º n.º R.Co.114/2001-DSJ, in BRN n.º 5/2002, I, pág. 18.

8 – Para o registo de transformação de uma sociedade para outro tipo societário em que apenas se altera o aditamento social, não é exigível a verificação da disponibilização do certificado de admissibilidade da firma ou denominação, como decorre do disposto na alínea *b)* do n.º 1 do artigo 56.º em conjugação com o n.º 3 do artigo 54.º, ambos do RRNPC.

Já na vigência do Decreto-Lei n.º 42/89, de 3 de fevereiro, constava expressamente a dispensa de certificado de admissibilidade nos casos em que as sociedades não alteravam a denominação ou firma, nem o objeto, mas apenas o aditamento social – do n.º 3 do artigo 81.º.

9 – Tratando-se de transformação de sociedade por quotas em sociedade unipessoal por quotas deve ser apresentada declaração escrita do sócio único, manifestando a vontade de transformar a sociedade em sociedade unipessoal por quotas, podendo tal declaração constar do próprio documento que titule a cessão, nos termos previstos no n.º 3 do artigo 270.º-A do CSC.

10 – No caso de transformação de sociedades unipessoais por quotas em sociedades por quotas na sequência de divisão e cessão de quota (ou quotas) ou de aumento de capital com entrada de novo sócio deve, em qualquer dos casos, ser eliminada da firma a expressão «sociedade unipessoal» ou a palavra «unipessoal» antes de limitada, como decorre do disposto no artigo 270.º-D do CSC.

O documento que consigne a divisão e cessão de quota é título bastante para o registo da modificação – n.º 2 do citado preceito.

11 – A transformação do estabelecimento individual de responsabilidade limitada em sociedade por quotas é titulada mediante declaração escrita do interessado – n.º 5 do artigo 270.º-A do CSC.

Os trâmites registais a seguir neste caso específico estão desenvolvidos em anotação ao artigo 8.º deste CRC

12 – A propósito da transformação de sociedade civil em sociedade comercial ou em sociedade civil sob forma comercial e subsequente registo veja-se o parecer proferido no proc.º n.º C.Co. 101/2010 SJC-CT.

13 – Com referência a um pedido de registo de transformação de sociedade comercial e à possibilidade de interpretação corretiva dos títulos, veja-se o que ficou dito no parecer proferido no proc.º n.º R.Co.36/2012SJC-CT.

14 – Da inscrição de transformação deve constar a data da deliberação e as menções do contrato ou dos estatutos previstas nas alíneas *b)* a *e)* do artigo 10.º do RRC, por força do disposto na alínea *n)* do mesmo preceito.

Dissolução

1 – A dissolução da sociedade consiste na modificação da relação jurídica constituída pelo contrato de sociedade, que se traduz na sua entrada em fase de dissolução. – Cfr., quanto a esta temática, Raúl Ventura, in *Dissolução e Liquidação de Sociedades*, 1987, pág. 16.

A dissolução marca, portanto, o início do processo de liquidação, que faz cessar a atividade da sociedade, mas a personalidade jurídica mantém-se até ao registo definitivo do encerramento da liquidação, que, consabidamente, tem efeitos extintivos.

2 – Os casos de dissolução das sociedades encontram-se consagrados nos artigos 141.º e seguintes do CSC, podendo esta ser imediata ou diferida.

2.1 – As causas de dissolução administrativa ou por deliberação dos sócios estão previstas no artigo 142.º do CSC.

2.2 – As causas de dissolução oficiosa constam do artigo 143.º do mesmo Código, seguindo-se no procedimento administrativo da dissolução o regime jurídico previsto em diploma próprio criado especificamente para a dissolução e de liquidação de entidades comerciais, isto é, no Anexo III do Decreto-Lei n.º 76-A/2006, de 29 de março.

3 – No que respeita ao procedimento simplificado de justificação das situações de dissolução imediata plasmadas no n.º 2 do artigo 141.º do CSC, veja-se também o disposto no artigo 79.º-A do CRC.

4 – Sendo pelo tribunal comunicado à conservatória que determinado processo de insolvência foi declarado findo por insuficiência do património da entidade comercial para satisfação das custas e das dívidas previsíveis da massa insolvente, após o trânsito em julgado da sentença, o serviço de registo instaura oficiosamente o procedimento de liquidação, nos termos do disposto nos artigos 15.º, n.º 5, alínea *i)*, e 24.º, n.º 6, do RJPADLEC.

5 – A decisão proferida pelo conservador no âmbito do procedimento administrativo de dissolução e de liquidação de entidades comerciais apenas é suscetível de impugnação judicial por força do prescrito no artigo 12.º do RJPADLEC, ainda que a mesma seja interlocutória.

Nesta conformidade, veja-se o parecer do C.T. proferido no proc.º n.º R.Co.25/2011SJC-CT, bem como a sentença proferida no proc.º n.º 1154/11.6, do Tribunal de Comércio de Vila Nova de Gaia, que, em sede de recurso, confirmou a doutrina naquele expressa.

6 – Na deliberação de dissolução de uma sociedade não têm que intervir os cônjuges dos sócios, mesmo que casados no regime de comunhão de adquiridos ou geral, uma vez que não são considerados sócios.

Consequentemente, também não têm que ter qualquer intervenção no título que sirva de base ao correspondente registo de dissolução.

7 – «III – A dissolução da sociedade (com ou sem encerramento da liquidação) não modifica (nem extingue) a titularidade da participação social ou qualquer outro direito sobre ela; consequentemente, a inscrição definitiva do facto não depende da intervenção no ato do titular inscrito.» – Cfr. a deliberação aprovada em sessão do CT, e homologada por despacho do Diretor-Geral, de 23 de maio de 2002, constante do proc. n.º R.Co. 74/2001 DSJ-CT, in BRN n.º 6/2002, II, pág. 27.

8 – «I – Após a dissolução da sociedade, se esta não tiver dívidas, podem os sócios proceder à partilha imediata dos bens sociais.

II – Porém, existindo dívidas, que não sejam as de natureza fiscal ainda não exigíveis à data da dissolução, já não é possível aos sócios proceder imediatamente à partilha.

III – Se, apesar da existência de um tal passivo comum, for feita a partilha imediata, o ato é manifestamente nulo e não pode ser admitido a registo.» – Cfr. o parecer do CT emitido no proc.º n.º 64/92-R.P.4, in BRN n.º 6/2002, II, pág. 48, e no *BAPN*, n.º 198, pág. 737.

9 – «I – A liquidação de sociedade comercial por transmissão global não dispensa as operações preliminares da liquidação – organização e aprovação, nos termos do Código das Sociedades Comerciais, dos documentos de prestação de contas da sociedade, reportados à data da dissolução.

II – Exigível é também nessa forma de liquidação a intervenção de liquidatários que representem a sociedade nas negociações para obter o acordo escrito dos credores para ela e nos demais atos da sua competência que se tornam necessários, como entregar os bens aos sócios transmissários, cobrar destes e entregar aos demais sócios as "tornas" devidas.» – Cfr. o parecer proferido no proc.º n.º R.Co.32/98-DSJ, in BRN n.º 4/99, I, pág. 22.

10 – «I – A sociedade dissolvida entra imediatamente em liquidação, mantendo a personalidade jurídica.

II – Se a sociedade não tiver dívidas à data da dissolução, os sócios podem proceder de imediato à partilha, situação em que não há liquidação e não chega a haver intervenção de liquidatários.

III – A verificação do requisito da inexistência de dívidas cabe aos sócios.» – Cfr. o Ac. do STJ, de 28 de maio de 2002, Rev. n.º 1609/02 – 7.ª, in *Sumários,* 5/2002.

11 – «1 – A extinção da sociedade comercial dissolvida é precedida de processo de liquidação.

2 – A entrega pelo liquidatário, nos termos do art. 159.º, n.º 1, do Código das Sociedades Comerciais, dos bens da sociedade comercial dissolvida para o sócio a quem foram atribuídos constitui o ato translativo da propriedade desses bens.

3 – Sendo a sociedade dissolvida unipessoal o processo de liquidação é simplificado; não obstante, a entrega dos bens da sociedade ao sócio único terá de ser formalizada por escritura pública se esta for necessária para a transmissão dos bens». – Conclusões extraídas do parecer do CT proferido no proc.º n.º 6/95-R.P.4.

12 – «I – As deliberações sociais provam-se mediante as atas das respetivas assembleias gerais ou, quando sejam admitidas deliberações por escrito, pelos documentos donde elas constem, como decorre do preceituado no n.º 1 do artigo 63.º do Código das Sociedades Comerciais.

II – A dissolução e encerramento da liquidação da sociedade não depende de forma especial se tiver sido deliberada em assembleia geral, como decorre do prescrito no n.º 1, *in fine,* do artigo 145.º do Código das Sociedades Comerciais.

III – Fora da situação prevista na conclusão anterior, a dissolução e encerramento da liquidação da sociedade depende da forma especial exigível por força do disposto na primeira parte do n.º 1 do citado artigo 145.º, preenchendo esta previsão legal a apresentação de documento particular do qual conste a correspondente deliberação unânime por escrito.

IV – Consequentemente, a dissolução e encerramento da liquidação constante do documento particular avulso apresentado, que acolhe uma deliberação unânime por escrito, preenche a *facti species* da primeira parte do n.º 1 do artigo 145.º do Código das Sociedades Comerciais, pelo que o registo peticionado deve ser efetuado em termos definitivos». – Cfr. o parecer do C.T. emitido no proc.º n.º R.Co.28/2011 SJC-CT.

13 – Declarando-se numa escritura de dissolução que se procede à dissolução de uma sociedade, com indicação de que a mesma não tem qualquer ativo nem

passivo, não há lugar às operações subsequentes da liquidação e partilha. Se nada houver a partilhar fica, desde logo, encerrada a liquidação lato *sensu*.

Como efeito legal do registo do encerramento da liquidação, que tem eficácia constitutiva, decorre a extinção da sociedade mesmo entre os sócios – n.º 2 do artigo 160.º do CSC. Na sequência deste registo deve averbar-se oficiosamente à matrícula o respetivo cancelamento – veja-se a deliberação tomada no proc.º n.º R.Co.14/2006 DSJ-CT.

14 – O registo da dissolução é obrigatório, pelo que deve ser requerido pela administração da sociedade ou pelos liquidatários no prazo de dois meses a partir da data em que o facto é titulado, como decorre do disposto no n.º 2 do artigo 145.º do CSC e dos n.os 1 e 2 do artigo 15.º do CRC.

A partir deste registo de dissolução, deve ser aditada à matrícula da sociedade respetiva a seguinte menção: «sociedade em liquidação» ou, simplesmente, «em liquidação», nos termos prescritos no n.º 3 do artigo146.º do CSC.

15 – A inscrição de dissolução [que deve assinalar o prazo para a liquidação, se estipulado – artigo 10.º, alínea *r)*, do RRC] pode ter por base qualquer um dos seguintes documentos:

a) certidão da escritura de justificação notarial, ou decisão que a declare em procedimento simplificado de justificação, nos termos previstos no n.º 2 do artigo 141.º do CSC e do artigo 79.º-A do CRC;

b) decisão tomada no procedimento administrativo de dissolução, regulado no Anexo III, do Decreto-Lei n.º 76-A/2006, de 29 de março;

c) fotocópia da ata que contenha a deliberação de dissolução tomada em assembleia geral – n.º 1 do artigo 145.º do CSC; e

d) certidão da sentença transitada em julgado – alínea *e)* do n.º 1 do artigo 141.º e n.º 1 do artigo 142.º do citado CSC.

Aumento do capital social

1 – O aumento de capital determina uma alteração do contrato, que deve ser reduzida a escrito. A ata da respetiva deliberação é título bastante para o efeito, salvo se esta, a lei ou o contrato exigirem outro documento, como decorre do prescrito nos n.os 3 e 4 do artigo 85.º do CSC.

2 – A deliberação do aumento de capital deve mencionar expressamente a modalidade e o montante do aumento, o montante nominal das novas participações, a natureza das entradas e o prazo dentro do qual devem ser efetuadas, as pessoas que participam no aumento e o ágio, se o houver, em cumprimento do disposto nos artigos 87.º e 89.º do CSC.

3 – As entradas em bens diferentes de dinheiro, nomeadamente créditos, devem ser verificadas por um ROC, sem interesses na sociedade, que elaborará um relatório com observância do prescrito no n.º 3 do artigo 28.º do CSC.

Se todos os sócios estiverem impedidos de votar (n.º 1 do referido preceito) e, consabidamente, estarão se todos contribuírem para as entradas segundo a referida modalidade, deve ser desencadeado o processo de nomeação judicial do ROC.

4 – Existem duas modalidades de aumento de capital – por *incorporação de reservas* (também chamado *gratuito,* porque os sócios não têm que desembolsar quaisquer importâncias), e por *novas entradas* – artigos 87.º a 93.º e 456.º a 462.º do CSC.

A deliberação do aumento por incorporação de reservas pertence exclusivamente aos sócios, não se justificando que, por exemplo, o conselho de administração fique, em caso algum, senhor do destino a dar às reservas disponíveis.

5 – A existência das reservas a incorporar tem de ser comprovada pelo balanço anual respeitante ao exercício anterior àquela deliberação ou, se já tiverem decorrido mais de seis meses sobre a aprovação desse balanço, por um balanço especial, organizado e aprovado com observância do prescrito para o balanço anual, nos termos preceituados no n.º 2 do artigo 91.º do CSC.

O órgão de administração e o órgão de fiscalização (quando deva existir), devem declarar por escrito que desde o dia a que se reporta o balanço que serviu de base à deliberação até à data em que esta foi tomada, não têm conhecimento de que haja ocorrido diminuição patrimonial que obste ao aumento de capital em causa, por força do prescrito no n.º 2 do artigo 93.º do CSC.

6 – As reservas ocultas resultam dum processo indireto de não distribuição de dividendos, com a dissimulação de lucros, o que se consegue quer mediante a subvalorização de bens do ativo quer através da sobrevalorização de verbas do passivo.

Não figurando no Balanço, nem podendo, também não podem, naturalmente, ser utilizadas para proceder a aumentos de capital.

Estranhamente, contudo, a própria lei, no n.º 3 do artigo 33.º do CSC, admite a existência de reservas ocultas ao referir que se não constarem expressamente do balanço, bem como o seu montante, não podem ser utilizadas para distribuição aos sócios.

7 – «I – No caso de aumento de capital em que as entradas são realizadas em bens diferentes de dinheiro, deve ser elaborado um relatório por revisor oficial de contas sem interesses na sociedade.

II – Quaisquer suprimentos, sejam ou não em dinheiro, feitos pelos sócios à sociedade, constituem créditos destes sobre aquela.

III – Sendo o aumento de capital realizado através de tais créditos – que não são, portanto, o mesmo que dinheiro – é, consequentemente, necessário juntar o relatório do revisor oficial de contas, sem o que não pode ser feito o registo definitivo do mencionado aumento de capital». – Conclusões firmadas no parecer do CT emitido no proc.º n.º 64/93-R.P.4, in BRN n.º 11/2001, II, pág. 24.

8 – O exercício do direito de preferência dos sócios na subscrição do aumento de capital a realizar em dinheiro, pode suscitar dúvidas atinentes, designadamente, à titularidade da nova participação subscrita por sócio inicialmente solteiro, mas ao tempo da subscrição casado em comunhão de adquiridos, uma vez que não é necessariamente resultante do exercício do mencionado direito de preferência e, portanto, seu bem próprio.

É que não obstante o sócio que, como seu bem próprio, possua uma participação social em determinada sociedade, goze do direito de preferência nos aumentos de capital a realizar em dinheiro, pode exercer ou não essa faculdade, ou mesmo aliená-la.

Neste sentido, veja-se o parecer do CT proferido no proc. n.º 77/93-R.P.4, in BRN n.º 11/2001, II, pág. 36.

9 – Por força do disposto no artigo 87.º, n.º 3, do CSC, não pode ser deliberado aumento de capital na modalidade de novas entradas enquanto não estiver definitivamente registado um aumento anterior nem estiverem vencidas todas as prestações de capital, inicial ou proveniente já de anterior aumento.

Contudo, a violação deste preceito não implica a recusa do respetivo registo, que deverá ser lavrado como definitivo, se no momento da qualificação do novo aumento o registo anterior já estiver efetuado ou em condições de o ser. – Cfr. o parecer do CT emitido no proc.º n.º 94/90-R.P.4.

10 – Nos termos do disposto no artigo 210.º do CSC, o contrato que permitir prestações suplementares procederá à fixação do seu montante global, sendo nula a cláusula que não a contenha, devido à essencialidade da mesma – n.ºs 3, alínea *a)*, e 4 do citado preceito.

Esse montante pode, contudo, ser fixado por remissão para o capital da sociedade à data em que a cláusula foi aprovada.

Neste sentido, veja-se a Orientação/Recomendação prestada no BRN n.º 3/2001, I, pág.12.

11 – O sócio que possuir uma quota em determinada sociedade no estado de solteiro e posteriormente adquirir outra já casado no regime de comunhão de adquiridos, não a poderá unificar com a primeira, a não ser que demonstre que

esta também é seu bem próprio, designadamente face ao disposto na alínea *c)* do artigo 1723.º do CC.

Todavia, no caso de aumento de capital por incorporação de reservas, a quota inicial é acrescida do que lhe couber nas reservas, sem qualquer impedimento, uma vez que o sócio já possuía na sua parte social o correspondente valor. – Veja-se o parecer constante do proc.º n.º 4/95-R.P. 4, in BRN n.º 2/2002, II, pág. 18.

12 – O aumento de capital social efetuado com inobservância dos valores mínimos das quotas determina, consequentemente, a recusa do correspondente pedido de registo, por nulidade do título subjacente ao mesmo, bem como da deliberação social que se encontra ferida de nulidade por inobservância do disposto na alínea *d)* do n.º 1 do artigo 56.º do CSC.

Neste sentido, pode ver-se o parecer do CT constante do proc.º n.º 24/92-R.P.4, in BRN n.º 3/2002, II, pág. 48.

13 – «I – Os fundos de investimento de capital de risco, incluindo os fundos de reestruturação e internacionalização empresarial, são instrumentos de investimento, cujo património se destina a ser investido na atividade de capital de risco, nomeadamente na aquisição de participações no capital de sociedades com elevado potencial de crescimento e valorização, sendo discutível se tais entidades são pessoas coletivas ou, pelo menos, detêm autónoma subjetividade jurídica.

II – Do ponto de vista da publicidade registral, a presunção de exatidão em que se desdobra a fé pública material não sairá desvirtuada se do extrato da inscrição de aumento do capital de uma sociedade constar que determinada quota foi subscrita por um fundo de reestruturação e internacionalização empresarial, cuja denominação se indicará bem como a identificação da respetiva entidade gestora.» – Cfr. a deliberação aprovada em sessão do CT e homologada por despacho do Diretor-Geral, em 23 de maio de 2002, constante do proc.º n.º R.Co.85/2001DSJ-CT, in BRN n.º 6/2002, II, pág. 2.

14 – É nulo o aumento de capital social com uma «entrada em espécie» constituída pela transmissão do direito de explorar, vitaliciamente e sem limitações a imagem do único sócio. – Cfr. a deliberação constante do proc.º n.º R.Co.56/2000 DSJ-CT, in BRN n.º 6/2001, II, pág. 14.

15 – O registo da redenominação e aumento de capital para o novo mínimo legal e correspondente alteração do contrato deverá ser efectuado como provisório por dúvidas se a redenominação das quotas determinar aumento do capital social e a ata que titula o facto não for suficientemente explícita quanto à rea-

lização desse aumento – artigo 87.º, n.º 1, alínea a), do Código das Sociedades Comerciais – R.Co.19/2018SJC-CT.

16 – A propósito do direito de voto do titular da raiz e do usufrutuário o STJ, no acórdão publicado na CJ (STJ), Ano X, Tomo II, 2002, pág. 147, firmou o seguinte entendimento:

«I – Em regra, o direito de voto inerente à quota é exercido pelo usufrutuário que, deste modo, administra simultaneamente a sociedade e a quota. Porém, quando se trate de deliberações que, genericamente, «importem alteração dos estatutos» da sociedade, o voto pertence conjuntamente ao usufrutuário e ao titular da raiz (artigo 23.º, n.º 2, do CSC e artigo1467.º n.º1, al. *b)*, e n.º 2, do C.C.).

II – Nas deliberações em que o voto pertence conjuntamente ao usufrutuário e ao titular da raiz, devem ambos manifestar a sua vontade por meio de votos separados, embora quanto à sociedade esse voto valha como um só. Daqui resulta que só haverá voto relativo à quota quando ambos se pronunciarem concordantemente; doutro modo, não haverá voto em nenhum sentido.

III – Todavia, no caso de deliberação do aumento de capital social por novas entradas, os direitos do usufrutuário da quota e do titular da raiz encontram-se regulados no art. 269.º do CSC e não no seu art. 23.º, n.º 2. De acordo com esse art. 269.º, na deliberação de aumento do capital social o que prevalece é o voto do titular da raiz da quota».

17 – No Acórdão do STJ, de 15 de junho de 1999, CJ/STJ, Tomo II, Ano VII, pág. 144, foi decidido que não sendo totalmente subscrito um aumento de capital, por qualquer razão – subscrição insuficiente ou subscrição nula – considera-se a deliberação social do aumento sem efeito, salvo se ela própria tiver previsto em tal caso que o aumento ficava limitado às subscrições recolhidas.

18 – É nula a deliberação, ainda que unânime, dos sócios em assembleia geral, que delegue, incondicional e genericamente, no conselho de administração a sua competência para aumentar o capital. – Cfr. o Ac. do TRL, de 26 de março de 1998, in CJ, Ano XXIII, Tomo II, pág. 117.

19 – «I – Quando a quota for, por força do regime matrimonial de bens, comum aos dois cônjuges, é havido como sócio, nas relações com a sociedade, aquele que a subscreveu.

II – No entanto, sendo o casamento dissolvido e permanecendo a quota por partilhar, não deve a mesma ser aumentada, por efeito de nova subscrição em dinheiro que o sócio faça posteriormente à dissolução do casamento.

III – Em tal caso, deverá a importância da subscrição ser representada por nova quota – que não poderá ser unificada com a primeira.». – Conclusões firmadas no parecer do CT constante do proc.º n.º 4/92-R.P.4.

20 – No que respeita à aplicação analógica das regras das sociedades por quotas às sociedades anónimas, no domínio dos suprimentos, veja-se o Acórdão do TRE, de 5 de maio de 1998, in BMJ n.º 477, 1998, pág. 585, segundo o qual: «I – O regime do contrato de suprimento aplica-se às sociedades anónimas, quer os suprimentos derivem de obrigação do contrato quer nos suprimentos facultativos.

II – Esta aplicação do regime do contrato de suprimento, prevista nos artigos 243.º e seguintes do Código das Sociedades Comerciais, processa-se por analogia».

21 – No Acórdão do STJ, de 9 de fevereiro de 1999, in CJ (STJ), Ano VII, Tomo I, 100/103, firmou-se o entendimento seguinte:

«I – O regime do contrato se suprimento, previsto e regulamentado para as sociedades por quotas, é de aplicar por analogia às sociedades anónimas, mesmo tratando-se de suprimentos facultativos.

II – No entanto, a analogia só permite a aplicação desse regime ao acionista empresário, aquele que tem a responsabilidade pelo destino da empresa e se interessa pelo seu bom desempenho.

III – Acionista empresário é aquele que detém pelo menos 10% do capital social.».

22 – Do extrato da inscrição do aumento de capital deve constar o montante do capital após o aumento, a natureza da sua subscrição bem como os termos dessa subscrição, por força do prescrito na alínea *o)* do artigo 10.º do RRC.

Redução do capital social

1 – A redução de capital traduz-se basicamente na substituição do montante do capital social existente por um montante inferior, o que determina uma alteração do contrato, aplicando-se-lhe, consequentemente, todas as disposições legais respeitantes à alteração do contrato – cfr. o artigo 95.º do CSC.

2 – Da inscrição de redução de capital deve constar a quantia a que este ficou reduzido e a data da deliberação – alínea *p)* do artigo 10.º do RRC.

Reintegração do capital social

1 – Não obstante a reintegração do capital social conste do elenco dos atos sujeitos a registo, convém realçar que tal registo, estatisticamente, é praticamente

inexistente, tendo em conta a sua íntima ligação (ou dependência) com o artigo 35.º do CSC, cuja entrada em vigor foi, desde logo, diferida pelo n.º 2 do artigo 2.º do Decreto-Lei n.º 262/86, de 2 de setembro, para momento a fixar, posteriormente, em diploma próprio.

Tal só veio a acontecer, e inusitadamente sublinhe-se, com a publicação do Decreto-Lei n.º 237/2001, de 30 de agosto (artigo 4.º), já que este diploma visava apenas reduzir as exigências de escritura pública. Contudo, volvido menos de um ano, a redação do citado artigo 35.º foi novamente alterada pelo Decreto-Lei n.º 162/2002, de 11 de junho.

2 – Por se considerar que a dissolução automática da sociedade era muito penalizadora, nos casos em que o capital próprio se mantivesse igual ou inferior a metade do capital social durante dois anos consecutivos, embora essa consequência apenas produzisse efeitos práticos em 2005, procedeu-se novamente, não só à alteração do referido artigo 35.º, como também à eliminação da alínea *f)* do n.º 1 do artigo 141.º do CSC, mediante a publicação do Decreto-Lei n.º 19/2005, de 18 de janeiro.

3 – A norma do artigo 35.º, que tem sido classificada como norma repressiva da subcapitalização, destina-se a intervir após a verificação de uma gravíssima situação de diminuição dos capitais próprios da sociedade, surgindo, assim, a reintegração do capital social como alternativa à redução do capital, embora só possa ocorrer no âmbito de aplicação do referido preceito.

Como é sabido, não obstante o citado artigo 35.º tenha determinados antecedentes nacionais que remontam já ao Código Comercial de Veiga Beirão, corresponde também a exigências comunitárias. – Cfr. Menezes Cordeiro, in *Manual de Direito Comercial,* II Volume, 2001, pág. 232.

4 – Os administradores que violem o dever de propor a dissolução da sociedade ou a redução do capital são punidos nos termos fixados no artigo 523.º do CSC.

Outras alterações do contrato

1 – Por força do disposto no n.º 3 do artigo 85.º do CSC, as alterações do contrato de sociedade devem ser reduzidas a escrito.

A ata da deliberação de alteração do contrato é documento bastante para o registo da respetiva alteração, salvo se aquela, a lei ou o contrato exigirem outro documento – n.º 4 do citado artigo.

2 – Para o registo de alteração do contrato, além da apresentação de um dos documentos mencionados no número anterior, deve ainda verificar-se a disponi-

bilização do certificado de admissibilidade da firma ou denominação, se a alteração em causa visar a firma, o objeto ou a mudança da sede da sociedade para outro concelho, como decorre do disposto na alínea *b)* do n.º 1 do artigo 56.º do RRNPC.

3 – As deliberações sociais são tomadas em conformidade com o prescrito para o tipo de sociedade correspondente, isto é:

a) nas sociedades em nome coletivo – por unanimidade ou, quando o contrato autorize a maioria, por três quartos de votos de todos os sócios, como resulta do disposto no artigo 194.º ;

b) nas sociedades por quotas – no mínimo por três quartos dos votos correspodentes ao capital social, artigo 265.º ; e

c) nas sociedades anónimas – por dois terços dos votos emitidos, por força do disposto nos artigos 383.º e 386.º.

Quanto às sociedades anónimas, veja-se ainda o consignado no artigo 456.º do CSC, que permite a deliberação de aumento de capital pelo órgão de administração, o que só é admissível neste tipo de sociedades.

4 – Todas as alterações do contrato de sociedade, incluindo as que tenham por objeto o aumento de capital e a transformação noutro tipo societário, dão lugar a uma única inscrição, desde que constem do mesmo título, por força do disposto no artigo 66.º, n.º 1, do CRC.

Com efeito, do princípio de que o registo dos factos jurídicos se efetua por inscrição própria, excetua-se o registo dos factos modificativos do pacto social, a efetuar pela mesma inscrição, desde que constem do mesmo título.

Cfr., também, os pareceres do CT proferidos nos proc.os n.os 65/87-R.P.3 e 103/92-R.P.4.

5 – «1 – A alteração do contrato de sociedade só pode ser deliberada pelos sócios, salvo quando a lei permita atribuir cumulativamente essa competência a algum outro órgão, por força do prescrito no n.º 1 do artigo 85.º do Código das Sociedades Comerciais (CSC).

2 – As deliberações dos sócios são provadas pelas atas das assembleias ou, quando sejam admitidas deliberações por escrito, pelos documentos donde elas constem, em face do disposto nos artigos 54.º, n.º 1, e 63.º, n.os 1 e 4, ambos do CSC.

3 – Para o registo de alteração do contrato social é suficiente a ata que contenha a respetiva deliberação, salvo se esta, a lei ou o contrato exigirem outro documento, como flui da conjugação do disposto nos n.os 3 e 4 do artigo 85.º

do Código das Sociedades Comerciais, na redação introduzida pelo artigo 2.º do Decreto-Lei n.º 76-A/2006, de 29 de março.

4 – Enfermando a deliberação de vícios que a lei sancione com o regime da nulidade nos termos do disposto no artigo 56.º do CSC, estes determinam que o correspondente ato de registo seja recusado, tratando-se de nulidade manifesta ou ostensiva, ao abrigo do prescrito na alínea *d)* do n.º 1 do artigo 48.º do Código do Registo Comercial.

5 – As deliberações sociais que padeçam de mera anulabilidade por força do disposto no artigo 58.º do CSC, não obstam à elaboração do registo do ato em termos definitivos» – deliberação tomada no proc.º n.º R.Co. 5/2008 SJC-CT.

6 – Todos os factos elencados na alínea em apreço estão sujeitos a registo obrigatório, por força do preceituado no n.º 1 do artigo 15.º do CRC.

Da respetiva inscrição de alteração do contrato de sociedade devem constar as menções especiais previstas na alínea *j)* do artigo 10.º do RRC.

7 – É obrigatória a publicação dos correspondentes atos de registo, devendo ser efetuada nos termos previstos no n.º 2 do artigo 70.º, como ressalta da análise conjugada do disposto nos artigos 15.º, n.º 1, e 70.º, n.º 1, alínea *a)*, ambos do CRC.

Alínea *s)* – A designação e cessação de funções, anterior ao encerramento da liquidação, dos liquidatários das sociedades, bem como os atos de modificação dos poderes legais ou contratuais dos liquidatários

Designação de funções dos liquidatários

1 – A designação dos liquidatários das sociedades, anterior ao encerramento da liquidação, pode resultar da própria lei ou ser deliberada pelos sócios, devendo ser consignada no título constitutivo ou no da sua alteração, nos termos previstos no artigo 151.º do CSC.

A designação supra referida pode também ocorrer por decisão judicial.

2 – Sempre que a designação dos liquidatários conste do título constitutivo ou da alteração deste não é objeto de inscrição autónoma, devendo constar, consoante os casos, da inscrição do ato constitutivo ou da sua alteração, por força do que se encontra consignado no n.º 2 do artigo 66.º do CRC.

Modificação dos poderes dos liquidatários

1 – O n.º 7 do artigo 151.º do CSC prevê o registo da nomeação e destituição dos liquidatários bem como da concessão de algum dos poderes previstos no n.º 2 do artigo 152.º do mesmo Código.

2 – Se cotejarmos o disposto na alínea *s)* do n.º 1 deste artigo 3.º com o previsto no n.º 2 do artigo 152.º do CSC, verificamos que aquela norma é omissa quanto à sujeição a registo da concessão dos poderes legais ou contratuais dos liquidatários, uma vez que menciona apenas o registo da modificação dos poderes legais ou contratuais dos liquidatários, sendo, porém, indiscutível, que a modificação dos poderes pressupõe inexoravelmente a concessão prévia desses poderes e o correspondente registo.

Ora, sendo assim, devemos ter em consideração o que se refere na lei adjetiva bem como na lei substantiva sobre a matéria e proceder à sua harmonização, pois seria absurdo que se registasse a modificação de poderes legais ou contratuais e não se registasse o ato inicial da concessão desses mesmos poderes.

3 – A concessão dos poderes legais ou contratuais é, em regra, registada aquando do registo da designação, daí (talvez) a razão para a lei registral só falar, concretamente, no registo dos atos modificativos dos poderes legais ou contratuais e ter omitido o registo da concessão desses mesmos poderes.

No entanto, se a referida concessão dos poderes for deliberada posteriormente à designação, deve a mesma ser também submetida a registo autónomo, ao abrigo do preceituado nas disposições conjugadas do n.º 7 do artigo 151.º do CSC e da alínea *f)* do n.º 1 do artigo 10.º do CRC. Veja-se também o disposto nos artigos 10.º, alínea *aa)*, e 12.º, alínea *c)*, do RRC.

Cessação de funções dos liquidatários

1 – A cessação de funções dos liquidatários é efetuada por averbamento à inscrição a que respeita, nos termos do disposto na alínea *l)* do n.º 1 do artigo 69.º deste Código.

2 – Para instruir os pedidos de registo de designação, recondução ou cessação dos liquidatários, anterior ao encerramento da liquidação, é documento bastante a fotocópia da ata na qual conste a deliberação de designação, recondução ou cessação de funções, conforme o caso, ou certidão da decisão judicial se a referida designação, recondução ou destituição, for determinada judicialmente.

3 – Para o registo de concessão ou de modificação dos poderes legais ou contratuais dos liquidatários deve ser apresentada fotocópia da ata da correspondente deliberação tomada pela assembleia geral.

4 – O registo dos factos enunciados na alínea em apreço é obrigatório bem como a publicação dos correspondentes atos de registo, quando respeitem a sociedades por quotas, anónimas e em comandita por ações, como resulta da análise do preceituado nos artigos 15.º, n.º 1, e 70.º, n.º 1, alínea *a)*, do CRC.

Alínea *t)* – O encerramento da liquidação ou o regresso à atividade da sociedade

Encerramento da liquidação

1 – O registo do encerramento da liquidação tem eficácia constitutiva mesmo entre os sócios, devendo ser requerido pelo respetivo liquidatário – cfr. o que se encontra preceituado no artigo 160.º do CSC e no artigo o 29.º, n.º 1, do CRC.

A extinção da sociedade é, portanto, um efeito legal do registo do encerramento da liquidação, como decorre do disposto no n.º 2 do artigo 160.º do CSC.

Por isso é que, após o ingresso daquele facto no registo, em termos definitivos, deve ser oficiosamente efetuado o registo de cancelamento à matrícula, nos termos preceituados na alínea *a)* do artigo 62.º-A do CRC.

2 – Havendo liquidação imediata, como acontece designadamente quando inexistem dívidas à data da dissolução e partilha, compete aos gerentes ou administradores cumprir o dever de requerer o registo de encerramento da liquidação.

3 – «I – A data da aprovação das contas é requisito especial da inscrição de encerramento da liquidação.

II – A liquidação e partilha com a aprovação das contas têm que ter a intervenção de todos os sócios e, se estes já tiverem falecido, dos seus sucessores.

III – Não poderá lavrar-se registo definitivo de encerramento da liquidação se as contas não se mostrarem aprovadas por quem o devia ter feito». – Conclusões firmadas no parecer do CT constante do proc.º n.º 21/93-R.P.4, in BRN n.º 6/2001, II, pág. 56.

4 – «1 – A extinção da sociedade comercial dissolvida é precedida de um processo de liquidação.

2 – A entrega pelo liquidatário, nos termos do art. 159.º, n.º 1, do Código das Sociedades Comerciais, dos bens da sociedade comercial dissolvida para o sócio a quem foram atribuídos constitui ato translativo da propriedade desses bens.

3 – Sendo a sociedade dissolvida unipessoal o processo de liquidação é simplificado; não obstante, a entrega dos bens da sociedade ao sócio único terá de

ser formalizada por escritura pública se esta for necessária para a transmissão dos bens». – Conclusões firmadas no parecer do CT proferido no proc.º n.º 6/95-R.P.4.

5 – «I – Dissolução de uma sociedade comercial não é sinónimo de extinção; uma sociedade dissolvida e em liquidação não está extinta e pode retomar plena vivência.

II – Em caso de dissolução societária, liquidatários são, em princípio, os gestores anteriores; e, quando não o sejam, isso não equivale a quebra de representatividade forense por quem foi constituído, antes, pelos gestores ou administradores». – Sumário do Acórdão do STJ, de 14 de janeiro de 1998, in CJ (STJ), Tomo I, pág. 7.

6 – A liquidação deve estar encerrada no prazo de dois anos a contar da data em que a sociedade se encontre dissolvida, sem prejuízo de poder ser convencionado, no contrato ou fixado por deliberação dos sócios, um prazo inferior, como decorre do disposto no n.º 1 do artigo 150.º do citado Código.

O prazo estabelecido no citado n.º 1 pode ser prorrogado por deliberação dos sócios, por um período não superior a um ano.

A intenção legislativa é óbvia: encurtar prazos.

Consequentemente, decorridos que sejam os aludidos prazos sem que o registo do encerramento seja requerido, o serviço de registo competente promove oficiosamente a liquidação por via administrativa, ao abrigo do prescrito no artigo 15.º, n.º 5, alínea *b)*, do RJPADLEC.

7 – «I – A sociedade só se tem por extinta com o registo de encerramento da liquidação.

II – Assim, se a liquidação se realizar para atribuição a um sócio do ativo e do passivo da sociedade, para o registo definitivo da aquisição dos prédios desta a favor do sócio é necessário que a inscrição de encerramento da liquidação se encontre definitivamente efetuada». – Conclusões do parecer do CT firmadas no proc.º n.º 35/93-R.P.3 – www.irn.mj.pt/pareceres/1993.

8 – Relativamente à tramitação do processo administrativo de liquidação, na sequência de decisão judicial de encerramento do processo de insolvência por insuficiência da massa insolvente, veja-se o parecer ínsito no proc.º n.º C.Co.20/2012 SJC-CT.

9 – Do extrato da inscrição de encerramento da liquidação deve constar a data da aprovação das contas, o nome e residência habitual ou domicílio profissional e o número de identificação fiscal do depositário designado nos termos do n.º 4 do artigo 157.º do CSC, por força do disposto na alínea *s)* do artigo 10.º do RRC.

Regresso à atividade

1 – O regresso à atividade de uma sociedade dissolvida pode ser deliberada pelos sócios nos termos prescritos nos n.os 1 e 2 do artigo 161.º do CSC.

A ativação da sociedade depende de deliberação dos sócios, exarada em ata, na qual consignem a decisão de retomar a atividade, pondo termo ao processo de liquidação encetado.

2 – Para instruir o pedido de registo do regresso à atividade, deve ser apresentada fotocópia da ata da assembleia geral da qual conste a correspondente deliberação, validamente tomada.

3 – Para requerer o registo de regresso à atividade têm legitimidade não só os próprios ou os seus representantes (n.º 1 do artigo 29.º do CRC), como também o liquidatário, visto que, até à elaboração deste registo, a sociedade, face a terceiros, continua em liquidação.

4 – Pela revogação da deliberação de dissolução, a sociedade retomará automaticamente a sua atividade, terminando o processo de liquidação, nos termos prescritos no n.º 1 do citado artigo 161.º do citado Código.

5 – «I – Na fase de liquidação os atos que a sociedade pratique e as deliberações que tome visam, à luz dos princípios legalmente previstos, saldar o património e extinguir as relações contratuais assumidas.

II – Pode, no entanto, durante esta fase – ou seja, no decurso do processo de dissolução – a sociedade deliberar *o regresso à atividade,* renascendo, assim, sem restrições, a relação societária.

III – Caso delibere regressar à atividade, porque cessou o processo dissolutivo do vínculo societário, a sociedade pode, portanto, sem limitações, alterar quaisquer cláusulas do contrato de sociedade; incluindo a que fixa o seu capital.

IV – Contudo, depois de registada a dissolução – e subsistindo simplesmente a fase de liquidação, sem que tenha sido deliberado o regresso à atividade – dever-se-á manter em vigor, coerentemente com os princípios do próprio ordenamento jurídico, o mesmo contrato de sociedade (nos seus elementos legalmente essenciais), tal como existia no momento da dissolução.

V – Consequentemente, não é possível, nestas circunstâncias, registar o facto redução do capital, na medida em que se traduziria necessariamente numa alteração desse elemento do contrato da sociedade dissolvida.

VI – Facto diverso – e igualmente sujeito a registo nos termos do disposto no artigo 95.º, n.º 4, alínea *a)* do Cód. Soc. Com. – é a deliberação de redução de capital que, se a sociedade não regressar à atividade, será ineficaz, ineficácia esta que, todavia, em termos de direito registral, se compatibiliza com a possibilidade de ser lavrado o correspondente registo.

VII – A deliberação social que se destine a basear um pedido de registo deve ser válida, pelo que – designadamente em face do disposto na al. *d)* do n.º 1 do art.º 48.º do Cód. Reg. Com. não é admissível que se verifiquem quaisquer dos motivos de nulidade previstos no n.º 1 do art.º 56.º do Cód. Soc. Com». – Conclusões extraídas no parecer do CT constante do proc.º n.º R.Co.5/2000 DSJ-CT, in BRN n.º 7/2000, II, pág. 7.

6 – A propósito da extinção de sociedade comercial no âmbito de procedimento administrativo de dissolução e liquidação, instaurado ao abrigo do disposto na alínea c) do artigo 5º do RJPADLEC – comunicação, pela administração tributária, de declaração oficiosa de cessação de atividade e posterior regularização da situação fiscal – e impossibilidade de em processo de retificação se obter o cancelamento dos registos de dissolução e encerramento de liquidação, veja-se o parecer proferido no proc.º n.º C.Co.7/2017STJSR-CC.

7 – O registo dos factos elencados nesta alínea, assim como a publicação, é obrigatório, quando respeitem a sociedades por quotas, anónimas e em comandita por ações, por força do prescrito no n.º 1 do artigo 15.º e na alínea *a)* do n.º 1 do artigo 70.º do CRC.

Alínea *u)* – A deliberação de manutenção do domínio total de uma sociedade por outra, em relação de grupo, bem como o termo dessa situação

Deliberação de manutenção do domínio total

1 – O quadro geral das sociedades coligadas encontra-se plasmado nos artigos 482.º, 488.º, 489.º e segs. do Código das Sociedades Comerciais.

2 – O domínio total inicial verifica-se quando uma sociedade constitui uma sociedade anónima, sendo aquela a única titular de todas as ações, nos termos previstos no artigo 488.º do CSC, enquanto que o domínio total superveniente ocorre quando a sociedade dominante adquire a totalidade do capital da sociedade dependente, de acordo com o disposto no n.º 1 do artigo 489.º do mesmo Código.

3 – Tem legitimidade para pedir o registo da deliberação de manutenção do domínio total de uma sociedade por outra, em relação de grupo, a administração da sociedade dependente, como decorre do disposto no n.º 6 do citado artigo 489.º do CSC.

Para a elaboração do registo deve ser apresentada não só a fotocópia da ata que contenha a deliberação, como também a prova da comunicação escrita à sociedade dependente, por força do disposto no n.º 5 do mesmo artigo.

4 – O registo de aquisição do domínio total só deve ser lavrado na ficha da sociedade dependente, de harmonia com o preceituado nos n.os 2 e 3 do artigo 490.º do Código das Sociedades Comerciais. – Cfr., nesta conformidade, a Orientação/Recomendação publicada no BRN n.º 11/98, I, pág. 15.

5 – «I – O artigo 490.º do Cód. Soc. Com. permite que uma sociedade titular de participações correspondentes a 90%, pelo menos, do capital de outra sociedade, se volva em sociedade dominante desta, podendo, só por isso, impor aos sócios livres, prevalecendo-se da posição minoritária destes, a alienação das suas participações sociais, mediante um preço em cuja formação os mesmos não intervêm segundo as leis do mercado que regem o direito à iniciativa privada.

II – Nesta medida, o art. 490.º do Cód. Soc. Com. é materialmente inconstitucional por ofensa dos arts. 13.º, n.os 1 e 2, e 62.º, n.º 1, da Constituição». – Cfr. o Ac. do STJ, de 2 de outubro de 1997, in BMJ n.º 470, pág. 619.

6 – Do acórdão do STJ, de 10 de abril de 2003, CJ (STJ), Ano XI, Tomo II, pág. 26, emerge o seguinte sumário:

«I – O artigo 490.º, n.º 3, do CSC, tem como objetivo assegurar a boa gestão das sociedades comerciais e facilitar a integração das sociedades dominadas no grupo da sociedade dominante.

II – Esta norma não viola o direito à livre iniciativa privada, o direito de propriedade, o princípio da igualdade ou o princípio da proporcionalidade (artigos 61.º, 62.º, 13.º e 18.º da CRP), não sendo inconstitucional».

7 – O Plenário do Tribunal Constitucional, através do acórdão n.º 491/2002, de 26 de novembro, decidiu não declarar a inconstitucionalidade da norma do artigo 490.º, n.º 3, do CSC. – Veja-se o DR, II Série, de 22 de janeiro de 2003, pág. 1057 e seguintes.

Acerca da constitucionalidade das aquisições tendentes ao domínio total, previstas no n.º 3 do artigo 490.º do CSC, veja-se também o estudo de Menezes Cordeiro, in BMJ n.º 480, págs. 5 e seguintes.

Termo do domínio total

1 – O termo da relação de grupo existente entre a sociedade dependente e a dominante pode ocorrer, como resulta do disposto no n.º 4 do artigo 489.º do CSC, pela verificação de um dos seguintes factos:

a) a sociedade dominante ou a dependente deixar de ter a sua sede em Portugal;
b) dissolução da sociedade dominante; e
c) se mais de 10% do capital da sociedade dependente deixar de pertencer à sociedade dominante, ou às sociedades que dela sejam dependentes, direta ou indiretamente ou que com elas estejam em relação de grupo, e às pessoas que sejam titulares de ações por conta de qualquer sociedades (n.º 2 do artigo 483.º).

2 – O pedido de registo do termo do domínio total deve ser instruído com base na fotocópia da ata da assembleia geral que consigne algum dos factos elencados no número anterior.

Havendo dissolução da sociedade dominante cessa a relação de grupo, por força do disposto na alínea *b)* do n.º 4 do artigo 489.º, podendo provar-se pelo registo correspondente.

Não obstante a lei seja omissa, entendemos que também a dissolução da sociedade dependente constitui causa do termo, seja por identidade de razão seja até por analogia com o disposto na alínea *a)* do n.º 3 do artigo 506.º para o termo do contrato de subordinação.

3 – A administração da sociedade dependente deve requerer o registo do termo do domínio total, por força do disposto na parte final do n.º 6 do citado artigo 489.º do CSC.

Obrigatoriedade do registo e das publicações

É obrigatório o registo de todos os factos elencados na alínea em apreço, bem como a publicação dos correspondentes atos de registo, como resulta da análise conjugada do disposto nos artigos 15.º, n.º 1, e 70.º, n.º 1, alínea *a)*, do CRC.

Alínea *v)* – O contrato de subordinação, suas modificações e seu termo

Contrato de subordinação

1 – A noção de contrato de subordinação encontra-se consignada no artigo 493.º do CSC.

O contrato deve ser reduzido a escrito, sendo outorgado pelos administradores de cada uma das sociedades, registado por depósito pelas duas sociedades contratantes, e publicado, em conformidade com o disposto no artigo 498.º do CSC.

2 – A deliberação respeitante à celebração do contrato de subordinação só poderá ser tomada com a obtenção dos votos de maioria qualificada, exigível para

a alteração do contrato social, em face do disposto no artigo 103.º do CSC, aplicável *ex vi* do n.º 1 do artigo 496.º do mesmo Código.

Por isso, é exigível, quanto às sociedades por quotas, a maioria de três quartos dos votos correspondentes ao capital social ou por número ainda mais elevado de votos exigido pelo contrato de sociedade (artigo 265.º, n.ºs 1 e 3, do CSC); e, por dois terços dos votos emitidos, quanto às sociedades anónimas (artigos 383.º, n.º 2, e 386.º, n.ºs 1 e 3, do CSC).

3 – Após a publicação do contrato de subordinação, é reconhecido à sociedade diretora o direito de dar à administração da sociedade subordinada instruções vinculantes, mesmo que desvantajosas para esta, desde que sejam lícitas em si mesmas, o que equivale a dizer que a sociedade subordinada passa a estar ao serviço da sociedade diretora, como decorre do disposto nos artigos 503.º e 504.º do citado Código.

Modificações do contrato de subordinação

1 – As modificações do contrato de subordinação são deliberadas em assembleia geral das duas sociedades, nos termos exigidos para a celebração do contrato, devendo, por isso, ser reduzidas a escrito, por força do disposto no artigo 505.º do CSC.

2 – A aprovação relativa à celebração ou modificação de contrato de subordinação só pode ser tomada se não votarem contra a respetiva proposta mais de metade dos sócios livres da sociedade dependente, por força do prescrito no n.º 2 do artigo 496.º do CSC.

Termo do contrato de subordinação

1 – O termo do contrato de subordinação encontra-se previsto no artigo 506.º do CSC.

Por acordo das duas sociedades contratantes, a resolução do contrato pode ocorrer depois deste ter vigorado um exercício completo.

2 – O contrato termina ainda pela verificação de qualquer das causas consignadas no n.º 3 do artigo 506.º do CSC, que são as seguintes:

a) a dissolução de alguma das duas sociedades;
b) o fim do prazo estipulado;
c) por sentença judicial, em ação proposta por alguma das sociedades, com fundamento em justa causa; e
d) por denúncia de qualquer uma das sociedades, se o contrato não tiver duração determinada, nos termos do n.º 4 do artigo 506.º do CSC.

3 – A denúncia prevista na alínea *d)* do número anterior deve ser autorizada por deliberação da assembleia geral da sociedade denunciante e comunicada à outra sociedade, por carta registada, observando-se os mesmo termos que para a celebração do contrato.

A denúncia só produz os seus efeitos no fim do exercício seguinte.

4 – Para o registo do termo do contrato de subordinação devem ser apresentados, consoante o caso, os seguintes documentos:

a) fotocópia das atas das assembleias gerais das duas sociedades, tratando-se de resolução por acordo;
b) certidão da sentença judicial, transitada em julgado, proferida em ação proposta por alguma das sociedades, com fundamento em justa causa;
c) certidão do registo comercial comprovativa da dissolução de alguma das duas sociedades; e
d) fotocópia da ata da assembleia geral da sociedade denunciante e prova da comunicação efetuada à outra sociedade, por carta registada, quando enquadrável na alínea *d)* do n.º 3 do artigo 506.º do CSC.

5 – O registo dos factos enunciados na alínea em anotação é obrigatório por força do preceituado no n.º 1 do artigo 15.º do CRC e no artigo 498.º do CSC.

É igualmente obrigatória a publicação dos correspondentes atos quando respeitantes a sociedades por quotas, anónimas ou em comandita por ações, como flui do disposto na alínea *a)* do n.º 1 do artigo 70.º do mesmo Código.

6 – Relativamente às menções especiais do registo dos factos ínsitos na alínea v) do n.º 1 deste preceito, veja-se o que preceitua o artigo 15.º, n.º 1, alínea h), do RRC.

Alínea *z)* – A emissão de warrants sobre valores mobiliários próprios, quando realizada através de oferta particular por entidade que não tenha valores mobiliários admitidos à negociação em mercado regulamentado nacional, exceto se tiver ocorrido, dentro do prazo para requerer o registo, a admissão dos mesmos à negociação em mercado regulamentado de valores mobiliários

1 – O warrant consiste num valor mobiliário, que confere ao seu titular o direito de subscrição, de aquisição ou de conversão de determinado ativo (real ou teórico), que pode ser negociado isoladamente ou ligado a outro valor mobiliário (ações, obrigações, etc.).

Quando o warrant pode ser negociado isoladamente fala-se em *w*arrant autónomo (naked warrant). – Veja-se, para mais desenvolvimentos, Paulo Câmara, in *Direito dos Valores Mobiliários*, pág. 223.

2 – O regime jurídico dos «*warrants* autónomos» encontra-se estabelecido no referido Decreto-Lei n.º 172/99, que reconheceu no ordenamento nacional os warrants autónomos, qualificando-os como valores mobiliários.

3 – Como direito subsidiário, aplica-se aos *warrants* autónomos, por força do disposto no artigo 15.º do citado diploma, o Código do Mercado de Valores Mobiliários e, com as necessárias adaptações, o disposto nos artigos 355.º a 359.º do Código das Sociedades Comerciais.

4 – O registo da emissão de *warrants* autónomos é obrigatório, assim como a publicação do ato correspondente, por força do disposto no n.º 1 do artigo 15.º e na alínea *a)* do n.º 1 do artigo 70.º do CRC.

2 – Estão sujeitos a registo os seguintes factos relativos às sociedades anónimas europeias:

Alínea *a)* – A constituição

1 – A constituição das sociedades anónimas europeias com sede em Portugal está sujeita, subsidiariamente, às exigências de forma, assim como ao registo e publicação previstos na legislação aplicável às sociedades anónimas, por força do disposto no n.º 1 do artigo 4.º do Regime Jurídico das Sociedades Anónimas Europeias (RJSAE), aprovado pelo Decreto-Lei n.º 2/2005, de 4 de janeiro.

2 – Para o registo definitivo da constituição da sociedade anónima europeia deve também ser verificada a disponibilização do certificado de admissibilidade da firma ou denominação, por força do disposto na alínea *b)* do n.º 1 do artigo 56.º do RRNPC.

A firma da sociedade anónima europeia deve ser precedida ou seguida da sigla «S.E.», nos termos previstos no artigo 11.º do Regulamento (CE) n.º 2157/2001, do Conselho, de 8 de outubro.

3 – O regime especial de constituição imediata de sociedades não é aplicável às sociedades anónimas europeias, em face do que se encontra consagrado na alínea *c)* do artigo 2.º do Decreto-Lei n.º 111/2005, de 8 de julho.

4 – O registo de constituição das sociedades anónimas europeias é obrigatório, bem como a publicação, sendo que esta obedece, para além dos termos assinalados para as sociedades anónimas regidas pela legislação nacional, ao prescrito no n.º 4 do artigo 70.º do CRC, o que equivale a dizer que tem também publicação no Jornal Oficial da União Europeia (JOUE).

5 – Quanto aos modos de constituição de sociedades europeias por fusão vejam-se os trâmites prescritos nos artigos 5.º e segs. do referido RJSAE.

Alínea *b)* – A prestação das contas anuais e, se for caso disso, das contas consolidadas

1 – No que respeita às contas anuais e contas consolidadas veja-se o disposto nos artigos 61.º e 62.º do citado Regulamento (CE) N.º 2157/2001.

O princípio geral que resulta destes preceitos é o da sujeição às regras aplicáveis às sociedades anónimas reguladas pelo Direito do Estado-Membro da sua sede.

2 – No n.º 1 do referido artigo 62.º faz-se uma alusão expressa às instituições de crédito ou financeiras, recordando que lhe são aplicáveis as regras próprias constantes da Diretiva n.º 2000/12/CE, do Parlamento Europeu e do Conselho, de 20 de março.

3 – Também no que concerne às contas anuais e às contas consolidadas das sociedades anónimas europeias que sejam empresas de seguros o citado Regulamento, no n.º 2 do artigo 62.º, remete expressamente para as regras previstas no direito interno do Estado Membro da sede, adotado em execução da Diretiva n.º 91/674/CEE do Conselho, de 19 de dezembro de 1991.

Alínea *c)* – O projeto de transferência de sede para outro Estado membro da União Europeia

1 – O projeto de transferência de sede de sociedade anónima europeia registada em Portugal para outro Estado membro da União Europeia está sujeito a registo e a publicação, não só por força do prescrito na alínea em apreço como também na alínea *c)* do n.º 2 do artigo 4.º do RJSAE.

2 – O legislador comunitário pretende que a «administração central» e a sede da SE coincidam, como flui do disposto no artigo 7.º, *in fine,* do Regulamento.

Para a hipótese de tal não se verificar estabelece sanções especiais no artigo 64.º do citado Regulamento.

Alínea *d)* – As alterações aos respetivos estatutos

Quanto a esta matéria veja-se o que rege o artigo 36.º, n.º 4, do CRC, bem como o artigo 59.º do citado Regulamento.

Alínea *e)* – O projeto de transformação em sociedade anónima de direito interno

No que respeita aos requisitos a observar para a transformação em sociedade anónima europeia regulada pelo direito interno do Estado membro da sua sede, veja-se o disposto no artigo 66.º do Regulamento.

Alínea *f)* – A transformação a que se refere a alínea anterior

1 – À transformação da sociedade anónima europeia em sociedade anónima de direito interno, aplicam-se as regras consagradas na lei portuguesa, por força do prescrito nos artigos 23.º e 24.º do citado RJSAE.

No que tange aos requisitos da deliberação, veja-se o prescrito nos n.º 3 e 4 do artigo 386.º do CSC.

2 – A continuidade da pessoa coletiva é mantida nos casos de transformação de uma sociedade anónima europeia em sociedade anónima de direito interno.

Alíneas *g)* e *h)* – A dissolução e encerramento da liquidação ou o regresso à atividade da sociedade

As regras atinentes à dissolução e liquidação encontram-se consagradas nos artigos 63.º e segs. do Regulamento, aplicando-se-lhe subsidiariamente as regras previstas pela legislação nacional atinentes às sociedades anónimas, por força do previsto no n.º 2 do artigo 1.º do RJSAE.

O artigo 65.º do Regulamento submete a abertura do processo de dissolução, liquidação e insolvência, bem como o encerramento e a decisão de continuação da atividade à publicidade prevista no artigo 13.º do Regulamento (CE) n.º 2157/2001, do Conselho.

Alínea *i)* – Os restantes factos referentes a sociedades anónimas que, por lei, estejam sujeitos a registo

Relativamente ao disposto nesta alínea veja-se o que preceitua o n.º 2 do artigo 1.º do Regime Jurídico das Sociedades Anónimas Europeias bem como a alínea g) do artigo 10.º deste Código.

Artigo 4.º – Cooperativas

Estão sujeitos a registo os seguintes factos relativos a cooperativas:

a) **A constituição da cooperativa;**

b) **A nomeação e cessação de funções, por qualquer causa que não seja o decurso do tempo, de diretores, representantes e liquidatários;**

c) **(Revogada.)**

d) **A prorrogação, transformação, fusão, cisão e qualquer outra alteração dos estatutos;**

e) **A dissolução e encerramento da liquidação.**

COMENTÁRIOS
I. Generalidades
II. Factos sujeitos a registo – Documentos
III. Menções, publicações e tributação emolumentar

I. Generalidades

1 – O primeiro Código Cooperativo foi aprovado pelo Decreto-Lei n.º 454/80, de 9 de outubro. Até esta data a disciplina básica das cooperativas constava do Código Comercial, Livro Segundo, Título II, Capítulo V, intitulado «Disposições especiais às sociedades cooperativas». O referido capítulo foi totalmente revogado pelo artigo 100.º do supra citado Decreto-Lei.

Como se sabe, durante mais de um século, as cooperativas foram consideradas sociedades, muito embora sociedades especiais. Com a entrada em vigor do Código Cooperativo, as cooperativas deixaram de ser legalmente consideradas sociedades especiais.

Apesar de tal não ter sido expressamente afirmado no Código Cooperativo, várias são as normas que apontam inequivocamente nesse sentido, sendo as mais significativas, as consagradas nos artigos 2.º, n.º 1, e 3.º, que proclamam os princípios cooperativos, e no artigo 80.º, que refere expressamente a ilicitude da transformação de cooperativas em sociedades.

2 – Do Código Cooperativo de 1980, passou também a constar o registo cooperativo que, na prática, era elaborado sobre os mesmos moldes do registo comercial e, além do mais, era também efetuado nas mesmas conservatórias, por força do disposto no artigo 101.º do citado Código.

Com a entrada em vigor do atual Código do Registo Comercial, em 1 de janeiro de 1987, o registo cooperativo ficou integrado no registo comercial, sem que tal significasse qualquer perda da especificidade própria do direito cooperativo.

Nesta sequência, o capítulo X do Código Cooperativo – artigos 84.º a 94.º – que regia a matéria registral foi expressamente revogado pelo artigo 5.º do Decreto-Lei n.º 403/86, que aprovou o referido Código do Registo Comercial.

3 – O Código aprovado pela Lei n.º 51/96, de 7 de setembro, foi revogado por força do disposto no artigo 122.º da Lei n.º 119/2015, de 31 de agosto, que aprovou o novo Código Cooperativo.

3.1 – A definição de cooperativa foi mantida, *ipsis verbis*, no n.º 1 do artigo 2.º do Código Cooperativo: «*As cooperativas são pessoas coletivas autónomas, de livre constituição, de capital e de composição variáveis, que, através da cooperação e entreajuda dos seus membros, com obediência aos princípios cooperativos, visam, sem fins lucrativos, a satisfação das necessidades e aspirações económicas, sociais ou culturais daqueles*».

4 – O setor cooperativo, que tem consagração constitucional no artigo 61.º, compreende os ramos estabelecidos no artigo 4.º do Cód. Cooperativo, sem prejuízo de outros que venham a ser legalmente contemplados.

A relevância da classificação das cooperativas por ramos prende-se essencialmente com a aplicação da legislação complementar que regula os diversos ramos cooperativos.

5 – As cooperativas podem ser de primeiro grau ou de grau superior.

Os membros das primeiras são pessoas singulares ou coletivas, enquanto que os das segundas são uniões, federações e confederações de cooperativas, como decorre do disposto no artigo 5.º do Cód. Cooperativo.

6 – O número de cooperantes é variável e ilimitado, mas não pode ser inferior a cinco, nas cooperativas de 1.º grau, nem a dois nas cooperativas de grau superior, como decorre do disposto no artigo 11.º do mesmo Código.

7 – A possibilidade de constituição, nos termos da respetiva legislação especial, de *réggies* cooperativas, ou cooperativas de interesse público, encontra-se prevista no artigo 6.º do Código Cooperativo.

II. Factos sujeitos a registo – Documentos

Alínea *a)* – Constituição da cooperativa

1 – Como decorre do prescrito no n.º 1 do artigo 15.º do CRC o registo da constituição das cooperativas é obrigatório, tendo também caráter constitutivo, como claramente resulta do preceituado no artigo 17.º do Cód. Cooperativo.

Também as uniões, federações e confederações adquirem personalidade jurídica com o registo da sua constituição, sem prejuízo da manutenção da personalidade jurídica de cada uma das estruturas que as integram, como decorre do disposto no n.º 1 do artigo 101.º do mesmo Código.

2 – A titulação de cooperativas deve ser reduzida a escrito, salvo se forma mais solene for imposta para a transmissão dos bens que representem o seu capital inicial, como decorre do disposto no artigo 10.º do Código Cooperativo.

3 – O capital social das cooperativas, bem como as entradas mínimas são variáveis, podendo os respetivos estatutos fixar um valor mínimo inicial, não inferior a 1 500 euros, nem aquelas inferiores a três títulos de capital, tendo cada título um valor de 5 euros ou de um seu múltiplo, como decorre da análise conjugada do disposto nos artigos 81.º, 82.º e 83.º do Código Cooperativo, salvo outro valor mínimo fixado pela legislação complementar.

4 – A deliberação de constituição de uma cooperativa e a aprovação dos respetivos estatutos deve constar de ata, que consigne os elementos exigíveis pelo artigo 13.º do Cód. Cooperativo.

É ainda exigível que dos estatutos constem as menções consignadas no artigo 16.º.

5 – As cooperativas, por força do disposto no artigo 15.º do Cód. Cooperativo, têm de adotar sempre uma denominação seguida das expressões «cooperativa», «união de cooperativas», «federação de cooperativas», «confederação de cooperativas», e ainda de «responsabilidade limitada» ou de «responsabilidade ilimitada» ou das respetivas abreviaturas, consoante os casos. Deve ser verificada a disponibilização do certificado de admissibilidade da denominação do pedido do correspondente registo – alínea *c)* do n.º 1 do artigo 56.º do RRNPC.

6 – Do extrato da inscrição de constituição, devem constar os elementos que definem a situação jurídica da cooperativa, nos termos estabelecidos pelos artigos 53.º-A e 63.º do CRC, bem como as menções gerais e especiais previstas nos artigos 9.º e 10.º, alínea *c)*, do RRC.

7 – As cooperativas podem associar-se com outras pessoas coletivas, quer revistam ou não a natureza cooperativa, e constituir com elas outra entidade, desde que daí não resulte perda da sua autonomia, como resulta do disposto no n.º 1 do artigo 8.º do Cód. Cooperativo.

8 – É possível a constituição de uma sociedade unipessoal por quotas por uma cooperativa, não sendo a constituição daquela facto que, em si, a faça perder a sua autonomia nem desviar dos seus fins não lucrativos e demais princípios cooperativos, pelo que aquela constituição não configura a prática de qualquer ato fraudulento.

9 – No sentido referido no número anterior, veja-se o parecer do CT proferido no proc.º n.º R.Co.17/99 DSJ-CT, in BRN n.º 5/2000, II, pág. 48, do qual se transcrevem as seguintes conclusões:

«I – As cooperativas podem associar-se a outras pessoas coletivas (incluindo sociedades comerciais), quer participando nas que já existam quer intervindo na formação das que "ex novo", se constituam.

II – Dever-se-á considerar que, nestas, estão englobadas as *sociedades unipessoais por quotas,* dado que as cooperativas têm capacidade jurídica para as criar e que, elas próprias, também podem ser constituídas por qualquer pessoa coletiva.

III – As cooperativas são pessoas coletivas, autónomas, que não têm fins lucrativos e que na sua constituição e funcionamento devem obedecer aos *princípios cooperativos* enunciados no artigo 3.º do Código Cooperativo.

IV – Não devendo à cooperativa ser vedado o acesso e o exercício a atividades que possam ser desenvolvidas por uma empresa privada, a constituição, por ela, de uma sociedade unipessoal (que controla) não é, em si, facto que faça perder a sua *autonomia,* nem também caracteriza a prática de qualquer ato em fraude à lei.

V – A participação da cooperativa nos resultados de uma "sua" sociedade unipessoal por quotas não constitui ato ofensivo do estatuto, dos princípios ou da prática do setor cooperativo e, consequentemente, não se trata de situação enquadrável no conceito de abuso de direito.».

10 – Um cooperador pode fazer-se representar na assembleia geral das respetivas cooperativas, desde que o seu representante seja escolhido de entre um círculo de pessoas indicadas por lei.

Estamos perante a figura jurídica da representação voluntária, em que o cooperador atribui, voluntariamente, a outrem, a faculdade de o representar em assembleia geral exercendo o direito de voto em seu nome – vide artigo 262.º, n.º 1 do Código Civil.

Como instrumento de representação voluntária basta uma carta, devidamente assinada, dirigida ao presidente da mesa da assembleia geral, segundo o disposto no artigo 53.º do Código Cooperativo.

11 – As assembleias gerais das cooperativas não têm forçosamente de decorrer na sua sede, não obstante deva ser sempre mencionado na ata o local onde decorre a assembleia, por força da aplicação subsidiária do disposto no n.º 6 do artigo 377.º do CSC, que permite que as assembleias gerais sejam realizadas fora da sede, mas dentro da comarca judicial onde se encontra a sede, quando as instalações desta não permitam a reunião em condições satisfatórias.

A regra do n.º 6 do citado artigo 377.º é, igualmente, de aplicação genérica a todas as sociedades comerciais, por força do disposto nos artigos 189.º, n.º 1, 248.º, n.º 1, 474.º e 478.º todos do CSC.

12 – No aludido sentido, veja-se o parecer do CT proferido no proc.º n.º 80/92-R.P.4, in BRN n.º 7/2002, II, pág. 27, cujas conclusões se transcrevem:

«I – A sede da cooperativa, como local onde está localizada, deve ser obrigatoriamente referida nos estatutos.

II – Nela não têm, porém, que decorrer necessariamente as assembleias gerais».

13 – «I – O registo comercial destina-se a publicitar a situação jurídica das pessoas singulares e coletivas a ele sujeitas, tendo em vista a segurança do comércio jurídico (art. 1.º, n.º 1 do CRC).

II – As pessoas coletivas não tendo (como é evidente) um ser, uma subjetividade, ou uma capacidade pensante próprias e inatas só podem agir e ser representadas, tanto fáctica como juridicamente, através dos seus órgãos – quer os impostos por lei, quer os que os seus estatutos prevejam e determinem (artigos 162.º e 163.º do Código Civil).

III – Consequentemente, sendo tais órgãos os instrumentos que legalmente atuam, fiscalizam e representam a pessoa coletiva estão, em princípio, sujeitos a registo comercial – donde resulta que só após o correspondente registo a sua existência e a nomeação dos seus membros é oponível a terceiros (artigo 14.º do CRC).

IV – É também pelo facto de a pessoa coletiva atuar através dos seus órgãos que a lei usualmente impõe que os respetivos membros sejam nomeados ou designados pela assembleia geral (ou pelo conselho geral) da pessoa coletiva – e não apenas (restringidamente) pelos seus gerentes, diretores ou administradores – sendo então registralmente publicitada essa nomeação.

V – Não se verifica este condicionalismo de sujeição a registo quando o órgão diretivo (a gerência, a direção ou a administração) da pessoa coletiva nomeia alguém – v.g. um advogado, um gestor, um economista ou um procurador – para o representar em dadas questões (judiciais ou extrajudiciais) que porventura possam carecer de estudo e despacho.

VI – É que tais pessoas têm somente uma representatividade delegada, a sua designação não está sujeita a registo nem (obviamente) se enquadra na previsão do Código do Registo Comercial, contida nas suas várias disposições, designadamente na alínea *m)* do n.º 1 do artigo 3.º, alínea *b)* do artigo 4.º, alínea *c)* do artigo 5.º, alínea *c)* do artigo 6.º, alínea *d)* do artigo 7.º, alínea *h)* do artigo 8.º e (muito menos) nas alíneas *a)* e *b)* do artigo 10.º.

VII – De facto, a nomeação do advogado, do gestor ou de outro profissional, agindo como "quadro superior" e nomeado pela direção da pessoa coletiva, por mais dilatados que sejam os seus poderes e reconhecida a sua competência (o que, é claro, não está nem pode estar em causa no âmbito registral) é ato que não se acha sujeito a registo.

VIII – Está, sim, como se disse, a nomeação dos órgãos da pessoa coletiva que a representam (e sempre direta e inalienavelmente por ela se têm de responsabilizar) e zelam pela sua vida – sendo certo que nas cooperativas não há, à face da lei, órgão algum das mesmas designado como gerente ou mandatário da Direção.

IX – Por conseguinte, a nomeação, feita pela direção de uma cooperativa, de um gerente e de um mandatário não constitui qualquer designação de membro dos seus órgãos próprios – legalmente previstos e instituídos – não estando, pois, sujeita a registo.» – Cfr. o parecer do CT proferido no proc.º n.º R.Co.44/2001 DSJ-CT, in BRN n.º 7/2001, II, pág.13.

14 – Do extrato da inscrição de constituição de cooperativa devem constar as seguintes menções especiais: a firma, a sede, o prazo de duração, quando determinado, o objeto, o capital mínimo, a direção, a fiscalização e a forma de obrigar a cooperativa, por força do disposto na alínea c) do artigo 10.º do RRC.

Alínea *b)* – A nomeação e cessação de funções, por qualquer causa que não seja o decurso do tempo, de diretores, representantes e liquidatários

Nomeação

1 – Os órgãos das cooperativas, como decorre do disposto no artigo 27.º do Código Cooperativo, são:

a) assembleia geral;
b) o órgão de administração; e
c) o órgão de fiscalização.

Os órgãos das cooperativas são eleitos em assembleia geral de entre os cooperadores, por um período de quatro anos, se outro prazo mais curto não for previsto nos estatutos, como decorre do disposto no artigo 29.º do Cód. Cooperativo

A assembleia geral é o órgão supremo da cooperativa, por ela passando a deliberação dos assuntos considerados mais importantes, sendo obrigatórias não só para os restantes órgãos, como também para todos os seus membros, como decorre do disposto nos artigos 38.º e segs. do citado Código.

2 – Por força do princípio da unidade da inscrição, consignado no artigo 66.º do CRC, a nomeação da direção, fiscalização e liquidatários, feita no título constitutivo da pessoa coletiva deve constar da inscrição do ato constitutivo.

3 – No que respeita à natureza e limite máximo do prazo da designação de delegado da Caixa Central de Crédito Agrícola, nos termos do n.º 6 do artigo 77.º do Regime Jurídico do Crédito Agrícola Mútuo e de Cooperativas de Crédito Agrícola, aprovado pelo Decreto-Lei n.º 24/91, de 11 de janeiro, com as alterações introduzidas pelos Decretos-Leis n.os 230/95, de 12 de setembro, 320/97, de 25 de novembro, e 102/99, de 31 de março, veja-se a deliberação do CT, homologada por despacho do Diretor-Geral em 25 de janeiro de 2002, constante do proc.º n.º R.Co.84/2001, in BRN n.º 2/2002, II, pág. 15.

Recondução e cessação

O registo da recondução e cessação de funções dos titulares de qualquer dos órgãos sociais atrás referidos é feito por averbamento à inscrição a que respeita a nomeação, nos termos do disposto na alínea *l)* do n.º 1 do artigo 69.º do CRC.

Alínea *d)* – A prorrogação, transformação, fusão, cisão e qualquer outra alteração dos estatutos

Prorrogação

1 – Por força do preceituado na alínea *c)* do n.º 1 do artigo 16.º do Cód. Cooperativo, dos estatutos da cooperativa deve constar obrigatoriamente o prazo de duração da cooperativa, quando não for constituída com duração indeterminada.

2 – O Código Cooperativo não contém qualquer preceito relativo à prorrogação do prazo de duração das cooperativas, pelo que, se tiver sido fixado o prazo, aplicam-se-lhe as regras plasmadas no Código das Sociedades Comerciais, com as devidas adaptações, *ex vi* do disposto no artigo 9.º do Cód. Cooperativo.

Para se colocar a questão da prorrogação do prazo da cooperativa é, contudo, condição indispensável que tenha sido fixado prazo para a vigência da mesma.

Transformação

1 – Não obstante a unanimidade existente na doutrina e na jurisprudência no sentido da impossibilidade da transformação de cooperativas em sociedades comerciais, havia forte pressão para se admitir o contrário, como refere José António Rodrigues, in Código Cooperativo, anotado, pág. 192.

No entanto, o legislador, ao prever expressamente a nulidade da transformação de uma cooperativa em sociedade comercial (atual artigo 111.º do Código Cooperativo) veio pôr termo às referidas tentativas.

2 – No sentido de que as cooperativas constituídas de harmonia com o Código Cooperativo, ou a ele adaptadas, não podem transformar-se em sociedades anónimas, veja-se o parecer do CT emitido no proc.º 69/90-R.P.4.

Fusão

1 – Os trâmites e o formalismo seguidos no processo que conduz à fusão de cooperativas, bem como à cisão, são diversos dos trâmites seguidos nos correspondentes processos respeitantes às sociedades comerciais, aplicando-se-lhe primordialmente o disposto nos artigos 109.º e 110.º do Cód. Cooperativo.

No entanto, e no que não contrariar a natureza das cooperativas nem as normas específicas contidas nos referidos preceitos, podem seguir-se, respetivamente, as regras plasmadas nos artigos 98.º e seguintes do CSC para a fusão, e nos artigos 119.º e seguintes do CSC, para a cisão de sociedades comerciais.

2 – A fusão de cooperativas pode, ao abrigo do disposto no artigo 109.º do Cód. Cooperativo., operar-se por criação de nova cooperativa e por incorporação.

Verifica-se a primeira forma quando duas ou mais cooperativas, com a simultânea extinção da sua personalidade jurídica, constituem uma nova cooperativa, que assume a totalidade dos direitos e obrigações das cooperativas fundidas.

A segunda modalidade verifica-se quando uma ou mais cooperativas, em simultâneo com a extinção da sua personalidade jurídica, passam a fazer parte integrante de uma outra cooperativa, que assume a totalidade dos direitos e obrigações das cooperativas incorporadas.

Cisão

1 – O artigo 110.º do Cód. Cooperativo permite a cisão integral ou parcial de cooperativas.

Esta será integral ou parcial, conforme simultaneamente se verifique, ou não, a extinção da cooperativa original.

2 – A cisão de cooperativas só pode ser validamente efetivada, por deliberação de, pelo menos, dois terços dos votos dos cooperadores presentes ou representados em assembleia geral extraordinária, convocada expressamente para esse fim.

Outras alterações dos estatutos

1 – As alterações dos estatutos das cooperativas devem revestir a mesma forma que a exigida para o ato constitutivo de harmonia com o preceituado no artigo 10.º do Cód. Cooperativo.

2 – «I – O aumento do capital mínimo das cooperativas constitui um facto sujeito a registo, como alteração, que é, dos estatutos.

II – É admissível o registo do aumento de capital por incorporação de reservas não obrigatórias, desde que expressamente previstas nos estatutos.». – Cfr. o parecer do CT proferido no proc.º n.º 14/88-R.P.3, in *Pareceres do Conselho Técnico*, Vol. II, pág. 290.

3 – «I – A cooperativa (como as demais pessoas coletivas) deve ser identificada, em quaisquer atos ou contratos, de harmonia com os elementos constantes dos estatutos e dos registos em vigor.

II – A alteração total dos estatutos da cooperativa que modifique as menções ou elementos registados não pode ser inscrita definitivamente enquanto atente contra esta situação tabular.». – Conclusões extraídas no parecer do CT constante do proc.º n.º 16/92-R.P.4, in BRN n.º 2/2002, II, pág. 39.

4 – «I – A subscrição do aumento do capital social constitui, por natureza, um contrato celebrado entre o adquirente e a sociedade emitente dos títulos relativos ao aumento.

II – O Código Cooperativo impõe subscrição obrigatória do capital apenas para a constituição da cooperativa.

III – No silêncio dos estatutos, nada permite concluir ser obrigatória para um cooperador a subscrição do aumento do capital social». – Cfr. o Ac. do STJ, de 16 de dezembro de 1993, in CJ(STJ), 1993, Tomo III, pág. 189.

5 – É ineficaz a deliberação tomada em Assembleia Geral de aumento de capital da cooperativa relativamente aos cooperantes que não deram o seu assentimento a esse aumento. – Cfr. o Acórdão do TRE, de 10 de outubro de 1995, in CJ, Ano XX, Tomo IV, pág. 275.

Alínea *e)* – A dissolução e o encerramento da liquidação

Dissolução

1 – As causas de dissolução das cooperativas encontram-se previstas no artigo 112.º do Código Cooperativo.

2 – "I – O conceito de lacuna traduz sempre uma «incompletude» relativamente a algo que propende para a completude, uma «incompletude contrária a um plano».

Não se pode, por conseguinte, falar de lacuna quando a lei quis regular conclusiva e exaustivamente uma determinada matéria.

II – O Código Cooperativo, aprovado pelo Decreto-Lei n.º 454/80, de 9 de outubro – tal como o vigente Código, aprovado pela Lei n.º 51/96, de 7 de setembro –, definiu uma regulamentação completa em matéria de dissolução das cooperativas, que exclui do tema a aplicação subsidiária, *ex vi* do seu artigo 8.º, nomeadamente do artigo 145.º do Código das Sociedades Comerciais.

III – Nos termos das disposições conjugadas dos artigos 9.º e 75.º alínea *f)*, 48.º, n.º 3 e 46.º alínea *h)*, do Código Cooperativo de 1980 – artigos 10.º, 77.º, alínea *f)*, 51.º, n.º 3 e 49.º, alínea *i)*, do Código de 1996 – é da exclusiva competência da assembleia geral da cooperativa de 1.º grau sub iudicio a dissolução da sociedade, constituindo título suficiente para o registo da deliberação da sociedade a ata respetiva, assinada pelos cooperantes, independentemente de reconhecimento das assinaturas e de qualquer outra intervenção notarial." – Sumário do Acórdão do STJ, de 27 de abril de 1999, in BMJ n.º 486, pág. 330.

3 – No que respeita à dissolução da cooperativa, deve ter-se presente o parecer do CT proferido no proc.º n.º 34/93-R.P.4, in BRN n.º 7/2001, II, pág. 51, do qual se transcrevem as seguintes conclusões:

«I – Havendo lugar à dissolução voluntária de uma cooperativa, a assembleia geral deverá nomear uma comissão liquidatária, conferindo-lhe os poderes necessários para proceder à liquidação dentro de um prazo determinado.

II – No caso de a assembleia geral que aprovou o encerramento da liquidação se ter realizado depois de ultrapassado tal prazo, dever-se-á entender que, ao menos implicitamente, a mesma assembleia renovou o mandato que havia conferido à comissão liquidatária.

III – Consequentemente, a ata desta última assembleia geral, da qual também consta ter sido deliberado aprovar por unanimidade o encerramento da liquidação, é titulo suficiente para esse registo.».

4 – O Ministério Público tem legitimidade para propor a ação de dissolução de uma cooperativa de ensino que utilize sistematicamente meios ilícitos para a prossecução do seu objeto [artigo 77.º, n.º 1, alínea *a)*]. – Cfr. o parecer da Procuradoria-Geral da República, proc.º n.º 11/85, Diário da República, II Série, de 11 de janeiro de 1996.

5 – A Cooperativa António Sérgio para a Economia Social (abreviadamente designada por CASES) deve também requerer, através do Ministério Público, junto do tribunal territorialmente competente, a dissolução das cooperativas que não respeitem os princípios cooperativos, e junto do serviço de registo competente, o procedimento administrativo de dissolução das cooperativas sempre que a sua atividade não coincida com o objeto expresso nos estatutos, ao abrigo do disposto no artigo 118.º do Cód. Cooperativo.

Encerramento da liquidação

1 – A liquidação da cooperativa deve estar encerrada e a partilha aprovada, no prazo de dois anos, a contar da data em que a cooperativa se considere dissolvida, salvo se tiver sido fixado prazo mais curto nos respetivos estatutos ou for aprovado pelos cooperadores.

O referido prazo pode, contudo, ser prorrogado por mais um ano, ao abrigo do disposto nos n.º 1 e 2 do artigo 150.º do CSC, aplicável *ex vi* do artigo 9.º do Cód. Cooperativo.

2 – Tendo a dissolução administrativa ocorrido oficiosamente no serviço de registo competente, também a liquidação aí decorrerá oficiosamente, devendo proceder-se à designação de quem ficará depositário dos livros,

papéis e documentos da cooperativa, por força do disposto no artigo 113.º, n.º 8, do Cód. Cooperativo.

3 – No caso da liquidação não ocorrer dentro do prazo fixado e não tenha sido oportunamente concedida a prorrogação, deve a dita liquidação continuar judicialmente. – Cfr. o Acórdão do STJ, de 30 de junho de 1988 – JSTJ23072/ITIJ//Net.

4 – «I – Os factos sujeitos a registo respeitantes a cooperativas (onde se incluem as caixas de crédito agrícola mútuo) vêm enunciados e previstos no art. 4.º do CRC.

II – Enquadra-se na previsão da conclusão anterior, "ex vi" da al. *e)* do citado art. 4.º, o registo de dissolução e encerramento da liquidação por transferência da universalidade dos ativos e passivos duma Caixa de Crédito Agrícola Mútuo para outra, nos termos do n.º 3 do art. 47.º do RJCAM (DL n.º 24/91, de 11/01), sendo tal ato de dissolução e encerramento da liquidação lavrado apenas na Conservatória da matrícula da Cooperativa dissolvida e liquidada, com o consequente averbamento de cancelamento da respetiva matrícula». – Conclusões firmadas no parecer do CT proferido no proc.º n.º R.Co.84/2003 DSJ-CT, in BRN n.º 2/2004, II, pág. 33.

5 – O Regulamento (CE) n.º 1435/2003, do Conselho, de 22 de julho de 2003, criou o Estatuto da Sociedade Cooperativa Europeia (SCE), publicado no Jornal Oficial da União Europeia, 207, de 18 de agosto de 2003.

A entrada em vigor deste Regulamento foi fixada, pelo seu artigo 80.º, para 18 de agosto de 2006.

A Diretiva 2003/72/CEE do Conselho, de 22 de julho, completa o estatuto da sociedade cooperativa europeia, no que respeita ao envolvimento dos trabalhadores.

6 – As cooperativas não estão obrigadas ao depósito do relatório de gestão e dos documentos de prestação de contas, no registo comercial, dado que o artigo 4.º ao elencar os factos sujeitos a registo não refere a «prestação de contas», ao contrário do que acontece para as sociedades comerciais, na alínea *n)* do n.º 1 do artigo 3.º do CRC.

Acresce ainda que o disposto no artigo 264.º do CSC não era, quando em vigor, aplicável subsidiariamente (nem sequer analogicamente), *ex* vi do artigo 9.º do Código Cooperativo, às cooperativas. Daí que a revogação desta norma não produza efeitos no regime jurídico das cooperativas. – Veja-se, neste sentido, a Recomendação/Orientação constante do BRN n.º 9/98, I, pág. 15.

III. Menções, publicações e tributação emolumentar

Obrigatoriedade do registo e das publicações

1 – Todos os factos elencados no artigo 4.º deste Código, estão sujeitos a registo obrigatório, a requerer no prazo de dois meses, a contar da data em que tiverem sido titulados, como resulta da análise conjugada do artigo supra referido com o preceituado nos n.os 1 e 2 do artigo 15.º do CRC.

O registo dos referidos factos é efetuado por transcrição, como decorre *a contrario sensu* do disposto no n.º 4 do artigo 53.º-A, dele devendo constar as menções previstas nos artigos 8.º (relativo à matrícula), 9.º (menções gerais das inscrições), 10.º, alínea *c) (menções especiais das inscrições)*, 11.º e segs. (averbamentos e anotações), todos do RRC.

2 – A publicação dos atos correspondentes aos registos referidos no número anterior é também obrigatória, por força do disposto na alínea *b)*, do n.º 1, do artigo 70.º do CRC.

Tributação emolumentar

Na vigência da Tabela Emolumentar do Registo Comercial, aprovada pela Portaria n.º 996/98, de 25 de novembro, os atos de registo respeitantes às cooperativas beneficiavam da redução emolumentar de 50%, por força do disposto no n.º 2 do artigo 22.º.

Posteriormente, o Decreto-Lei n.º 322-A/2001, de 14 de dezembro, que revogou a referida Portaria, com exceção da parte relativa aos emolumentos pessoais, não consignou idêntica disposição (nem tão pouco os Decretos-Leis subsequentes que alteraram (e/ou republicaram) o citado Decreto-Lei n.º 322-A/2001), pelo que se aplicam às cooperativas as mesmas disposições tabelares que às sociedades comerciais, o que equivale a dizer que não beneficiam, em consequência de tal, de qualquer isenção ou redução emolumentar.

Artigo 5.º – Empresas públicas

Estão sujeitos a registo os seguintes factos relativos a empresas públicas:

a) **A constituição da empresa pública;**

b) **A emissão de obrigações e de títulos de participação;**

c) **A designação e cessação de funções, por qualquer causa que não seja o decurso do tempo, dos membros dos órgãos de administração e de fiscalização;**

d) **A prestação de contas;**

e) **O agrupamento, fusão, cisão e qualquer outra alteração dos estatutos;**

f) **A extinção das empresas públicas, a designação e cessação de funções, anterior ao encerramento da liquidação, dos liquidatários, bem como o encerramento da liquidação.**

COMENTÁRIOS
I. Regime jurídico
II. Factos sujeitos a registo – Documentos e menções do registo

I. Regime jurídico

1 – O regime jurídico aplicável ao setor público empresarial e às empresas públicas encontra-se atualmente consagrado no Decreto-Lei n.º 133/2013, de 3 de outubro, diploma que procedeu à revogação do Decreto-Lei n.º 558/99, de 17 de dezembro (artigo 74.º), que tinha redefinido o conceito de empresa aproximando-o do conceito fornecido pelo direito comunitário.

2 – O artigo 5.º do citado Decreto-Lei n.º 133/2013 procede à definição das empresas públicas nos seguintes termos:

«1 – São empresas públicas as organizações empresariais constituídas sob a forma de sociedades de responsabilidade limitada nos termos da lei comercial, nas quais o Estado ou outras entidades públicas possam exercer, isolada ou conjuntamente, de forma direta ou indireta, influência dominante, nos termos do presente decreto-lei.

2 – Consideram-se ainda empresas públicas as entidades com natureza empresarial reguladas no capítulo IV».

3 – Por seu turno, no Capítulo IV do citado diploma, o artigo 56.º define as entidades públicas empresariais como pessoas coletivas de direito público, com natureza empresarial, criadas pelo Estado para prossecução dos seus fins, as quais se regem, primacialmente, pelas disposições do presente capítulo e, subsidiariamente, pelas restantes normas do presente decreto-lei.

II.Factos sujeitos a registo – Documentos e menções

Alínea *a)* – A constituição de empresas públicas e de entidades públicas empresariais

1 – As empresas públicas são constituídas sob a forma de responsabilidade limitada nos termos da lei comercial, sendo o seu objeto social fixado no ato ou contrato que determinou a sua constituição.

2 – As entidades públicas empresariais são instituídas por diploma legal (o qual aprova também os respetivos estatutos) pelo que não têm origem contratual, muito embora obedeçam a um figurino que pressupõe nitidamente a existência de um contrato – artigo 57.º do supra citado Decreto-Lei n.º 133/ 2013.

A sua denominação deve integrar a expressão «entidade pública empresarial» ou as iniciais «E.P.E.»

3 – Estas empresas criadas *ope legis*, porque provêm de um instrumento normativo, geralmente de natureza e valor hierárquico idêntico ao que aprovou o Código das Sociedades Comerciais, podem desviar-se dos tipos neste previstos.

3.1 – Existem também outras sociedades, designadamente as unipessoais por quotas (artigo 270.º-A do CSC) e algumas anónimas (artigo 488.º do mesmo Código) que não nascem de um contrato mas antes de um negócio jurídico unilateral. Estas, porém, têm de observar, rigorosamente, os demais requisitos previstos no Código das Sociedades Comerciais.

4 – As entidades públicas empresariais estão sujeitas a registo comercial nos termos gerais, com as adaptações que se revelem necessárias, como resulta do disposto no artigo 61.º do citado decreto-lei.

5 – Quando o Estado cria uma entidade pública empresarial por decreto-lei, o ato de registo de tal facto fica dispensado de nova publicação, uma vez que já foi previamente publicado em Diário da República.

Do extrato da inscrição de constituição da referida entidade pública (bem como das alterações supervenientes) deve constar, para além das menções gerais e especiais comuns às demais inscrições de constituição, a identificação do Decreto-Lei, que a criou (ou alterou), bem como a data em que foi publicado no Diário da República, uma vez que o registo daquele facto (e de todos os demais factos elencados no artigo 5.º), está, por razões óbvias e já sublinhadas, dispensado de nova publicação.

6 – Além dos requisitos previstos no artigo 9.º do RRC, deve ainda constar da inscrição de constituição da empresa pública, a firma, a sede, o prazo de duração, quando determinado, o objeto, o capital, a administração, a fiscalização e a forma de obrigar a empresa, em cumprimento do prescrito na alínea d) do artigo 10.º do referido Regulamento.

Alínea *b)* – A emissão de obrigações e de títulos de participação

A emissão de obrigações em geral encontra-se consagrada nos artigos 348.º e seguintes do CSC.

Na vigência do Decreto-Lei n.º 260/76, a possibilidade de emissão de obrigações por parte das empresas públicas encontrava-se expressamente prevista no seu artigo 19.º, o que não se verifica no presente Decreto-Lei n.º 133/2013, nem no diploma que imediatamente o precedeu.

Alínea *c)* – A designação e cessação de funções, por qualquer causa que não seja o decurso do tempo, dos membros dos órgãos de administração e de fiscalização

1 – A estrutura de administração e de fiscalização das empresas públicas pode corresponder a qualquer um dos tipos de sociedade de responsabilidade limitada previstos no Código das Sociedades Comerciais, devendo assegurar-se a efetiva separação entre as funções de administração executiva e as funções de fiscalização atento também o disposto no artigo 30.º do Decreto-Lei n.º 133/2013.

2 – No que concerne à estrutura de administração e de fiscalização das empresas públicas e respetivos órgãos, veja-se o que prescrevem os artigos 31.º, 32.º e 33.º do citado diploma.

A designação e cessação de funções dos membros dos órgãos de administração processa-se de acordo com o previsto no Estatuto do Gestor Público, como decorre do disposto no n.º 4 do citado artigo 32.º.

3 – A administração e fiscalização das entidades públicas empresariais deve ser estruturada segundo as modalidades e com as designações previstas para as sociedades anónimas, por força do preceituado no artigo 60.º do citado Decreto-Lei n.º 133/2013.

Os estatutos regulam a competência e o modo de designação dos titulares dos membros dos órgãos de administração e de fiscalização – n.º 4 do citado preceito.

Alínea *d)* – A prestação de contas

1 – Relativamente às empresas públicas sublinha-se que a informação respeitante à deliberação da assembleia geral é substituída pela informação referente aos despachos de aprovação do ministro da tutela e do ministro das Finanças e a respeitante à certificação legal das contas é substituída pela referente ao parecer da Inspeção-Geral de Finanças, em conformidade com o preceituado no n.º 3 do artigo 42.º do CRC.

2 – No parecer do CT proferido no proc.º n.º 124/92-R.P.4, in BRN n.º 10/2002, II, pág. 46, concluiu-se que «II – Tratando-se, porém, de empresa pública que exerça atividade exclusiva na Região Autónoma dos Açores, para a sua fiscalização económico-financeira e consequente emissão daquele parecer é competente o respetivo Governo Regional».

Alínea *e)* – O agrupamento, fusão, cisão e qualquer outra alteração dos estatutos

1 – As operações de transformação, de fusão e de cisão de empresas públicas empresariais também se materializam através da publicação de decreto-lei e nos precisos termos nele estabelecidos para cada caso concreto, ou nos termos do Código das Sociedades Comerciais, tratando-se de sociedade comercial, como decorre do disposto no artigo 34.º do citado Decreto-Lei n.º 133/2013.

2 – No título que opere a fusão devem ser consignados os termos da alteração a introduzir nos estatutos da nova empresa resultante da fusão, se for o caso.

3 – Como decorre do disposto no artigo 36.º do citado diploma, a alteração dos estatutos processa-se também mediante a publicação de decreto-lei ou nos termos do Código das Sociedades Comerciais, consoante se trate de entidade pública empresarial ou de sociedade comercial, devendo constar do título as alterações introduzidas nos estatutos da entidade em causa.

4 – Sempre que as alterações a introduzir no registo sejam atinentes ao objeto ou à denominação da sociedade deve ser verificada a disponibilização do correspondente certificado de admissibilidade, por força do prescrito na alínea *d)* do n.º 1 do artigo 56.º do RRNPC.

5 – Salienta-se que na vigência do Decreto-Lei n.º 260/76, de 8 de abril, o agrupamento de empresas estava expressamente previsto no seu artigo 36.º, o que não acontece no presente diploma legal, nem no que imediatamente o precedeu.

Alínea *f)* – A extinção das empresas públicas, a designação e cessação de funções, anterior ao encerramento da liquidação, dos liquidatários, bem como o encerramento da liquidação

1 – A extinção de empresas públicas é realizada através de decreto-lei ou nos termos do Código das Sociedades Comerciais, consoante se trate de entidades públicas empresariais ou de sociedades comerciais, ressalvando-se os casos em que estas últimas também tenham sido criadas por decreto-lei, podendo, neste

caso, aplicar-se a mesma forma para efeitos de extinção, como resulta do disposto no n.º 1 do artigo 35.º do referido Decreto-Lei n.º 133/2013.

2 – Não são aplicáveis às entidades públicas empresariais as regras gerais sobre a dissolução e liquidação de sociedades, nem as relativas aos processos especiais de insolvência e à recuperação de empresa, salvo na medida em que tal for expressamente determinado pelo decreto-lei que titule a sua constituição – n.º 2 do citado preceito legal.

Artigo 6.º – Agrupamentos complementares de empresas

Estão sujeitos a registo os seguintes factos relativos a agrupamentos complementares de empresas:

a) **O contrato de agrupamento;**
b) **A emissão de obrigações;**
c) **A nomeação e exoneração de administradores e gerentes;**
d) **A entrada, exoneração e exclusão de membros do agrupamento;**
e) **As modificações do contrato;**
f) **A dissolução e encerramento da liquidação do agrupamento.**

COMENTÁRIOS

I.Regime jurídico

II. Factos sujeitos a registo – Documentos, menções, publicação obrigatória

I. Regime jurídico

1 – Os Agrupamentos Complementares de Empresas, adiante designados por ACE, foram instituídos entre nós em 1973, desenhados em conformidade com o modelo francês dos «Groupement d'intérêt économique».

Com efeito, o regime legal dos ACE foi estabelecido pela Lei n.º 4/73, de 4 de junho, e alterado pelo Decreto-Lei n.º 157/81, de 11 de junho, pelo Decreto-Lei n.º 36/2000, de 14 de março, e pelo artigo 10.º do Decreto-Lei n.º 76-A/2006, de 29 de março.

2 – A regulamentação dos ACE encontra-se consagrada no Decreto-Lei n.º 430/73, de 25 de agosto.

Subsidiariamente, os agrupamentos regem-se ainda pelas disposições respeitantes às sociedades comerciais em nome coletivo, por força do disposto no artigo 20.º do citado decreto-lei.

3 – As pessoas singulares ou coletivas podem agrupar-se, sem prejuízo da sua personalidade jurídica, a fim de melhorarem as condições de exercício ou de

resultado das suas atividades económicas, embora não possam ter por fim principal a realização e partilha de lucros, como decorre do n.º 1 da Base I, e do n.º 1 da Base II, da Lei n.º 4/73.

A atividade-objeto do ACE para além de não poder ser diversa da dos seus agrupados, tem de ser complementar ou auxiliar das atividades exercidas pelos mesmos agrupados, respondendo estes, em regra, solidariamente, embora subsidiariamente, pelas dívidas do ACE, como decorre do disposto na Base II, n.os 1, 2 e 3 da citada Lei.

II. Factos sujeitos a registo – documentos, menções e publicação

Alínea *a)* – O contrato de agrupamento

1 – Por força do disposto no n.º 1 da Base III da Lei n.º 4/73, de 4 de junho, o contrato constitutivo do agrupamento complementar de empresas deve ser reduzido a escrito, salvo se forma mais solene for exigida para a transmissão dos bens com que os sócios entram para o agrupamento.

Para além do referido documento, o registo definitivo daquele contrato demanda a verificação da disponibilização do respetivo certificado de admissibilidade da firma ou denominação, como decorre do disposto na alínea *e)* do n.º 1 do artigo 56.º do RRNPC.

2 – O agrupamento, que para fins de registo é equiparado às sociedades comerciais, por força do disposto no artigo 4.º do citado Decreto-Lei n.º 430/73, adquire personalidade jurídica com a inscrição do seu ato constitutivo no registo comercial – vd. o disposto na Base IV.

3 – Do contrato constitutivo deve constar a firma ou denominação (que na sua composição tem de incluir o aditamento por extenso «agrupamento complementar de empresas» ou a sigla «ACE») o objeto, a sede e a duração, quando limitada, bem como as contribuições dos agrupados para os encargos e a constituição do capital, se o houver, por força do disposto no n.º 2 da Base III da Lei n.º 4/73, observando ainda o prescrito no artigo 3.º do Decreto-Lei 430/ /73.

4 – No que concerne às menções especiais da inscrição veja-se o que se encontra estabelecido na alínea *e)* do artigo 10.º do RRC.

Alínea *b)* – A emissão de obrigações

1 – A questão da emissão de obrigações apenas se coloca quando o agrupamento for composto exclusivamente por sociedades anónimas, aplicando-se-lhe,

então, as normas atinentes à emissão de obrigações feita por este tipo societário, por força do disposto no n.º 4 da Base II da Lei n.º 4/73.

2 – No caso de haver lugar à emissão de obrigações, a assembleia geral tem obrigatoriamente de nomear um ou mais revisores oficiais de contas ou uma sociedade de revisores oficiais de contas, para fiscalizar a gestão, por força do disposto na Base V da mesma Lei.

Alínea *c)* – A nomeação e exoneração de administradores e gerentes

1 – Os administradores ou gerentes podem ser membros do agrupamento ou pessoas estranhas àquele.

A designação pode ocorrer logo no contrato ou posteriormente, com base em deliberação da assembleia geral consignada em ata, como resulta do disposto nos n.º 1 e 2 do artigo 6.º do Decreto-Lei n.º 430/73.

2 – No caso de os administradores e os gerentes serem designados logo no contrato de constituição do ACE ou simultaneamente com as suas (eventuais) alterações supervenientes, a nomeação não tem inscrição autónoma, por força do preceituado no n.º 2 do artigo 66.º do CRC.

Caso a referida nomeação venha a ocorrer posteriormente corresponde-lhe então uma inscrição autónoma, lavrada com base na ata da assembleia geral, na qual conste o referido facto.

3 – A exoneração dos administradores e dos gerentes é feita com base na deliberação da assembleia geral, consignada em ata.

As deliberações dos sócios são tomadas à pluralidade de votos, contando-se um voto por cada sócio, salvo se o contrato dispuser de modo diverso, como flui do preceituado no artigo 7.º do citado Decreto-Lei n.º 430/73.

Alínea *d)* – A entrada, exoneração e exclusão de membros do agrupamento

1 – A admissão de novos membros do agrupamento só pode ocorrer nos termos previstos no contrato ou, caso este seja omisso, por decisão unânime dos agrupados, como decorre do preceituado no artigo 10.º do Decreto-Lei n.º 430/73.

2 – Para a transmissão, entre vivos ou por morte, da parte de cada agrupado, é necessário verificar-se o preenchimento cumulativo das circunstâncias referidas no artigo 11.º do citado Decreto-Lei, isto é, a transmissão conjunta do estabelecimento ou empresa e o consentimento do ACE.

3 – Relativamente à exoneração dos membros do agrupamento prescreve o artigo 12.º do citado Decreto-Lei que só pode ocorrer nos termos estabelecidos no contrato, ou quando se verifique uma das seguintes situações:

a) tenha havido alteração do pacto social à qual o membro exonerado se oponha;

b) tenha decorrido, pelo menos, 10 anos, desde a sua admissão e estiverem cumpridas as obrigações por ele assumidas.

4 – Sem prejuízo de disposição diversa do contrato, o membro declarado insolvente pode exonerar-se do agrupamento, como decorre do disposto no n.º 2 do artigo 118.º do CIRE.

5 – A exclusão dos membros do agrupamento compete à assembleia geral, podendo, como resulta do artigo 13.º do citado diploma, ocorrer numa das seguintes circunstâncias:

a) o agrupado deixar de exercer a atividade económica inerente ao agrupamento;

b) a insolvência do agrupado; e

c) estiver em mora na contribuição que lhe caiba para as despesas do agrupamento, depois de notificado pela administração, por carta registada, para satisfazer o pagamento no prazo que lhe for fixado, mas nunca inferior a trinta dias.

6 – «I – O quadro legal dos agrupamentos complementares de empresas (ACE) é constituído pela Lei n.º 4/73, de 4 de junho, e pelo Decreto-Lei n.º 430/73, de 25 de agosto e, subsidiariamente, por força do art. 20.º deste último diploma legal, pelas disposições que regem as sociedades comerciais em nome coletivo. Na insuficiência deste quadro subsidiário haverá que recorrer ainda, nos termos do art. 3.º do C. Comercial, e quando a lacuna não possa ser integrada, ao direito civil.

II – O ACE é um ente jurídico que resulta do agrupamento de duas ou mais pessoas singulares ou coletivas, inclusive sociedades, com vista a melhorar as condições de exploração ou os resultados das respetivas empresas, através do desenvolvimento de um determinado bem ou serviço que é posto à disposição destes em termos mais vantajosos do que os oferecidos pelo mercado.

III – E não tem por fim principal a realização e partilha de lucros, mas se o contrato expressamente autorizar poderá prosseguir esse fim acessoriamente àquele outro, indicado na base I, n.º 1, da Lei n.º 4/73 – o de melhorar as condições de exercício ou de resultado das atividades económicas dos agrupados.

IV – A Assembleia Geral é soberana na destinação a dar aos lucros, por não haver na lei, nem nos estatutos, qualquer disposição que o restrinja.

V – Se a Assembleia deliberou validamente a não distribuição de lucros no período em causa, nenhum crédito aos lucros poderia ter nascido em proveito dos membros.

VI – Se o membro que se exonera recebesse uma quota-parte do património e ainda os lucros não distribuídos que o formaram, estaria a receber duas vezes pelo mesmo objeto.» – Cfr. o acórdão do TRL, de 8 de julho de 1999, in CJ, Ano XXIV, Tomo IV, pág. 104.

Alínea *e)* – As modificações do contrato

1 – As modificações do contrato do ACE obedecem ao mesmo formalismo legal que a sua constituição, só podendo ser deliberadas por maioria não inferior a três quartos do número de agrupados, devendo também obedecer às exigências de publicidade requeridas para a constituição do agrupamento, de harmonia com o previsto no artigo 2.º do Decreto-Lei n.º 430/73.

2 – Não obstante o n.º 2 do artigo 21.º do Decreto-Lei n.º 430/73 preceitue a proibição de os agrupamentos complementares de empresas se transformarem, o Decreto-Lei n.º 148/90, de 9 de maio, no n.º 1 do artigo 11.º, veio permitir a sua transformação em agrupamentos europeus de interesse económico, independentemente de processo de liquidação e sem criação de uma nova pessoa coletiva, desde que observadas as condições mínimas fixadas no Regulamento (CEE) n.º 2137/85, de 25 de julho.

Consequentemente, deve considerar-se que o referido n.º 2 do artigo 21.º do Decreto-Lei n.º 430/73, se encontra hoje tacitamente derrogado pelo citado Decreto-Lei n.º 148/90.

Nestes termos, e a partir de então, passou a ser admissível, a transformação dos agrupamentos complementares de empresas em agrupamentos europeus de interesse económico, tendo em conta a sua similitude e origens comuns.

Alínea *f)* – A dissolução e encerramento da liquidação do agrupamento

1 – Por força do disposto no artigo 16.º do Decreto-Lei n.º 430/73, a dissolução do agrupamento pode ocorrer nas seguintes circunstâncias:

a) Nos termos estipulados no contrato;

b) havendo violação das normas legais que disciplinam a concorrência ou se dedicar, com persistência, a atividade diretamente lucrativa, a requerimento do Ministério Público ou de qualquer interessado; e

c) por vontade do membro que tenha respondido por obrigações do agrupamento, vencidas e em mora.

2 – Os liquidatários são os membros da administração do grupo, devendo o saldo da liquidação do agrupamento ser partilhado entre os agrupados na proporção das suas entradas para a formação do capital próprio, acrescidas das contribuições que eventualmente tenham satisfeito – artigo 17.º do citado diploma.

3 – «I – O Agrupamento Complementar de Empresas (ACE) é uma pessoa coletiva com uma estrutura própria, e legalmente prevista, que resulta do agrupamento de pessoas singulares ou coletivas com o objetivo de melhorar as condições de exercício ou de resultado das suas atividades económicas – tal como se estabelece na base I da Lei n.º 4/73, de 4 de junho.

II – Neste agrupamento as empresas agrupadas respondem, em princípio, solidária e ilimitadamente pelas respetivas dívidas, tal como resulta do disposto no n.º 2 da base II da referida Lei e do artigo 2.º, "in fine", do Decreto-Lei n.º 430/73, de 25 de agosto.

III – A cooperativa é também uma pessoa coletiva com características próprias e que se rege estrutural e basicamente pelos denominados "princípios cooperativos" enumerados e definidos no artigo 3.º do Código Cooperativo.

IV – Entre tais princípios avultam o 1.º – da adesão voluntária e livre – que torna a cooperativa permanentemente aberta à entrada de novos cooperantes, e o 4.º – da autonomia e independência – que, nomeadamente, obriga a cooperativa, no caso de pretender acordar com outras organizações (ou, o que obviamente ainda seria mais vinculante, nelas "entrar") a fazê-lo de tal forma que fique "assegurado o controlo democrático pelos seus membros".

V – A direção é o órgão de gestão da cooperativa, incumbindo-lhe praticar os atos de administração e representação corrente, enquanto que a assembleia geral "é o órgão supremo da cooperativa" havendo múltiplas matérias que são da sua "competência exclusiva" (artigos 56.º, 44.º, n.º 1 e 49.º do Código Cooperativo.

VI – Entre estes atos que são da competência exclusiva da assembleia geral avultam os das alíneas *j)* e *o)* do artigo 49.º, isto é, os que impliquem a filiação da cooperativa em uniões, federações e confederações e os que respeitem à votação e apreciação de matérias especialmente previstas nesse Código, nos estatutos, ou na legislação do setor cooperativo.

VII – Sendo lícito à cooperativa associar-se com outras pessoas coletivas, tal só lhe é facultado se daí não resultar perda da sua autonomia (artigo 8.º, n.º 1 do indicado Código) – o que poderia acontecer no caso dessa associação revestir a forma de uma responsabilidade ilimitada para a cooperativa.

VIII – Por outra parte, a associação nesse regime de responsabilidade ilimitada será sempre suscetível de violar os princípios cooperativos, designadamente o 4.º (a que se aludiu) se, para tanto, não houver a possibilidade "do controlo democrático pelos seus membros".

IX – Esse controlo democrático por todos os membros da cooperativa só pode (como é manifesto) ser exercido por um órgão: a assembleia geral.

X – Consequentemente, a entrada da cooperativa num ACE – atento sobretudo o notório elevado grau de responsabilização que tal envolve e as demais supra citadas razões – exige a deliberação da assembleia geral que aprove esse ato.

XI – No caso de ter sido apenas a direção da cooperativa que interveio na constituição do ACE – e presumindo-se que o terá feito de boa fé – esse contrato constitutivo é suscetível de ser convalidado se a assembleia geral dessa mesma cooperativa o ratificar». – Conclusões extraídas do parecer do CT constante do proc.º n.º R.Co.8/2001 DSJ-CT, in BRN n.º 5/01, II, pág. 2.

4 – O registo da dissolução e encerramento da liquidação deve ser requerido pelos liquidatários, ao abrigo do disposto no artigo 160.º do CSC, aplicável aos agrupamentos *ex vi* do disposto no artigo 20.º do citado Decreto-Lei n.º 430/73.

5 – Salvo disposição expressa do contrato em contrário, o agrupamento complementar de empresas não se dissolve na sequência da insolvência de um ou mais dos seus membros, como decorre do preceituado no n.º 1 do artigo 118.º do CIRE.

Obrigatoriedade do registo e da publicação

Todos os factos elencados neste artigo estão obrigatoriamente sujeitos a registo, devendo os correspondentes atos ser publicados nos termos legais, por força do disposto nos artigos 15.º, n.º 1, e 70.º, n.º 1, alínea *a)*, do CRC.

O facto mencionado na alínea *b)* do artigo 6.º é efetuado por depósito, por força do disposto na alínea *d)* do n.º 4 do artigo 53.º-A, sendo os restantes feitos por transcrição.

Artigo 7.º – Agrupamentos europeus de interesse económico

Estão sujeitos a registo os seguintes factos relativos aos agrupamentos europeus de interesse económico:

- ***a)*** **O contrato de agrupamento;**
- ***b)*** **A cessão, total ou parcial, de participação de membro do agrupamento;**
- ***c)*** **A cláusula que exonere um novo membro do pagamento das dívidas contraídas antes da sua entrada;**
- ***d)*** **A designação e cessação de funções por qualquer causa que não seja o decurso do tempo, dos gerentes do agrupamento;**
- ***e)*** **A entrada, exoneração e exclusão de membros do agrupamento;**
- ***f)*** **As alterações do contrato de agrupamento;**

g) O projeto de transferência da sede;
h) A dissolução;
i) A designação e cessação de funções, anterior ao encerramento da liquidação, dos liquidatários;
j) O encerramento da liquidação.

COMENTÁRIOS
I. Regime jurídico
II. Factos sujeitos a registo – Documentos, menções e publicação

I. Regime jurídico

1 – A ideia do agrupamento de interesse económico surgiu em França, tendo sido instituído pela Ordonnance n.º 67-821, de 23 de setembro de 1967 – *groupement d'intérêt économique* ou GIE – onde conheceu grande sucesso

2 – O agrupamento europeu de interesse económico foi instituído pelo Regulamento n.º 2137/85, aprovado pela CEE, em 25 de julho.

O aludido Regulamento é obrigatório em todos os seus elementos e diretamente aplicável em todos os Estados membros, por força do preceituado no n.º 2 do seu artigo 43.º.

3 – O objetivo do agrupamento é facilitar ou desenvolver a atividade económica dos seus membros, melhorar ou aumentar os resultados desta atividade, não sendo seu objetivo realizar lucros para si próprio, como decorre do n.º 1 do artigo 3.º do Regulamento.

4 – Os Estados membros têm liberdade de fixar se os agrupamentos inscritos no registo dos respetivos Países têm ou não personalidade jurídica.

De harmonia com o nosso ordenamento jurídico, o referido agrupamento adquire personalidade jurídica mediante o registo comercial, por força do disposto no artigo 1.º do Decreto-Lei n.º 148/90, de 9 de maio, que aprovou o regime substantivo dos A.E.I.E. e deu execução na ordem interna portuguesa às normas fixadas na Comunidade Europeia.

II. Factos sujeitos a registo – Documentos, menções e publicação obrigatória

Alínea *a)* – O contrato de agrupamento

1 – O contrato de agrupamento é titulado por documento escrito, do qual constem os elementos referidos no artigo 5.º do Regulamento.

2 – Na composição da denominação deve ser incluída a expressão «agrupamento europeu de interesse económico» ou a abreviatura «AEIE», por força do disposto no artigo 4.º do Decreto-Lei n.º 148/90 e no artigo 5.º, alínea *a)*, do Regulamento.

3 – Para o registo do contrato de agrupamento deve ser apresentado o contrato escrito, do qual constem os requisitos elencados no artigo 5.º do Regulamento e o certificado de admissibilidade da firma, dentro do seu prazo de validade – alínea *e)* do n.º 1 do artigo 56.º do RRNPC.

4 – Do extrato da inscrição, para além das menções gerais, devem ainda constar as menções especiais seguintes:

a) a sede – artigos 5.º, alínea *b)*, 6.º e 12.º do Regulamento CEE;
b) o prazo de duração, quando determinado – alínea *e)* do citado artigo 5.º;
c) o objeto – alínea *c)* do mesmo artigo 5.º e artigo 3.º;
d) o nome ou firma dos membros – alínea *d)* do artigo 5.º do Regulamento;
e) as contribuições genéricas dos agrupados para os encargos e a constituição do capital, havendo-o; e
f) a administração e a forma de obrigar o agrupamento.

5 – No parecer proferido no proc. n.º 7/95-R.P.4, in BRN n.º 3/96, II, pág. 6, firmaram-se as seguintes conclusões:

«I – A criação de qualquer estabelecimento de agrupamento europeu de interesse económico deve ser registada.

II – Esse registo deverá ser feito no competente serviço do Estado em que está situada a sede, como resulta do estabelecido nos artigos 6.º e 7.º do Regulamento (CEE) n.º 2137/85, de 25 de julho, e é confirmado pelo disposto nos artigos 8.º e 39.º do mesmo diploma.

III – Além desse registo, no caso de o estabelecimento se situar em local diverso do da sede ou noutro Estado membro que não o da sede, é também necessário efetuar o registo do próprio estabelecimento nesse local.».

Alínea *b)* – A cessão, total ou parcial, de participação de membros de agrupamento

1 – A cessão entre vivos da participação de um membro do agrupamento deve também constar de documento escrito, por força do disposto no artigo 5.º do Decreto-Lei n.º 148/90.

2 – A eficácia desta cessão está subordinada à autorização dada, unanimemente, pelos restantes membros, como decorre do disposto no n.º 1 do artigo 22.º do Regulamento.

A aludida autorização também é imprescindível para a constituição de uma garantia sobre a participação, por força do disposto no n.º 2 do citado preceito.

No que concerne ao respetivo registo, veja-se ainda o que estipula a alínea *e)* do artigo 7.º do mesmo Regulamento.

Alínea *c)* – A cláusula que exonere um novo membro do pagamento das dívidas contraídas antes da sua entrada

1 – Os membros do agrupamento respondem ilimitada e solidariamente (embora subsidiariamente) pelas dívidas daquele, por força do estipulado no artigo 24.º do Regulamento.

Os novos membros são responsáveis nos mesmos termos, isto é, ilimitada e solidariamente pelas dívidas do agrupamento, incluindo as resultantes de atividade anterior à sua admissão, salvo se o novo membro for expressamente excluído das dívidas contraídas antes do seu ingresso no agrupamento.

2 – Consequentemente, a cláusula que exonere um novo membro do pagamento das dívidas contraídas antes da sua entrada, deve constar do registo da constituição do agrupamento ou do registo da admissão de novo membro, consoante o caso, por analogia com o disposto na alínea *c)* do artigo 94.º do CRP, aplicável *ex vi* do artigo 115.º do CRC.

3 – A aludida cláusula, por força do disposto no artigo 8.º do Regulamento, só é oponível a terceiros, se registada e publicada no Boletim Oficial adequado a cada Estado membro em que o agrupamento tenha a sua sede. – Cfr., ainda, o disposto na alínea *j)* do artigo 7.º, bem como o n.º 2 do artigo 26.º, ambos do citado Regulamento.

Alínea *d)* – A designação e cessação de funções, por qualquer causa que não seja o decurso do tempo, dos gerentes do agrupamento

1 – O agrupamento é gerido por uma ou mais pessoas designadas no contrato ou por deliberação dos seus membros, nos termos prescritos no n.º 1 do artigo 19.º do Regulamento.

2 – Do contrato de agrupamento ou das suas posteriores alterações, devem constar as condições de nomeação dos gerentes, os seus poderes, assim como a cessação de funções.

Caso aquele contrato seja omisso, então, por decisão unânime dos seus membros, serão aquelas condições fixadas posteriormente assim como os poderes dos gerentes, bem como as condições de cessação de funções dos mesmos.

3 – É possível nomear como gerente uma pessoa coletiva membro do agrupamento, só que esta tem de designar uma pessoa singular para o representar, como flui do preceituado no n.º 1 do artigo 8.º do Decreto-Lei n.º 148/90 e n.º 2 do artigo 19.º do Regulamento.

Neste caso, deve também constar do correspondente registo a identificação do representado, nos termos da alínea *d)* do artigo 7.º do Regulamento.

4 – A deliberação de cessação de funções dos gerentes, por qualquer causa que não seja o mero decurso do prazo, compete à assembleia geral dos membros agrupados, como flui do prescrito no n.º 3 do artigo 19.º do Regulamento.

Alínea *e)* – A entrada, exoneração e exclusão de membros do agrupamento

1 – A entrada de novos membros depende de decisão tomada por unanimidade por todos os membros do agrupamento, como determina o n.º 1 do artigo 26.º do Regulamento.

2 – A exoneração de um membro do agrupamento, por força do disposto no n.º 1 do artigo 27.º do Regulamento, depende do preenchimento das condições fixadas no contrato ou, caso este seja omisso, do acordo unânime dos restantes membros.

No entanto, a exoneração é livre, se tiver justa causa a determiná-la.

3 – A exclusão de membros do agrupamento pode ocorrer pela verificação dos motivos previamente inseridos no contrato de agrupamento, ou quando qualquer dos membros faltar gravemente às suas obrigações ou ameaçar provocar perturbações graves no funcionamento do agrupamento, ou ainda quando seja declarado insolvente, como decorre do disposto no artigo 6.º do Decreto-Lei n.º 148/90 e no n.º 2 do artigo 27.º do Regulamento.

4 – A exclusão só pode verificar-se por decisão judicial, suscitada a pedido conjunto da maioria dos restantes membros, salvo se o contrato dispuser de modo diverso, como decorre do último parágrafo do n.º 2 do artigo 27.º do Regulamento.

Alínea *f)* – As alterações do contrato de agrupamento

1 – As alterações ao contrato de agrupamento devem constar de documento escrito, por força do preceituado no artigo 2.º do citado Decreto-Lei n.º 148/90.

Tratando-se de alteração relacionada com o objeto ou a denominação do agrupamento é necessário ter também em consideração o respetivo certificado de admissibilidade da firma ou denominação, dentro do seu prazo de validade, de harmonia com o prescrito na alínea *e)* do n.º 1 do artigo 56.º do RRNPC.

2 – O agrupamento europeu de interesse económico pode transformar-se em ACE, independentemente de processo de liquidação e sem criação de uma nova pessoa coletiva, desde que deixe de preencher as condições previstas no Regulamento (CEE) n.º 2137/85, nomeadamente nos artigos 3.º, n.º 2, alínea *c)*, e 4.º, n.º 2, tendo em conta o que postula o n.º 2 do artigo 11.º do Decreto-Lei 148/90.

Alínea *g)* – O projeto de transferência da sede

1 – A sede de um AEIE tem de se localizar na União Europeia, podendo transferir-se no interior desta, como decorre do disposto nos artigos 12.º e 13.º do Regulamento.

2 – O registo do projeto de transferência da sede dentro da União Europeia é facto inédito, mas muito relevante e compreensível tendo em conta a natureza especial deste instituto – cfr. o disposto nos artigos 7.º, alínea *i)*, e 14.º, n.º 1, do citado Regulamento.

O referido projeto de transferência da sede tem subjacente a mudança da legislação aplicável, pois, como se sabe, a lei aplicável é a do Estado onde está sediado o agrupamento, como resulta do prescrito no n.º 1 do artigo 14.º do Regulamento.

No caso de a transferência não implicar mudança da lei aplicável, a decisão de transferência será tomada nos termos prescritos no contrato do agrupamento.

3 – A transferência do agrupamento só produzirá efeitos a partir da data em que a nova sede ingresse no registo.

A decisão de transferência só pode ser tomada dois meses após a publicação do referido projeto, por força do disposto no n.º 1 do artigo 14.º do Regulamento.

4 – O cancelamento da matrícula anterior do AEIE apenas pode ser efetuado mediante a prova da elaboração do registo daquele no País da nova sede, como determina o disposto no n.º 2 do citado artigo 14.º.

Alínea *h)* – A dissolução

1 – O agrupamento pode ser dissolvido por deliberação dos seus membros, tomada unanimemente, declarando a sua dissolução, salvo se o contrato dispuser de modo diverso.

Pode ainda ser dissolvido por decisão dos seus membros, sempre que se verifiquem as seguintes condições:

a) o decurso do prazo estabelecido no contrato ou qualquer outra causa de dissolução prevista naquele; e

b) a realização do objetivo para o qual o AEIE foi criado ou a impossibilidade de o prosseguir.

2 – Apesar de a alínea *f)* do artigo 7.º do Regulamento prever apenas o registo da própria dissolução do agrupamento (não o da deliberação), até à alteração introduzida pelo artigo 5.º do Decreto-Lei n.º 76-A/2006 na alínea *h)* ora em apreço, só a deliberação da dissolução era facto sujeito a registo, sendo certo que atualmente o sistema jurídico registal ao prever, de igual modo, o registo da própria dissolução passou a oferecer uma resposta mais acertada, lógica e coerente.

Alínea *i)* – A designação e cessação de funções, anterior ao encerramento da liquidação, dos liquidatários

Por força do disposto na alínea *g)* do artigo 7.º do Regulamento, também está sujeita a registo a nomeação dos liquidatários, anterior ao encerramento da liquidação, bem como a cessação de funções dos mesmos – cfr. o que dispõe a alínea *f)* do artigo 10.º do CRC.

Alínea *j)* – O encerramento da liquidação

1 – A dissolução do agrupamento implicará a sua liquidação, sendo aquela e o encerramento desta liquidação regulados pelo direito nacional, como decorre do disposto nos n.ºs 1 e 2 do artigo 35.º do Regulamento.

2 – Este registo tem também a natureza constitutiva, determinando a extinção da capacidade jurídica e judiciária do agrupamento, por força do disposto no artigo 1.º do Decreto-Lei n.º 148/90.

3 – Salvo disposição expressa do contrato, o agrupamento europeu de interesse económico não se dissolve em consequência da insolvência de um ou mais dos seus membros, por força do disposto nos n.ºs 1 e 2 do artigo 118.º do CIRE.

4 – A nulidade ou anulação de um AEIE deve ser declarada por decisão judicial proferida segundo o Direito do Estado da sede, implicando a sua liquidação, nos termos prescritos no artigo 15.º do Regulamento.

5 – Apesar de a Comissão ter considerado haver grandes vantagens na criação dos agrupamentos, no que respeita a Portugal, a sua implementação tem sido, porém, reduzida.

É que o AEIE tem, no dizer de Menezes Cordeiro, in *Direito Europeu das Sociedades*, 2005, pág. 854, um perfil deprimido, o que lhe retira muita da sua utilidade.

De qualquer modo, fica, pelo menos, como uma primeira experiência de tipo social europeu, à qual se seguiu já a criação das Sociedades Cooperativas Europeias (S.C.E.) e das Sociedades Anónimas Europeias (S.E.).

Obrigatoriedade do registo e das publicações

1 – Todos os factos elencados no artigo 7.º em apreço estão sujeitos a registo obrigatório, por força do prescrito no n.º 1 do artigo 15.º deste Código.

O facto referido na alínea *g)* é efetuado por depósito, em face do disposto na alínea *e)* do n.º 4 do artigo 53.º-A, sendo que os demais factos ingressam nas tábuas por transcrição.

2 – Também os correspondentes atos de registo estão sujeitos a publicação, nos termos prescritos no n.º 2 do artigo 70.º do CRC, e, posteriormente, no *Jornal Oficial da União Europeia*, como decorre da análise das disposições conjugadas dos artigos 70.º, n.º 1, alínea *b)*, e n.º 4 do citado Código e do 11.º do Regulamento.

Artigo 8.º – Estabelecimentos individuais de responsabilidade limitada

Estão sujeitos a registo os seguintes factos relativos a estabelecimentos individuais de responsabilidade limitada:

- ***a)*** **A constituição do estabelecimento;**
- ***b)*** **O aumento e redução do capital do estabelecimento;**
- ***c)*** **A transmissão do estabelecimento por ato entre vivos e a sua locação;**
- ***d)*** **A constituição por ato entre vivos de usufruto e de penhor sobre o estabelecimento;**
- ***e)*** **As contas anuais;**
- ***f)*** **As alterações do ato constitutivo;**
- ***g)*** **A entrada em liquidação e o encerramento da liquidação do estabelecimento;**
- ***h)*** **A designação e cessação de funções, anterior ao termo da liquidação, do liquidatário do estabelecimento, quando não seja o respetivo titular.**

COMENTÁRIOS

I. Regime jurídico

II. Factos sujeitos a registo – Documentos, menções e publicação

I. Regime jurídico

1 – Através do Decreto-Lei n.º 248/86, de 25 de agosto, o legislador português criou o estabelecimento individual de responsabilidade limitada. Este diploma, posteriormente, sofreu as alterações introduzidas pelos Decretos-Leis n.os 343/98, de 6 de novembro, 36/2000, de 14 de março, 76-A/2006, de 29 de março, e 8/2007, de 17 de janeiro.

II. Factos sujeitos a registo – Documentos, menções e publicação

Alínea *a)* – A constituição do estabelecimento

1 – Este novo instituto jurídico veio conceder aos comerciantes individuais um esquema legal que permite afetar ao giro comercial apenas uma parte do seu património autónomo ou separado, coincidente com o capital social do Estabelecimento Individual de Responsabilidade Limitada, doravante abreviado para E.I.R.L.

Com efeito, a constituição do estabelecimento individual de responsabilidade limitada permite a cisão do património do seu titular, afetando uma parte àquele estabelecimento, o qual responde pelas dívidas contraídas na prossecução da atividade que é objeto do estabelecimento, como flui da análise conjugada do disposto nos artigos 1.º, n.º 1, e 10.º, n.º 1, do Decreto-Lei n.º 248/86.

2 – O E.I.R.L. não é uma pessoa jurídica (coletiva), mas um património autónomo de afetação especial.

Neste sentido, cfr., entre outros, Brito Correia, in *Direito Comercial,* I Vol., 1987, pág. 369 e Pereira de Almeida, in *Novas Perspetivas do Direito Comercial,* pág. 271, bem como o disposto nos artigos 601.º, *in fine,* 1695.º e 1696.º do Código Civil.

3 – O E.I.R.L. só pode ser constituído por pessoa singular que exerça ou pretenda exercer uma atividade comercial, não podendo a mesma pessoa ser titular de mais do que um estabelecimento, como decorre do disposto nos n.os 1 e 3 do artigo 1.º do já citado Decreto-Lei n.º 248/86.

4 – O capital social mínimo para constituição do EIRL encontra-se atualmente fixado em 5 000 Euros, como resulta do disposto no n.º 2 do artigo 3.º, do Decreto-Lei n.º 248/86, na versão introduzida pelo artigo 4.º do Decreto-Lei n.º 343/98, de 11 de novembro.

O referido montante de capital foi fixado tendo em consideração que, ao tempo, igual montante era exigido para a constituição de sociedades comerciais por quotas (plurais ou unipessoais).

Posteriormente, contudo, o Decreto-Lei n.º 33/2011, de 7 de março, que veio introduzir profundas alterações nos artigos 201.º e 219.º do CSC no que concerne à fixação do capital social mínimo e ao valor das quotas sociais, mas nada prescreveu no que tange ao E.I.R.L., daí que, como capital social mínimo, se mantenha o montante supra mencionado.

5 – O capital deve ser realizado só em numerário, ou, pelo menos, dois terços em numerário e o restante com contribuições ou direitos suscetíveis de serem penhorados.

O capital deve estar integralmente liberado no momento do pedido de inscrição no registo comercial, se o ato for titulado por documento particular, ou, ainda antes, no momento da outorga da escritura pública, e a parte em numerário deve encontra-se depositada numa instituição de crédito à ordem do titular do estabelecimento, deduzidas as quantias referidas na alínea *e)* do n.º 2 do artigo 2.º e no n.º 4 do artigo 3.º do citado Decreto-Lei n.º 248/86.

6 – Do documento de constituição do EIRL devem constar os elementos previstos no n.º 2 do artigo 2.º do citado diploma legal.

A firma do estabelecimento deve ser constituída pelo nome do seu titular (que pode ser abreviado – n.º 2 do artigo 40.º do RRNPC), acrescido ou não de uma referência ao objeto de comércio nele exercido, e incluirá sempre o aditamento por extenso «estabelecimento individual de responsabilidade limitada» ou simplesmente a abreviatura «E.I.R.L.», por força do disposto no n.º 3 do citado artigo 2.º.

7 – O direito ao uso exclusivo da firma pode ser extensivo a todo o território nacional, desde que se verifiquem os requisitos enunciados no n.º 5 do artigo 38.º do RRNPC, aplicável por força do disposto no n.º 3 do artigo 40.º do referido RRNPC.

8 – «I – O estabelecimento individual de responsabilidade limitada (E.I.R.L.) constitui no nosso ordenamento jurídico um mero património de afetação especial, ao qual não se reconhece personalidade jurídica.

II – Ainda que conexionadas com a atividade comercial desenvolvida no âmbito do E.I.R.L. – configurado ele próprio como objeto de direitos – as relações jurídicas estabelecem-se com o seu titular.

III – Deve, assim, ser requerido a favor do titular do estabelecimento o registo de propriedade do veículo automóvel adquirido para exploração do mesmo estabelecimento, fazendo-se, porém, constar do registo a correspondente afetação».
– Conclusões firmadas no parecer do CT proferido no proc.º n.º 54/92-R.P. 4.

9 – Para o registo de constituição devem ser apresentados os seguintes documentos:

a) documento escrito ou outro mais solene, se exigível, nos termos previstos no n.º 1 do artigo 2.º do Decreto-Lei n.º 248/86;
b) certificado de admissibilidade da firma – alínea *f)* do n.º 1 do artigo 56.º do RRNPC;
c) documento comprovativo do cumprimento do disposto no n.º 4 do artigo 3.º do citado Decreto-Lei n.º 248/86;
d) declaração a que alude a alínea *b)* do n.º 2 do artigo 2.º, se não constar do título; e
e) relatório elaborado pelo revisor oficial de contas, no qual se descreva o objeto e se indiquem os critérios da avaliação das entradas em espécie e o valor atribuído a cada uma delas, se for o caso, – artigos 3.º, n.º 7, e 5.º, n.º 1, alínea *b)*, do citado Decreto-Lei.

10 – No que respeita às menções especiais a inserir no registo de constituição do EIRL veja-se o que prescreve a alínea f) do artigo 10.º do RRC.

Alínea *b)* – O aumento e redução do capital do estabelecimento

Aumento de capital

1 – À semelhança do que acontece aquando da constituição do EIRL, também o aumento de capital deve ser reduzido a escrito, salvo se o aumento for efetuado com entrada em bens diferentes de dinheiro, para cuja transmissão seja necessária forma mais solene, caso em que tem de ser esta a forma utilizada, por força do disposto no n.º 1 do artigo 16.º do Decreto-Lei n.º 248/86.

Para além do referido documento, devem ser depositados na conservatória do registo competente, o balanço anual ou um balanço especial, se for o caso, acompanhado de um parecer elaborado por um revisor oficial de contas – n.º 2 e 3 do artigo 18.º do citado diploma.

2 – O aumento do capital social do E.I.R.L. pode ser feito mediante novas entradas ou por incorporação de reservas disponíveis, como resulta do disposto nos artigos 17.º e 18.º do citado Decreto-Lei.

As novas entradas podem ser realizadas em numerário, coisas ou direitos suscetíveis de penhora; as entradas por incorporação de reservas disponíveis podem ocorrer depois de elaboradas as contas do último exercício, ou tendo decorrido mais de seis meses mediante a elaboração de balanço especial com essa finalidade.

Redução do capital

À semelhança do que acontece com as sociedades comerciais (artigos 94.º a 96.º), também na redução do capital social dos E.I.R.L. se deve ter em consideração os termos e o limite fixado no artigo 19.º do citado Decreto-Lei n.º 248/ /86.

Alínea *c)* – A transmissão do estabelecimento por ato entre vivos e a sua locação

1 – A transmissão onerosa ou gratuita só pode ser feita a quem não seja titular de qualquer outro estabelecimento da mesma natureza, como decorre do disposto nos artigos 1.º, e 21.º, n.º 4, do Decreto-Lei n.º 248/86, sob pena de nulidade.

2 – A transmissão do estabelecimento por ato *inter vivos*, bem como a sua locação, têm de ser reduzidas a escrito, como resulta da análise conjugada do disposto nos artigos 16.º e 21.º, n.º 2, do citado diploma legal.

3 – No caso de ocorrer transmissão *mortis causa* a favor de titular de outro estabelecimento da mesma espécie, este tem de optar por alienar ou liquidar um deles ou, pelo menos, transmitir a exploração de um deles, como prescreve o n.º 4 do artigo 23.º do mesmo diploma.

Este facto, porém, não está sujeito a registo comercial.

4 – Tem sido discutida na doutrina a questão respeitante à necessidade (ou não) do consentimento de ambos os cônjuges para a transmissão do EIRL, quando este é bem comum do casal, por força do regime de bens.

Apesar do estabelecido na alínea *b)* do n.º 1 do artigo 1682.º-A do Código Civil, que parece encaminhar-nos para a resposta afirmativa, temos de atentar no regime específico deste instituto jurídico, que prevê a entrada em liquidação por declaração do seu titular [alínea *a)* do artigo 24.º], e que este é, em princípio, o seu liquidatário (artigo 28.º), que tem poderes para alienar em globo o EIRL [alínea *c)* do n.º 2 do artigo 30.º].

Em conformidade com o sumariamente exposto, parece que o titular do estabelecimento terá poderes para a alienação do mesmo, sem necessidade de consentimento do outro cônjuge, mesmo tratando-se de bem comum, revertendo, naturalmente, o produto da venda para o património comum do casal.

5 – Para instruir o registo de transmissão do estabelecimento e a sua locação deve ser apresentado documento escrito que titulem os referidos factos.

Alínea *d)* – A constituição por ato entre vivos de usufruto e de penhor sobre o estabelecimento

1 – A constituição de usufruto permitida pelo disposto no n.º 1 do artigo 21.º do Decreto-Lei n.º 248/86, rege-se também pelas regras plasmadas nos artigos 1439.º e seguintes do Código Civil.

2 – Durante o período de duração do usufruto, são aplicáveis ao usufrutuário as disposições sobre os poderes e os deveres do titular do estabelecimento, nos termos previstos no n.º 3 do citado artigo 21.º.

3 – Sobre o estabelecimento pode ser constituído penhor, que produz os seus efeitos independentemente da entrega do estabelecimento ao credor. Estamos perante um caso de *penhor sem desapossamento,* também admitido no artigo 398.º do Código Comercial, quanto ao penhor mercantil.

4 – Tanto a constituição do usufruto como do penhor devem ser titulados nos termos prescritos no n.º 1 do artigo 16.º, aplicável por *ex vi* do disposto no n.º 2 do artigo 21.º do citado diploma.

Alínea *e)* – As contas anuais

1 – A elaboração das contas anuais obedece ao prescrito no artigo 12.º do Decreto-Lei n.º 248/86.

As contas são constituídas pelo balanço e pela demonstração dos resultados líquidos, sendo elaboradas de harmonia com as prescrições legais aplicáveis.

No documento que contém as contas, ou em anexo, deve mencionar-se ainda o destino dos lucros, caso existam.

Sobre as referidas contas, deve recair um parecer elaborado por um revisor oficial de contas escolhido pelo titular do estabelecimento.

2 – O depósito das contas anuais de estabelecimentos individuais de responsabilidade limitada (que engloba os documentos mencionados no número anterior) deve ser efetuado na conservatória do registo comercial competente até ao 15.º dia do 7.º mês posterior à data do termo do exercício económico, como prescreve não só o disposto no n.º 4 do artigo 15.º do CRC como também do artigo 12.º do citado Decreto-Lei.

Alínea *f)* – As alterações do ato constitutivo

1 – As alterações do ato constitutivo obedecem à forma prescrita no artigo 16.º do Decreto-Lei n.º 248/86, aplicando-se-lhe, no que respeita à eficácia do ato, o prescrito no artigo 6.º do mesmo diploma.

2 – A alteração do ato constitutivo é eficaz em relação a terceiros, a partir da data da sua publicação, sem prejuízo de poder ser invocada por e contra terceiros que dela tiverem conhecimento ao tempo da criação dos seus direitos, como resulta do prescrito nos artigos 5.º, 6.º e 16.º, n.º 2 do citado Decreto-Lei.

3 – No parecer do CT constante do proc.º n.º C.N.60/99 DSJ-CT, in BRN n.º 11/99, II, pág. 2, proferido a propósito da transformação de um E.I.R.L. em sociedade unipessoal por quotas, firmaram-se as seguintes conclusões:

«I – A "transformação" que assente na concentração da titularidade de um único sócio das quotas de uma sociedade por quotas, independentemente da causa de concentração, a que aludem os n.ºs 1 a 4 do artigo 270.º-A do C.S.C., tem de ser havida por alteração do contrato social, uma vez que não há mudança do tipo societário, pressuposto necessário da verdadeira transformação, regulada nos arts. 130.º e seguintes do mesmo Código.

Por outro lado, a "transformação" em sociedade unipessoal por quotas do E.I.R.L., a que se reporta o n.º 5 do citado art. 270.º-A, importa a constituição de uma sociedade.

II – A redução emolumentar prevista no n.º 4 do artigo 189.º do Código do Notariado relativamente às sociedades – já que a aplicação ao caso da "transformação" operada a partir de um E.I.R.L. vale a todo o tempo – só é de considerar quando o ato de "transformação" se realize dentro dos doze meses seguintes à data da concentração das quotas.

III – O referido prazo de doze meses é um prazo de caducidade, pelo que, se houver qualquer interrupção da situação de concentração das quotas, começará a correr novo prazo.

IV – É necessário que da escritura de "transformação" conste sempre a data de concentração das quotas, desde que tal data não resulte do próprio título».

4 – A transformação do EIRL em sociedade unipessoal por quotas determina a constituição de uma sociedade, o que em termos registrais reveste as seguintes particularidades:

a) dá origem à abertura de nova matrícula com a numeração que lhe couber na sequência da apresentação atribuída ao respetivo pedido de transformação em sociedade; e

b) determina que se proceda oficiosamente ao cancelamento da matrícula do E.I.R.L. com indicação da sua transformação em sociedade unipessoal por quotas e do novo número de matrícula da sociedade – alínea *a)* do artigo 62.º-A do CRC.

Alínea *g)* – A entrada em liquidação e o encerramento da liquidação do estabelecimento

1 – A entrada em liquidação do estabelecimento encontra-se regulamentada nos artigos 24.º e seguintes do Decreto-Lei n.º 248/86.

2 – As causas que implicam a liquidação imediata do estabelecimento individual de responsabilidade limitada são as seguintes:

a) declaração do titular, expressa em documento particular;
b) decurso do prazo fixado no ato constitutivo;
c) sentença judicial que declare a insolvência do titular; e
d) impossibilidade de venda judicial na execução movida por um dos credores do titular, ao abrigo do artigo 22.º.

3 – Nos casos de liquidação judicial [artigo 24.º, alínea *c),*] o tribunal notifica a conservatória do registo comercial competente, que, oficiosamente, mas a expensas do titular do estabelecimento, procederá à inscrição da entrada em liquidação, ao abrigo do disposto no n.º 3 do artigo 26.º citado diploma.

4 – No caso de o E.I.R.L. entrar em liquidação por declaração do seu titular, o correspondente registo faz-se com base em documento particular do qual conste a declaração de vontade do seu titular expressa nesse sentido, como flui do disposto no n.º 2 do artigo 26.º do citado diploma legal.

5 – A morte do titular do estabelecimento não implica, por si só, a entrada em liquidação do EIRL, como decorre do disposto no artigo 23.º do diploma em apreço.

6 – O processo de liquidação encontra-se pormenorizadamente regulado nos artigos 27.º e seguintes do citado diploma, assegurando a afetação do ativo de liquidação aos fins para que o estabelecimento foi constituído.

7 – A liquidação por via administrativa pode ocorrer a instâncias de qualquer interessado, se enquadrável em qualquer uma das alíneas do n.º 1 do artigo 25.º, ou, oficiosamente, por iniciativa do serviço do registo competente, nos casos plasmados nas diversas alíneas do n.º 3 do mesmo artigo.

8 – O registo do encerramento da liquidação determina a extinção do EIRL, tendo aquele efeitos constitutivos, como decorre do disposto no n.º 4 do já citado artigo 33.º.

9 – No que respeita ao procedimento administrativo de liquidação dos estabelecimentos individuais de responsabilidade limitada veja-se o que preceitua o RJPADLEC, designadamente os seus artigos 15.º e segs.

10 – A propósito da instauração oficiosa do procedimento de liquidação na sequência da comunicação do tribunal ao serviço de registo do encerramento

do processo de insolvência de sociedade comercial por insuficiência da massa insolvente e o valor do respetivo património, veja-se, com as devidas adaptações, o parecer proferido no proc.º n.º R.Co.18/2012 STJSR-CC, segundo o qual o conservador deve declarar imediatamente o encerramento daquele procedimento no caso de resultar inexistência de ativos suficientes que permitam suportar os encargos com o mesmo, não havendo lugar, *in casu*, à notificação da sua instauração – artigos 15º, n.º 5, alínea i), 17º, n.º 1, alínea a) e n.º 2, e 24º, n.º 6, do RJPADLEC bem como o artigo 234º, n.º 4, do CIRE.

11 – No que concerne à publicação do ato de registo do encerramento devem, além do mais, ter-se em consideração os elementos enunciados no n.º 3 do referido artigo 33.º.

Alínea *h)* – A designação e cessação de funções, anterior ao termo da liquidação, do liquidatário do estabelecimento, quando não seja o respetivo titular.

1 – O liquidatário do estabelecimento é, em regra, o seu titular.

A designação de funções do respetivo titular como liquidatário não está sujeita a registo comercial, como resulta, *a contrario sensu*, do disposto na alínea ora em apreço.

2 – No caso de haver liquidação judicial ou liquidação por via administrativa, pode o tribunal ou o serviço de registo competente, conforme o caso, designarem, ao abrigo do disposto no n.º 2 do artigo 28.º, como liquidatário pessoa diversa do titular do estabelecimento.

3 – A cessação de funções verificada antes do termo da liquidação também está sujeita a registo, podendo ocorrer por factos inerentes à pessoa do liquidatário (renúncia ou falecimento) ou por decisão judicial.

Obrigatoriedade do registo e das publicações

1 – Todos os factos elencados no artigo 8.º estão sujeitos a registo obrigatório, que devem ser requeridos no prazo máximo de dois meses a contar da data em sejam titulados, como resulta do prescrito nos n.os 1 e 2 do artigo 15.º do CRC.

As contas anuais são registadas por depósito, como se encontra estabelecido na alínea *f)* do n.º 5 do artigo 53.º-A, sendo os demais factos constantes do aludido artigo 8.º efetuados por transcrição.

2 – Os atos de registo referidos no número anterior também estão sujeitos a publicação obrigatória.

As publicações respeitantes ao contrato ou às suas alterações deve ser feita em conformidade com o preceituado nos n.os 1 e 2 do artigo 72.º deste Código.

Veja-se ainda, quanto a esta matéria, o preceituado nos artigos 5.º, n.º 2, 12.º, n.º 3, 16.º, n.º 2, 26.º, n.º 4, e 33.º n.º 2, do Decreto-Lei n.º 248/86.

3 – O ato constitutivo do estabelecimento individual de responsabilidade limitada, bem como das suas alterações, só é eficaz relativamente a terceiros a partir da data da sua publicação.

No entanto, a falta de publicação não poderá ser invocada por e contra terceiros que tivessem conhecimento do ato constitutivo ou das suas alterações ao tempo da criação dos seus direitos, como resulta do disposto nos artigos 6.º e 16.º, no n.º 2, do citado Decreto-Lei n.º 248/86.

Artigo 9.º – Ações e decisões sujeitas a registo

Estão sujeitas a registo:

a) **As ações de interdição do comerciante individual e de levantamento desta;**

b) **As ações que tenham como fim, principal ou acessório, declarar, fazer reconhecer, constituir, modificar ou extinguir qualquer dos direitos referidos nos artigos 3.º a 8.º;**

c) **As ações de declaração de nulidade ou anulação dos contratos de sociedade, de agrupamento complementar de empresas e de agrupamento europeu de interesse económico registados;**

d) **As ações de declaração de nulidade ou anulação dos atos de constituição de cooperativas e de estabelecimentos individuais de responsabilidade limitada;**

e) **As ações de declaração de nulidade ou anulação de deliberações sociais, bem como os procedimentos cautelares de suspensão destas;**

f) **As ações de reforma, declaração de nulidade ou anulação de um registo ou do seu cancelamento;**

g) **As providências cautelares não especificadas requeridas com referência às mencionadas nas alíneas anteriores;**

h) **As decisões finais, com trânsito em julgado, proferidas nas ações e procedimentos cautelares referidos nas alíneas anteriores;**

i) **As sentenças de declaração de insolvência de comerciantes individuais, de sociedades comerciais, de sociedades civis sob forma comercial, de cooperativas, de agrupamentos complementares de empresas, de agrupamentos europeus de interesse económico e de estabelecimentos individuais de responsabilidade limitada e as de indeferimento do respetivo pedido, nos casos de designação prévia**

de administrador judicial provisório, bem como o trânsito em julgado das referidas sentenças;

j) **As sentenças, com trânsito em julgado, de inabilitação e de inibição de comerciantes individuais para o exercício do comércio e de determinados cargos, bem como as decisões de nomeação e de destituição do curador do inabilitado;**

l) **Os despachos de nomeação e de destituição do administrador judicial e do administrador judicial provisório da insolvência, de atribuição ao devedor da administração da massa insolvente, assim como de proibição da prática de certos atos sem o consentimento do administrador da insolvência e os despachos que ponham termo a essa administração;**

m) **Os despachos, com trânsito em julgado, de exoneração do passivo restante de comerciantes individuais, assim como os despachos inicial e de cessação antecipada do respetivo procedimento e de revogação dessa exoneração;**

n) **As decisões judiciais de encerramento do processo de insolvência;**

o) **As decisões judiciais de confirmação do fim do período de fiscalização incidente sobre a execução de plano de insolvência.**

COMENTÁRIOS

I. Formas de registo

II. Competência dos tribunais

III. Factos sujeitos a registo – Documentos, menções das inscrições e dos seus averbamentos e publicação

I. Formas de registo

1 – Os factos elencados neste preceito são registados por depósito ou por transcrição, conforme respeitem a factos que devam seguir uma ou outra das formas de registo referidas, por força do disposto na alínea *g)* do n.º 5 do artigo 53.º-A.

II. Competência dos tribunais

1 – No que respeita à competência dos tribunais veja-se o que se encontra consagrado na Lei n.º 62/2013, de 26 de agosto – Lei da Organização do Sistema Judiciário – (e sucessivas alterações), bem como no Decreto-Lei n.º 49/2014, de 27 de março (e respetivas alterações), que procedeu à regulamentação da referida Lei.

2 – «É da competência dos Tribunais de Comércio, e não dos Tribunais Comuns, o julgamento dos recursos das decisões do Diretor-Geral dos Registos e do Notariado que, em recurso hierárquico, confirme o despacho que admita uma

firma.» – veja-se o acórdão do TRL, de 14 de fevereiro de 2002 – JTRL00040676/ITIJ/Net.

3 – «I – O direito de preferência concedido aos sócios pelo pacto social, na cessão de quotas a estranhos, deve ser considerado como um direito social ou corporativo geral.

II – A ação respetiva deve ser considerada como relativa ao exercício de direitos sociais.

III – Os Tribunais de Comércio serão os competentes para apreciar e julgar tais ações, nos termos da al. *c)* do artigo 89.º da Lei n.º 3/99, de 13-1.» – Cfr. o Ac. do TRP, de 8 de abril de 2002. – JTRP00033942/ITIJ/Net.

III. Factos sujeitos a registo – Documentos, menções e publicação

Alínea *a)* – As ações de interdição do comerciante individual e de levantamento desta

1 – Salientamos antes de mais que a Lei n.º 49/2018, de 18 de julho, criou o regime jurídico do maior acompanhado, eliminando os institutos da interdição e da inabilitação procedendo expressamente, e em conformidade, à alteração de diversos diplomas legais, designadamente o Código Civil, o Código de Processo Civil, o Código Comercial e o Código das Sociedades Comerciais – artigo 1.º.

Por seu turno, por força do prescrito no artigo 23.º, epigrafado Remissões, todas as referências legais que não tenham sido expressamente alteradas pela referida lei, são havidas, sem mais, como remissões para o regime do maior acompanhado, com as necessárias adaptações.

2 – Decorre assim do exposto que todas as referências legais relativas a incapacidades por interdição ou por inabilitação constantes do Código do Registo Comercial devem consideradas como reportadas ao regime do maior acompanhado, com as devidas adaptações.

3 – O registo que publicita a ação de maior acompanhado [ações de interdição do comerciante individual e de levantamento desta, como consta da supra referida alínea a)] reveste especial interesse tendo em conta que só podem ser comerciantes as pessoas que sejam civilmente capazes de se obrigar, como decorre do artigo 7.º do Código Comercial.

4 – Os trâmites processuais da ação de acompanhamento de maior encontram-se regulados nos artigos 891.º e seguintes do Código de Processo Civil.

4.1 – Decorre do artigo 900.º do CPC que, reunidos os elementos necessários, o juiz designa o acompanhante (e um acompanhante substituto, ou vários acompanhantes e, sendo o caso, o conselho de família) e define as medidas de acompanhamento, nos termos do artigo 145.º do Código Civil e, quando possível, fixa a data a partir da qual as medidas decretadas se tornaram convenientes.

4.2 – Da sentença que decrete as medidas de acompanhamento deverá constar expressamente a existência de testamento vital e de procuração para cuidados de saúde devendo ser acautelado, em termos apropriados, o respeito pela vontade antecipadamente expressa pelo acompanhado.

4.3 – No que respeita ao termo e alteração do acompanhamento o artigo 904.º do CPC prescreve que as medidas de acompanhamento podem, a todo o tempo, ser revistas ou levantadas pelo tribunal, quando a evolução do beneficiário o justifique.

Ao termo e à modificação das medidas de acompanhamento aplicam-se, com as necessárias adaptações e na medida do necessário, o disposto nos artigos 892.º e seguintes do referido código, correndo os incidentes respetivos por apenso ao processo principal, como resulta do disposto no n.º 3 do citado artigo 904.º.

5 – A cessação e a modificação do acompanhamento deve ser requerido por apenso ao processo em que as medidas foram decretadas, podendo qualquer uma destas medidas ser substituída por outra, quando a nova situação do maior acompanhado assim o determine – vd. o artigo 904.º do CPC bem como os artigos 149.º e 155.º do Código Civil.

6 – «I – O art. 955.º, n.º 1, do Cód. Proc. Civil, prevê um regime especial sobre a legitimidade para recorrer da sentença de interdição ou de inabilitação, apenas consentindo ao requerente (autor) o recurso para impugnar a extensão e os limites da incapacidade.

II – A extensão e os limites da incapacidade reconduzem-se à esfera negativa da capacidade do arguido; de nenhum modo se reportam ao tempo em que a incapacidade se tenha verificado.

III – Assim, o requerente da interdição, que nada pedira concretamente quanto à data da interdição, não tem legitimidade para apelar da sentença de interdição que fixe uma data de começo da incapacidade diversa daquela que, em seu critério, deveria ser fixada.» – Cfr. o Ac. do STJ, de 17 de julho de 1973, in BMJ n.º 92, pág. 131, com as devidas adaptações legais.

7 – «I – As sentenças de inabilitação são alteráveis por evolução ulterior, para melhor ou pior, das causas de incapacidade para reger o património.

II – O meio processual a adotar é o requerimento a autuar por apenso à respetiva ação.» – Cfr. o Ac. do STJ, de 4 de julho de 1995, in CJ/STJ, 1995, 2.º, pág. 150, que deve ser lido tendo em consideração as alterações posteriormente introduzidas pela Lei n.º 49/2018, de 14 de agosto, que criou o regime jurídico do maior acompanhado, eliminando os institutos de interdição e de inabilitação.

8 – Para mais desenvolvimentos sobre a referida Lei n.º 49/2018 e as razões imediatas da aprovação do novo regime do maior acompanhado e do quadro do direito comparado em vigor, veja-se António Pinto Monteiro, in RLJ n.º 4013, Ano 148, págs. 72 e segs.

Alínea *b)* – As ações que tenham como fim, principal ou acessório, declarar, fazer reconhecer, constituir, modificar ou extinguir qualquer dos direitos referidos nos artigos 3.º a 8.º deste Código

1 – O registo de ação e de procedimento cautelar de suspensão de deliberações faz-se com base em certidão do teor do articulado ou em duplicado deste, acompanhado de prova da sua apresentação em juízo.

Porém, se o pedido for feito por mandatário judicial é suficiente a entrega da cópia do articulado e da declaração da sua prévia ou simultânea apresentação em juízo com indicação da respetiva data, como decorre do disposto no artigo 43.º do CRC aqui aplicável subsidiariamente.

2 – As inscrições de ações judiciais são lavradas como provisórias por natureza, nos termos previstos na alínea *n)* do n.º 1 do artigo 64.º do CRC, não estando sujeitas a qualquer prazo de caducidade, por força do prescrito no n.º 3 do artigo 65.º do mesmo Código.

3 – «I – A provisoriedade *por natureza* da inscrição resulta diretamente de uma previsão legal e nela se enquadram os casos em que o direito ainda não se acha definitivamente constituído ou realizado, diversamente do que acontece na provisoriedade por dúvidas, essencialmente motivada por algum *vício* ou *deficiência* quer no próprio título, quer em outros documentos, quer na compatibilização da situação tabular com o ato solicitado.

II – Consequentemente, o registo de ação, mesmo que requerido depois de finda a fase dos articulados e o próprio julgamento, na medida em que visa publicitar um pleito cujo direito ainda não foi *definitivamente definido* é sempre *provisório por natureza* até que venha a ser proferida a respetiva decisão *final* (transitada em julgado) – caso em que, só então, deixa de subsistir esse motivo de provisoriedade.

III – Como decorre das anteriores conclusões, o registo em que, face ao título apresentado, se verifica não haver *qualquer outro* motivo impeditivo do ingresso tabular da ação e do facto nela em causa que não seja unicamente a falta do *trânsito em julgado* da sentença, deve o mesmo ser lavrado sempre e apenas como provisório *por natureza* e não por dúvidas». – Conclusões extraídas no parecer do CT constante do proc.º R.Co.41/2000 DSJ-CT, in BRN n.º 1/2001, II, pág. 3.

4 – «I – Estão sujeitas a registo as ações previstas no artigo 9.º do Código do Registo Comercial, que tenham por fim declarar qualquer dos factos respeitantes a sociedades comerciais, mencionados no artigo 3.º do mesmo Código.

II – Não se compreende neste elenco a ação emergente do contrato individual de trabalho através da qual é pedida à sociedade, pelo trabalhador despedido, uma indemnização por incumprimento do contrato, ainda que na fisiologia deste se tivesse previsto a realização de determinadas quotas da ré por parte do autor». – Conclusões firmadas no parecer do CT constante do proc.º n.º 66/93-R.P.4, in *Regesta* n.º 5, 1994, pág. 89.

Alínea *c)* – As ações de declaração de nulidade ou anulação dos contratos de sociedade, de agrupamento complementar de empresas e de agrupamento europeu de interesse económico registados

1 – O regime de nulidade dos contratos de sociedade por quotas, anónima ou em comandita por ações depois de efetuado o registo definitivo do contrato encontra-se consagrado no artigo 42.º do CSC.

2 – A formulação do referido artigo 42.º é inspirada na 1.ª Diretiva do Conselho da Comunidade Europeia, visando fundamentalmente «garantir a *estabilidade da sociedade,* em ordem à proteção de terceiros e à conservação da empresa». – Cfr., sobre esta questão, Ferrer Correia, in *Temas de Direito Comercial e de Direito Internacional Privado,* 1989, pág. 146.

3 – A invalidade do contrato de sociedades em nome coletivo e em comandita simples encontra-se prevista no artigo 43.º do CSC.

Nas sociedades em nome coletivo ou em comandita simples, são fundamento de invalidade do contrato as causas gerais de invalidade dos negócios jurídicos segundo a lei civil, os vícios do título constitutivo mencionados no n.º 1 do artigo 42.º e ainda a falta de menção do nome ou firma de algum dos sócios de responsabilidade ilimitada – artigos 43.º, n.ºs 1 e 2, e 7.º, n.º 2, do CSC. Cfr. Brito Correia, in *Direito Comercial,* 2.º Vol., 1997, pág. 202 e seguintes.

4 – O regime jurídico da invalidade dos contratos é igualmente aplicável aos agrupamentos complementares de empresas e aos agrupamentos europeus de interesse económico, por força do disposto no artigo 20.º do Decreto-Lei n.º 430/73, de 25 de agosto, e no artigo 12.º do Decreto-Lei n.º148/90, de 18 de maio, respetivamente.

5 – A declaração de nulidade ou de anulação dos contratos de sociedade tem como efeito a entrada da sociedade em liquidação, como resulta do disposto no n.º 1 do artigo 52.º do CSC.

A liquidação processa-se nos termos previstos no artigo 165.º do citado Código.

6 – «I – A declaração de nulidade de um contrato de sociedade determina a entrada desta em liquidação.

II – Não pode haver dispensa de liquidação nem formação do respetivo processo inteiramente diferente do preceituado na lei, mesmo nos casos em que o património da sociedade não tem passivo e o ativo é composto por dinheiro ou bens suscetíveis de imediata partilha entre os ex-sócios.» – Cfr. o Ac. do TRC, de 12 de maio de 1988, in CJ, Tomo III, pág. 280.

7 – «Não é suscetível de beneficiar da redução do negócio jurídico previsto no artigo 292.º do Cód. Civil o pacto social de uma sociedade constituída entre advogados e não advogados cujo objeto inclua atividade própria de advogado.» – Cfr. o Assento do STJ, de 9 de março de 1989, publicado no DR, I Série, n.º 114, de 18 de maio de 1989, pág. 1993.

Alínea *d)* – As ações de declaração de nulidade ou de anulação dos atos de constituição de cooperativas e de estabelecimentos individuais de responsabilidade limitada

1 – São os tribunais de competência genérica, e não os tribunais de comércio, os competentes em razão da matéria para conhecer do pedido de anulação de deliberação da assembleia geral de uma cooperativa. – Cfr. o Acórdão do STJ, *in CJ/STJ*, Ano X, Tomo III, pág.156.

2 – O tribunal competente para julgar as ações de suspensão e de deliberações sociais das cooperativas é o tribunal cível da respetiva comarca, segundo o acórdão do STJ, de 5 de dezembro de 2002, in CJ, Ano X, Tomo III, pág.156, cujo sumário se transcreve:

«I – A competência estabelecida na alínea *d)* do n.º 1, do artigo 89.º da LOFTJ, relativa às deliberações das sociedades comerciais, não se estende às deliberações das cooperativas.

II – Consequentemente, o tribunal comum e não o de comércio, é o competente para conhecer de ação relativa a deliberações sociais daquela espécie de sociedades.».

Alínea *e)* – As ações de declaração de nulidade ou anulação de deliberações sociais, bem como os procedimentos cautelares de suspensão destas

1 – As deliberações sociais são nulas ou anuláveis quando tomadas, respetivamente, nos termos previstos nos artigos 56.º e 58.º do CSC.

2 – As ações de declaração de nulidade e de anulação de deliberações sociais bem como de suspensão das referidas deliberações sociais não podem prosseguir enquanto não for feita a prova de ter sido pedido o seu registo na conservatória competente, por força do disposto no n.º 5 do artigo 168.º do CSC.

O aludido registo deve ser efetuado no prazo de dois meses a contar da data da propositura da ação (ou do procedimento) em face do que prescreve o n.º 7 do artigo 15.º do CRC.

3 – Tanto as ações de declaração de nulidade como as de anulação são propostas contra a sociedade, em cumprimento do prescrito no n.º 1 do artigo 60.º do CSC.

4 – No caso de a ação de declaração de nulidade ou de anulação de deliberações sociais ser julgada procedente, o autor deve requerer, no prazo de dois meses a contar do trânsito em julgado da decisão, a conversão do registo, apresentando, para instruir o correspondente pedido, certidão da referida decisão – artigo 15.º, n.º 8, do CRC.

Sendo, por decisão transitada em julgado, o réu absolvido do pedido ou da instância, ou julgada extinta ou declarada interrompida, este tem legitimidade para requerer o cancelamento do registo provisório da ação, instruindo o respetivo pedido com certidão da aludida decisão, nos termos do disposto no artigo 44.º, n.º 4, do aludido Código.

5 – «I – É anulável a deliberação social de assembleia geral de uma sociedade anónima tomada sem precedência de qualquer publicação no Diário da República nem em qualquer jornal da localidade da sede da sociedade.» – Cfr. o Ac. do STJ, de 2 de março de 1995 – JSTJ00025570/ITIJ/Net.

6 – «I – A destituição judicial dos gerentes só por via de ação pode operar-se e não através de decisão proferida em providência cautelar não especificada, dado o seu caráter provisório ou precário». – Cfr. o parecer do CT proferido no proc.º n.º 34/91-Not. 3, in BRN n.º 1/2003, II, pág. 19.

7 – «I – A suspensão de deliberações sociais constitui um procedimento cautelar regulado nos art.s 396.º a 398.º do Cód. Proc. Civil.

II – A apreciação jurisdicional não pode ir além de um juízo de mera probabilidade, de aparência de um direito, por ser uma decisão provisória e dependente de outra, com estrutura processual aligeirada que pode mesmo dispensar o contraditório.

III – São direitos especiais os concedidos no pacto social a dois sócios gerentes, em que a gerência compete a todos os sócios, atribuindo-lhes individualmente ou em conjunto o poder de obrigar a sociedade nos seus atos e contratos, em juízo ou fora dele, e a detenção dos mais amplos poderes de gerência sem necessidade de intervenção e assinatura de qualquer dos sócios». – Cfr. o Ac. do STJ, de 9 de maio de 1991, in BMJ n.º 407, pág. 394.

8 – «I – Não tendo sido uma sociedade também requerida, a providência cautelar determina a um seu sócio que se abstenha de concorrer de certa maneira ao aumento do capital social, não forma caso julgado contra ele, designadamente não lhe impõe o dever de se abster de aumentar o capital dessa maneira.

II – A certidão judicial de tal decisão não é título idóneo para instruir o pedido de registo – "providência cautelar não especificada", na ficha da referida sociedade, visto a providência não lhe ser dirigida». – Conclusões do parecer proferido no proc.º R.Co.12/2000-DSJ, in BRN n.º 4/2001, I, pág. 21.

9 – «Numa sociedade apenas com dois sócios, a destituição de um gerente, com fundamento em justa causa, só pode ser decidida pelo tribunal, em ação intentada pelo outro, em seu nome próprio e não em representação da sociedade, contra o outro sócio destituendo, e independentemente de haver ou não lugar ao direito especial à gerência.» – Cfr. o Ac. do TRC, de 18 de março de 2003, in CJ, Ano XXVIII, Tomo II, pág. 21.

10 – «I – A designação e a cessação de funções, por qualquer causa que não seja o decurso do tempo, dos membros dos órgãos de administração das sociedades são factos sujeitos a registo (cfr. art.º 3.º, al. *m*), do CRCom.).

II – A sentença transitada em julgado, proferida em processo de inquérito judicial à sociedade, que ordene a destituição de gerente inscrito e nomeie em sua substituição novo gerente é título suficiente para o averbamento da cessação de funções daquele gerente e para a inscrição da designação do novo gerente (cfr. art.ºs 216.º, n.º 2, e 292.º, n.º 2, a) e), do CSC, art.º 1482.º, n.º 2 do C.P.C., e art.s 63.º e 69.º, n.º 1, l), do CRCom.

III – Estando aquela sentença pendente de recurso, os mencionados factos (destituição e nomeação de gerentes) não estão titulados, sendo irrelevante que à apelação tenha sido atribuído efeito meramente devolutivo, pelo que os registos deverão ser recusados nos termos do disposto no art.º 48.º, n.º 1, b), do CRCom.» – Deliberação tomada pelo CT e homologada por despacho proferido pelo Diretor-Geral em 9 de dezembro de 2002, no proc.º n.º R.Co.158/2002 DSJ – CT, in BRN n.º 1/2003, II, pág. 12.

11 – «I – Não é possível provar a exclusão de um gerente apenas através de decisão proferida em providência cautelar não especificada.

II – Pode, contudo, a suspensão de gerente decretada em tal processo ter tradução registral através da inscrição dessa mesma providência cautelar.» – Cfr. o parecer do CT proferido no proc.º n.º 21/88-R.P.3, in *Pareceres do Conselho Técnico*, Volume II, pág. 296.

12 – «VI – O registo comercial visa publicitar a *situação jurídica* das pessoas, singulares ou coletivas, a ele sujeitas (artigo 1.º do Código do Registo Comercial – (C.R.C.) – mas essa publicidade *não é* de mera *notícia*, antes produz *efeitos* e obedece a *princípios*, tais como os da legalidade, da prioridade, do trato sucessivo, da oponibilidade e até, *constitutivamente*, da própria *existência* da pessoa coletiva (v.g., art. 5.º do C.S.C.).

VII – Neste sentido, a sujeição a registo das "ações de declaração de nulidade ou anulação das deliberações sociais" (como prevê a al. *e)* do art. 9.ºdo C.R.C.) *tem em vista* a produção de tais *efeitos*, mormente o da *eficácia retroativa da decisão*, nomeadamente no que toca à pessoa coletiva em causa e aos seus sócios.

VIII – As deliberações que sejam tomadas pelos detentores de "títulos de participação" – ou as declarações de nulidade daquelas – dizem basicamente respeito aos respetivos *titulares*, são-lhe circunscritas e, portanto, não visam, ou jamais poderiam visar, obter os aludidos *efeitos* prosseguidos pelo registo e que, como se disse, operam intrinsecamente quanto às pessoas ou às entidades a ele sujeitas e aos terceiros eventualmente afetados *nesse âmbito*.

IX – Consequentemente, *tudo* o que disser respeito às "assembleias de participantes" (ou à sua impugnação) dos detentores de uma ou de várias *emissões* de "títulos de participação" – sendo matéria que *nada tem a ver* com a previsão da citada al. *f)* do artigo 9.º do C.R.C. – não está (nem poderia estar, à luz do sistema jurídico) sujeito a registo. Logo, se este for pedido, deve ser recusado (art.48.º, n.º 1, c), " in fine", do C.R.C.).

X – No caso de ter havido *recusa do registo* de uma ação de declaração de nulidade dessas "assembleias de participantes" nada impede que o pleito judicial prossiga seus termos (cf. Decreto-Lei n.º 67/96, de 31 de maio, aplicável ao registo comercial "ex vi" do artigo 115.º do C.R.C.)». – Deliberação tomada em sessão do CT e homologada por despacho do Diretor-Geral, em 28 de maio de 2001, constante do proc.º n.º R.Co.16/2001 DSJ-CT, in BRN n.º 6/2001, II, pág. 15.

13 – «I – Os registos devem ser lavrados pela ordem de anotação ou da sua dependência, se a anotação dos factos não corresponder à ordem da respetiva dependência.

II – A efetuação de um registo de nomeação de diretores obsta a que se lavre como definitivo outro registo de nomeação para o mesmo triénio.

III – Na vigência do registo de procedimento cautelar de suspensão de deliberação social, não se admite como definitivo o registo da deliberação reputada ilegal.

IV – Mas se este registo já tiver sido lavrado, mantém-se como tal até à decisão final da declaração de nulidade ou de anulação da deliberação.

V – As inscrições de providências cautelares, quer as que têm o caráter de provisórias por natureza, quer as que sejam lavradas como definitivas, ficam a aguardar a propositura e registo da ação principal, após o que caducam, se antes não se tiver esgotado o prazo da respetiva vigência ou ficado sem efeito o próprio procedimento cautelar». – Conclusões extraídas no parecer do CT proferido no proc.º n.º 35/90-R.P.4.

14 – «I – Nos termos do art. 62.º, n.º 1, do Cód. Soc. Comerciais de 86, uma deliberação nula por força do art. 56.º -1- a) e b) do mesmo Código pode ser renovada por outra deliberação e a esta pode ser atribuída eficácia retroativa, ressalvados os direitos de terceiro.» – Cfr. o Ac. do STJ, de 13 de outubro de 1993 – JSTJ00019982/ITIJ/Net.

15 – «I – São factos jurídicos distintos as diversas destituições de um mesmo gerente deliberadas em distintos processos de formação da vontade social e com motivações diversas.

II – Não é, por isso, invocável o fundamento constante da alínea *c)* do n.º 1 do artigo 48.º do C.R.C. (facto já registado) para recusar o registo da destituição deliberada em último lugar, com o fundamento de haver já registo de destituição anteriormente deliberada, constituindo esta circunstância apenas motivo de provisoriedade.

III – Mostrando-se entretanto inscrita ação de nulidade da deliberação da destituição já registada, o registo daqueloutra destituição é efetuado provisoriamente por natureza, por dependência da inscrição (provisória) da ação.» – Cfr. o parecer constante do proc.º n.º 1/21-R.P.95 – DST, in BRN n.º 6/96, pág. 26.

16 – São nulas as deliberações dos sócios, tomadas em assembleia geral não convocada, sendo considerada como tal aquela de cujo aviso convocatório não constem o dia, hora e local de reunião – artigo 56.º, n.º 2, do CSC. – Vide o Ac. do STJ, de 5 de dezembro de 1991 – disponível em JSTJ00013262/ITIJ/Net.

17 – O novo Código de Processo Civil, aprovado pela Lei n.º 41/2013, de 26 de junho, nos artigos 364.º e segs., veio consagrar a possibilidade da inversão do contencioso no âmbito dos procedimentos cautelares, permitindo que certas providências cautelares, uma vez cumpridas determinadas condições, se consolidem como composição definitiva do litígio e deixem, assim, de estar dependentes de uma ação proposta ou a propor pelo requerente. No que respeita aos reflexos desta medida em sede de registo comercial, veja-se o parecer proferido no proc.º n.º C.P.25/2018STJSR-CC.

Alínea *f)* – As ações de reforma, declaração de nulidade ou anulação de um registo ou do seu cancelamento

1 – Os casos de nulidade do registo por transcrição encontram-se previstos no n.º 1 do artigo 22.º do CRC.

2 – A nulidade do registo só pode ser invocada depois de declarada por decisão judicial com trânsito em julgado, como resulta do disposto no n.º 3 do artigo 22.º do CRC.

3 – Os registos declarados nulos ou anulados são cancelados nos termos previstos nos artigos 20.º e 69.º, n.º 4, do mesmo Código.

4 – No que respeita aos termos em que se processa a reforma de registos veja-se o que prescrevem os artigos 95.º e 96.º deste Código e respetivas anotações.

Alínea *g)* – As providências cautelares não especificadas requeridas com referência às mencionadas nas alíneas anteriores

1 – Uma leitura isolada e precipitada do disposto nesta alínea g) poderia permitir que se equacionasse a possibilidade de sujeição a registo de qualquer procedimento cautelar que visasse a decretação de providência não especificada relacionada com alguma das ações judiciais sujeitas a registo.

Porém, outros subsídios legais retirados dos artigos 15.º, n.º 6, e 43.º, n.º 1, deste código, e a própria formulação da alínea e) do artigo 9.º (onde, querendo submeter a registo o "pedido de suspensão de deliberações sociais, optou por usar, de forma inequívoca, a expressão "procedimento cautelar") sugerem que, salvo quanto à suspensão de deliberações sociais, em que o registo acolhe o procedimento e a providência, não é admitido o registo provisório do procedimento, mas apenas o registo da própria medida cautelar nele decretada.

2 – O regime das providências cautelares não especificadas encontra-se consagrado nos artigos 362.º e seguintes do Código de Processo Civil.

3 – «I – A provisoriedade por dúvidas de um registo decorre fundamentalmente da existência de um *vício* ou *deficiência* do título ou de documento complementar ou mesmo de alguma outra incompatibilidade, inclusive com a decorrente da situação tabular, diversamente do que ocorre com a provisoriedade *por natureza* que resulta diretamente da *previsão legal.*

II – Nesta previsão legal de provisoriedade por natureza cabem diversos factos sujeitos a registo, nomeadamente todos aqueles em que o direito ainda não se acha concretizado – como é, *tipicamente,* o caso dos *registos de ação* contando-se entre estes o da providência cautelar (ora objeto de recurso) prevista na alínea *g)* do artigo 9.º do Código do Registo Comercial (C.R.C.) requerida com referência às ações mencionadas nas anteriores alíneas desse preceito (redação do Dec.-Lei n.º 31/93, de 12 de dezembro).

III – Este registo é lavrado *com base* em duplicado ou em certidão do articulado respetivo com nota de recebimento na secretaria judicial comprovando-se, deste modo, que o mesmo *deu entrada* em juízo (art. 43.º do C.R.C.): o título para efeitos de registo, é pois, apenas esse. A ulterior "sorte" (mesmo no tocante a "recursos" ou à competência do tribunal) que possa merecer tal articulado será depois apreciada pelo *juiz do processo* e nunca pelo conservador.

IV – Com efeito, no exercício da função qualificadora do pedido de registo (que o conservador tem de desempenhar em obediência ao princípio da legalidade no artigo 47.º do C.R.C.), e no que concerne às ações judiciais, não cabe, obviamente, a apreciação do *fundo da questão*, ou seja do seu mérito ou demérito – incluindo o do próprio despacho inicial – visto que esta é matéria do exclusivo âmbito judicial.

V – Consequentemente – e sem ter de se entrar em qualquer conjetura sobre se, mormente no tocante à análise da competência do tribunal, será essa a melhor *filosofia* (e parece-nos indubitável que é), inclusive "lege ferenda" – *o certo é que* não constitui fundamento para a provisoriedade por dúvidas de um registo de ação (trate-se, ou não, do da providência cautelar a que alude a citada alínea *g)* do art. 9.º), lavrado com base no indicado articulado inicial, a circunstância de, *posteriormente* ao recebimento do articulado, o julgador ter proferido, no correspondente processo judicial, um despacho de indeferimento liminar.». – Deliberação do CT homologada por despacho do Diretor-Geral de 27 de novembro de 2000, constante do proc.º n.º R.Co.39/2000 DSJ-CT, in BRN n.º 1/2001, II, pág. 2.

4 – Não cabe recurso para o Tribunal Constitucional de decisões proferidas no âmbito dos procedimentos cautelares (de suspensão de deliberações sociais) destinado à apreciação da constitucionalidade de normas em que, simultaneamente, se fundamentam, quer a providência requerida, quer a ação correspondente, dada a natureza provisória do julgamento ali efetuado. – Jurisprudência

do Tribunal Constitucional reafirmada no Ac. n.º 442/2000, de 25 de outubro, publicado no DR, II Série, de 5 de dezembro de 2000, págs. 19592 e seguintes.

Alínea *h)* – As decisões finais, com trânsito em julgado, proferidas nas ações e procedimentos cautelares referidos nas alíneas anteriores

1 – Só estão sujeitas a registo as decisões finais, com trânsito em julgado, proferidas nas ações e procedimentos cautelares referidas neste preceito – cfr. o disposto na alínea *b)* do n.º 2 do artigo 69.º.

2 – A falta de trânsito em julgado da sentença determina que o registo seja lavrado ainda como provisório por natureza (ação), ao abrigo do disposto na alínea *n)* do n.º 1 do artigo 64.º do CRC.

3 – «I – No exercício da função qualificadora, que tem de ser exercida com inteira independência, cumpre ao conservador apreciar a viabilidade do pedido de registo, nomeadamente no que diz respeito ao conteúdo dos documentos, qualquer que seja a sua origem.

II – Em tal função não cabe, porém, julgar do mérito dos conflitos de interesses, invadindo a área exclusiva dos Tribunais – ainda que entenda não terem sido apreciados todos os elementos relativos à publicidade registral.

III – Se por decisão transitada em julgado foi resolvido declarar que determinada sociedade não tem a sede no lugar que o registo indica, ordenando-se que isso dele passe a constar – sem, no entanto, se tornar viável o registo da mudança de sede –, deverá o conservador limitar-se, nesta fase, a fazer constar, por averbamento à inscrição respetiva, o facto contido naquela decisão.

IV – Vindo, assim, a realidade tabular a confrontar-se com uma situação de deficiência, o que em consequência se impõe ao conservador será promover a subsequente retificação do registo, a que passou a faltar um elemento essencial.». – Conclusões firmadas no parecer do CT proferido no proc.º n.º 27/93-R.P.4, in BRN n.º 7/2001, II, pág. 41.

4 – «I – A decisão final da ação de declaração de nulidade do contrato de sociedade é registada por averbamento à inscrição a que respeita.

II – Resultando inequivocamente da sentença que é julgada procedente a ação e em consequência declarado nulo o contrato de sociedade, a referência contida na mesma sentença ao "cancelamento dos registos" – que nem sequer é literalmente tomada em consideração pelo requerente – não pode impedir a efetuação dos registos (de cancelamento ou não) que competem à decisão.

III – Em conformidade, haverá lugar, na dependência do averbamento de conversão, ao cancelamento oficioso do registo do facto declarado nulo, lavrando-

-se outrossim o averbamento da abertura da fase da liquidação, em que se entra automaticamente, enquanto que o cancelamento da matrícula apenas terá lugar encerrada que seja esta fase e como consequência final da extinção da sociedade.» – Cfr. o parecer do CT proferido no proc.º n.º 10/93-R.P.4, in BRN n.º 5/2001, II, pág. 36 ou www.dgrn.mj.pt/pareceres/1993/205.

5 – «I – Só estão sujeitas a registo as decisões finais, com trânsito em julgado, proferidas nas ações também sujeitas a registo comercial – artigo 9.º, alínea *h)* do CRC.

II – O documento que deve acompanhar e titular o pedido de averbamento da decisão final de ação inscrita é a certidão da decisão judicial transitada.» – Cfr. o parecer constante do proc.º n.º R.Co. 24/2000-DSJ, in BRN n.º 11/2000, I, pág. 23.

Alínea *i)* – As sentenças de declaração de insolvência de comerciantes individuais, de sociedades comerciais, de sociedades civis sob forma comercial, de cooperativas, de agrupamentos complementares de empresas, de agrupamentos europeus de interesse económico e de estabelecimentos individuais de responsabilidade limitada, e as de indeferimento do respetivo pedido, nos casos de designação prévia de administrador judicial provisório, bem como o trânsito em julgado das referidas sentenças

1 – As falências foram disciplinadas, pela primeira vez entre nós, por alvará de 13 de novembro de 1756, que criou o cargo de Juiz Conservador Geral da Junta do Comércio.

Com vista à celeridade e precisão que as mesmas demandavam, a magistratura comercial foi, ao tempo, atribuída a vários juízes.

Atualmente esta matéria encontra-se prevista no Código de Insolvência e da Recuperação de Empresas, aprovado pelo Decreto-Lei n.º 53/2004, de 18 de março, que, por força da norma plasmada no seu artigo 10.º, revogou o Código dos Processos Especiais de Recuperação de Empresa e da Falência, aprovado pelo Decreto-Lei n.º 132/93, de 23 de abril.

2 – A sentença de declaração de insolvência (conteúdo, notificação e publicidade) encontra-se prevista nos artigos 36.º e seguintes do Código da Insolvência e Recuperação de Empresas (CIRE), aprovado pelo Decreto-Lei n.º 53/2004, de 18 de Março.

3 – Se for caso disso, isto é: se houver factos relativos ao devedor insolvente sujeitos a registo comercial, a declaração de insolvência e a nomeação de administrador de insolvência são registadas oficiosamente, com base em certidão judicial remetida, para o efeito, pela secretaria à conservatória do registo comercial

competente, em cumprimento do prescrito na alínea *b)* do n.º 2 do artigo 38.º do citado Código.

4 – De acordo, com o disposto no n.º 1 do artigo 164.º do CIRE, ao administrador de insolvência compete, *inter alia*, a escolha da modalidade da alienação dos bens que integram a massa insolvente, podendo optar por qualquer uma das que são admitidas em processo executivo ou por alguma outra que tenha por mais conveniente.

5 – Nas inscrições de declaração de insolvência devem obrigatoriamente constar as seguintes menções:

A data e hora da prolação da sentença, a data do respetivo trânsito em julgado e ainda, se for caso disso, a presumível insuficiência do património do devedor para a satisfação das custas do processo e das dívidas previsíveis da massa insolvente, ao abrigo do estipulado na alínea *ap)* do artigo 16.º do RRC.

Nas inscrições de indeferimento do pedido de declaração de insolvência deve constar a data do trânsito em julgado da sentença respetiva, por força do prescrito na alínea *aq)* do citado artigo 16.º.

6 – «Não constando o trânsito em julgado da sentença declaratória na certidão judicial que serve de base ao pedido de registo de insolvência, deve a respetiva inscrição ser lavrada como provisória por natureza por aplicação analógica da alínea *n)* do n.º 1 do art.º 64.º do Código do Registo Comercial.» – Cfr. a deliberação aprovada pelo CT e homologada em 30 de outubro de 2003, por despacho do Diretor-Geral, constante do proc.º n.º C.Co. 22/2003 DSJ-CT, in BRN n.º 10/2003, II, pág. 25.

Alínea *j)* – As sentenças, com trânsito em julgado, de inabilitação e de inibição de comerciantes individuais para o exercício do comércio e de determinados cargos, bem como as decisões de nomeação e de destituição do curador do inabilitado

1 – A redação desta alínea deve também ser lida à luz do disposto na Lei n.º 49/2018, de 14 de agosto, que criou o Regime Jurídico do Maior Acompanhado e eliminou os institutos da interdição e da inabilitação. Veja-se, adrede, o que ficou dito em anotação à alínea a) do artigo 9.º em apreço.

2 – O processo de acompanhamento de maiores está regulado no Código de Processo Civil, nos art.º 892.º (requerimento inicial), 895.º (citação e representação do beneficiário), 896.º (resposta do requerido), 897.º, n.º 1 (instrução do processo), 897.º, n.º 2, e 898.º (audição pessoal do beneficiário), 899.º (relatório

pericial), 900.º (decisão do tribunal), 901.º (recursos) e 904.º, n.º 3, todos do CPC (termo e modificação das medidas de acompanhamento).

No que respeita ao regime substantivo e processual do maior acompanhado veja-se, entre outros, Miguel Teixeira de Sousa, in Coleção Formação Contínua, CEJ, Fevereiro 2019.

3 – Os factos inerentes à qualidade de maior acompanhado (inabilitação e inibição de comerciantes individuais para o exercício do comércio e determinados cargos) são oficiosamente registados na conservatória do registo comercial, quando a pessoa em causa seja comerciante individual.

Para o aludido efeito, a secretaria do tribunal envia à referida conservatória certidão da sentença correspondente, em cumprimento do disposto no n.º 3 do artigo 189.º do CIRE.

Com efeito, a aludida norma prescreve que «3 – A inibição para o exercício do comércio tal como a inibição para a administração de patrimónios alheios são oficiosamente registadas na conservatória do registo civil, e bem assim, quando a pessoa afetada for comerciante em nome individual, na conservatória do registo comercial, com base em comunicação eletrónica ou telemática da secretaria, acompanhada de extrato da sentença».

4 – Do regime substantivo consagrado no Código Civil destacamos os artigos artigo 138.º (acompanhamento), 139.º (decisão judicial), 141.º (Legitimidade), 145.º (Âmbito e conteúdo do acompanhamento), 153.º (Publicidade) e 155.º (Revisão periódica).

Como decorre do disposto no n.º 1 do artigo 139.º o acompanhamento é decidido pelo tribunal, após audição pessoal e direta do beneficiário, e ponderadas as provas.

5 – A nomeação do acompanhante bem como a sua remoção ou exoneração estão também sujeitas a registo comercial nos termos previstos no n.º 3 do citado artigo 189.º, aplicável por força do disposto no n.º 2 do artigo 190.º do CIRE, com a devida atualização terminológica.

6 – Do extrato da inscrição de maior acompanhado bem como da nomeação do acompanhante devem constar as menções especiais previstas, respetivamente, nas alíneas *ac)* e *ad)* do artigo 10.º do RRC, aplicadas com as necessárias adaptações legais.

Alínea *l)* – Os despachos de nomeação e de destituição do administrador judicial e do administrador judicial provisório da insolvência, de atribuição ao devedor da administração da massa insolvente, assim como de proibição

da prática de certos atos sem o consentimento do administrador da insolvência e os despachos que ponham termo a essa administração

1 – A escolha do administrador judicial provisório recairá sempre sobre entidade inscrita na lista oficial de administradores da insolvência, de harmonia com o estipulado no artigo 32.º do CIRE.

Veja-se, também, o estatuto do administrador judicial cujo regime jurídico foi aprovado pela Lei n.º 22/2013, de 26 de fevereiro.

2 – Também do registo de nomeação do administrador da insolvência, para além dos requisitos comuns às demais nomeações, deve constar o domicílio profissional do nomeado, por força do prescrito no n.º 4 do artigo 38.º do citado Código.

Ainda no que respeita à nomeação do administrador de insolvência, funções, destituição e correspondentes registos veja-se o disposto nos artigos 52.º e seguintes do CIRE.

Alínea *m)* – Os despachos, com trânsito em julgado, de exoneração do passivo restante de comerciantes individuais, assim como os despachos inicial e de cessação antecipada do respetivo procedimento e de revogação dessa exoneração

1 – O pedido de exoneração do passivo restante de comerciantes individuais encontra-se previsto nos artigos 235.º e seguintes do CIRE.

2 – O registo destes factos é promovido pela secretaria judicial, mediante o envio de certidão da respetiva decisão à conservatória competente.

3 – Os despachos supra referidos são publicados e registados nos termos previstos para a decisão de encerramento do processo de insolvência, por força do disposto no artigo 247.º do citado Código.

4 – Do extrato da correspondente inscrição de exoneração do passivo restante deve constar a data do trânsito do despacho que a determina, como decorre do disposto na alínea *af)* do artigo 10.º do RRC.

Alínea *n)* – As sentenças declaratórias de encerramento do processo de insolvência

1 – O encerramento do processo de insolvência encontra-se previsto nos artigos 230.º e seguintes do CIRE.

2 – O registo destes factos é promovido pela secretaria do tribunal onde corre o processo, devendo dele constar a razão determinante da decisão de encerra-

mento, como ressalta da análise conjugada do disposto nos artigos 38.º, n.º 2, e 230.º, n.º 2, do citado Código.

3 – O registo do encerramento do processo de insolvência após o rateio final determina a extinção da sociedade, como decorre do disposto no n.º 3 do artigo 234.º do CIRE.

4 – O registo da decisão de encerramento do plano de insolvência, e a correspondente publicação, incluirão a referência à existência de fiscalização bem como, se for o caso, aos demais elementos referidos nos artigos e 221.º e 222.º, n.º 1, do CIRE.

Também a confirmação do fim do período de fiscalização é registada e publicada, nos mesmos termos que a decisão de encerramento do processo de insolvência.

5 – Da correspondente inscrição deve constar a data da decisão judicial e a razão determinante do encerramento. Caso o encerramento seja determinado por homologação do plano de insolvência cuja execução fique sujeita a fiscalização, deve dar-se conta desse condicionalismo bem como, se for o caso, dos atos cuja prática depende do consentimento do administrador da insolvência e do limite quantitativo dentro do qual é lícita a concessão de prioridade a novos créditos, por força do prescrito na alínea *ag)* do artigo 10.º do RRC.

6 – Ainda no domínio dos factos jurídicos de índole judicial tem sido suscitada questão de saber se a decisão que põe fim ao processo de insolvência, na sequência do trânsito em julgado da sentença de insolvência emitida nos termos do artigo 39.º, n.º 1, do CIRE (ou seja, quando se constate logo a presumível insuficiência da massa insolvente), está ou não sujeita a registo, com base nesta al. n) que manda registar as decisões judiciais de encerramento do processo de insolvência.

Pois bem, a decisão prevista no artigo 39.º, n.º 7, b), do CIRE, que declara findo o processo de insolvência, não se confunde com a decisão de encerramento do processo de insolvência emitida ao abrigo do artigo 230.º, n.º 1, do mesmo Código, e de que são apenas estas (as decisões judiciais de encerramento do processo de insolvência) que se encontram contempladas no artigo 9.º, n), do CRC, pelo que, na falta de norma habilitadora, deve ser o princípio da tipicidade, ou do *numerus clausus*, a inviabilizar o registo em causa.

De resto, ainda que um tal princípio não se impusesse, e pudesse interceder, no juízo de registabilidade, um qualquer critério de utilidade ou de conveniência na publicitação, tal ponderação não colheria neste caso, porquanto a lei já impõe que se dê conta, no extrato do registo da declaração de insolvência, da presumível insuficiência do património do devedor para a satisfação das custas do processo e das dívidas previsíveis da massa insolvente (alínea x) do artigo 10.º do RRC), e, portanto, do desfecho que o processo de insolvência irá receber – proc.º n.º C.Co.22/2016STJSR-CC.

Alínea *o)* – As decisões judiciais de confirmação do fim do período de fiscalização incidente sobre a execução de plano de insolvência

1 – A execução do plano de insolvência e seus efeitos encontra-se prevista nos artigos 217.º e seguintes do CIRE.

2 – Não podem ser exigidos preparos pelos atos de registo de despachos ou sentenças proferidos no processo de insolvência, bem como pelos de registo de apreensão de bens para a massa insolvente, sendo os correspondentes emolumentos uma dívida da massa equiparada às custas do processo de insolvência, como decorre do disposto no artigo 267.º do CIRE.

3 – «Em processo de recuperação de empresas, deliberada pela assembleia de credores, a redução do capital social seguida do seu aumento por conversão dos créditos sobre a sociedade, ao valor nominal, sem prejuízo do direito de preferência dos atuais acionistas, homologada tal deliberação por sentença transitada em julgado, a respetiva escritura pública não carece de ser acompanhada de relatório de revisor oficial de contas nos termos do art. 28.º do Cód. Soc. Com.». – Cfr. o Ac. do STJ, de 29 de junho de 2000, CJ(STJ), 2.º, pág.137.

4 – As decisões judiciais de confirmação do fim do período de fiscalização incidente sobre a execução de plano de insolvência são registadas por averbamento por força do prescrito na alínea u) do n.º 1 do artigo 69.º deste código, do qual deve constar a data da decisão judicial em causa – alínea j) do artigo 12.º do RRC.

Obrigatoriedade do registo e das publicações

1 – Estão sujeitas a registo obrigatório as ações, decisões, procedimentos e providências cautelares previstas neste artigo 9.º.

Contudo, o registo do procedimento cautelar não é obrigatório se já se encontrar pedido o registo da providência cautelar requerida, sendo que o registo desta também não é obrigatório se já se encontra pedido o registo da ação principal – vd. o que resulta dos n.os 5 e 6 do artigo 15.º do CRC, bem como do artigo 168.º, n.º 5, do CSC.

2 – O registo das ações e procedimentos cautelares de suspensão de deliberações sociais deve ser requerido no prazo de dois meses a contar da data da sua propositura – n.º 7 do artigo 15.º.

3 – É também obrigatório o registo das decisões finais proferidas nas ações e procedimentos referidos no n.º 7 deste preceito, pelo que o mesmo deve ser pedido no prazo máximo de dois meses a contar do trânsito em julgado daquelas, por força do disposto n.º 8 do citado artigo 15.º.

4 – Os atos de registo previstos nas alíneas *c)*, *d)* e *h)*, do artigo 9.º do CRC estão sujeitos a publicação obrigatória, como decorre do preceituado na alínea *d)* do n.º 1 do artigo 70.º do mesmo Código.

Artigo 10.º – Outros factos sujeitos a registo

Estão ainda sujeitos a registo:

a) **O mandato comercial escrito, suas alterações e extinção;**

b) **(Revogada.)**

c) **A criação, a alteração e o encerramento de representações permanentes de sociedades, cooperativas, agrupamentos complementares de empresas e agrupamentos europeus de interesse económico com sede em Portugal ou no estrangeiro, bem como a designação, poderes e cessação de funções dos respetivos representantes;**

d) **A prestação de contas das sociedades com sede no estrangeiro e representação permanente em Portugal;**

e) **O contrato de agência ou representação comercial, quando celebrado por escrito, suas alterações e extinção;**

f) **(Revogada) ;**

g) **Quaisquer outros factos que a lei declare sujeitos a registo comercial.**

COMENTÁRIOS

I. Generalidades

II. Outros factos sujeitos a registo

I. Generalidades

1 – A alínea *d)* deste preceito foi introduzida pelo artigo 1.º do Decreto-Lei n.º 349/89, de 13 de outubro, tendo indispensavelmente alterado a enumeração das alíneas subsequentes.

Este aditamento terá correspondido à necessidade que se fazia sentir de transposição do direito comunitário, concretamente da Décima Primeira Diretiva do Conselho (89/666/CEE), de 21 de dezembro de 1989, relativa à publicidade das sucursais criadas num Estado Membro por determinadas sociedades reguladas pelo Direito de outro Estado – artigos 2.º, 3.º, 8.º e seguintes.

II. Outros factos sujeitos a registo – modalidades, menções e publicação

Alínea *a)* – O mandato comercial escrito, suas alterações e extinção

1 – No mandato comercial (tal como no civil, naturalmente) o mandatário obriga-se a praticar um ou mais atos jurídicos por conta de outrem (o mandante), revestindo tais atos, neste caso, a natureza comercial, como resulta do disposto no artigo 231.º do Código Comercial.

O mandato comercial (ao contrário do civil) não se presume gratuito, como flui do n.º 1 do artigo 232.º do mesmo Código.

Sobre esta temática, veja-se Menezes Cordeiro, Manual de Direito Comercial, 2001, I Volume, pág. 483.

2 – O mandato comercial, que a lei sujeita a registo, deve constar de documento escrito, não sendo exigível que revista qualquer forma especial, salvo se contiver poderes gerais de gerência comercial, pois, neste caso, deve revestir a forma de instrumento público, ou de documento escrito (assinado pelo representado, com reconhecimento da letra e da assinatura) ou de documento autenticado, nos termos previstos no artigo 116.º do Código do Notariado e no artigo 262.º do Código Civil.

3 – Também as alterações do mandato, bem como a sua extinção, para serem suscetíveis de registo, têm de observar a forma escrita, devendo aquelas obedecer à mesma forma que o mandato que visam alterar ou extinguir, revestiu.

4 – As formas de extinção do mandato são a revogação e a renúncia, como resulta do disposto no artigo 245.º do Código Comercial.

5 – O mandato em apreço bem como as suas alterações e extinção ingressam no registo por depósito, ao abrigo do preceituado na alínea *h)* do n.º 1 do artigo 53.º-A do CRC.

Alínea *c)* – A criação, a alteração e o encerramento de representações permanentes de sociedades, cooperativas, agrupamentos complementares de empresas e agrupamentos europeus de interesse económico com sede em Portugal ou no estrangeiro, bem como a designação, poderes e cessação de funções dos respetivos representantes

1 – Para que uma sociedade comercial possa criar sucursais, agências, delegações ou outras formas locais de representação, no território nacional ou no estrangeiro, não é necessário que o contrato social o autorize expressamente, dependendo de deliberação dos sócios, quando o contrato a não dispense, como decorre do disposto no artigo 13.º do CSC.

2 – Também as cooperativas, os agrupamentos complementares de empresas e os agrupamentos europeus de interesse económico podem criar representações permanentes no território nacional ou no estrangeiro, por força da aplicação subsidiária do citado artigo 13.º, *ex vi* do artigo 9.º do Código Cooperativo, no primeiro caso, e, nos restantes, ao abrigo do disposto no artigo 20.º do Decreto-Lei 430/73, de 25 de agosto, e do artigo 12.º do Decreto-Lei 148/90, de 9 de maio, respetivamente.

3 – De igual modo, a sociedade que não tenha a sede efetiva em Portugal, mas deseje aqui exercer a sua atividade por mais de um ano, deve criar uma representação permanente, com observância do que a lei portuguesa prescreve em matéria de registo comercial, como resulta do disposto no artigo 4.º do CSC.

Cfr., sobre esta matéria, o parecer proferido pelo CT constante do proc.º n.º 81/91-R.P.4.

4 – No artigo 13.º do CPC encontra-se consagrada a personalidade judiciária destas formas locais de representação, as quais podem demandar ou ser demandadas, quando a ação proceda de facto por elas praticado (n.º 1).

O n.º 2 do citado preceito confere ainda essa personalidade, quando as formas de representação estejam estabelecidas em Portugal, relativamente a atos da administração praticados no estrangeiro, desde que a obrigação tenha sido contraída com um português ou com um estrangeiro domiciliado em Portugal.

5 – A declaração de insolvência não exige personalidade jurídica, mas apenas um património com personalidade judiciária, pelo que é legalmente admissível a insolvência de sucursal constituída em Portugal de sociedade estrangeira. – Cfr. o Acórdão do STJ, de 12 de maio de 1998, in BMJ n.º 477, pág. 524.

6 – Do registo da criação de representação permanente em Portugal de sociedade estrangeira, só deve constar o capital afeto quando for exigível, isto é, quando a lei impuser a afetação de um capital à representação. – Veja-se o parecer do CT, proferido no proc.º n.º 53/96-R.P.4, in www.dgrn.pt/pareceres/1996/64.

7 – No sentido de que para o estabelecimento de sucursais de instituições de crédito autorizadas noutros Estados Membros da União Europeia e sujeitas à supervisão das respetivas autoridades, não é exigível, entre nós, a afetação de capital social, veja-se o parecer constante do proc.º n.º 1/51-R.P.94, in BRN n.º 3/94, pág. 9.

8 – «I – A criação de qualquer estabelecimento do agrupamento europeu de interesse económico deve ser registada.

II – Este registo deve ser feito no competente serviço do Estado em que está situada a sede, como resulta do estabelecido nos art.s 6.º e 7.º do Regulamento (CEE) n.º 2137/85, de 25-6, e é confirmado pelo disposto nos art.s 8.º e 39.º do mesmo diploma.

III – Além deste registo, no caso de o estabelecimento se situar em local diverso do da sede ou de outro Estado membro, que não o da sede, é também necessário efetuar o registo do próprio estabelecimento nesse local.» – Cfr. o parecer do CT proferido no proc.º n.º 7/95-R.P.4, in BRN n.º 3/96, pág. 6.

9 – Para instruir o pedido de registo da criação de representações permanentes com sede efetiva e permanente em Portugal, deve ser apresentado documento comprovativo da deliberação social que a estabeleça – n.º 1 do artigo 40.º do CRC.

10 – Tratando-se de representação permanente de sociedade com sede principal e efetiva no estrangeiro, além do documento referido no número anterior, acrescem ainda o texto completo e atualizado do contrato da sociedade representada e o documento que comprove a existência jurídica da sociedade representada, por força do disposto no n.º 2 do citado preceito.

11 – A competência para a prática de atos de registo comercial respeitantes a sucursais financeiras exteriores que se encontrem licenciadas pela Sociedade de Desenvolvimento da Madeira, S.A. para operar no âmbito institucional da Zona Franca é da conservatória do registo comercial privativa, criada pelo Decreto-Lei n.º 234/88, de 5 de julho.

12 – A Décima Primeira Diretiva do Conselho (89/666/CEE), de 21 de dezembro de 1989, relativa à publicidade das sucursais criadas num Estado membro por certas formas de sociedades reguladas pelo direito interno de outro Estado foi acolhida pelo Direito português nos artigos 10.º, alíneas *c)* e *d)*, e 70.º, n.º 1, alínea *e)*, do CRC, bem como no artigo 171.º, n.º 3, do CSC.

13 – É da competência da conservatória do registo comercial da Madeira o registo da alteração da titularidade de sucursal financeira exterior, por via de fusão transfronteiriça, e a correspondente atualização da representada sedeada na Zona Franca da Madeira. Nesta conformidade veja-se o parecer proferido no proc.º n.º R.Co.12/2013STJ-CC.

14 – O ato de aquisição, por sociedades de trust que desenvolvam a sua atividade no âmbito institucional da Zona Franca da Madeira, para a sua esfera patrimonial geral, de participações sociais em sociedades com objeto diferente,

é violadora de disposição legal imperativa e, por isso, nula – cfr. o parecer proferido no proc.º n.º C.Co.20/20STJSR.

15 – À cessação de atividade de sociedade estrangeira no País e à liquidação do seu património situado em Portugal não é aplicável o regime jurídico dos procedimentos administrativos de dissolução e liquidação de entidades comerciais aprovado pelo Decreto-Lei n.º 76-A/2006, de 29 de março. Nesta conformidade, veja-se o parecer proferido no proc.º n.º C.Co.14/2015STJSR-CC.

Alínea *d)* – A prestação de contas das sociedades com sede no estrangeiro e representação permanente em Portugal

1 – A prestação de contas de sociedades com sede no estrangeiro e representação permanente em Portugal está sujeita a registo nos mesmos termos em que o está a prestação de contas das sociedades portuguesas.

Contudo, o facto – a prestação de contas – a registar por depósito respeita às contas da própria sociedade, e não às da representação.

Neste sentido, veja-se o parecer constante do proc.º n.º R.Co.13/97-DSJ, in BRN n.º 2/98, I, pág. 22, com as devidas adaptações.

2 – O registo da prestação de contas das sociedades com sede no estrangeiro e representação permanente em Portugal processa-se nos termos prescritos no artigo 42.º do CRC, devendo o depósito dos documentos correspondentes conter a menção do ano de exercício a que respeitam.

Alínea *e)* – O contrato de agência ou representação comercial, quando celebrado por escrito, suas alterações e extinção

1 – O contrato de agência ou representação comercial encontra-se regulado pelo Decreto-Lei n.º 178/86, de 3 de julho, com as alterações introduzidas pelo Decreto-Lei n.º 118/93, de 13 de Abril, que transpõe para a ordem jurídica interna a Diretiva n.º 86/653/CEE, do Conselho, de 18 de dezembro de 1986.

2 – Define-se como o contrato pelo qual uma das partes (o agente) se obriga a promover por conta da outra (o principal) a celebração de contratos de modo autónomo e estável e mediante retribuição, podendo ser-lhe atribuída certa zona ou determinado círculo de clientes. – Cfr. os artigos 1.º e seguintes do citado diploma legal.

3 – Os elementos tipificadores do contrato são os seguintes:

a) obrigação do agente de *promover* a celebração de contratos;

b) atuação do agente *por conta* da outra parte numa certa *zona* geográfica ou num determinado círculo de pessoas;
c) *autonomia* do agente, apesar de integrado na rede de distribuição do principal;
d) caráter de *estabilidade* da relação contratual entre as partes; e
e) *remuneração* paga pelo principal ao agente.

Em princípio, existe exclusividade recíproca, isto é, o agente não pode exercer atividades concorrentes, nem o principal pode recorrer a outros agentes para o exercício da mesma atividade.

4 – Apesar de não estar obrigatoriamente sujeito à observância de qualquer formalidade legal, só o contrato de agência ou representação comercial (assim como o das suas alterações e extinção) celebrado por escrito é registável, como flui do disposto na alínea em apreço, bem como dos artigos 1.º, 2.º, 25.º, 28.º e 31.º do Decreto-Lei n.º 178/86, e do artigo 32.º do CRC.

5 – As formas de cessação do contrato estão consignadas no artigo 24.º do citado Decreto-Lei, sendo as seguintes:
a) o acordo das partes – artigo 25.º;
b) a caducidade, que consiste na cessação automática do contrato, logo que ocorra qualquer dos eventos previstos no artigo 26.º;
c) a denúncia, que consiste numa declaração unilateral receptícia, pela qual uma das partes põe termo à relação jurídica – artigo 28.º; e
d) a resolução, depende de declaração escrita feita por uma parte à outra, tendo de ser fundamentada – artigos 30.º e 31.º.

6 – «I – É de agência e não de comissão o contrato em que o autor assumiu com estabilidade o encargo de promover por conta e em nome da ré, mediante retribuição, a conclusão de contratos de venda no centro do País, contratos estes que eram, depois, celebrados entre a ré e os clientes contactados pelo autor. É que no contrato de comissão o autor teria de atuar em nome próprio, ao invés do que sucede *in casu*. (...)». – Cfr. o Ac. do TRC, de 12 de janeiro de 1999, in CJ, XXIV, Tomo I, pág.5.

Alínea *f)* – O incumprimento da obrigação de declaração de beneficiário efetivo, nos termos da lei.

1 – Esta alínea foi aditada pela Lei n.º 89/2017, de 21 de agosto, tendo sido revogada (e bem, no meu entendimento, visto que o acolhimento no registo deste tipo de factos negativos não quadra com os princípios plasmados no Código do Registo Comercial) pela Lei n.º 58/2020, de 31 de agosto.

2 – O TJUE proibiu o acesso público às informações sobre a situação material e financeira dos beneficiários efetivos das empresas, ou seja, os seus detentores últimos – vd., para mais desenvolvimentos, o acórdão de 24 de novembro de 2022.

Alinea *g)* – Quaisquer outros factos que a lei declare sujeitos a registo comercial

1 – Como é sabido, um dos princípios enformadores do registo comercial é o da tipicidade ou *numerus clausus*, donde decorre que só devem ser admitidos a registo os factos expressamente previstos na lei (código do registo comercial ou leis avulsas).

2 – A título meramente exemplificativo apresentam-se a seguir alguns factos que a lei (extravagante ou avulsa) declara sujeitos a registo comercial:

a) a designação e a destituição do representante comum, que devem ser comunicadas por escrito à sociedade e inscritas no registo comercial por iniciativa da sociedade ou do próprio representante comum, por força do disposto no artigo 358.º, n.º 4, do CSC;

b) a aquisição efetuada pela sociedade dominante nos termos prescritos no artigo 490.º, n.º 3, do citado Código;

c) o ato constitutivo, modificativo ou extintivo do *trust*, figura instituída pelo Decreto-Lei n.º 352-A/88, de 3 de outubro, e regulamentado pelo Decreto-Lei n.º 149/94, de 25 de maio – artigo 2.º; e

d) a concessão de poderes legais ou contratuais aos liquidatários – artigos 151.º, n.º 7, e 152.º, n.º 2, do CSC.

Obrigatoriedade do registo e da publicação

1 – O registo dos factos elencados na alínea *c)*, deve ser obrigatoriamente requerido no prazo de dois meses a partir da sua titulação por força do prescrito no n.º 1 do artigo 15.º do CRC.

O depósito dos documentos de prestação de contas deve ser feito até ao 15.º dia do 7.º mês posterior à data do termo do exercício económico, como decorre do disposto no n.º 4 do citado artigo 15.º.

1.1 – Os factos mencionados nas alíneas *a)*, *d)* e *e)* são efetuados por depósito, enquanto que os demais são elaborados por transcrição – alínea *h)* do n.º 5 do artigo 53.º-A.

2 – A publicação dos atos de registo previstos nas alíneas *c)* e *d)* do citado artigo 10.º, deve obedecer ao prescrito nos artigos 70.º, n.º 1, alínea *e)*, e 72.º do CRC.

Artigo 10.º-A – Representações permanentes de sociedades com sede em país da União Europeia

1 – Estão especialmente sujeitos a registo sobre as representações permanentes de sociedades de responsabilidade limitada com sede em país da União Europeia, os seguintes factos relativos à sociedade representada:

- ***a)*** **As alterações ao contrato de sociedade registadas, designadamente, as relativas à firma ou denominação, à sede e à natureza jurídica da sociedade;**
- ***b)*** **A abertura e o encerramento dos processos de liquidação e de insolvência;**
- ***c)*** **O cancelamento do registo da sociedade.**

2 – O registo dos factos previstos no número anterior é efetuado oficiosamente, na sequência de comunicação, através do sistema de interconexão dos registos da União Europeia, pelo registo competente do respetivo Estado-Membro da União Europeia.

1 – Este artigo foi aditado pelo Decreto-Lei n.º 24/2019, de 1 de fevereiro, tendo já sofrido as alterações introduzidas pelo Decreto-Lei n.º 109-A/2021, de 9 de dezembro.

1.1 – O presente decreto-lei estabelece, no seu artigo 1.º, as regras aplicáveis ao acesso e intercâmbio de informação entre o registo comercial nacional e os registos comerciais de outros Estados-Membros da União Europeia, transpondo para a ordem jurídica interna a Diretiva n.º 2012/17/UE, do Parlamento Europeu e do Conselho, de 13 de junho de 2012, cujas disposições foram codificadas através da Diretiva n.º 2017/1132, do Parlamento Europeu e do Conselho, de 14 de junho.

2 – Como decorre logo do exórdio do referido diploma «é determinante para a interconexão dos registos a criação do identificador único (EUID), destinado a identificar de forma inequívoca as sociedades comerciais e as representações permanentes nas comunicações entre os registos dos Estados-Membros da União Europeia através do BRIS, assim como o estabelecimento de normas procedimentais que assegurem condições uniformes para o funcionamento do sistema».

3 – Os registos realizados oficiosamente nos termos deste artigo 10.º-A beneficiam da gratuitidade prevista na alínea i) do n.º 1 do artigo 15.º do RERN.

4 – Os factos elencados no referido artigo 10.º-A não estão sujeitos a registo obrigatório como decorre da sua análise conjugada com o prescrito no artigo 15.º deste Código.

Artigo 11.º – Presunções derivadas do registo

O registo por transcrição definitivo constitui presunção de que existe a situação jurídica, nos precisos termos em que é definida.

COMENTÁRIOS

Natureza da presunção registal

1 – Do registo definitivo, efetuado por transcrição, deriva a presunção de que a situação jurídica existe, nos precisos termos em que aquele o define.

Trata-se, no entanto, de uma presunção *iuris tantum,* ilidível, portanto, mediante prova em contrário.

Todavia, mesmo tratando-se de presunção ilidível o registo impõe-se *erga omnes* enquanto os seus efeitos não forem transferidos, cancelados ou caducarem.

2 – A propósito deste artigo, Brito Correia, in *Direito Comercial,* Vol. I, 1988, pág. 330, refere que se trata de presunção ilidível, não só por força das regras gerais plasmadas no Código Civil, mas também porque o próprio Código do Registo Comercial permite expressamente o suprimento, a retificação e a reconstituição dos registos.

3 – «As presunções não são propriamente meios de prova, mas meios lógicos ou mentais, ou afirmações formadas em regras de experiência». – Cfr. o Acórdão do STJ, de 12 de novembro de 1974, in BMJ n.º 270, pág. 206.

4 – A fé pública registral pode ser ilidida mediante a destruição do registo que seja contrário à realidade substantiva, mas impõe-se enquanto o registo existir, funcionando a presunção da verdade derivada do registo.

Assim, o interessado que apresente certidão de determinado facto inscrito por transcrição fica dispensado de demonstrar a sua ocorrência e respetivos contornos; é o contra-interessado que, para impugnar o registo que considera errado, tem de interpor a correspondente ação judicial, como decorre do disposto no artigo 350.º do Código Civil.

5 – O artigo 47.º, que consagra o princípio da legalidade, está intimamente ligado com o artigo 11.º ora em apreço, na medida em que para que o registo por transcrição possa ser efetuado passa previamente por um juízo de valor, que contribui para reforçar a presunção derivada do registo – nisto consistindo, precisamente, a presunção de exatidão.

6 – «A presunção estabelecida no art. 11.º do Cód. Reg.Com. é a da existência da situação jurídica definida no registo; a publicidade dada pelo registo

não resulta da presunção legal do conhecimento das deliberações, mas a cognoscibilidade legal que faculta a todos obter o conhecimento efetivo do que consta no registo.» – Cfr. o Acórdão do STJ, de 25 de maio de 1999, in CJ(STJ), Tomo II, pág.118.

7 – Com a alteração introduzida pelo Decreto-Lei n.º 8/2007, de 17 de janeiro, os registos lavrados por depósito, deixaram, naturalmente, de constituir presunção da existência da situação jurídica.

Sendo assim, parece pertinente questionar-se para que serve proceder ao registo por depósito de tais factos (com a agravante de se manter a obrigatoriedade relativamente a muitos deles), se nem sequer o efeito meramente presuntivo é possível deles extrair.

Artigo 12.º – Prioridade do registo

O facto registado em primeiro lugar prevalece sobre os que se lhe seguirem, relativamente às mesmas quotas ou partes sociais, segundo a ordem do respetivo pedido.

COMENTÁRIOS

Prioridade do registo por depósito

1 – O princípio da prioridade consagra uma regra basilar no âmbito do registo, que não pode ser postergada sob pena de se frustrar a própria finalidade do registo.

Com efeito, este princípio reflete o aforismo latino *prior temporie potior iure*, que se manifesta no facto de o direito primeiramente inscrito prevalecer sobre os que se lhe seguirem relativamente às mesmas quotas ou partes sociais, de acordo com a ordem do respetivo pedido.

2 – O aludido princípio da prioridade encontra-se estritamente conexionado com a norma plasmada no n.º 3 do artigo 54.º do CRC, que prescreve que o registo por depósito é efetuado por menção na correspondente ficha de registo no próprio dia em que o mesmo for pedido. Veja-se, ainda, o prescrito no n.º 5 do artigo 55.º do mesmo Código no que concerne à data do registo.

3 – Como é sabido, a Reforma de 2006 transferiu a responsabilidade do registo dos factos relativos a quotas para a sociedade, que deve zelar pelo cumprimento do princípio do trato sucessivo, nos atos em que tenha intervenção ou a solicitação de quem tenha legitimidade para o efeito (artigo 242.º-B do CSC). Nestes termos, o ónus do cumprimento da prioridade da promoção dos referidos registos (artigo 242.º-C, do CSC) impende sobre a respetiva sociedade que incorre

em responsabilidade civil pelos danos causados (artigo 242.º-F do CSC), caso não os promova tempestivamente.

4 – O registo por depósito não está sujeito a qualificação pelo conservador (artigo 47.º do CRC) que recebe o pedido e regista a menção de depósito do título que lhe serve de base na ficha da sociedade em causa. Mas, atenção, o pedido pode ser rejeitado nos casos previstos nos n.ºs 1 e 2 do artigo 46.º.

Artigo 13.º – Eficácia entre as partes

1 – Os factos sujeitos a registo, ainda que não registados, podem ser invocados entre as próprias partes ou seus herdeiros.

2 – Excetuam-se do disposto no número anterior os atos constitutivos das sociedades e respetivas alterações, a que se aplica o disposto no Código das Sociedades Comerciais e na legislação aplicável às sociedades anónimas europeias.

COMENTÁRIOS

Princípio da eficácia entre as partes. Constitutividade do registo

1 – Este artigo consagra no seu n.º 1 o princípio da eficácia entre as partes, visto que possibilita que os factos sujeitos a registo, ainda que não registados, possam ser invocados entre as próprias partes ou os seus herdeiros.

Contudo, o n.º 2 exceciona deste princípio os atos constitutivos das sociedades e respetivas alterações, remetendo para o disposto no Código das Sociedades Comerciais, bem como para a legislação aplicável às sociedades anónimas europeias.

De salientar, no entanto, que o artigo 5.º do CSC apenas contempla a constitutividade do registo para o contrato das sociedades, deixando de fora as respetivas alterações referidas no n.º 2 do preceito sob anotação, o que origina uma indesejável discrepância entre as duas normas em apreço a demandar uniformização em sede legislativa.

2 – A constitutividade do registo não é, porém, pacífica entre nós. Por exemplo, José Pedro Fazenda Martins, in *Os Efeitos do Registo e das Publicações Obrigatórias na Constituição das Sociedades Comerciais,* defende que a sociedade tem personalidade jurídica antes do registo do ato de constituição, assumindo este natureza meramente declarativa.

Também João Labareda, Sociedades Irregulares – Algumas Reflexões, in *Novas Perspetivas do Direito Comercial, 1988,* pág. 185, refere que a atribuição da personalidade jurídica à sociedade só ocorre com o registo definitivo do contrato pelo qual se constituem, ressalvado o disposto quanto à constituição de sociedades por fusão, cisão ou transformação de outras, mas tal não equivale a afirmar que a sociedade comercial só se constitui com o registo definitivo, pois que a constituição em sentido restrito precede sempre o registo, como se extrai da análise conjugada dos artigos 1.º, n.º 2, 5.º, 36.º, n.º 2, 37.º, n.º 2, e 274.º do CSC.

3 – A sociedade anónima europeia adquire personalidade jurídica na data do registo, como decorre do disposto no n.º 1 do artigo 16.º do Regulamento (CE) n.º 2157/2001, do Conselho, de 8 de outubro.

4 – Enquanto o contrato de sociedade não estiver definitivamente registado, como resulta do n.º 1 do artigo 41.º do CSC, a invalidade do contrato ou de uma das declarações negociais rege-se pelas disposições aplicáveis aos negócios jurídicos nulos ou anuláveis, sem prejuízo do prescrito no artigo 52.º do citado Código.

Artigo 14.º – Oponibilidade a terceiros

1 – Os factos sujeitos a registo só produzem efeitos contra terceiros depois da data do respetivo registo.

2 – Os factos sujeitos a registo e publicação obrigatória nos termos do n.º 2 do artigo 70.º só produzem efeitos contra terceiros depois da data da publicação.

3 – A falta de registo não pode ser oposta aos interessados pelos seus representantes legais, a quem incumbe a obrigação de o promover, nem pelos herdeiros destes.

4 – O disposto no presente artigo não prejudica o estabelecido no Código das Sociedades Comerciais e na legislação aplicável às sociedades anónimas europeias.

COMENTÁRIOS

Princípio da oponibilidade do registo a terceiros – Obrigatoriedade do registo e da publicação

1 – Neste artigo encontra-se consagrado o princípio da oponibilidade do registo a terceiros, segundo o qual os factos sujeitos a registo só produzem efeitos contra terceiros depois da data do respetivo registo.

Tratando-se de factos sujeitos a registo e a publicação obrigatória, estes factos só produzem efeitos contra terceiros depois da data da correspondente publicação.

2 – Em face do disposto no n.º 1, os terceiros podem agir como se o facto cujo registo foi omitido não existisse, ainda que o conheçam.

Caso prefiram podem, contudo, optar pelo facto não registado, salvo se a lei privar esses atos de todos os efeitos ou especificar para que efeitos podem os terceiros prevalecer-se deles, de harmonia com o estatuído no n.º 1 do artigo 168.º do CSC.

3 – O Código do Registo Comercial não consagra a noção de terceiros, competindo tal tarefa à doutrina.

Para Mouteira Guerreiro, in *Noções de Direito Registral,* pág. 64, não são terceiros, para efeito do preceito em apreço, em relação aos interessados, os respetivos representantes legais a quem incumbe a obrigação de promover o registo, nem os seus herdeiros.

4 – «Terceiros são as pessoas estranhas à celebração do ato cuja posição possa colidir com os direitos que do ato emanam para as partes. Não são quaisquer pessoas estranhas ao ato, mas as que tenham direitos relacionados com ele, em virtude de outros atos.» – Cfr. Catarino Nunes, in *Código do Registo Predial de 1967,* pág. 216.

5 – «I – A circunstância de um terceiro, quanto a determinado facto não registado, se ter prevalecido dele, não o obriga a tomar a mesma atitude quanto a outros factos que a sociedade também não haja registado.

II – O n.º 1 do art. 236.º do CC assenta em três grandes linhas que o fundamentam:

- defesa do interesse do declaratário, inspirada pela tutela das expectativas, de confiança legítima;
- segurança do comércio jurídico;
- imposição ao declarante de um ónus de clareza.» – Sumário do Acórdão do STJ de 18 de maio de 1999, in CJ (STJ), Ano VII, Tomo II, pág. 92.

6 – «II – Tendo a ré – sociedade por quotas – celebrado com outra sociedade um contrato de contrato-assunção de dívida (artigo 595.º, n.º 2 do Código Civil) em momento compreendido entre a data da escritura de renúncia à gerência de um sócio gerente e da alteração do pacto social, e a data em que estes factos foram registados, bastam as assinaturas de dois dos três restantes sócios para a vincular, face ao disposto no artigo 261.º, n.º 1, do Código das Sociedades Comerciais.

III – Um terceiro pode prevalecer-se do facto de um sócio gerente de uma sociedade ter renunciado ao seu cargo sem que tenha sido efetuado o registo de tal facto, tendo em conta o disposto no art. 168.º, n.º 1, do mesmo Código das Sociedades Comerciais.

IV – Por ausência de registo da alteração do contrato social, é irrelevante para um terceiro a falta de assinatura de um determinado sócio gerente, pois que lhe é inoponível, nos termos dos arts. 168.º, n.ºs 2 e 4, do Cód. Soc. Com., e 14.º, n.º 1, do Código do Registo Comercial, a alteração do pacto social onde se inseriu a exigência daquela assinatura para a vinculação da sociedade.» – Cfr. o Ac. do STJ, de 18 de maio de 1999, in BMJ n.º 487, pág. 324.

A propósito da temática versada no referido acórdão, vejam-se os comentários tecidos por M. Henrique Mesquita, in RLJ, Ano 133.º, pág. 303.

7 – O n.º 1 do artigo 14.º do CRC, segundo Menezes Cordeiro, in *Manual de Direito Comercial,* I Volume, pág. 330, está incompleto, visto o legislador não ter tido o cuidado de referir terceiros de boa fé.

No entanto, essa solução, segundo cremos, impõe-se, dadas as exigências do nosso sistema jurídico que, como se sabe, só protege aquele que age de boa fé.

8 – Enquanto não estiverem registados, os atos sujeitos a registo não produzem efeitos contra terceiros de boa fé, isto é, contra terceiros que, sem culpa, os ignorassem – é a teoria da publicidade negativa. – Cfr., neste sentido e para mais desenvolvimentos, Menezes Cordeiro, in ob. cit., I Volume, pág. 331.

9 – Indiretamente, o registo acaba por ser obrigatório para todos os factos sujeitos a registo, dado que não produzem efeitos contra terceiros enquanto aqueles não estiverem registados, ficando, consequentemente, com uma eficácia limitada.

Equivale isto a dizer que o registo, quando a consequência da sua omissão seja a *inoponibilidade* do facto a terceiros, se traduz num simples ónus – e não num dever jurídico, em cujo cumprimento o legislador esteja verdadeiramente empenhado.

O legislador sujeita determinados factos jurídicos a registo, como condição ou pressuposto da sua eficácia contra terceiros, mas, quanto a alguns, deixa aos interessados plena liberdade para requererem ou não, conforme lhes aprouver, a inscrição registral. Se a não requererem, não ficam sujeitos a qualquer sanção, apenas não beneficiam da vantagem (a oponibilidade a terceiros) que o registo proporciona. – Cfr., para mais desenvolvimentos, M. Henrique Mesquita, in RLJ, Ano 133.º, pág. 312.

10 – A exigência consagrada no n.º 5 do artigo 71.º do CRC, no sentido de que as publicações depois de efetuadas devem ser anotadas na ficha em que a inscrição ou o averbamento tenha sido lavrado, está em consonância com o preceituado no n.º 2 do artigo 14.º deste Código.

Artigo 15.º – Factos sujeitos a registo obrigatório

1 – O registo dos factos referidos nas alíneas *a)* a *c)* e *e)* a *z)* do n.º 1 e no n.º 2 do artigo 3.º, no artigo 4.º, nas alíneas *a)*, *d)* e *e)* do artigo 5.º, nos artigos 6.º, 7.º e 8.º e nas alíneas *c)* e *d)* do artigo 10.º é obrigatório.

2 – Salvo o disposto nos números seguintes, o registo dos factos referidos no número anterior deve ser pedido no prazo de dois meses a contar da data em que tiverem sido titulados.

3 – O registo dos factos referidos nas alíneas *a)*, *d)* e *e)* do artigo 5.º deve ser requerido no prazo de dois meses a contar da data da publicação do decreto que os determinou.

4 – O pedido de registo de prestação de contas de sociedades e de estabelecimentos individuais de responsabilidade limitada deve ser efetuado até ao 15.º dia do 7.º mês posterior à data do termo do exercício económico.

5 – Estão igualmente sujeitas a registo obrigatório as ações, decisões, procedimentos e providências cautelares previstas no artigo 9.º.

6 – O registo do procedimento cautelar não é obrigatório se já se encontrar pedido o registo da providência cautelar requerida e o registo desta não é obrigatório se já se encontrar pedido o registo da ação principal.

7 – O registo das ações e dos procedimentos cautelares de suspensão de deliberações sociais devem ser pedidos no prazo de dois meses a contar da data da sua propositura.

8 – O registo das decisões finais proferidas nas ações e procedimentos referidos no número anterior deve ser pedido no prazo de dois meses a contar do trânsito em julgado.

COMENTÁRIOS

Obrigatoriedade do registo. Prazos

1 – O princípio da obrigatoriedade do registo traduz-se no dever que recai sobre os interessados de requererem, em certo prazo, o registo de determinados factos tipificados na lei.

2 – Para se proceder ao enquadramento exato dos factos sujeitos a registo obrigatório, tem de se equacionar o disposto nos artigos 3.º a 10.º, que elencam todos os factos submetidos a registo, com o disposto neste artigo 15.º, que fixa a obrigatoriedade, bem como o respetivo prazo, para o pedido de registo de determinados factos.

No caso de a promoção dos referidos registos ocorrer para além do prazo legal, deve ser aplicada a *sanção* prevista no n.º 1 do artigo 17.º deste Código, a qual se traduz no pagamento em dobro do emolumento que ao registo em causa couber.

3 – Contudo, nem todos os factos sujeitos a registo o são obrigatoriamente, de forma direta, como acontece relativamente aos factos mencionados neste artigo 15.º.

Para a omissão dos factos sujeitos a registo, sem caráter de obrigatoriedade, não está fixada qualquer *sanção*, muito embora aqueles só produzam efeitos perante terceiros depois da data do respetivo registo – é o que se designa por obrigatoriedade indireta do registo.

Para mais desenvolvimentos quanto ao princípio da obrigatoriedade do registo – forma direta e indireta – e consequências do seu incumprimento, veja-se, da autora, *Impugnação das Decisões do Conservador nos Registos*, pág.155.

4 – Salvo os casos de oficiosidade previstos na lei, a realização do registo, muito embora corresponda também a interesses de ordem pública, depende do impulso do particular (artigo 29.º e 29.º-A) que deve desencadear o processo registral formulando o pedido (instruído com os documentos pertinentes), visto que, para além da aludida inoponibilidade do facto não registado a terceiro, o incumprimento da lei acarreta, em regra, para o seu infrator, uma *sanção* legal, nos termos supra sublinhados.

5 – O pedido de registo de um facto pretensamente a efetuar por transcrição, que a lei não sujeite a registo deve ser recusado, nos termos previstos na parte final da alínea *c)* do n.º 1 do artigo 48.º do CRC.

Com efeito, o princípio da tipicidade ou do *numerus clausus* dos factos sujeitos a registo consiste na impossibilidade de à respetiva enumeração serem acrescentados pelo intérprete novos factos, ainda que a pretexto de integrar pretensas lacunas da lei.

Artigo 16.º – Remessa das relações mensais dos atos notariais e decisões judiciais

1 – Até ao dia 15 de cada mês, os notários devem remeter à conservatória situada na sede da entidade sujeita a registo a relação dos documentos lavrados no mês anterior, para prova dos factos sujeitos a registo comercial obrigatório.

2 – De igual modo devem proceder as secretarias dos tribunais, com referência às decisões previstas no n.º 6 do artigo anterior.

COMENTÁRIOS

Remessa da relação de documentos

1 – Com vista à fiscalização do cumprimento da obrigatoriedade do registo, impende sobre os notários a obrigação de remeter às conservatórias competen-

tes a relação dos documentos que titulem factos sujeitos a registo obrigatório, não só em cumprimento do prescrito neste artigo, como também por força do disposto na alínea *b)* do n.º 1 do artigo 186.º do Código do Notariado.

2 – Idêntico procedimento devem adotar os funcionários das secretarias dos tribunais com referência às decisões finais proferidas nas ações e nos procedimentos cautelares, como resulta da conjugação do disposto no n.º 2 do artigo 16.º com o n.º 8 do artigo 15.º.

3 – No n.º 2 do artigo 16.º continua a ser referido o n.º 6 do artigo anterior (15.º), contudo, em face das alterações introduzidas pelo Decreto-Lei n.º 116/2008, de 4 de julho, o conteúdo daquele n.º 6 passou, na verdade, a figurar no n.º 8 do mesmo preceito, sendo este o número que deve ser tido em consideração.

4 – No direito pregresso, na sequência das comunicações referidas nos números anteriores e do confronto do seu teor com os registos já efetuados, o conservador promovia processos de contraordenação (cfr. o que dispõe o Decreto-Lei n.º 433/82, de 27 de outubro) contra os estabelecimentos individuais de responsabilidade limitada, as cooperativas, as sociedades comerciais, os agrupamentos complementares de empresas, os agrupamentos europeus de interesse económico e as empresas públicas, sempre que, após a titulação, não tivesse sido requerido no prazo fixado na lei o registo dos factos correspondentes.

No entanto, atualmente, em face das alterações introduzidas pelo Decreto-Lei n.º 250/2012, de 23 de novembro, no artigo 17.º do CRC, já se vê que este preceito, na prática, se encontra totalmente esvaziado de conteúdo.

Artigo 17.º – Incumprimento da obrigação de registar dentro do prazo

1 – Pelo registo dos factos previstos no artigo 15.º, para além dos prazos aí mencionados, é devido o pagamento em dobro do emolumento aplicável.

2 – O disposto no número anterior não se aplica aos tribunais e ao Ministério Público.

3 – O incumprimento da obrigação de registar a prestação de contas obsta ao registo de outros factos sobre a entidade, com exceção dos registos de designação e cessação de funções, por qualquer causa que não seja o decurso do tempo, dos membros dos órgãos de administração e de fiscalização, de atos emanados de autoridade administrativa, das ações, decisões, procedimentos e providências cautelares previstas no artigo 9.º, bem como do arresto, do arrolamento, da penhora e da apreensão em processo penal de quotas ou direitos sobre elas, outros atos ou providências que afetem a sua livre disposição e quaisquer outros registos a efetuar por depósito.

4 – (Revogado.)
5 – (Revogado.)
6 – (Revogado.)
7 – (Revogado.)
8 – (Revogado.)

COMENTÁRIOS

Prazos para promover o registo. Cumprimento tardio da obrigação de registar – consequências

1 – A atual redação do n.º 3 deste preceito foi conferida pela Lei n.º 30/2017, de 30 de maio.

2 – O princípio da obrigatoriedade do registo deve ser perspetivado sob dois prismas, o da obrigatoriedade direta, correspondente ao artigo 15.º, que fixa perentoriamente um prazo para o pedido de determinados factos sujeitos a registo, fixando a lei a correspondente *sanção* – n.º 1 deste preceito – e a obrigatoriedade indireta dos restantes factos, a cuja omissão de registo não está inerente qualquer *sanção*, muito embora fiquem afetados no que concerne à produção dos efeitos perante terceiros, como flui do disposto no artigo 14.º.

3 – Por força do disposto no n.º 1 deste artigo 17.º pelo registo obrigatório dos factos titulados a partir da entrada em vigor do Decreto-Lei n.º 250/2012, de 23 de novembro, é devido o pagamento em dobro do emolumento aplicável à feitura do ato, sempre que o mesmo seja peticionado para além dos prazos mencionados no artigo 15.º do mesmo Código, atento o prescrito nos artigos 6.º, n.º 1, e 7.º, do citado Decreto-Lei.

4 – Considerando, porém, que o artigo 5.º do Decreto-Lei n.º 250/2012 procedeu à revogação dos números 4 a 8 do artigo 17.º do Código do Registo Comercial, e instituiu um regime distinto para o incumprimento da obrigação de registar, pelo registo intempestivo de factos titulados em momento anterior ao referido no número anterior não é exigível o pagamento em dobro do emolumento devido pelo ato, já que não é abrangido pela *facti species* do n.º 1 do referido artigo 17.º, atento o disposto no n.º 1 do artigo 6.º daquele Decreto-Lei, nem por qualquer outra norma, sendo que a racionalidade sistémica do ilícito de mera ordenação social e do direito subsidiário aplicável às normas substantivas não permitem outra interpretação – cfr., neste sentido e para mais desenvolvimentos sobre o ponto, o parecer proferido pelo Conselho Consultivo no proc.º n.º C.Co.17/2013 STJ-CC, disponível em www.irn.mj.pt.

5 – O incumprimento da obrigação de registar a prestação de contas impede o registo de outros factos sobre a entidade faltosa, salvo se respeitantes aos registos previstos na parte final do n.º 3 do artigo 17.º.

Artigo 18.º – Caducidade

1 – Os registos caducam por força da lei ou pelo decurso do prazo de duração do negócio.

2 – Os registos provisórios caducam se não forem convertidos ou renovados dentro do prazo da respetiva vigência.

3 – É de seis meses o prazo de vigência do registo provisório, salvo disposição em contrário.

4 – A caducidade deve ser anotada ao registo logo que verificada.

COMENTÁRIOS

Caducidade dos registos. Anotação desta.

1 – A caducidade, em sentido amplo, segundo ensina Menezes Cordeiro, in *Tratado de Direito Civil Português,* Tomo III, pág. 355, traduz-se na extinção de uma posição jurídica pela verificação de um facto jurídico *stricto sensu* dotado de eficácia extintiva.

Em sentido restrito ou técnico-jurídico, a caducidade é a forma de extinção de direitos que atua quando estes, devendo ser exercidos em determinado prazo específico, o não sejam.

2 – A caducidade dos direitos traduz-se na extinção ou perda de um direito pelo decurso do tempo. – Cfr. Aníbal de Castro, in *A Caducidade na Doutrina, na Lei e na Jurisprudência,* pág. 17.

3 – Os registos provisórios devem ser convertidos em definitivos dentro do prazo legal da sua vigência, que, salvo disposição legal em contrário, é de seis meses contados, em regra, a partir do termo do prazo para a elaboração do registo em causa, ou da notificação do despacho de qualificação.

4 – A renovação dos registos provisórios referidos no n.º 2 é atinente apenas aos registos provisórios por natureza, sendo inadmissível a renovação de registos provisórios por dúvidas, visto que a lei não estabeleceu para estes qualquer restrição relativa ao prazo de duração.

Consequentemente, admitir a renovação destes registos equivaleria a permitir a sua prorrogação por tempo indeterminado, o que contraria claramente o pretendido pelo nosso ordenamento jurídico no que concerne à estabilização das situações jurídicas. – Cfr., neste sentido, o parecer do CT constante do proc.º n.º 117/89-R.P.3, que apesar de tirado em sede de registo predial tem plena aplicação no âmbito de registo comercial.

5 – O Tribunal da Relação de Lisboa, no acórdão proferido no proc.º n.º 7462/02-1.ª Secção, pronunciou-se no sentido de que a redação adotada pelo legislador no n.º 2 do artigo 11.º do CRP foi muito sintética e inteligente, pois "renovados dentro do prazo da respetiva vigência" é o mesmo que dizer "renovados, quando a lei admitir a renovação, dentro do prazo de vigência", sendo pleonástico acrescentar: "quando a lei admitir a renovação".

Este entendimento é perfeitamente transponível para a interpretação a conceder ao n.º 2 deste preceito, norma paralela à consignada no n.º 2 do artigo 11.º do CRP.

6 – «O prazo de caducidade de seis meses, fixado no art. 11.º, n.º 3, do C.R.P., só começa a correr com a notificação do despacho de qualificação, data a partir da qual o direito à remoção das dúvidas pode legalmente ser exercido (cfr. art. 71.º, n.º 1, do C.R.P., e art. 329.º do C.C.)». – Veja-se o parecer do CT proferido no proc.º n.º R.P.54/2000 DSJ-CT, in BRN n.º 8/2000, II, pág. 27, que muito embora respeite a registo predial, tem plena aplicação em sede de registo comercial.

7 – O pedido de renovação do prazo de vigência dos registos provisórios deve ser apresentado pelos interessados, acompanhado (se for o caso) de documento comprovativo das razões de subsistência da provisoriedade do registo, que variam consoante o tipo de registo que se pretende renovar.

O referido pedido de renovação do prazo tem de ser formulado antes de ter caducado o registo em causa.

Sendo a renovação pedida posteriormente, e mesmo que ainda não tenha sido anotada a caducidade na ficha respetiva, já não pode ser dada satisfação ao pedido porquanto a caducidade opera *ope legis*.

8 – O prazo de vigência dos registos que admitem renovação é igual ao período inicial da sua duração, como flui do disposto nos números 2 do artigo 65.º do CRC. A contagem do novo prazo do registo renovado faz-se a partir do momento em que o mesmo deixaria de vigorar não fosse o pedido tempestivamente formulado e acolhido nas tábuas (não da data do correspondente pedido).

9 – A anotação da caducidade deve ser levada ao registo logo que verificada, não estando dependente da observância de qualquer outra formalidade que não seja o mero decurso do tempo. – Cfr., neste sentido, o parecer do CT proferido no proc.º n.º 30/96-R.P.4, in BRN n.º 10/97, II, pág. 2.

10 – A interposição do recurso hierárquico ou a impugnação judicial suspende o prazo de caducidade do registo provisório até lhe ser anotada a improcedência ou a desistência destes, bem como a deserção ou a sua paragem por mais de trinta dias por inércia do recorrente – cfr. o disposto no artigo 111.º.

11 – «I – O Código do Registo Comercial estabelece, no artigo 18.º-3, o prazo de caducidade dos registos provisórios não convertidos em definitivos (cfr. n.º 2 do mesmo artigo), mas não indica a data a partir da qual se faz a sua contagem;

II – Esse prazo conta-se desde a data da notificação a que alude o artigo 50.º, n.º 1 desse Código, quando o despacho de registo provisório por dúvidas tiver sido lançado fora do prazo de realização do registo;

III – No caso de o despacho de registo ter sido lançado dentro do prazo de realização do registo, o prazo de caducidade em referência conta-se da data do termo do prazo do registo;

IV – Sendo a apresentação de 17 de dezembro de 1993 e concluindo-se o prazo de realização do registo quinze dias depois, não estava ainda decorrido o prazo de caducidade quando, em 22 de junho de 1994 foi requerida a conversão do registo provisório por dúvidas (...)». – Cfr. o Acórdão do STJ, de 17 de abril de 1997, in BRN n.º 1/98, I, pág.11, e publicado também na CJ(STJ), Ano V, Tomo II, pág. 50.

12 – A contagem do prazo de vigência dos registos provisórios lavrados fora do prazo legal, nos casos em que não é devida notificação da qualificação, far-se-á a partir da data em que foram efetivamente lavrados.

Para viabilizar tal posição, imperioso se torna que do extrato do referido registo conste a menção da data da sua elaboração.

Neste sentido, veja-se o parecer do CT proferido no proc.º n.º R.P. 317/2002 DSJ-CT, BRN n.º 4/2002, II, pág. 2, que muito embora respeite a matéria de registo predial a doutrina firmada, é, quanto a esta questão, perfeitamente transponível para o âmbito do registo comercial.

13 – Nos casos em que não é devida a notificação da qualificação do registo, a contagem do prazo de vigência dos registos provisórios lavrados dentro do prazo legal (10 dias – n.º 1 do artigo 54.º), deve ser feita a partir do 10.º dia posterior à data da apresentação dos documentos na conservatória.

14 – A contagem do prazo de vigência dos registos provisórios em que a qualificação do pedido deve ser notificada aos interessados, faz-se a partir da data da notificação do respetivo despacho ao interessado, independentemente dos registos terem ou não sido lavrados dentro do prazo legal.

Artigo 19.º – Prazos especiais de caducidade

(Revogado.)

Artigo 20.º – Cancelamento

Os registos são cancelados com base na extinção dos direitos, ónus ou encargos neles definidos, em execução de decisão administrativa, nos casos previstos na lei, ou de decisão judicial transitada em julgado.

COMENTÁRIOS

Cancelamento dos registos. Sua tradução registal

1 – O cancelamento do registo traduz-se na declaração da sua extinção, total ou parcial, ocorrendo nos seguintes casos:

a) extinção dos direitos, ónus ou encargos definidos no registo em causa;
b) execução de decisão administrativa – n.º 2 do artigo 82.º do CRC;
c) previsão da lei – artigo 44.º, n.ºs 1 e 3, deste Código; e
d) decisão judicial transitada em julgado – artigos 44.º, n.º 4, e 69.º, n.º 4, do mesmo Código.

2 – O cancelamento dos registos (que tanto pode ser total como apenas parcial) é feito por averbamento à inscrição a que respeita, como resulta do preceituado na alínea *f)* do n.º 2 do artigo 69.º do CRC.

3 – Os cancelamentos são efetuados, em regra, a pedido dos interessados, que devem apresentar os documentos que provem a extinção dos factos em causa.

No entanto, quando a lei expressamente assim o determine, os registos de cancelamento podem ser feitos oficiosamente.

Estão nessa situação, entre outros, os seguintes factos:

a) os averbamentos de cancelamento de registos dependentes da conversão em definitiva da inscrição de ação em que se julgue extinto um facto registado ou se declare nulo ou anulado um registo – n.º 4 do artigo 69.º do CRC;
b) os averbamentos de pendência de retificação, que são cancelados mediante decisão definitiva que indefira a retificação – n.º 4 do artigo 87.º do CRC; e
c) o cancelamento da matrícula, por meio de inscrição, nos casos previstos no artigo 62.º-A.

4 – «I – É nulo, nos termos do artigo 16.º, a), do Código do Registo Predial, o averbamento de cancelamento de um registo de penhora lavrado com base

em documento autêntico em que se atesta um facto – o trânsito em julgado do despacho que ordenou o cancelamento – que na realidade não se verificou (cfr. artigo 372.º, n.º 2, do Código Civil).

II – A nulidade de cancelamento do registo só pode ser invocada depois de declarada por decisão judicial com trânsito em julgado, encontrando-se a respetiva ação sujeita a registo – (cfr. artigos 3.º, n.º 1, e 17.º, n.º 1, do Código do Registo Predial).

III – A questão de saber se a declaração de nulidade do cancelamento do registo prejudica direitos adquiridos a título oneroso por terceiro de boa fé que obteve registo dos correspondentes factos em momento anterior ao registo da ação de declaração de nulidade é matéria do foro estritamente judicial. (...)».
– Veja-se o parecer do CT proferido no proc.º n.º C.P.11/97 DSJ-CT, in BRN n.º 11/97, II, pág. 8, que, muito embora proferido a propósito de matéria respeitante a registo predial, se aplica, com as devidas adaptações, em sede de registo comercial – vide, artigos 9.º e 22.º, n.º 4 do CRC.

5 – A propósito da extinção dos direitos que o registo publicita e da tradução registral que a liquidação de empréstimo obrigacionista deve revestir, veja-se o parecer proferido pelo CT constante do proc.º n.º 23/93-R.P.4, cujas conclusões se transcrevem a seguir:

«I – Como regra, a extinção dos direitos que o registo publica determina o cancelamento da inscrição respetiva.

II – A liquidação do empréstimo obrigacionista, como facto extintivo do mesmo, tem tradução no registo através do correspondente averbamento de cancelamento».

6 – Nem a declaração de nulidade nem a anulação de determinado facto implica, por si só, a nulidade ou a anulação dos factos que lhe são consequentes, nem o cancelamento dum registo implica o cancelamento automático dos registos consequentes.

7 – O cancelamento dum registo só pode ocorrer quando se comprove a extinção do facto registado, ou em execução de decisão administrativa, nos casos previstos na lei, ou judicial transitada em julgado. – Cfr. o parecer proferido no proc.º n.º R.Co.14/99-DSJ.

8 – O averbamento de cancelamento não pode ser lavrado como provisório, tendo em conta a sua natureza.

Nestes termos, ou está em condições de ingressar definitivamente nas tábuas ou tem de ser recusado, ao abrigo do prescrito no n.º 2 do artigo 48.º deste Código.

Artigo 21.º – Inexistência
(Revogado.)

Artigo 22.º – Nulidade

1 – O registo por transcrição é nulo:

a) **Quando for falso ou tiver sido feito com base em títulos falsos;**

b) **Quando tiver sido feito com base em títulos insuficientes para a prova legal do facto registado;**

c) **Quando enfermar de omissões ou inexatidões de que resulte incerteza acerca dos sujeitos ou do objeto da relação jurídica a que o facto registado se refere;**

d) **Quando tiver sido assinado por pessoa sem competência funcional, salvo o disposto no n.º 2 do artigo 369.º do Código Civil, e não possa ser confirmado;**

e) **Quando tiver sido lavrado sem apresentação prévia.**

2 – Os registos nulos só podem ser retificados nos casos previstos na lei, se não tiver registada a ação de declaração de nulidade.

3 – A nulidade do registo só pode, porém, ser invocada depois de declarada por decisão judicial com trânsito em julgado.

4 – A declaração de nulidade do registo não prejudica os direitos adquiridos a título oneroso por terceiro de boa fé, se o registo dos correspondentes factos for anterior ao registo da ação de nulidade.

COMENTÁRIOS

Nulidade do registo/inexatidão – Regime regra e suas exceções

Boa fé

1 – A nulidade do registo distingue-se da inexatidão fundamentalmente porque a nulidade, como decorre do disposto no artigo 22.º, n.º 3, só pode ser invocada depois de ter sido declarada por decisão judicial transitada em julgado e, em regra, não permite a sua retificação, enquanto que a inexatidão pode ser retificada, nos termos prescritos nos artigos 81.º e seguintes, passando o registo a considerar-se, desde então, perfeito e inatacável.

2 – O regime das nulidades de registo sofre, porém, as exceções previstas na lei, uma das quais está consagrada no n.º 2 do artigo 82.º do Código do Registo Comercial.

Neste caso, isto é, quando o registo indevidamente efetuado seja nulo nos termos das alíneas *b)* e *d)* do n.º 1 do artigo 22.º, o mesmo pode ser cancelado com o consentimento de todos os interessados ou mediante execução de decisão tomada no respetivo processo de retificação, instaurado com essa finalidade.

3 – O registo é nulo quando for falso ou feito com base em documentos falsos. O documento é falso quando nele se atesta como tendo sido objeto de perceção da autoridade ou oficial público qualquer facto que na realidade não se verificou ou como tendo sido praticado pela entidade responsável qualquer ato que na realidade o não foi. – Cfr. o disposto no n.º 2 do artigo 372.º do Código Civil.

4 – Logo que o conservador tome conhecimento de factos que indiciem a nulidade de um registo, insuscetível de retificação, deverá participar ao Ministério Público a sua ocorrência, com vista à instauração da respetiva ação de declaração de nulidade. Neste sentido veja-se o parecer do CT proferido no proc.º n.º R.P.112/97 DSJ-CT, in BRN n.º 6/98, II, pág. 32, aplicável em sede de registo comercial com as devidas adaptações.

5 – No que respeita à invocação da falsidade dos documentos nos termos do disposto no artigo 16.º-B do CRP e à inutilização da anotação de invocação de falsidade por ausência do registo da ação de declaração de nulidade, veja-se a doutrina firmada no parecer proferido no proc.º n.º 3/CC/2018 (15,16,17,18 e 20/2017STJ-CC).

6 – A ação de declaração de nulidade é registável, nos termos do artigo 9.º, alínea *f)*, do CRC.

A nulidade do registo só pode ser invocada depois de declarada por decisão judicial com trânsito em julgado, isto é, enquanto a nulidade não for reconhecida judicialmente, o registo subsiste e produz todos os efeitos que produziria se fosse válido.

7 – Dos registos devem constar todos os elementos que definam a situação jurídica dos comerciantes individuais, das pessoas coletivas e dos estabelecimentos individuais de responsabilidade limitada, para que terceiros possam delas tomar conhecimento rigoroso – cfr. o disposto nos artigos 14.º e 63.º.

Se tal não acontecer e, por isso, o registo enfermar de omissões ou inexatidões que conduzam à incerteza dos sujeitos ou do objeto da relação jurídica a que o facto respeite, o correspondente registo é nulo, nos termos da alínea *c)* do n.º 1 do artigo sob anotação.

8 – No que respeita à competência funcional, o n.º 1 do artigo 369.º do Código Civil, fixa dois requisitos de autenticidade:

a) que a autoridade ou oficial público seja competente, em razão da matéria e do lugar; e
b) que não esteja legalmente impedido de lavrar o documento.

O primeiro requisito refere-se a *funcionários de facto*, sendo indispensável que o funcionário exerça publicamente o seu cargo e que se tenha generalizado a convicção de que o exerce de modo regular. – Cfr. Marcello Caetano, in *Manual de Direito Administrativo*, 7.ª edição, pág. 221.

O impedimento legal referido na alínea *b)* pode advir da intervenção no documento de pessoas cujos atos o oficial público não possa celebrar, designadamente por as partes ou os beneficiários serem seus familiares ou ele próprio. – Cfr., neste sentido, o disposto nos artigos 5.º e 6.º do CN.

9 – Como resulta do disposto na alínea *d)* do n.º 1 do artigo 22.º, a incompetência funcional determina a nulidade do registo, salvo no caso previsto no n.º 2 do artigo 369.º do Código Civil e não possa ser confirmado.

No que concerne à confirmação do referido registo veja-se o prescrito nos artigos 16.º-A e 78.º do CRP e no artigo 115.º do CRC.

10 – A nulidade mencionada na alínea *e)* visa assegurar o princípio da prioridade do registo consagrado no artigo 12.º, sendo nulo o registo se a apresentação prévia, sendo devida, não se verificar, exceto se for enquadrável nos casos de oficiosidade previstos na lei (vd. artigos 45.º e 54.º).

11 – «II – O art. 22.º do Cód. Reg. Com., aprovado pelo Decreto-Lei n.º 403/86, reporta-se à nulidade do registo e não também, necessariamente, ao ato motivador do registo, que pode ser simplesmente ineficaz stricto *sensu*.

III – Excluído um sócio de uma sociedade comercial, esta tem 30 dias para amortizar a respetiva quota, adquiri-la ou fazê-la adquirir.

IV – E para tanto é-lhe inoponível a doação que entretanto aquele sócio tenha feito da mesma quota, a favor de um seu filho, ao arrepio da vontade da sociedade, que, aliás, era expressamente ressalvada pelo pacto social.

V – Como assim, a ineficácia dessa doação torna o título deste ato insuficiente para o consequente registo de aquisição da quota, registo que padece de nulidade.

VI – O que, tudo, significa que a nulidade do registo não tem de ser acompanhada de nulidade do ato motivador do registo, que pode ser simplesmente ineficaz *stricto sensu*». – Cfr. o Ac. do STJ, de 27 de fevereiro de 1996, in BMJ n.º 454.º, pág. 750.

12 – Tendo em consideração o princípio do *numerus clausus*, deve ser recusado o pedido de um registo que a lei não sujeite a registo, mas, se for lavrado, não é considerado um registo nulo, mas apenas inócuo. – Cfr. o parecer do CT constante do proc.º n.º R.P.19/2000 DSJ-CT, in BRN n.º 3/2002, II, pág. 2, bem como a Deliberação tomada no proc.º n.º R.P.53/2014 STJ-CC, que apesar de respeitarem a registo predial têm aqui plena aplicação.

13 – A declaração de nulidade do registo não afeta os direitos adquiridos por terceiros de boa fé e a título oneroso, desde que o registo dos correspondentes factos seja anterior ao registo da ação de nulidade, como decorre do disposto no n.º 4 do artigo 22.º.

O conteúdo da boa fé exigida para a aquisição tabular implica, com certeza, o não conhecimento do direito que esse tipo de aquisição vai prejudicar. – Cfr. Menezes Cordeiro, in *Da Boa Fé no Direito Civil*, I Volume, 1986, pág. 461.

14 – Por força do disposto no n.º 3 do artigo 22.º, a invocação da nulidade da inscrição de nomeação de administradores só pode ser feita com base numa decisão judicial, com trânsito em julgado, que proceda à sua declaração. – Cfr., nesta conformidade, o acórdão do STJ, de 29 de março de 2011.

15 – Como claramente decorre do disposto no n.º 1 do artigo 22.º as causas de nulidade do registo previstas na lei são privativas do registo por transcrição, não sendo, por isso, aplicáveis ao registo por depósito, dado que este registo é elaborado com base nos elementos constantes do pedido e não com base em documentos que legalmente comprovem o facto (n.º 1 do artigo 32.º).

Nestes termos, o registo por depósito que se mostre desconforme com a realidade substantiva não pode ser cancelado no âmbito do processo de retificação previsto e regulado nos artigos 82.º e segs. do CRC, designadamente por falta de disposição legal que estabeleça a invalidade desses registos e que confira ao conservador os poderes necessários à sua expurgação tabular.

O cancelamento do registo por depósito é feito mediante novo registo por depósito, a realizar através do arquivamento do documento comprovativo da extinção do facto registado ou da decisão judicial transitada em julgado que o determine, e de menção efetuada nos termos da alínea l) do n.º 1 do artigo 15.º do RRC. Neste sentido, veja-se o proc.º n.º R.Co.4/2015SJC-CT.

Artigo 23.º – Inexatidão

O registo é inexato quando se mostre lavrado em desconformidade com o título que lhe serviu de base ou enferme de deficiências provenientes desse título que não sejam causa de nulidade.

COMENTÁRIOS

Tipos de erro de registo. Retificação

1 – Este artigo prevê dois tipos de erro de registo:

a) desconformidade entre o registo e o título que lhe serviu de base – erro de registo *stricto sensu*;

b) deficiência do próprio título, que não seja causa de nulidade – erro de registo *latu sensu*.

2 – A inexatidão do registo é retificável nos termos previstos nos artigos 81.º e seguintes, donde decorre que a retificação do registo é, em regra, efetuada mediante averbamento a lavrar no termo do correspondente processo, como decorre do disposto no artigo 82.º do CRC.

3 – Salientamos que o vício de inexatidão previsto no artigo em apreço também se aplica aos registos por depósito e ocorrerá sempre que o mesmo se mostre efetuado em desconformidade com o título que lhe serviu de base ou quando enferme de deficiências provenientes do título, sendo que, neste contexto, o título referido equivale a pedido de registo – vd. o prescrito nos artigos 14.º, n.º 2, e 15.º, n.º 3, do RRC, bem como no artigo 81.º, n.º 2, do CRC.

Artigo 23.º-A – Declaração do representante para efeitos tributários

No momento do registo do encerramento da liquidação ou da cessação da atividade, consoante o caso, deve ser obrigatoriamente indicado o representante para efeitos tributários, nos termos do n.º 4 do artigo 19.º do Decreto--Lei n.º 398/98, de 17 de dezembro, para comunicação obrigatória, e por via eletrónica, aos serviços da administração tributária.

COMENTÁRIO

1 – Este preceito foi introduzido no Capítulo I pelo Decreto-Lei n.º 122/2009, de 21 de maio, tendo entrado em vigor no dia 1 de outubro de 2009, com o intuito de simplificar as comunicações dos cidadãos e das empresas ao Estado. Assim, passou apenas a ser necessário comunicar a informação a uma única entidade: os serviços de registo. Estes, posteriormente, comunicam oficiosamente essas informações aos serviços das finanças e da segurança social, nos casos devidos.

Com efeito, os cidadãos (e as empresas) deixaram de ter que se deslocar mais do que uma vez para comunicar aos serviços informações que já tinham comunicado a um serviço do Estado.

2 – O Decreto-Lei n.º 398/98 citado no texto do artigo sob anotação aprovou a Lei Geral Tributária, a qual enuncia e define os princípios gerais que regem

o direito fiscal português e os poderes da administração tributária e garantias dos contribuintes.

3 – Considerando que no momento do pedido do registo do encerramento da liquidação ou da cessação da atividade deve ser obrigatoriamente indicado o nome do representante para efeitos tributários, parece-me que a omissão deste acarreta a qualificação negativa do correspondente registo.

CAPÍTULO II
Competência para o Registo

Artigo 24.º – Competência relativa aos comerciantes individuais e aos estabelecimentos individuais de responsabilidade limitada

(Revogado.)

COMENTÁRIO

1 – Veja-se, quanto à eliminação da competência territorial das conservatórias, as disposições transitórias plasmadas nos artigos 43.º e seguintes do Decreto-Lei n.º 76-A/2006, de 29 de março, bem como o n.º 5 ao artigo 63.º do mesmo diploma, no que concerne à cessação da produção dos efeitos das aludidas normas.

2 – O abandono do princípio de competência territorial tem sido muito criticado, pois, como sustenta Mónica Jardim, *in* Delimitação de jurisdição territorial – reflexos nos efeitos registais (www.cenor.fd.uc.pt), ele é o garante da transparência e imparcialidade dos sistemas de registo, à semelhança do que acontece na esfera judicial em que as partes não podem escolher o tribunal ou o juiz.

Artigo 25.º – Competência relativa a pessoas coletivas

(Revogado.)

Artigo 25.º-A – Competência para o registo de fusão

(Revogado.)

COMENTÁRIO

Este preceito tinha sido aditado pelo artigo 3.º do Decreto-Lei n.º 2/2005, de 4 de janeiro, na sequência da aprovação do Regime Jurídico das Sociedades Anónimas Europeias.

Artigo 26.º – Competência relativa às representações

(Revogado.)

Artigo 27.º – Mudança voluntária da sede ou do estabelecimento

1 – Quando a sociedade ou outra entidade sujeita a registo solicitar o registo de alteração de sede para localidade pertencente a outro concelho, a conservatória remete oficiosamente a respetiva pasta à conservatória situada nesse concelho e de tal facto notifica a entidade em causa.

2 – Tratando-se de transferência da sede de sociedade anónima europeia para outro Estado membro da União Europeia, a comunicação, pelo serviço de registo competente deste último, da nova matrícula da sociedade, em consequência do registo definitivo da transferência de sede e da correspondente alteração dos estatutos, determina o imediato registo oficioso da transferência de sede e o correspondente cancelamento da matrícula na conservatória nacional.

3 – (Revogado.)

4 – (Revogado.)

5 – (Revogado.)

6 – O registo definitivo de alteração dos estatutos de sociedade anónima europeia pelo qual seja publicitada a transferência da sede daquela para Portugal deve ser imediatamente comunicado, em conjunto com a nova matrícula da sociedade, ao serviço de registo do Estado da anterior matrícula.

COMENTÁRIOS

Eliminação da competência territorial

Remessa oficiosa da pasta à conservatória competente

Transferência da sede – comunicações devidas e publicação

1 – A eliminação da competência territorial das conservatórias do registo comercial, que se traduz na possibilidade dos cidadãos ou das empresas poderem praticar quaisquer atos de registo comercial em qualquer conservatória do registo comercial do território nacional e obter os respetivos meios de prova, independentemente da localização geográfica da sede da sociedade em causa, entrou em vigor no dia 1 de janeiro de 2007, como decorre da conjugação do disposto no n.º 5 do artigo 63.º com o n.º 2 do artigo 64.º do Decreto-Lei n.º 76-A/2006, de 29 de março.

2 – O pedido de registo de alteração de sede de qualquer entidade sujeita a registo para localidade pertencente a outro concelho determina a remessa oficiosa da respetiva pasta à conservatória situada no novo concelho bem como a notificação de tal facto à entidade comercial em causa.

3 – O registo definitivo da transferência da sede e da correspondente alteração dos estatutos da sociedade anónima europeia para Portugal, deve ser imediata-

mente comunicado, com a indicação da nova matrícula da sociedade aberta na sequência do referido registo definitivo, ao serviço de registo do Estado membro da anterior matrícula.

4 – A transferência da sede de sociedades anónimas europeias de Portugal para outro Estado membro da União Europeia demanda o cancelamento oficioso da matrícula na conservatória nacional, por força do disposto na alínea *d)* do artigo 62.º-A.

5 – O facto que determine a feitura do registo de cancelamento oficioso da matrícula de uma sociedade anónima europeia na conservatória nacional deve ser publicado não só na ordem jurídica interna como também no Jornal Oficial da União Europeia, por força do disposto no artigo 70.º, n.os 1, alínea *f)*, 2 e 4.

CAPÍTULO III
Processo de Registo

Artigo 28.º – Princípio da instância

1 – O registo efetua-se a pedido dos interessados, salvo nos casos de oficiosidade previstos na lei.

2 – Por portaria do Ministro da Justiça são identificadas as situações em que o pedido de registo é efetuado de forma verbal ou escrita.

3 – Nos casos em que os pedidos devam ser apresentados de forma escrita, os modelos de requerimento de registo são aprovados por despacho do diretor-geral dos Registos e do Notariado.

COMENTÁRIOS

Processo registal – instância e oficiosidade

1 – Em obediência ao princípio da instância consagrado neste preceito, cabe aos interessados desencadear a atividade dos serviços de registo mediante a formulação do competente pedido.

O pedido, nos casos em que deva ser formulado por escrito, obedecerá ao modelo aprovado, sendo nos demais casos feito verbalmente.

As situações em que se deva observar uma ou outra das referidas formas são definidas por portaria do Ministro da Justiça, sendo os modelos aprovados por despacho do presidente do IRN, I.P., nos casos em que os pedidos devem observar a forma escrita.

1.1 – No que concerne à aprovação dos modelos veja-se a deliberação tomada pelo Conselho Diretivo do IRN, em 27 de julho de 2022.

2 – O pedido de registo deve ser corretamente preenchido, com a indicação dos elementos atinentes à identificação civil do apresentante e ao ato de registo pretendido, sendo acompanhado dos documentos pertinentes para a elaboração do registo, os quais devem ser devidamente relacionados com referência a cada um dos factos em causa, pela menção dos elementos que permitam a identificação do original ou pela sua data e repartição emitente, acompanhado do emolumento devido.

3 – O aludido princípio da instância apenas pode ser postergado nos casos de oficiosidade, isto é, nos casos em que a lei expressamente assim o determine.

Os casos de oficiosidade tanto podem resultar de normas ínsitas no Código do Registo Comercial como de normas constantes de legislação avulsa.

4 – Os primeiros casos são considerados como oficiosidades internas ou intrínsecas, estabelecendo comandos que o conservador deve observar direta e imediatamente desde que se verifiquem determinados pressupostos previstos na lei.

Correspondem-lhe, designadamente, os seguintes artigos: 62.º-A, 65.º, n.º 4, *in fine*, 67.º, 67.º-A, 67.º B, 69.º, n.ºs 4 e 5, 111.º, n.º 4, e 112.º, n.º 1, todos do Código do Registo Comercial.

Os registos oficiosos dependentes são lavrados com o mesmo número de apresentação que corresponde ao registo de que dependem.

5 – São considerados casos de oficiosidades externas ou extrínsecas, os dependentes da intervenção de outras entidades.

5.1 – Como exemplos paradigmáticos destes casos pode ver-se o disposto nos artigos 38.º, n.º 2, alínea *b)*, 57.º e 229.º, todos do CIRE, aprovado pelo Decreto-Lei n.º 53/2004, de 18 de março.

Nestes casos, basta que a secretaria judicial proceda à promoção do registo dos factos em causa junto da conservatória, na sequência de determinação do juiz do processo, enviando para o efeito a respetiva certidão judicial.

5.2 – O registo dos factos elencados no n.º 1 do artigo 10.º-A do CRC também é efetuado oficiosamente, mediante comunicação do serviço de registo competente do respetivo país da União Europeia – n.º 2 do citado preceito.

6 – «I – A decisão judicial, proferida no processo civil, constitui, para efeitos de registo, um título ou documento e não propriamente um comando dirigido ao registrador.

II – Nos casos de oficiosidade previstos na lei os atos de registo não carecem de ser pedidos em impresso de modelo oficialmente aprovado.

III – Esta situação abrange, todas as oficiosidades, isto é, tanto as que são internas ao próprio sistema de registo e que, como tal, se acham contempladas nos respetivos códigos, como também as que lhe são extrínsecas e que, portanto, estão – e podem vir a estar – previstas em diversos outros diplomas, ainda que, nestes casos deva a solicitação ser anotada no Diário». – cfr. o parecer constante do proc.º n.º 11-R.P.95, in BRN n.º 8/97, I, pág. 10, porque apesar de proferido a propósito de matéria atinente a registo predial a doutrina firmada tem plena aplicação no âmbito de registo comercial.

7 – Sempre que o conservador entenda que deve proceder à convolação do pedido, seja por razões de economia processual seja por razões de natureza substantiva, deve exarar despacho em conformidade e proceder à comunicação do mesmo ao requerente, quando tal se justifique em face da alteração sofrida. – Cfr., neste sentido, o parecer do CT proferido no proc.º n.º R.P.119/98 DSJ-CT, in BRN n.º 3/99, II, pág. 22.

8 – A convolação traduz-se, pois, num ato de «aproveitamento da instância» não podendo ir além da adequação técnico-jurídica dos termos do pedido ao fim pretendido pelo interessado, ainda que a sua vontade, avaliada em função dos documentos apresentados e das declarações proferidas, tenha sido exteriorizada de forma imprecisa ou deficiente.

Contudo, a convolação não pode, em situação alguma, envolver um novo pedido de registo, relativo a um facto diverso no seu conteúdo, nos efeitos jurídicos e no correspondente enquadramento legal, visto que daí derivaria violação do princípio da prioridade e da apresentação do facto no diário.

Por outro lado, também não se pode proceder à convolação do pedido se dela resultar um agravamento da posição jurídica dos interessados.

Veja-se, sobre o ponto, o parecer proferido no proc.º n.º R.P. 242/2010 SJC-CT.

9 – As razões subjacentes à convolação do pedido são múltiplas, mormente de caráter substantivo, prendendo-se, abstratamente, com os princípios da oponibilidade e da prioridade do registo, impondo que na pendência do registo provisório o pedido de registo do mesmo facto na pendência do seu registo seja convolado no pedido de conversão daquele registo provisório, obstando assim à prática de atos inúteis. – Cfr. o parecer do CT proferido no proc.º n.º R.P.54/2000 DSJ-CT, in BRN n.º 8/2000, II, pág. 27.

10 – A mera incorreção do pedido, desde que seja inteligível, não deve constituir motivo de recusa do pedido de registo.

Com efeito, na interpretação do pedido, efetuada designadamente em sede de qualificação, deve ter-se em consideração o conjunto dos elementos disponibilizados, em especial as menções obrigatórias da requisição, os documentos apresentados e as declarações complementares produzidas, de molde a percecionar-se a vontade do interessado, ainda que a mesma tenha sido imperfeitamente expressa.

11 – Relativamente à promoção eletrónica de atos de registo comercial veja-se ainda a Portaria n.º 1416-A/2006, de 19 de dezembro.

Artigo 28.º-A – Apresentação por notário

(Revogado.)

Artigo 29.º – Legitimidade

1 – Para pedir os atos de registo respeitantes a comerciantes individuais, salvo o referido no n.º 2, e a pessoas coletivas sujeitas a registo têm legitimidade os próprios ou seus representantes e todas as demais pessoas que neles tenham interesse.

2 – O registo do início, alteração e cessação da atividade do comerciante individual, bem como da mudança do seu estabelecimento principal, só pode ser pedido pelo próprio ou pelo seu representante.

3 – Para o pedido de registo provisório do contrato de sociedade anónima com apelo a subscrição pública de ações só têm legitimidade os respetivos promotores.

4 – O Ministério Público tem legitimidade para pedir os registos das ações por ele propostas e respetivas decisões finais.

5 – Salvo no que respeita ao registo de ações e outras providências judiciais, para pedir o registo de atos a efetuar por depósito apenas tem legitimidade a entidade sujeita a registo, sem prejuízo do disposto no artigo seguinte.

COMENTÁRIOS

Legitimidade

1 – Para pedir os atos de registo do início de atividade, alteração e cessação de atividade do comerciante individual, bem como da mudança de estabelecimento principal, só tem legitimidade o próprio ou os seus representantes.

Os restantes atos de registo podem ser peticionados pelos próprios ou pelos seus representantes e por todas as demais pessoas que neles tenham interesse, como decorre da análise do disposto nos n.º 1 e 2 deste preceito.

2 – O Ministério Público tem legitimidade para requisitar o registo das ações por ele propostas e respetivas decisões finais – n.º 4 do preceito em apreço.

3 – O pedido de registo provisório do contrato de sociedade anónima com apelo a subscrição pública de ações só pode ser pedido pelos respetivos promotores, como decorre do preceituado no n.º 3 deste artigo.

Veja-se ainda, sobre este assunto e em conformidade, o disposto no n.º 3 do artigo 279.º do Código das Sociedades Comerciais.

4 – Para formular o pedido de registo de atos a efetuar por depósito, e sem prejuízo também do que se encontra previsto no artigo 29.º-A, só tem legitimidade a própria entidade, salvo tratando-se de registo de ações ou outras providências judiciais.

29.º-A – Registo de factos relativos a participações sociais e respetivos titulares a promover pela sociedade

1 – No caso de a sociedade não promover o registo, nos termos do n.º 5 do artigo anterior, qualquer pessoa pode solicitar junto da conservatória que esta promova o registo por depósito de factos relativos a participações sociais e respetivos titulares.

2 – No caso previsto no número anterior, a conservatória notifica a sociedade para que esta, no prazo de 10 dias, promova o registo sob pena de, não o fazendo, a conservatória proceder ao registo, nos termos do número seguinte.

3 – Se a sociedade não promover o registo nem se opuser, no mesmo prazo, a conservatória regista o facto, arquiva os documentos que tiverem sido entregues e envia cópia dos mesmos à sociedade.

4 – A oposição da sociedade deve ser apreciada pelo conservador, ouvidos os interessados.

5 – Se o conservador decidir promover o registo, a sociedade deve entregar ao requerente as quantias por este pagas a título de emolumentos e outros encargos e, no caso de o conservador indeferir o pedido, deve este entregar à sociedade as quantias por esta pagas a título de emolumentos e outros encargos.

6 – A decisão do conservador de indeferir o pedido ou proceder ao registo é recorrível nos termos dos artigos 101.º e seguintes.

COMENTÁRIOS

Procedimentos a adotar no caso de a sociedade não promover tempestivamente os registos que são da sua competência.

1 – O registo de factos relativos a participações sociais e respetivos titulares que não tenha sido requerido pela respetiva sociedade, em cumprimento do n.º 5 do artigo 29.º, pode ser desencadeado por qualquer pessoa junto da conservatória, que promoverá, desde logo, as diligências prescritas no n.º 2 deste preceito.

2 – No caso de a sociedade, após a notificação prevista no n.º 2, não promover o registo nem deduzir oposição ao mesmo, a conservatória, inexistindo impedimentos legais, procede ao registo em causa, arquiva os documentos que basearam o registo, e envia cópia dos mesmos à sociedade, em conformidade com o prescrito no n.º 3 do artigo 29.º-A.

A questão da omissão do registo fica, de imediato, solucionada.

3 – No entanto, sobre o pedido de registo desencadeado por qualquer pessoa ao abrigo do prescrito no n.º 1 do artigo 29.º-A pode recair decisão de indeferido, basta para o efeito que não se encontrem observados todos os requisitos legais pertinentes designadamente os prescritos nos artigos 242.º-C e segs. do CSC.

A aludida decisão é suscetível de recurso hierárquico ou de impugnação judicial ao abrigo do disposto nos artigos 101.º e segs. deste Código.

4 – Diversa é, ainda, a situação quando for deduzida oposição pela sociedade. Tal demanda, então, tratamento diverso do explanado na anotação constante do n.º 2.

Neste caso, a oposição é apreciada pelo conservador, após audição dos demais interessados, como rege o n.º 4 do artigo em apreço.

Em face do que preceitua o n.º 5, duas são as soluções possíveis:

a) o conservador decide no sentido de promover a realização do registo (não a sua execução imediata, posto que tal só pode acontecer, futuramente, quando a decisão se tornar definitiva); ou

b) o conservador decide, em face dos fundamentos esgrimidos na oposição, indeferir o pedido.

A aludida decisão, quer seja num sentido quer no outro, é impugnável pelo interessado que veja a sua pretensão desatendida, nos termos prescritos nos artigos 101.º e segs. do CRC, ao abrigo do disposto no n.º 6 do artigo 29.º-A.

Assim, se a sociedade interpõe recurso contra a decisão do conservador de promover o registo e o mesmo for julgado procedente o registo em causa não é naturalmente efetuado; por outro lado, a improcedência do mesmo demanda a feitura do respetivo registo.

Se a decisão do conservador consistir no indeferimento do pedido a procedência do recurso deduzido contra esta decisão acarreta a feitura do registo em causa enquanto que a improcedência determina a não elaboração do registo.

5 – No parecer do Conselho Consultivo proferido no proc.º n.º R.Co.14/2013 STJ-CC firmou-se o seguinte entendimento:

A legitimidade para pedir o registo de atos a efetuar por depósito, salvo no que respeita a ações e outras providências judiciais, encontra-se atribuída à respetiva sociedade, como decorre do prescrito no artigo 242.º-B do Código das Sociedades Comerciais e no n.º 5 do artigo 29.º do Código do Registo Comercial, sem prejuízo do disposto no artigo 29.º-A deste Código.

No caso de a sociedade não promover o registo, como lhe compete, qualquer pessoa pode solicitar junto da conservatória que esta promova o registo por depósito de factos relativos a participações sociais, ao abrigo do disposto no n.º 1 do artigo 29.º-A do Código do Registo Comercial.

Tendo, ao abrigo do aludido normativo, sido solicitado à conservatória que desencadeie a promoção de um registo de transmissão de quotas, deve esta notificar a respetiva sociedade para, no prazo de dez dias, promover o registo em causa, sob pena de, não o fazendo, a conservatória proceder ao referido registo, nos termos do disposto nos n.os 2 e 3 do citado preceito.

Contudo, se a sociedade deduzir oposição, o conservador, após audição dos interessados, procede à sua apreciação decidindo-se pela promoção ou não do registo, como decorre do disposto no n.º 5 do artigo 29.º-A do CRC.

Optando pelo deferimento do pedido, não obstante a oposição, o conservador, na veste de promotor do registo em substituição da sociedade faltosa, deve ter presente e cumprir os princípios da legalidade, da prioridade da promoção dos registos e da sucessão consagrados nos artigos 242.º-E, 242.º-C e 242.º-D do CSC, nos mesmos termos em que a sociedade os teria também que observar.

Consequentemente, constitui impedimento à promoção do registo por depósito a não titulação dos factos nos documentos apresentados, a existência de registo por depósito da quota cujo pedido ora se renova, bem como a dependência deste facto de outros factos respeitantes à mesma quota cujo registo não tenha sido previamente promovido, sob pena de se postergarem os princípios da legalidade, da prioridade e do trato sucessivo consignados no aludido Código.

6 – O apoio judiciário de que eventualmente goze a requerente em ação judicial instaurada contra a sociedade por não ter promovido o registo por depósito da quota, não é extensível, pelo menos por enquanto, ao registo em causa, visto que ainda não se encontram regulamentados os termos do n.º 3 do artigo 17.º da Lei n.º 34/2004, na redação introduzida pela Lei n.º 47/2007, de 28 de agosto. Daí que o pagamento das quantias emolumentares fixadas no n.º 3 do artigo 22.º do RERN, deva ser satisfeito antes da feitura do registo, como decorre do prescrito nos artigos 29.º-A, n.º 5, e 114.º do CRC bem como do artigo 242.º-B do CSC.

7 – No parecer proferido no proc.º n.º R.Co.3/2009 SJC-CT firmou-se doutrina no sentido de que a decisão do conservador de promover o registo, nos ter-

mos do preceituado no n.º 5 do artigo 29.º-A, tem de subordinar-se à aplicação das disposições legais que a sociedade está também, nas mesmas circunstâncias, obrigada a observar, isto é, ao disposto nos artigos 242.º-A a 242.º-F do CSC. Na mesma senda veja-se, também, o parecer ínsito no proc.º n.º R.Co.24/2010 SJC-CT.

8 – Ainda a propósito de registos por depósito de factos relativos a participações sociais – Poderes/deveres do conservador em caso de oposição da sociedade – Ação que vise a declaração de nulidade ou anulação da transmissão de quota na pendência de recurso hierárquico da decisão do conservador que decidiu executar o registo por depósito da transmissão, veja-se o parecer ínsito no proc.º n.º R. Co. 12/2007 DSJ-CT.

Artigo 29.º-B – Promoção do registo de factos relativos a participações sociais e respetivos titulares por outras entidades

Nos casos em que o registo de factos relativos a participações sociais e respetivos titulares não deva ser promovido pela sociedade, designadamente no caso de ações e providências judiciais, o requerente do registo deve enviar à sociedade cópia dos documentos que titulem o facto, para que aquela os arquive.

COMENTÁRIO

Este preceito, bem como o anterior, foram aditados pelo artigo 6.º do Decreto-Lei n.º 76-A/2006, de 29 de março.

Artigo 30.º – Representação

1 – O registo pode ser pedido por:

a) **Aqueles que tenham poderes de representação para intervir no respetivo título;**

b) **Mandatário com procuração bastante;**

c) **Advogados, notários e solicitadores;**

d) **Revisores e técnicos oficiais de contas, para o pedido de depósito dos documentos de prestação de contas.**

2 – A representação subsiste até à realização do registo, abrangendo, designadamente, a faculdade de requerer urgência na sua realização e a de impugnar a decisão de qualificação do registo, nos termos do artigo 101.º, e implica a responsabilidade solidária do representante no pagamento dos respetivos encargos.

3 – Sem prejuízo do disposto no número anterior, a representação para efeitos de impugnação judicial só pode ser assegurada por mandatário com poderes especiais para o efeito ou com poderes forenses gerais.

COMENTÁRIOS

Representantes – Extensão dos seus poderes

1 – O registo pode ser pedido por mandatário, com procuração bastante, por quem tenha poderes de representação para intervir no respetivo título, ou por advogado, notário, solicitador e por revisores e técnicos oficiais de contas, embora estes apenas com respeito ao depósito dos documentos de prestação de contas.

Em face do disposto neste artigo, o advogado, o notário e o solicitador, bem como os revisores e técnicos oficiais de contas não necessitam de provar os poderes de representação, mas apenas a sua qualidade profissional.

2 – Os poderes de representação para pedir atos de registo englobam também a faculdade de requerer urgência na realização dos referidos registos, bem como os poderes para impugnar a decisão de qualificação desfavorável do registo e ainda os de emitir as declarações complementares dos títulos, que se revelem necessárias à execução do mandato (cfr. o disposto no artigo 33.º), assumindo os representantes responsabilidade solidária no pagamentos dos encargos inerentes ao ato.

Neste sentido, veja-se, entre outras, a Deliberação tomada pelo CT no proc.º n.º R.P.186/2000 DSJ-CT, homologada por despacho do Diretor-Geral em 29 de janeiro de 2001, publicada no BRN n.º 2/2001, II, pág. 50.

3 – Havendo necessidade de determinar a regularização da atuação do advogado ou solicitador, a notificação do despacho exarado a determiná-la deve ser feita não só à parte como também ao *mandatário aparente* (não obstante só o primeiro possa suprir a falta ou corrigir o vício e ratificar o processado), com a advertência de que caso a falta não seja regularizada dentro do prazo fixado, fica sem efeito todo o processado.

Neste caso, à ratificação não basta a junção de procuração emitida em data posterior à dos atos praticados, pois ela tem de ser expressa. – Cfr., neste sentido, o Ac. do STJ, de 15 de fevereiro de 1966, in BMJ n.º 154, pág. 286.

3.1 – Diversa é, porém, a situação em que se verifica que a procuração foi subscrita em data anterior à da apresentação da petição de recurso, pois, neste caso, o mandato já existia, e estava devidamente formalizado, só não foi oportunamente apresentado nos Serviços.

4 – A matéria da representação na impugnação judicial interposta contra decisão proferida no âmbito de registo comercial encontra-se regulada exclusivamente no Código de Processo Civil, – vd. o que dispõem os artigos 40.º e segs.

Assim, tratando-se de impugnação cujos termos decorram no âmbito judicial, não obstante seja apresentada nos serviços de registo, é ao juiz do processo que compete verificar, entre outros, o pressuposto processual do patrocínio judiciário. – Cfr., adrede, o parecer proferido pelo CT no proc.º n.º C.P.3/2000 DSJ-CT, in BRN n.º 4/00, II, pág. 52.

5 – Com referência a sócio, de dezasseis anos e de nacionalidade estrangeira, capacidade negocial e sua representação, veja-se o parecer proferido no proc.º n.º R.Co.15/2015 STJSR-CC.

Artigo 31.º – Princípio do trato sucessivo
(Revogado.)

COMENTÁRIO

1 – O princípio do trato sucessivo consignado neste preceito, revogado pelo Decreto-Lei n.º 76-A/2006, estava limitado aos atos modificativos da titularidade de quotas ou partes sociais e de direitos sobre elas, ficando ainda salvaguardadas as exceções resultantes de facto consequente de outro anteriormente registado.

2 – Não obstante a aludida revogação veja-se o que prescreve o artigo 242.º-D do CSC no que respeita à sucessão de registos.

Artigo 32.º – Prova documental

1 – Só podem ser registados os factos constantes de documentos que legalmente os comprovem.

2 – Os documentos escritos em língua estrangeira só podem ser aceites quando traduzidos nos termos da lei, salvo se titularem factos sujeitos a registo por transcrição, estiverem redigidos em língua inglesa, francesa ou espanhola e o funcionário competente dominar essa língua.

3 – Sem prejuízo do disposto nos números anteriores, podem ser depositadas na pasta da entidade sujeita a registo traduções, efetuadas nos termos da lei, de documentos respeitantes a atos submetidos a registo, em qualquer língua oficial da União Europeia, em termos a definir por portaria do membro do Governo responsável pela área da justiça.

4 – Os documentos arquivados nos serviços da Administração Pública podem ser utilizados para a realização de registos por transcrição, devendo tais documentos ser referenciados no pedido.

5 – Para efeitos do disposto no número anterior, o serviço de registo é reembolsado pelo apresentante das despesas resultantes dos pagamentos devidos às entidades referidas no número anterior.

6 – Sem prejuízo da competência para a certificação de fotocópias atribuída por lei a outras entidades, para efeitos de registo comercial *online* de

atos sobre as sociedades comerciais ou civis sob forma comercial os respetivos gerentes, administradores e secretários podem, quando os promovam, certificar a conformidade dos documentos eletrónicos por si entregues, através do sítio na Internet, com os documentos originais, em suporte de papel.

7 – As comunicações recebidas através do sistema de interconexão dos registos da União Europeia dispensam a apresentação de prova documental adicional dos factos nelas contidos.

COMENTÁRIOS

Documentos legais. Comprovação dos factos submetidos a registo
Documentos provindos de País estrangeiro

1 – Os registos são efetuados com base em documentos legais que comprovem os factos que se submetem a registo.

Contudo, não resulta do n.º 1, nem de qualquer outra norma ínsita neste Código, que a prova tenha de ser plena, só cedendo mediante prova do contrário, não se admitindo a prova bastante, que, consabidamente, cede perante contraprova.

Daqui decorre que, muito embora o nosso direito registal só admita a prova legal documental (o que acaba por constituir exceção à regra da livre apreciação da prova que vigora no ordenamento jurídico português), a prova bastante (ou prova suficiente) do facto preenche a exigência legal.

Para mais desenvolvimentos, veja-se o parecer proferido no proc.º n.º R.Co.5/ /2010 SJC-CT, designadamente as págs. 9 e 10.

2 – Se for manifesto que o documento apresentado não titula o facto que se pretende submeter a registo, o correspondente registo tem de ser recusado, em virtude do prescrito na alínea *b)* do n.º 1 do artigo 48.º.

3 – Os documentos escritos em língua estrangeira só podem ser aceites entre nós, quando acompanhados da tradução correspondente, feita perante o notário português, pelo consulado português no País onde o documento foi emitido, pelo consulado desse País em Portugal, ou ainda por tradutor idóneo que, sob juramento ou compromisso de honra, afirme perante notário ser fiel a tradução, nos termos prescritos no artigo 44.º do CN.

A referida tradução é, contudo, dispensada se os documentos respeitarem a factos que ingressem no registo por transcrição, estiverem redigidos em língua inglesa, francesa ou espanhola e o funcionário competente (o qualificador do correspondente pedido de registo, naturalmente) dominar essa língua.

4 – Em regra, as decisões proferidas por tribunais estrangeiros para produzirem efeitos em Portugal devem ser revistas e confirmadas pelo Tribunal da

Relação competente, sem prejuízo do que se encontre estabelecido em tratados, convenções, regulamentos comunitários e leis especiais, de harmonia com o previsto nos artigos 978.º e seguintes do CPC.

5 – «I – Os documentos autênticos ou particulares passados em país estrangeiro, na conformidade da respetiva lei, fazem prova como o fariam os documentos da mesma natureza exarados em Portugal, independentemente de terem, ou não, sido legalizados.

II – Se o conservador tiver fundadas dúvidas acerca da autenticidade do documento que lhe tenha sido apresentado, pode exigir que no mesmo seja aposta a apostilha prevista na Convenção de Haia de 5 de Outubro de 1961, relativa á supressão da exigência da legalização dos atos públicos estrangeiros.

III – Neste último caso, uma vez apostilhado o documento, porque aí a apostilha é condição essencial da sua validade, deve a tradução daquele abranger a apostilha nele aplicada.». – Cfr. o parecer constante do proc.º n.º R.P.161/2001-DSJ, in BRN n.º 9/2002, I, pág.13.

6 – «I – A instrução de atos e processos dos registos e do notariado pode ser efetuada com fotocópia de documento autêntico ou autenticado, desde que conferida com o original ou documento autenticado exibido perante o funcionário que o receba – artigo 1.º, n.º 1, do Decreto-Lei n.º 30/2000, de 13 de março.

II – Resulta, assim, que a conferência de fotocópia nos termos do referido Decreto-Lei apenas pode ser efetuada mediante a apresentação simultânea da fotocópia e do documento autêntico ou autenticado do qual a mesma foi extraída.

III – A fotocópia e o documento deverão ser apresentados ao conservador ou oficial dos registos e do notariado da conservatória competente para a instrução do ato ou do processo, ou da conservatória que atuar na qualidade de intermediária.

IV – Não obstante, se o conservador assim o entender e numa ótica de colaboração com o utente, pode a fotocópia ser extraída na conservatória.

V – A conferência de fotocópia poderá ser efetuada por conservador ou oficial dos registos ou do notariado, devendo a competência destes últimos ser aferida em função do disposto no artigo 93.º, n.º 4 do Decreto Regulamentar n.º 55/80, de 8 de outubro.

VI – A fotocópia conferida destinada a instruir ato ou processo dos registos e do notariado deverá, naturalmente, ter sido extraída de documento idóneo para aquele fim, situação que forçosamente patenteará.

VII – Não devem ser requeridas, emitidas ou expedidas oficiosamente fotocópias conferidas, sem prejuízo da informação a prestar ao utente quanto às possibilidades decorrentes da aplicação do Decreto-Lei n.º 30/2000, já identificado.

VIII – As conferências de fotocópias, bem como as fotocópias eventualmente extraídas nos termos da conclusão 4, estão isentas de emolumentos – artigo 1.º, n.º 4 do Decreto-Lei n.º 30/2000, de 13 de março.» – Cfr. o parecer constante do proc.º n.º DIV.59/2000-DSJ, in BRN n.º 6/2000, I, pág. 16, embora respeitante a matéria do registo civil.

7 – «1.º – Os documentos passados no estrangeiro, em conformidade com as leis do respetivo país, não carecem, em princípio, de prévia legalização para instruir atos notariais.

2.º – Tal legalização só deverá ser exigida quando ao notário se suscitarem fundadas dúvidas sobre a autenticidade do documento apresentado, devendo esta ser efetuada nos termos do artigo 540.º do Código de Processo Civil.

3.º – Quando, porém, se trate de país aderente ou signatário da Convenção de Haia a legalização deverá ser feita mediante a aposição da apostilha, em conformidade com o disposto no artigo 3.º da Convenção.» – Cfr. o parecer proferido no proc.º n.º 165-Not.95, in BRN n.º 2/96, pág. 23.

8 – Na sequência da publicação do Decreto-Lei n.º 28/2000, de 13 de março, que pretendeu simplificar e desburocratizar a atividade notarial, passou a ser possível os advogados certificarem fotocópias de documentos originais quer sejam emitidos por entidades públicas quer por particulares. – Cfr., adrede, o acórdão do TRL, de 30 de setembro de 2003, in CJ, Ano XXVIII, Tomo IV, pág. 102.

9 – Por força do prescrito no artigo 38.º do Decreto-Lei n.º 76-A/2006, de 29 de março, as câmaras de comércio e indústria, reconhecidas nos termos do Decreto-Lei n.º 244/92, de 29 de outubro, os conservadores, os oficiais de registo, os advogados e os solicitadores podem fazer reconhecimentos simples e com menções especiais, presenciais e por semelhança, autenticar documentos particulares, certificar, ou fazer e certificar, traduções de documentos nos termos previstos na lei notarial.

10 – No âmbito do registo predial, relativamente à prova do direito estrangeiro e aos documentos arquivados eletronicamente, veja-se o que prescrevem os artigos 43.º-A e 43.º-B, aditados ao Código do Registo Predial pelo Decreto-Lei n.º 125/2013, de 30 de agosto.

11 – Veja-se também o Decreto-Lei n.º 299-D/99, de 2 de agosto, alterado pelo Decreto-Lei n.º 62/2003, de 3 de abril, que aprova o regime jurídico dos documentos eletrónicos e de assinatura digital.

12 – O n.º 7 do preceito em análise foi introduzido pelo Decreto-Lei n.º 24/2019, de 1 de fevereiro, que estabelece as regras aplicáveis à comunicação eletrónica entre o registo comercial nacional e os registos de outros Estados-Membros da União Europeia, transpondo a Diretiva n.º 2012/17/UE.

Artigo 33.º – Declarações complementares

São admitidas declarações complementares dos títulos nos casos previstos na lei, designadamente para completa identificação dos sujeitos, sem prejuízo da exigência de prova do estado civil, e bem assim dos gerentes, administradores, diretores, liquidatários e demais representantes das pessoas coletivas.

COMENTÁRIOS

Natureza das declarações para registo

Limites das declarações complementares

1 – As declarações para registo podem ser principais ou complementares.

São consideradas declarações principais as que constituem elas próprias título para registo, como é o caso, designadamente, das declarações previstas nos artigos 34.º, n.º 1, e 44.º, n.º 1.

As declarações complementares destinam-se, nomeadamente, a suprir insuficiências dos títulos, a esclarecer divergências existentes entre eles ou a colmatar omissões, e são geralmente prestadas no verso do impresso-requisição respeitante ao registo em causa, mas podem sê-lo em documento separado, com idêntica formalidade no que respeita à assinatura e respetivo reconhecimento, se for o caso. – Cfr., neste sentido, o parecer do CT proferido no proc.º n.º 86/89-R.P.3.

2 – Não é admissível proceder-se, em declaração complementar, à indicação do estado civil dos sujeitos de inscrição de factos cujos títulos sejam omissos quanto a esse elemento de identificação, pois há que ter em atenção o disposto nos seus artigos 4.º, 5.º e 211.º do Código do Registo Civil. – Cfr. o parecer do CT exarado no proc.º n.º 58/86-R.P.3, in BRN n.º 27, de outubro de 1987, pág. 5.

3 – No entanto, são admitidas declarações complementares dos títulos apresentados para completa identificação dos representantes das pessoas coletivas, não sendo exigível a prova do estado civil dos mesmos.

A admissibilidade desta exceção provém do facto de a menção do estado civil dos referidos representantes nas inscrições de designação dos titulares dos órgãos de administração e de fiscalização corresponderem, no fundo, a um mero elemento identificativo do titular de um cargo social.

4 – Como foi entendido no parecer proferido pelo CT no proc.º n.º 1/92-R.P.96 e, posteriormente, reafirmado no parecer constante do proc.º n.º R.P.285/2000-DSJ, in BRN n.º 1/2002, I, pág. 30, as exigências de prova do estado civil dos sujeitos das inscrições só se devem colocar quando esse estado seja relevante, substantiva e registralmente, não quando se trate de mero elemento identificativo.

5 – «I – Qualquer ato de registo (predial, comercial ou de bens móveis) só pode ser efetuado com referência a bens certos e determinados e com base em documentos que legalmente comprovem os factos que lhe estão sujeitos. Este princípio acha-se, nomeadamente no que concerne à prova documental, também necessária no âmbito do registo mercantil, expressamente consagrado no n.º 1 do art.º 32.º do Código do Registo Comercial.

II – Através da escritura de habilitação de herdeiros apenas pode ser comprovada a qualidade de herdeiro ou meeiro do autor da sucessão. Assim, com base nela (e mesmo no caso de haver um único herdeiro) apenas é possível demonstrar a transmissão da herança, como universalidade, – e nunca que determinado bem (trate-se de imóvel, de quota social ou de qualquer outro) dela faz parte.

III – Inexistindo a partilha judicial ou extrajudicial (onde, aí sim, são, consabidamente, indicados em concreto os bens da herança), o Código do Registo Predial veio permitir que se efetuasse o registo em comunhão hereditária a favor de todos os herdeiros (e meeiro) apenas com base no documento comprovativo da habilitação acompanhado do pedido formulado por qualquer dos herdeiros (ou pelo meeiro) em que estes, identificando os bens a registar, declarem que os mesmos fazem parte da herança (arts. 49.º e 37.º do referido Código).

IV – Não havendo, no Código do Registo Comercial, disposição semelhante e regulamentação própria quanto a esta matéria, é de admitir que, não só por identidade de razão e para facilitar o acesso ao registo, como também porque a solução em causa não contraria os princípios informadores do registo comercial, que tal lacuna de estatuição normativa seja colmatada com base no disposto no art. 115.º desse Código – consentindo-se, portanto, que o sistema registral mercantil acolha a inscrição de aquisição de participação social em comunhão hereditária de modo análogo ao já citado e expressamente previsto para o registo predial.

V – Consequentemente, para que se possa efetuar este registo, necessário se torna que qualquer dos herdeiros ou meeiro instruam o pedido respetivo com o documento comprovativo da habilitação, bem como com a declaração de que a participação social respetiva faz parte do acervo hereditário, sem o que, como é evidente, nem sequer haveria título.» – Conclusões firmadas na deliberação tomada pelo CT no proc.º n.º R.Co.30/2000 DSJ-CT.

6 – «I – Havendo alteração do contrato de sociedades por quotas, se os sócios forem os mesmos que constam de anteriores inscrições, não é necessário demonstrar, mediante apresentação das respetivas certidões de nascimento, que o seu estado civil se mantêm inalterado.» – Conclusão firmada no parecer do CT constante do proc.º n.º 23/90-R.P.4.

7 – «1) Sendo uma quota, por força do regime matrimonial de bens, comum aos dois cônjuges, é havido como sócio, nas relações com a sociedade, aquele que a subscreveu.

2) Se, posteriormente, o casamento vier a ser dissolvido por divórcio, enquanto se não provar que houve, pela partilha, alteração da titularidade dessa quota, é desnecessário que, para os atos de registo pedidos, se faça declaração complementar de que ela continua a ser bem comum do casal.» – Cfr. o parecer do CT proferido no proc.º n.º 5/90-R.P.4.

8 – A falta de indicação da localidade onde a sede se situa pode ser suprida através de declarações complementares, prestadas pelos interessados, nos termos do artigo 33.º do CRC – vd. o parecer proferido no proc.º n.º 1/64-R.P.95 DST, publicado no BRN n.º 9/97, I, pág. 8.

Artigo 34.º – Comerciante individual

1 – O registo do início, alteração e cessação de atividade do comerciante individual, bem como da modificação dos seus elementos de identificação, efetua-se com base na declaração do interessado.

2 – Com o pedido de registo de modificação do estado civil ou do regime de bens do comerciante individual deve ser arquivado o respetivo documento comprovativo.

COMENTÁRIOS

Títulos para registo

1 – O registo do início de atividade do comerciante individual não está sujeito a registo obrigatório, mas, por força do preceituado no n.º 1 do artigo 14.º, a produção de efeitos contra terceiros só ocorre depois da data do respetivo registo.

2 – Para instrução do pedido de registo, devem ser apresentados os seguintes documentos:

a) Declaração do interessado – n.º 1 deste artigo;
b) Certificado de admissibilidade da firma, se o interessado pretender adotar firma diferente do seu nome próprio – artigo 38.º do RRNPC.

3 – Para pedir o registo do início de atividade, sua alteração e ou cessação de atividade do comerciante individual apenas tem legitimidade o próprio ou o seu representante, por força do disposto no n.º 2 do artigo 29.º.

4 – O registo do início de atividade do comerciante individual determina a abertura da matrícula, como decorre do disposto no artigo 61.º.

«O primeiro registo do *comerciante individual* não é da "declaração" de início de atividade, mas o próprio *início* da atividade, como facto jurídico que é» – Rocheta Gomes, in *O Direito*, Ano 122, 1990, pág. 50, subordinado ao tema «*Um Passo Intermédio na Dinâmica do Registo Comercial*».

Artigo 35.º – Sociedades

1 – Para o registo de sociedades cuja constituição esteja dependente de qualquer autorização especial é necessário o arquivamento do respetivo documento comprovativo, salvo se o ato de constituição for titulado por escritura pública que o mencione.

2 – O registo prévio do contrato de sociedade é efetuado em face do projeto completo do respetivo contrato.

3 – A conversão em definitivo do registo referido no número anterior é feita em face do contrato de sociedade.

4 – O registo provisório do contrato de sociedade anónima com apelo à subscrição pública de ações é lavrado em face do projeto completo do contrato, com reconhecimento das assinaturas de todos os interessados, de documento comprovativo da liberação das ações por eles subscritas e, quando necessário, da autorização para a subscrição pública ou emissão de ações.

5 – (Revogado.)

COMENTÁRIOS

I. Autorização especial para a constituição de sociedades ou/e para o exercício de atividade

II. Registo prévio do contrato de sociedade

III. Registo provisório do contrato de sociedade anónima com apelo a subscrição pública de ações

I. Autorização especial para a constituição de sociedades ou/e para o exercício de atividade.

1 – O n.º 1 preceitua que para o registo das sociedades cuja constituição esteja dependente de alguma autorização especial é necessário o depósito do respetivo documento comprovativo daquela autorização ter sido concedida, salvo se o ato tiver sido titulado por escritura pública e estiver nela devidamente mencionado.

2 – É pertinente indagar-se acerca da possibilidade desta menção ser feita no documento particular autenticado, previsto no artigo 22.º do Decreto-Lei n.º 116/2008, de 4 de julho, e no documento escrito que acolha o contrato de sociedade nos termos do n.º 1 do artigo 7.º do CSC.

2.1 – Quanto à primeira hipótese diremos que a resposta não poderá deixar de ser afirmativa, tendo até em consideração a equiparação constante do disposto no artigo 23.º do citado Decreto-Lei.

Como se sabe, o documento particular autenticado atinge a sua perfeição quando for percorrida, com sucesso, a seguinte trilogia de atos: outorga do documento particular pelas partes (ou parte), devidamente assinado, termo de autenticação exarado pela entidade autenticadora competente e depósito do documento particular autenticado, dentro do prazo legal, nos termos previstos na Portaria n.º 1535/2008, de 30 de dezembro.

Para mais desenvolvimentos sobre o ponto, e, concretamente, sobre a natureza jurídica do documento particular autenticado, veja-se, entre outros, o parecer proferido no proc.º n.º C.P.127/2009 SJC-CT.

2.2 – Diverso é, porém, o nosso entendimento no que respeita à segunda hipótese equacionada – vale por dizer: mero documento escrito –, considerando que o mesmo não tem na sua elaboração a interferência de qualquer entidade independente, como acontece na celebração das escrituras públicas ou nos referidos documentos particulares autenticados, bastando-se com a intervenção das partes interessadas. Deve, por isso, ser apresentado para o registo definitivo em causa o documento comprovativo da concessão da autorização para a constituição da sociedade, já que a menção inserta no aludido documento escrito não pode dispensar essa verificação pelos serviços de registo competentes.

3 – No que concerne às referidas autorizações é, no entanto, necessário proceder-se à destrinça das situações em que a autorização especial a conceder respeita à própria constituição das sociedades comerciais (n.º 1 deste preceito) dos casos em que a autorização especial é mera condição para o exercício da atividade que essas sociedades se propõem desenvolver.

3.1 – No primeiro caso, a própria constituição da sociedade está dependente de uma autorização especial, pelo que, antes da sua concessão o registo só pode ser efetuado como provisório por natureza, nos termos previstos na alínea *b)* do n.º 1 do artigo 64.º, vindo o mesmo a caducar, se aquela autorização não for concedida dentro do prazo de vigência do registo e a conversão deste não for tempestivamente requerida.

3.2 – Distinta é, porém, a situação contemplada no último caso, vale por dizer, quando a licença seja mera condição para o exercício da atividade, visto que aqui a fiscalização da concessão da licença está fora da alçada de competência do conservador, sendo tal autorização concedida posteriormente à elaboração do registo, pressupondo até, por vezes, a existência deste e em termos definitivos.

Consequentemente, estas situações ficam fora do âmbito de aplicação do disposto no n.º 1 do artigo 35.º, não estando abrangidas pelo disposto na citada alínea *b)* do n.º 1 do artigo 64.º do CRC.

4 – Consabidamente, é obrigatória a menção do capital social na matrícula e na inscrição de constituição (ou alteração) de sociedades comerciais, sem qualquer exceção, por força do prescrito nos artigos 8.º, n.º 1, alínea *d*, e 10.º, alínea *b)* do RRC, bem como do artigo 9.º, n.º 1, alínea *f)*, do CSC. Cfr., ainda, o disposto nos artigos 199.º, 201.º e 272.º do CSC.

Para além destes diplomas, existe legislação avulsa respeitante a sociedades específicas que tenham por objeto o exercício de determinadas atividades como é o caso, designadamente, das transportadoras rodoviárias de mercadorias.

Com efeito, flui do n.º 2 do artigo 9.º do Decreto-Lei n.º 257/2007, de 16 de julho, que as empresas devem dispor de determinado capital social mínimo (repare-se, não refere património social), sendo que a sua comprovação é feita mediante certidão do registo comercial da qual conste, naturalmente, a menção do devido capital social – n.ºs 3 e 4 do referido artigo 9.º.

Decorre do exposto, que o registo de constituição (ou alteração) das referidas sociedades deve observar as prescrições atinentes ao capital social mínimo fixado no referido Decreto-Lei, independentemente das obrigações que recaem sobre o IMTT.

A propósito do capital social mínimo exigível para a constituição de sociedade comercial de transporte rodoviário de mercadorias, bem como da autorização para o acesso e o exercício da atividade veja-se a doutrina firmada no parecer proferido no proc.º n.º C.Co. 10/2012 SJC-CT, e, em sentido diverso, o parecer constante do proc.º n.º R.Co.17/20.

5 – A conversão em definitivo do registo do contrato de sociedade lavrado como provisório por natureza, por não constar do título constitutivo a menção do documento comprovativo da autorização concedida, nem o mesmo junto com o pedido, é feita mediante a apresentação, para arquivo, do documento comprovativo da autorização especial correspondente ao objeto da sociedade dentro do prazo de um ano, como decorre do previsto no n.º 1 do artigo 65.º.

6 – O exercício da atividade transitária só pode ser efetuado por empresas que estejam matriculadas na competente conservatória do registo comercial e sejam licenciadas pelo Ministério competente. – Cfr., neste sentido, o parecer constante do proc.º n.º 109-Div. 94 DST, in BRN n.º 4/2000, I, pág.12.

7 – Para a constituição de sociedades que tenham por objeto o exercício da atividade de comércio ou indústria de bens e tecnologias militares é imprescindível que para a própria celebração da escritura pública (ou documento equiparado) do contrato social ou da alteração do objeto seja apresentada prova da respetivo licenciamento, sob pena de nulidade do título, por força do prescrito nos artigos 4.º e segs. da Lei n.º 49/2009, de 5 de agosto.

8 – As sociedades de agricultura de grupo só são, como tal, reconhecidas, após alvará concedido pela entidade legalmente competente, nos termos do artigo 5.º do Decreto-Lei n.º 336/89, de 4 de outubro. Tal reconhecimento pressupõe, naturalmente, a prévia constituição da sociedade e, por lei, só se efetiva após o registo do contrato social. – Cfr., neste sentido, o parecer do CT proc.º n.º C.N. 62/99 DSJ-CT, in BRN n.º 2/2000, II, pág. 11.

9 – O registo definitivo de constituição das sociedades comerciais por quotas ou unipessoais por quotas respeitantes a agentes de seguros não demanda a comprovação de qualquer autorização especial, sendo esta uma mera condição para o acesso e exercício da atividade seguradora a conceder *a posterior* pelo Instituto de Seguros de Portugal.

O capital social mínimo exigível para a constituição das aludidas sociedades é o que figura no Código das Sociedades Comerciais, já que a lei especial que as regulamenta nada prescreve quanto a tal matéria.

Neste sentido, veja-se o parecer proferido no proc.º n.º C.Co.5/2012 SJC-CT, com as devidas adaptações legais.

10 – O Regime Geral das Instituições de Crédito e Sociedades Financeiras regulamenta as condições de acesso e de exercício da atividade das entidades abrangidas no seu âmbito. Entre as condicionantes previstas consta a exigência de autorização administrativa a conceder pelo Banco de Portugal.

Atendendo a que a autorização em causa constitui condição inerente à própria constituição da entidade, deve ser recusada, com fundamento na al. *a)* do n.º 1 do artigo 173.º do CN conjugado com o artigo 280.º do Código Civil, a celebração de escritura pública de constituição deste tipo de entidades, sempre que os interessados não provem dispor da referida autorização, uma vez que a nulidade daí decorrente, não é suscetível de ser sanada pela alteração do objeto social que passe a contemplar atividade diversa.

II. Registo prévio do contrato de sociedade

1 – O CSC prevê um *iter* processual excecional para a constituição de sociedades que não tenham convencionado entradas em espécie ou aquisições de bens pela sociedade, que obedece aos seguintes cânones:

a) requerimento para o registo prévio do contrato de sociedade, em face do projeto completo do respetivo contrato, com as assinaturas reconhecidas de todos os interessados – artigo 18.º, n.º 1, do CSC e artigo 35.º, n.º 2, do CRC;

b) conversão do registo em face do respetivo contrato, redigido nos precisos termos do projeto previamente registado – n.º 3 do citado artigo 35.º do CRC e n.os 2 e 3 do artigo 18.º do CSC.

2 – Esta forma de constituição de sociedades, apesar de, alegadamente, visar proporcionar maior celeridade ao início de atividade, raramente é utilizada, tendo perdido ainda mais razão de ser em face da ulterior possibilidade de constituição imediata de sociedades (ENH) e de constituição online de sociedades (EOL).

Só é possível proceder à formação de sociedades nos termos prescritos no número anterior, desde que não sejam convencionadas entradas em espécie ou aquisições de bens pela sociedade, por força do n.º 1 do citado artigo 18.º.

3 – Aquele registo é lavrado como provisório por natureza, nos termos previstos na alínea *a)* do n.º 1 do artigo 64.º do CRC, mantendo-se em vigor pelo prazo de um ano (alínea *a)* do n.º 1 do artigo 65.º), sendo convertível em definitivo com base no respetivo contrato de sociedade.

4 – Coloca-se ainda, nesta fase inicial, a questão de saber se o pedido deste registo provisório deve (ou não) ser instruído com o respetivo certificado de admissibilidade da firma ou denominação adotada, sendo certo que o n.º 1 do artigo 56.º do RRNPC se refere a "registo definitivo".

Entende-se, contudo, que a exigibilidade da exibição do certificado de admissibilidade deve ser feita aquando do pedido do registo provisório por natureza e, faltando, devem ser apostas dúvidas ao registo, uma vez que não se podem colocar posterior e sucessivamente obstáculos ao registo, o que equivale a dizer que, caso o aludido certificado não fosse depois apresentado com o pedido de conversão do registo, o direito de o conservador invocar a falta daquele teria já precludido.

Nestes termos, e não sendo apresentado o respetivo certificado de admissibilidade da firma ou denominação, à referida provisoriedade por natureza, deverá acrescer ainda a provisoriedade por dúvidas, qualificação que se vai refletir no prazo de vigência da inscrição em causa diminuindo-o para seis meses, por força do preceituado no n.º 3 do artigo 18.º do CRC.

III. Registo provisório do contrato de sociedade anónima com apelo a subscrição pública de ações

1 – A constituição de sociedades anónimas com apelo a subscrição pública obedece aos trâmites prescritos nos artigos 279.º e seguintes do CSC.

Esta deve ser promovida por uma ou mais pessoas, que assumem a responsabilidade estabelecida na lei, devendo elaborar o projeto completo do contrato de sociedade, com observância dos requisitos previstos na lei, e requerer o registo provisório na conservatória do registo comercial competente, nos termos prescritos no n.º 4 do artigo 35.º do CRC.

Nesta fase deve também ser verificada a disponibilização do certificado de admissibilidade da firma ou denominação, pelas razões já expendidas no número imediatamente anterior.

2 – O contrato de sociedade deve ser outorgado por dois promotores e pelos subscritores que entrem para a sociedade com bens diferentes de dinheiro, sendo o caso, por força do disposto no n.º 1 do artigo 283.º do CSC.

3 – Tratando-se de registo provisório por natureza do contrato de sociedade anónima com apelo a subscrição pública de ações acresce ainda ao referido no ponto 1 a necessidade de apresentação do documento comprovativo da liberação das ações subscritas pelos interessados e, sendo o caso, autorização para a subscrição pública ou emissão de ações, como exige o disposto no n.º 4 do artigo 35.º do mesmo Código.

Este registo, provisório por natureza nos termos do disposto na alínea *c)* do n.º 1 do artigo 64.º, mantém-se igualmente em vigor pelo prazo de um ano, como decorre do disposto no n.º 1 do artigo 65.º do mesmo Código.

4 – Com o pedido de conversão do registo, deve, além do respetivo contrato, ser apresentada toda a documentação, incluindo a ata da assembleia constitutiva (artigo 281.º do CSC), que fica arquivada na conservatória, por força do disposto no 2 do artigo 283.º do CSC.

Artigo 36.º – Sociedades anónimas europeias

1 – O registo de constituição de uma sociedade anónima europeia por fusão ou transformação ou de constituição de uma sociedade anónima europeia gestora de participações sociais ou filial é efetuado com base no contrato de sociedade.

2 – Para o registo de constituição de sociedade anónima europeia gestora de participações sociais deve ainda ser comprovada a prévia publicitação, relativamente a todas as sociedades promotoras, da verificação das condições de que depende essa constituição, nos termos previstos na legislação comunitária aplicável.

3 – O registo ou menção da verificação das condições de que depende a constituição de uma sociedade anónima europeia gestora de participações sociais com sede em Portugal é feito com base no ato de constituição dessa sociedade.

4 – O registo de alteração dos estatutos de uma sociedade anónima europeia pelo qual seja publicitada a transferência de sede daquela para Portugal é efetuado com base no documento que formalize essa alteração, no qual seja declarada a transferência da sede e exarado o contrato pelo qual a sociedade passa a reger-se.

COMENTÁRIOS

Regime jurídico das sociedades anónimas europeias

Formas de constituição destas sociedades. Registo e publicação

1 – A proposta de Regulamento de 16 de maio de 1991 (JOCE n.º C-176, 1-6, de 8 de julho de 1991) previa a criação de uma sociedade anónima europeia – *societas europea* – especialmente adaptada a empresas multinacionais. A grande vantagem deste tipo de sociedades residiria no facto de obedecer a um Direito material único, transcendendo os múltiplos ordenamentos europeus. – Cfr., quanto a esta temática, Menezes Cordeiro, in *Manual de Direito Comercial*, II Volume, 2001, pág. 111.

O estatuto relativo às sociedades anónimas europeias (SE), veio a ser consagrado no Regulamento (CE) n.º 2157/2001, do Conselho, de 8 de outubro, publicado no Jornal Oficial das Comunidades Europeias, de 10 de novembro de 2001.

2 – O referido Regulamento prevê cinco formas de constituição de sociedades europeias. A saber:

a) por fusão – artigos 2.º, n.º 1 e 17.º a 31.º;

b) por constituição de uma sociedade europeia *holding* – artigos 2.º, n.º 2 e 32.º a 34.º;

c) por constituição de uma sociedade europeia filial – artigos 2.º, n.º 3, 35.º e 36.º;

d) por transformação de uma sociedade anónima nacional – artigos 2.º, n.º 4 e 37.º; e

e) por constituição de uma sociedade europeia filial, desde que levada a cabo por uma SE, podendo, neste caso, haver unipessoalidade – artigo 3.º, n.º 2.

3 – A denominação das sociedades anónimas europeias deve ser sempre precedida ou seguida da sigla «SE», por força do disposto no n.º 1 do artigo 11.º do citado Regulamento.

4 – O Decreto-Lei n.º 2/2005, de 4 de janeiro, aprovou o Regime Jurídico das Sociedades Anónimas Europeias (RJSAE), aplicável às sociedades anónimas europeias com sede em Portugal e à constituição de sociedades anónimas europeias em que estejam envolvidas sociedades reguladas pelo direito interno português – artigo 1.º do citado diploma.

No artigo 4.º do RJSAE, prevê-se a forma e publicidade do processo constitutivo das sociedades anónimas europeias, bem como da transferência da sua sede.

5 – A constituição de uma sociedade anónima europeia por qualquer uma das modalidades legalmente possíveis, está também sujeita às exigências de forma previstas na legislação aplicável às sociedades anónimas – cfr. o disposto no n.º 1 do artigo 4.º do Decreto-Lei n.º 2/2005, de 4 de janeiro, com as alterações introduzidas pelo artigo 36.º do Decreto-Lei n.º 76-A/2006, de 29 de março.

6 – O registo de constituição de uma sociedade anónima europeia por fusão ou transformação ou constituição de uma sociedade anónima europeia gestora de participações sociais ou filial é efetuado com base no respetivo contrato de sociedade – n.º 1 do artigo 36.º.

Tratando-se de registo de sociedades anónimas europeias gestoras de participações sociais, aos aludidos documentos deve ainda acrescer a prova de prévia publicitação, relativamente às sociedades promotoras, da verificação das condições de que depende a sua constituição, por força do prescrito nos artigos 32.º e 33.º do citado Regulamento e nos n.ºs 2 e 3 do artigo 36.º ora em apreço.

7 – O registo da alteração dos estatutos de uma sociedade anónima europeia que implique a transferência da sede da sociedade para Portugal é efetuado com base no documento que formalize essa alteração, no qual deve constar a

transferência da sede bem como o próprio contrato pelo qual se passa a reger a sociedade em causa.

8 – O regime especial de constituição imediata de sociedades consagrado no Decreto-Lei n.º 111/2005, de 8 de julho, não é aplicável à constituição de sociedades anónimas europeias, por força do disposto na alínea *c)* do artigo 2.º do citado diploma.

Artigo 36.º-A – Certificados relativos às sociedades anónimas europeias

1 – Os certificados a que se referem o n.º 8 do artigo 8.º e o n.º 2 do artigo 25.º do Regulamento (CE) n.º 2157/2001, do Conselho, de 8 de outubro, devem, em especial, fazer referência à verificação do cumprimento de cada um dos atos e formalidades prévios, respetivamente, à transferência da sede de sociedade anónima europeia para outro Estado membro da União Europeia ou à constituição de sociedade anónima europeia por fusão, exigidos por aquele regulamento, pela legislação nacional adotada em sua execução ou ainda pela legislação nacional aplicável às sociedades anónimas de direito interno, identificando os documentos que comprovem tal verificação.

2 – Nos casos em que a mesma conservatória seja competente para controlar a legalidade do cumprimento, pelas sociedades portuguesas participantes, dos atos e formalidades prévias à fusão e para o controlo da legalidade do processo na parte que respeita à fusão e à constituição da sociedade anónima europeia com sede em Portugal, ambos os controlos podem ser efetuados aquando do registo daquela constituição.

COMENTÁRIOS

Entidade competente para a emissão de certificados

O referido Regulamento prevê que os certificados relativos às sociedades anónimas europeias sejam emitidos por um tribunal, notário ou outra autoridade competente, devendo comprovar de forma concludente o cumprimento dos atos e formalidades prévias à transferência.

Artigo 36.º-B – Transferência de sede de sociedade anónima europeia

1 – Nos casos em que, para efeitos de emissão do certificado previsto no n.º 8 do artigo 8.º do Regulamento (CE) n.º 2157/2001, do Conselho, de 8 de outubro, a sociedade solicite à conservatória a notificação do sócio exonerando para a celebração de contrato de aquisição da sua participação social, aplicam-se ao procedimento de notificação as disposições constantes dos números seguintes.

2 – A solicitação referida no número anterior pode ser formulada através de requerimento escrito ou verbal da sociedade, sendo neste último caso reduzido a auto, do qual deve, em especial, constar:

a) A identificação do sócio exonerando a notificar;

b) A intenção da sociedade de adquirir ou fazer adquirir por terceiro a participação social do sócio, em virtude do exercício por este último do seu direito à exoneração da sociedade;

c) O pedido de fixação da data da celebração do contrato e de notificação do sócio exonerando quanto a tal data.

3 – No prazo de três dias, a conservatória procede à notificação do sócio exonerando, através de carta registada, da qual, para além das menções resultantes do disposto no número anterior, deve constar a cominação de que a não comparência do sócio para efeitos da celebração do contrato na data fixada, sem motivo justificado, determina a perda do seu direito à exoneração da sociedade.

4 – A justificação da não comparência do sócio com base em motivo devidamente comprovado deve ser apresentada no prazo máximo de cinco dias a contar da data fixada para a celebração do contrato.

5 – Se o sócio exonerando não comparecer na data fixada e apresentar a justificação a que se refere o número anterior, nos termos e prazo nele indicados, a conservatória, no prazo indicado no n.º 3, procede à fixação de nova data para a celebração do contrato e notifica-a ao sócio exonerando e à sociedade.

6 – Se na data inicialmente fixada ou, caso se verifique a circunstância prevista no número anterior, na nova data fixada o sócio exonerando não comparecer e não apresentar justificação do facto, nos termos e prazo previstos no n.º 4, a conservatória faz constar do certificado referido no n.º 1 a verificação da perda do direito à exoneração por parte do sócio, por motivo que lhe é imputável.

COMENTÁRIO

Emissão de certificados

1 – Este artigo, bem como o precedente, foram aditados pelo artigo 6.º do Decreto-Lei n.º 76-A/2006, de 29 de Março.

2 – O preceito em anotação consagra os trâmites a seguir no caso em que, para efeitos de emissão do certificado previsto no n.º 8 do artigo 8.º do Regulamento (CE) n.º 2157/2001, do Conselho, de 8 de outubro, a sociedade solicite à conservatória a notificação do sócio exonerando com vista à celebração do contrato de aquisição da sua participação social.

Artigo 37.º – Empresas públicas

O registo de constituição de empresas públicas efetua-se em face do decreto que a determinou.

COMENTÁRIOS

Documentos para o registo

1 – Não obstante decorra deste preceito que as empresas públicas são criadas por decreto-lei, o qual serve de base ao registo da constituição da respetiva empresa, veja-se o que ficou dito em anotação ao artigo 5.º.

2 – O registo definitivo da constituição das empresas públicas está ainda dependente da verificação da disponibilização do correspondente certificado de admissibilidade da denominação, previsto na alínea *d)* do n.º 1 do artigo 56.º do Regime do RNPC.

Artigo 38.º – Agrupamento complementar de empresas

(Revogado.)

Artigo 39.º – Agrupamento europeu de interesse económico

(Revogado.)

COMENTÁRIO

1 – Os artigos 38.º e 39.º foram revogados pelo Decreto-Lei 349/89, de 13 de outubro, certamente por se entender que, no domínio da prova documental, era bastante a norma genérica plasmada no n.º 1 do artigo 32.º deste Código.

Acresce ainda que, em regra, na lei substantiva respeitante a cada uma das entidades a que os referidos artigos respeitavam, são mencionados os documentos necessários para o correspondente registo, o que tornava tais normas duplicadoras e, por isso, despiciendas.

Artigo 40.º – Representações sociais

1 – O registo das representações permanentes de sociedades com sede principal e efetiva em Portugal é feito em face de documento comprovativo da deliberação social que a estabeleça.

2 – O registo das representações permanentes de sociedades com sede principal e efetiva no estrangeiro é feito em face de documento comprovativo da deliberação social que a estabeleça, do texto completo e atualizado do contrato de sociedade e de documento que prove a existência jurídica deste.

3 – Para efeitos de registo da designação dos representantes, deve ser apresentado documento comprovativo da designação e respetivos poderes e, quando deste não constem, declaração de aceitação da designação e

declaração da qual conste não terem conhecimento de circunstâncias suscetíveis de os inibir para a ocupação do cargo.

4 – O disposto nos números anteriores é aplicável, com as necessárias adaptações, a outras pessoas coletivas de tipo correspondente a qualquer das abrangidas por este diploma.

COMENTÁRIOS

Documentos para o registo

1 – O n.º 3 deste preceito foi introduzido pelo Decreto-Lei n.º 109-A/2021, de 9 de dezembro.

2 – Para titular o registo das representações permanentes de sociedades com sede principal e efetiva em Portugal basta apresentar, com o respetivo pedido de registo, o documento comprovativo da deliberação social que a estabeleça.

3 – Para o registo das representações permanentes (ou de outras pessoas coletivas sujeitas a registo comercial) com sede principal e efetiva no estrangeiro devem ser apresentados os seguintes documentos:

a) documento comprovativo da deliberação social que a estabeleça tomada pelos órgãos próprios, com observância dos termos legais;
b) texto completo e atualizado do contrato de sociedade; e
c) documento comprovativo da existência jurídica da representada.

4 – O n.º 4 reconduz-se essencialmente às entidades sujeitas a registo mencionadas na alínea *c)* do artigo 10.º, isto é, representações permanentes de sociedades, cooperativas, agrupamentos complementares de empresas e agrupamentos europeus de interesse económico, com sede em Portugal ou no estrangeiro.

5 – Têm legitimidade para pedir o registo das representações sociais os próprios, os seus representantes e todas as demais pessoas que nele tenham interesse, ao abrigo do disposto no n.º 1 do artigo 29.º deste Código.

6 – «I – A sociedade com sede no estrangeiro que pretenda exercer a sua atividade em Portugal por mais de um ano deve instituir uma representação permanente nos termos do disposto no n.º 1 do art. 4.º do Cód. Soc. Com.» – Cfr. o parecer do CT proferido no proc.º n.º 81/91-R.P.4.

7 – «I – Do registo da criação de representação permanente em Portugal de sociedade estrangeira só deverá constar o capital afeto quando for exigível, isto é, quando a lei impuser a afetação de um capital à representação.» –

Cfr., neste sentido, o parecer do CT emitido no proc.º n.º 53/96-R.P.4 – www.dgrn.mj.pt/pareceres/1996/64.

8 – A sociedade, sem dependência de autorização contratual, mas também sem prejuízo de diferentes disposições do contrato, pode criar sucursais e agências, por força do disposto no n.º 1 do artigo 13.º do CSC.

9 – As representações permanentes de sociedades estabelecidas em Portugal não têm personalidade jurídica mas apenas personalidade judiciária nos termos do disposto no artigo 13.º do CPC, sendo a falta daquela sanada mediante a intervenção da administração principal e a ratificação ou repetição do processado, como decorre do prescrito no artigo 14.º do referido Código.

10 – «A declaração de falência não exige personalidade jurídica, mas apenas um património com capacidade judiciária, pelo que é legalmente admissível a falência de sucursal constituída em Portugal de sociedade estrangeira.» – Cfr. o Acórdão do STJ, de 12 de maio de 1998, proc.º n.º 406/98 – 1.ª secção, in BMJ n.º 477, pág. 524.

11 – No que concerne ao registo de criação imediata de representações permanentes em Portugal de entidades estrangeiras veja-se o que prescreve o Decreto-Lei n.º 73/2008, de 16 de abril.

12 – Relativamente à competência para a prática de atos de registo comercial atinentes a sucursais financeiras que se encontrem licenciadas pela Sociedade de Desenvolvimento da Madeira para operar no âmbito institucional da Zona Franca veja-se o que dissemos no parecer proferido no proc.º n.º R.Co.12/2013 STJ-CC.

Artigo 41.º – Estabelecimento individual de responsabilidade limitada

(Revogado.)

Comentário

A revogação deste preceito teve por base razões idênticas às aduzidas em anotação ao artigo 39.º.

Artigo 42.º – Prestações de contas

1 – O registo da prestação de contas consiste no depósito, por transmissão eletrónica de dados e de acordo com os modelos oficiais previstos em legislação especial, da informação constante dos seguintes documentos:

a) **Ata de aprovação de contas do exercício e da aplicação dos resultados;**

b) Balanço;
c) Demonstração dos resultados;
d) Demonstração das alterações no capital próprio/património líquido;
e) Demonstração de fluxos de caixa;
f) Anexo às demonstrações financeiras;
g) Certificação legal das contas;
h) Parecer do órgão de fiscalização, quando exista.

2 – O registo da prestação de contas consolidadas consiste no depósito, por transmissão eletrónica de dados e de acordo com os modelos oficiais previstos em legislação especial, da informação constante dos seguintes documentos:

a) Ata da deliberação de aprovação das contas consolidadas do exercício, de onde conste o montante dos resultados consolidados;
b) Balanço consolidado, demonstração consolidada dos resultados, demonstração das alterações no capital próprio/património líquido, demonstração consolidada de fluxos de caixa e anexo às demonstrações financeiras;
c) Certificação legal das contas consolidadas;
d) Parecer do órgão de fiscalização, quando exista.

3 – Relativamente às empresas públicas, a informação respeitante à deliberação da assembleia geral é substituída pela informação referente aos despachos de aprovação do ministro das Finanças e do ministro da tutela e a respeitante à certificação legal das contas é substituída pela referente ao parecer da Inspeção-Geral de Finanças.

4 – (Revogado.)

5 – (Revogado.)

6 – Relativamente às representações permanentes em Portugal de sociedades com sede no estrangeiro, a ata de aprovação é substituída por declaração da entidade representada, de onde conste que os documentos referidos no n.º 1 lhe foram apresentados.

7 – O preenchimento dos modelos oficiais com a informação constante dos documentos referidos nos números anteriores permite a utilização dessa informação para fins de investigação científica ou de estatística, ainda que o registo não possa ser efetuado por falta de pagamento da taxa devida.

8 – O acesso por meios eletrónicos, nos termos legalmente previstos, à informação constante dos documentos referidos nos n.os 1 e 2, substitui, para todos os efeitos legais, os correspondentes documentos em suporte de papel.

9 – Quando, nos termos da legislação especial, não forem exigíveis os documentos referidos nas alíneas *d)*, *e)* e *f)* do n.º 1, os mesmos não integram o registo da prestação de contas.

COMENTÁRIOS

Documentos para o registo

1 – A redação atual deste preceito foi conferida pelo Decreto-Lei n.º 24/19, de 1 de fevereiro.

2 – Os termos em que deve ser formulado o pedido de registo da prestação de contas, pagamento, validação do pedido, bem como o respetivo registo eletrónico e automático, encontram-se estabelecidos nos artigos 13.º-A e segs. da Portaria n.º 1416-A/2006, de 19 de dezembro, aditados pela Portaria n.º 562/2007, de 30 de abril.

3 – O prazo para a promoção do registo de prestação de contas de sociedades e de estabelecimentos individuais de responsabilidade limitada é apurado em conformidade com o prescrito no artigo 15.º, n.º 4, deste Código, devendo, por isso, ser tida em consideração a data do termo de exercício económico sabendo-se que o exercício anual pode não coincidir com o ano civil – vd., nesta conformidade, o disposto no artigo 9.º, n.º 1, alínea *i)*, do CSC.

4 – Atualmente, o registo da prestação de contas, consiste apenas no depósito, por transmissão eletrónica de dados e de acordo com os modelos oficiais previstos em legislação especial, da informação constante dos documentos elencados nas diversas alíneas do n.º 1 do artigo 42.º, ora em apreço.

5 – O registo da prestação de contas consolidadas consiste no depósito, efetuado nos termos referidos no número anterior, da informação constante dos documentos mencionados no n.º 2 do referido artigo.

6 – Tratando-se de empresas públicas, a informação respeitante à deliberação da assembleia geral é, naturalmente, substituída pela informação referente aos despachos de aprovação do ministro das Finanças e do ministro da tutela, sendo a respeitante à certificação legal de contas substituída pela referente ao parecer da Inspeção-Geral de Finanças.

7 – Também relativamente ao registo de prestação de contas de representações permanentes em Portugal de sociedades sediadas no estrangeiro existem diferenças a assinalar posto que a ata de aprovação das contas é substituída por declaração da entidade representada da qual conste que os documentos referidos no n.º 1 do preceito em apreço lhe foram apresentados.

8 – «O facto – prestação de contas – a registar na ficha da representação permanente de sociedade com sede no estrangeiro, respeita às contas da pró-

pria sociedade, e não às da representação.» – Cfr. o parecer constante do proc.º n.º R.Co.13/97-DSJ, in BRN n.º 2/98, I, pág. 22.

9 – «III – Carece de título o registo de prestação de contas duma sociedade anónima (art. 42.º do CRC) quando, em vez da ata da sua aprovação donde conste a aplicação dos resultados, for apresentado um pretenso extrato dessa ata, aliás não assinado, pelo que o ato deve ser recusado nos termos do art. 48.º, n.º 1, alínea *b)* do CRC, com referência também ao disposto no art. 63.º do CSC.

IV – No entanto, se se lavrar, indevidamente embora, o registo provisoriamente por dúvidas decorrentes da circunstância de o documento que lhe serve de base não obedecer aos requisitos legais para a prova do facto, será então lícito aos interessados convertê-lo em definitivo, mediante a apresentação nesse ato da ata referida na conclusão anterior, fazendo assim cessar a causa da nulidade prevista no art. 22.º, n.º 1, da alínea *b)* do CRC». – Conclusões extraídas no parecer constante do proc.º n.º 1/91-R.P.4. – www.dgrn.mj.pt/pareceres/1991.

10 – I – Presentemente estão sujeitas a registo as prestações de contas de todas as sociedades por quotas.

II – A certificação legal de contas não é documento exigível para esse registo, relativamente às sociedades por quotas dispensadas de revisão legal das contas.

III – Estão sujeitas a revisão legal as sociedades por quotas cujo contrato prevê a existência de fiscal único ou de conselho fiscal, e as que designam revisor oficial de contas, nos termos do artigo 262.º- 2, do CSC. – Cfr. o parecer proferido no proc.º n.º R.Co.11/97-DSJ, in BRN n.º 12/97, I, pág. 19, bem como o constante do proc.º n.º R.Co.15/98-DSJ, in BRN n.º 2/99, I, pág.16.

11 – «As sociedades seguradoras com sede no estrangeiro e representação permanente em Portugal apenas estão obrigadas a registar a prestação das suas próprias contas, nos termos gerais, não sendo facto sujeito a registo as contas respeitantes às atividades da representação.» – Cfr. o parecer emitido no proc.º n.º C.Co.24/98-DSJ, in BRN n.º 8/99, I, pág. 22.

12 – No que respeita à sujeição a registo comercial da prestação de contas das sociedades de investimento coletivo (SIVC), veja-se o parecer proferido no proc.º n.º 30/CC/2021.

Artigo 43.º – Registo provisório de ação e de procedimento cautelar

1 – Os registos provisórios de ação e o de procedimento cautelar de suspensão de deliberações sociais são feitos com base em certidão de teor do

articulado ou em duplicado deste, acompanhado de prova da sua apresentação a juízo.

2 – Se a apresentação for feita por mandatário judicial é suficiente a entrega da cópia do articulado e da declaração da sua prévia ou simultânea apresentação em juízo com indicação da respetiva data.

COMENTÁRIOS

Documentos para o registo – Natureza deste

1 – Os pedidos de registo provisório de ação e de procedimento cautelar de suspensão de deliberações sociais devem ser instruídos com certidão de teor dos respetivos articulados ou com o duplicado dos mesmos com prova da sua apresentação em juízo, sendo suficiente, se aqueles pedidos forem formulados por mandatário judicial, a entrega da cópia do articulado e da declaração da entrega prévia ou simultânea deste em juízo, com indicação da respetiva data.

2 – O legislador contentou-se com o mero pedido de registo das ações e procedimentos, sendo certo que, por razões diversas que não cabe aqui enunciar, o pedido pode vir a ser recusado (artigo 48.º), dando origem a uma simples anotação da recusa na ficha de registo respetiva, como decorre do disposto na parte final do n.º 1 do artigo 111.º do CRC

3 – Os referidos registos são lavrados provisoriamente por natureza, como decorre também do preceituado na alínea *n)* do n.º 1 do artigo 64.º deste Código, não estando, atualmente, sujeitos a qualquer prazo de caducidade por força do disposto no n.º 3 do artigo 65.º.

4 – Caso o pedido formulado seja julgado procedente, a inscrição de ação será convertida em definitiva mediante a apresentação de certidão da decisão judicial transitada em julgado, nos termos previstos na alínea *b)* do n.º 2 do artigo 69.º mesmo Código.

5 – A conversão em definitiva da inscrição da ação em que se julgue modificado ou extinto um facto registado, ou se declare nulo ou anulado um registo, determina o correspondente averbamento oficioso de alteração ou cancelamento, nos termos previstos no n.º 4 do artigo 69.º do CRC.

6 – Não tendo sido efetuado o registo prévio e cautelar da ação, a decisão final proferida nos autos ingressará nas tábuas mediante inscrição própria, mencionando-se no extrato desta o conteúdo dispositivo da sentença e a data do trânsito em julgado.

Artigo 44.º – Cancelamento do registo provisório

1 – O cancelamento dos registos provisórios por dúvidas é feito com base em declaração do respetivo titular.

2 – A assinatura do declarante deve ser reconhecida presencialmente se não for feita na presença do funcionário da conservatória competente para o registo.

3 – No caso de existirem registos dependentes dos registos referidos no n.º 1 deste artigo é igualmente necessário o consentimento dos respetivos titulares, prestado em declaração com idêntica formalidade.

4 – O cancelamento do registo provisório de ação e de procedimento cautelar é feito com base em certidão da decisão transitada em julgado que absolva o réu do pedido ou da instância, a julgue extinta ou a declare interrompida, se o serviço de registo não conseguir aceder à informação necessária por meios eletrónicos.

COMENTÁRIOS

Averbamento de cancelamento dos registos provisórios – Documentos exigidos para o efeito

1 – O cancelamento dos registos provisórios, bem como o cancelamento dos definitivos, é sempre feito por averbamento à inscrição a que respeitam, como decorre do disposto nos n.os 1 e 2, alínea *f)*, do artigo 69.º, do CRC.

2 – O cancelamento dos registos provisórios por dúvidas pode vir a ser efetuado com base em declaração proferida pelo seu titular.

A assinatura do declarante deve ser reconhecida presencialmente (nos termos da lei notarial – artigos 153.º e seguintes do CN), ou feita perante o funcionário da conservatória competente para o registo.

3 – Existindo registos dependentes dos registos que se pretendem cancelar é também necessário obter o consentimento dos respetivos titulares, consignado em declaração com idêntica formalidade, como rege o n.º 3 do artigo 44.º.

4 – O cancelamento do registo provisório de ação é feito com base em certidão da decisão judicial, transitada em julgado, que determine a absolvição do réu do pedido ou da instância, a extinção ou a interrupção da instância (artigos 277.º, 278.º, 576.º e 577.º do CPC), se o serviço de registo não conseguir aceder à informação necessária por meios eletrónicos.

Artigo 45.º – Anotação de apresentação

1 – A apresentação de documentos para registo pode ser feita pessoalmente, pelo correio ou ainda por via eletrónica, nos termos a regulamentar por portaria do membro do Governo responsável pela área da justiça.

2 – Os documentos apresentados pessoalmente são anotados pela ordem de entrega dos pedidos.

3 – (Revogado.)

4 – Os documentos apresentados pelo correio são anotados com a observação de «correspondência» no dia da receção e imediatamente após a última apresentação pessoal.

5 – A anotação dos documentos apresentados por via eletrónica, que ocorre apenas com a comunicação do pagamento das quantias devidas, é efetuada pela ordem fixada pela portaria referida no n.º 1.

6 – O pedido de registo por depósito não está sujeito a anotação de apresentação, sem prejuízo da aplicação das regras constantes nos números anteriores à ordenação dos pedidos.

COMENTÁRIOS

Apresentação e anotação

1 – A *apresentação* é o ato do requerente (apresentante) que consiste na entrega da requisição e dos documentos respetivos para o registo na conservatória, sendo *a anotação da apresentação* o ato mediante o qual o funcionário, em cumprimento do disposto no artigo 45.º, anota os documentos no diário, impreterivelmente pela ordem de entrega das requisições.

O requerente apresenta os documentos na conservatória – faz a apresentação; o funcionário da conservatória faz a anotação da apresentação no diário, o que marca rigorosamente a ordem de entrega dos pedidos e fixa a data da apresentação do registo por transcrição, como decorre da análise conjugada do disposto nos artigos 45.º e 55.º, n.º 4, do CRC.

1.1 – O diário, em suporte informático, destina-se à anotação cronológica das apresentações dos pedidos de registo por transcrição e respetivos documentos – cfr, nesta conformidade, o disposto na alínea a) do n.º 1 do artigo 1.º do RRC.

1.2 – No que respeita aos elementos que a anotação do pedido de registo por transcrição deve conter veja-se, também, o que prescreve o artigo 5.º do referido RRC.

2 – O mero ato material de apresentação do pedido de registo (bem como dos documentos que o instruam) na conservatória pode ser feito por qualquer

pessoa – o *nuntius*, que age em função de um contrato de prestação de serviço cujos contornos são, absolutamente, indiferentes à atuação da conservatória.

3 – A data do registo por depósito é a do respetivo pedido, visto que este não está sujeito a anotação de apresentação.

No entanto, no que concerne à ordenação dos pedidos aplicam-se as regras plasmadas no artigo sob anotação, isto é, seguem a mesma ordem das apresentações.

4 – Como se sabe, a anotação da apresentação de pedidos de registo é feita impreterivelmente pela ordem de entrega da requisição do registo na Conservatória competente. Se esta entrega for pessoal, é determinada pela chegada do utente à conservatória, não comportando qualquer exceção nem mesmo resultante do estatuto profissional do apresentante.

5 – No que concerne ao atendimento prioritário consagrado no Decreto-Lei n.º 58/2016, de 29 de agosto, e sua aplicação prática, veja-se o parecer proferido no proc.º n.º Div. 9/2017 STJ-CC.

6 – Os documentos apresentados pelo correio são anotados no diário com a observação de «correspondência», no dia da sua receção imediatamente após a última apresentação pessoal.

A apresentação pelo correio obedece ao prescrito no artigo 41.º-D do CRP, aplicável *ex vi* do artigo 115.º do CRC, pelo que o apresentante pode enviar o pedido de registo, acompanhado dos documentos atinentes ao pretendido registo e das quantias devidas, por carta registada.

7 – No que respeita à anotação dos documentos apresentados por via eletrónica, que ocorre apenas com a comunicação do pagamento das quantias devidas, veja-se o que prescrevem os artigos 4.º e segs. da Portaria n.º 1416-A/2006.

8 – Nas conservatórias dos registos predial, comercial e de automóveis não constitui motivo de recusa de atendimento, nem sequer de rejeição da apresentação, o facto de o atendimento dos interessados se ter iniciado para além do horário normal do serviço de apresentações desde que tais interessados tenham entrado na conservatória em momento anterior à hora do encerramento daqueles serviços.

Esta circunstância justifica, só por si, a manutenção da abertura do livro diário, enquanto o último utente não tiver sido atendido. – Cfr., no sentido expresso, a Informação/Orientação publicada no BRN n.º 10/98, I, pág. 14.

9 – Nos casos em que se verifique inoperacionalidade dos sistemas informáticos, designadamente por falha de energia elétrica e/ou paragem do sistema

central, deve reabrir-se o livro diário em suporte papel para efeitos de lançamento das apresentações devidas, posteriormente transcritas para o sistema informático, mantendo-se a ordem que lhes havia sido atribuída.

Para mais desenvolvimentos relativos aos procedimentos excecionais a desencadear pelos serviços externos afetados veja-se o despacho n.º 12/2005, emitido pelo Diretor-Geral em 30 de março de 2005, publicado no BRN n.º 3/2005, I, pág. 5.

10 – Por força do disposto na alínea *c)* do n.º 1 do artigo 8.º do Decreto-Lei n.º 111/2005, de 8 de julho, a anotação da apresentação do pedido verbal de registo no Diário, do registo do contrato de sociedade lavrado ao abrigo do regime consagrado no diploma citado, é feita imediatamente pelo conservador após o reconhecimento presencial das assinaturas dos intervenientes no ato, apostas no pacto ou ato constitutivo, em face do prescrito na alínea *d)* do n.º 1 e n.º 2 do artigo 8.º do citado diploma.

Artigo 45.º-A – Omissão de anotação de apresentações

Sempre que ocorra uma omissão de anotação de apresentação de pedidos de registo relativamente à mesma requisição, as apresentações omitidas são anotadas no dia em que a omissão for constatada, fazendo-se referência a esta e ao respetivo suprimento no dia a que respeita, ficando salvaguardados os efeitos dos registos entretanto apresentados.

COMENTÁRIOS

Omissão de anotação de apresentações

1 – A introdução deste preceito pelo Decreto-Lei n.º 76-A/2006, de 29 de março, veio expressamente conferir cobertura legal ao que já era a prática seguida nas conservatórias nos casos em que ocorria omissão de anotação de apresentação de um pedido constante da mesma requisição.

Com efeito, sempre que se detetava a falta de anotação no Diário de um pedido formulado em impresso próprio e apresentado na Conservatória com outro (ou outros) cuja anotação tivesse sido efetuada tal não constituía motivo de recusa do ato não anotado, sendo a omissão colmatada logo que detetada, com indicação da data a que a mesma respeitava.

Se neste ínterim tiverem sido apresentados e efetuados outros registos os efeitos destes ficam, naturalmente, salvaguardados.

2 – Na mesma linha de pensamento, veja-se a doutrina firmada no parecer do CT proferido no proc.º n.º 5/86 R.P.3, in BRN n.º 5/86 segundo a qual as anotações das apresentações omitidas, mas relativas à mesma requisição, devem ser

efetuadas no dia em que forem detetadas as omissões, mencionando-se na coluna de observações do Diário a data a que as mesmas se reportam.

3 – A referida doutrina foi posteriormente reafirmada no parecer do CT constante do proc.º n.º R.P.107/99DSJ-CT, in BRN n.º 3/2000, II, pág.11, nos seguintes termos:

«II – Não constitui já fundamento de recusa desse cancelamento, desde que não esteja em causa a prioridade dos direitos definidos no registo, a falta de anotação no Livro Diário do respetivo pedido, formulado em impresso próprio e apresentado na Conservatória competente juntamente com outro ou outros cuja anotação foi feita, devendo as anotações omitidas ser efetuadas no dia em que for verificada a falta e mencionando-se na coluna de "Observações" do mesmo Livro a data a que se reporta».

Artigo 46.º – Rejeição da apresentação ou do pedido

1 – A apresentação deve ser rejeitada:

a) **Quando o requerimento não respeitar o modelo aprovado, quando tal for exigível;**

b) **Quando não forem pagas as quantias que se mostrem devidas;**

c) **Quando a entidade objeto de registo não tiver número de identificação de pessoa coletiva atribuído.**

2 – O pedido de registo por depósito deve ser rejeitado:

a) **Nas situações referidas no número anterior;**

b) **Se o requerente não tiver legitimidade para requerer o registo;**

c) **Quando não se mostre efetuado o primeiro registo da entidade, nos termos previstos no artigo 61.º;**

d) **Quando o facto não estiver sujeito a registo.**

3 – Verificada a existência de causa de rejeição de registo por transcrição ou por depósito, é feita a apresentação do pedido no diário ou feita menção do pedido com os elementos disponíveis.

4 – O disposto no número anterior não se aplica às situações previstas na alínea *c)* do n.º 1.

5 – A rejeição da apresentação ou do pedido deve ser fundamentada em despacho a notificar ao interessado, para efeitos de impugnação, nos termos do disposto nos artigos 101.º e seguintes, aplicando-se-lhe, com as devidas adaptações, as disposições relativas à recusa.

6 – Nos casos em que a entidade se encontre registada sem número de identificação de pessoa coletiva atribuído, a conservatória comunica tal facto ao Registo Nacional de Pessoas Coletivas de modo que se proceda, no próprio dia, à inscrição da entidade no ficheiro central de pessoas coletivas.

7 – A verificação das causas de rejeição previstas no n.º 2 pode efetuar-se até à realização do registo.

8 – Sem prejuízo do disposto no n.º 8 do artigo 114.º, a verificação da causa da rejeição prevista na alínea *b)* do n.º 1 após a apresentação do pedido no diário dá lugar à recusa.

COMENTÁRIOS

Rejeição da apresentação ou do pedido – Impugnação. Efeitos.

1 – Este preceito passou a contemplar não só os casos de rejeição da apresentação como também os de rejeição do pedido.

2 – Tem-se por irregular a apresentação do pedido de registo comercial que não seja formulado em impresso próprio, quando tal seja exigível, devendo, consequentemente, aquela ser rejeitada por violação do prescrito no artigo 28.º.

3 – De igual modo, também a falta de pagamento das quantias que se mostrem devidas (artigo 8.º do RERN) e o facto de a entidade objeto de registo não ter número de identificação atribuído demanda a rejeição da apresentação.

3.1 – Salienta-se, contudo, que a falta de pagamento das quantias devidas referidas na alínea *b)* do n.º 1 do artigo 46.º que dão origem à rejeição não engloba as quantias devidas a título de obrigações fiscais – cfr., sobre o ponto e para mais desenvolvimentos, o parecer constante do proc.º n.º R.Co.35/2006 DSJ-CT.

4 – Para além das situações contempladas nas diversas alíneas do n.º 1 do preceito em análise, o pedido de registo por depósito deve ainda ser rejeitado quando o requerente não tenha legitimidade para requerer o registo (artigo 29.º), não se mostre efetuado o primeiro registo da entidade (n.º 1 do artigo 61.º) e quando o facto não esteja sujeito a registo.

5 – Sublinha-se, porém, que a não sujeição de determinado facto a registo pretensamente a efetuar por transcrição não dá lugar à rejeição da apresentação mas à recusa do correspondente registo, por força do prescrito na parte final da alínea *c)* do n.º 1 do artigo 48.º.

6 – No caso de rejeição, seja da apresentação seja do pedido, o conservador lavrará despacho justificativo da rejeição, o qual será notificado ao interessado nos termos legais, para efeitos impugnatórios.

A rejeição da apresentação ou do pedido envolve um juízo de pré-qualificação, ínfimo que seja, mediante o qual o conservador verifica (e assinala) liminarmente que não estão preenchidos determinados requisitos de índole formal.

7 – A propósito da rejeição da apresentação do requerimento para início voluntário do procedimento administrativo de dissolução veja-se, também, o que preceitua o n.º 5 do artigo 4.º do RJPADLEC.

8 – A impugnação da rejeição da apresentação ou do pedido é feita ao abrigo do disposto nos artigos 101.º e segs. do CRC, aplicando-se-lhe, com as devidas adaptações, as disposições relativas à recusa.

Os efeitos decorrentes da eventual procedência da impugnação da rejeição da apresentação ou do pedido são, contudo, forçosamente diversos dos inerentes às demais impugnações procedentes, isto é, às impugnações deduzidas contra a decisão de recusa de um ato de registo nos termos requeridos, uma vez que aquela, mesmo que julgada procedente, não confere ao recorrente o direito de obter o registo (nem esse é o objetivo do recurso) mas apenas o direito a uma anotação do pedido no diário, que será, depois, submetido às regras gerais da qualificação, ou não, consoante se trate de rejeição da apresentação ou rejeição do pedido.

A lei prevê que da procedência da impugnação deduzida contra a recusa de ato de registo decorram os efeitos previstos nos artigos 111.º e 112.º do CRC. Contudo, da procedência da impugnação da rejeição da apresentação ou do pedido decorre, tão só, a apresentação (cujo pedido há de ser objeto de qualificação nos termos da lei que ao caso couber) ou o pedido de registo por depósito.

9 – A falta de entrega do preparo devido pela interposição de recurso hierárquico não se subsume na *facti species* da alínea *b*) do nº 1 do artigo 46º do CRC, pelo que não dá lugar à rejeição da apresentação mas ao indeferimento do recurso pela entidade *ad quem*, se o recorrente não suprir a omissão nos termos e no prazo previsto no artigo 642º do CPC, aplicável *in casu*, com as devidas adaptações, por força do disposto no artigo 156º do CRP e no artigo 115.º do CRC.

Artigo 47.º – Princípio da legalidade

A viabilidade do pedido de registo a efetuar por transcrição deve ser apreciada em face das disposições legais aplicáveis, dos documentos apresentados e dos registos anteriores, verificando especialmente a legitimidade dos interessados, a regularidade formal dos títulos e a validade dos atos neles contidos.

COMENTÁRIOS

Princípio da legalidade – Independência do conservador na qualificação do pedido de registo

1 – Com o pedido de registo o interessado desencadeia o processo registral. O conservador (ou o oficial dos registos, em determinadas circunstâncias),

em estrita obediência ao princípio da legalidade consagrado neste preceito, deve apreciar a viabilidade do pedido de registo a efetuar por transcrição, em face das disposições legais aplicáveis, bem como dos documentos apresentados (artigo 32.º) e dos registos anteriores, verificando, para além da legitimidade dos interessados, a regularidade formal dos títulos e a própria validade dos atos neles contidos.

2 – Na qualificação do pedido, a análise do conservador deve, em regra, circunscrever-se aos documentos apresentados ou oferecidos com o pedido, só podendo ser alargada a informação externa ao processo registal mediante recurso ao suprimento de deficiências previsto no artigo 52.º do CRC, encetado com vista a obviar à qualificação desfavorável do correspondente registo.

3 – É doutrina assente entre nós e noutros ordenamentos jurídicos estrangeiros, que o poder de qualificação do conservador, indeclinável e inapropriável, deve ser exercido com independência semelhante à do poder judicial, sendo extensível à apreciação de todos os documentos independentemente da sua origem, isto é, quer ela seja administrativa, notarial ou judicial – cfr. os pareceres proferidos nos proc.ºs n.ºs R.P.24/2011, R.P.79/2013 e R.Bm.19/2014STJ-CC, entre muitos outros.

3.1 – No entanto, sublinha-se que no que concerne aos documentos judiciais, a qualificação abrange apenas a situação tabular presente, posto que sobre o mérito intrínseco das sentenças o conservador não pode fazer recair qualquer juízo de valor. – Cfr., neste sentido, Lacruz Berdejo & Sancho Rebullida, in *Derecho Inmobiliário Registral,* 1984, pág. 304 e seguintes, bem como a doutrina firmada nos pareceres do CT proferidos nos proc.os n.os 10/85-R.P.3, 11-R.P.95 e 58/93R.P.4, publicados, respetivamente, in BRN n.os 8/86 e 9/97, I, pág. 10, in Regesta, 2.º Semestre, 1994, págs. 75 e segs., bem como, mais recentemente, no proc.º n.º R.P.63/2013 STJ-CC, disponível em www.irn.mj.pt (Doutrina), entre muitos outros.

4 – De acordo com a lei e com os princípios fundamentais do nosso ordenamento jurídico, a qualificação é feita pelo conservador livremente, como se de um juiz se tratasse, não podendo ser «ordenada» administrativa ou judicialmente. Como, aliás, decorre do disposto nos artigos 101.º e segs., só é possível alterar a decisão proferida pelo conservador em sede de recurso hierárquico ou de impugnação judicial.

4.1 – Esta linha de pensamento encontra-se refletida no Acórdão do STJ, proferido no proc.º n.º 799/99, publicado no BRN n.º 10/99, I, pág. 16, que firmou o entendimento de que «O juiz não podia ordenar ao Sr. Conservador que procedesse ao registo.

Em recurso contencioso o tribunal, se julgar procedente o recurso, limita-se a anular ou declarar nulo o despacho impugnado.

Nada ordena.

Administração e Tribunais são entidades independentes.

Não dão nem recebem ordens entre si. Anulado ou declarado nulo o despacho impugnado, cumpre à Administração, em obediência à ordem jurídica (sentença transitada faz parte do chamado "bloco legal"), "sponte sua", praticar novo ato, agora tendo em conta o julgado e seus fundamentos, que se lhe impõem».

5 – Como bem nota Oliveira Ascensão, in *Direitos Reais,* 1971, pág. 38, o conservador, é entidade primária na orgânica do registo, aparece aqui como o «guardião da legalidade».

A propósito do artigo em apreço também Menezes Cordeiro, in *Manual de Direito Comercial,* Vol. I, 2001, pág. 325, salienta que «o conservador não se limita a inscrever passivamente. Ele é o oficial público e vai emprestar à inscrição o selo da verosimilhança estadual».

6 – O princípio da legalidade é habitualmente perspetivado em dois planos: no da legalidade extrínseca e no da legalidade intrínseca.

A legalidade extrínseca respeita à observância de requisitos de direito registral (legalidade processual) e à admissibilidade a registo regulada pela lei civil (legalidade substantiva).

A legalidade intrínseca ou formal é reguladora do próprio facto sujeito a registo, reportando-se à forma externa do ato (legalidade formal) e aos pressupostos e elementos não formais do mesmo ato (legalidade material).

Para mais desenvolvimentos quanto à distinção a traçar entre legalidade extrínseca e legalidade intrínseca veja-se, designadamente, Ferreira de Almeida, in *Publicidade e Teoria dos Registos,* pág. 217 e seguintes.

7 – Após a apreciação do pedido nos termos consignados neste artigo 47.º, o conservador tem de decidir num dos seguintes sentidos:

a) efetuar o registo requerido em termos definitivos;
b) efetuar o registo como provisório por natureza, ou por dúvidas ou, simultaneamente, por natureza e por dúvidas; ou
c) recusar o registo, parcial ou totalmente.

7.1 – O caso previsto na alínea *a)* não suscita qualquer discussão. Com efeito, verificando-se, após a análise do pedido, que inexistem quaisquer obstáculos à elaboração do registo nos termos requeridos, o mesmo está em perfeitas condições para ser lavrado em termos definitivos, produzindo, imediata e completamente, todos os efeitos que lhe estão inerentes.

7.2 – O registo será lavrado como provisório por dúvidas, quando exista motivo (que não tenha sido sanado nos termos previstos no artigo 52.º), que, muito embora não invalide a existência jurídica dos atos contidos nos títulos apresentados, não sendo, por isso, fundamento de recusa, obste à feitura do registo tal como ele foi requerido, é o que resulta da análise do estipulado no artigo 49.º.

Esta norma é, doutrinalmente, considerada residual posto que abarca todas as situações em que os registos não possam ser lavrados imediatamente em termos definitivos, bem como os que fiquem fora do âmbito de aplicação do disposto nos artigos 48.º (recusa) e 64.º (provisórios por natureza).

7.3 – O registo será qualificado como provisório por natureza, quando a lei assim o determine, isto é, quando for subsumível no disposto em qualquer uma das diversas alíneas elencadas nos n.os 1 e 2 do artigo 64.º, quer aquele tenha ou não sido requerido com esse cariz.

Como se sabe, podem coexistir na mesma inscrição vários motivos conducentes a diversas provisoriedades por natureza, nada obstaculizando também a que a mesma inscrição seja lavrada simultaneamente como provisória por natureza e por dúvidas.

7.4 – O registo deve ser recusado quando padeça de algum dos vícios elencados no artigo 48.º deste Código.

A recusa parcial do registo terá lugar sempre que os motivos que determinem a recusa afetem apenas uma parte perfeitamente autonomizável do pedido de registo deixando a outra incólume.

8 – Em princípio, os documentos apresentados para a feitura de registos anteriores, e não referenciados pelo interessado, não devem ser utilizados para a qualificação de registos a elaborar posteriormente com vista à sua qualificação minguante, visto que a informação externa ao processo registal só pode ser utilizada nos termos expressamente previstos na lei e para obviar à qualificação desfavorável do correspondente pedido de registo, não para o seu contrário. Para mais desenvolvimentos sobre o ponto, vejam-se ainda os pareceres proferidos nos proc.ºs n.ºs R.P.5/2013 e 34/2013STJ-CC, com as devidas adaptações.

9 – Quando a vontade do interessado tenha sido imperfeitamente expressa, o conservador, na qualificação do pedido, não se deve cingir às menções obriga-

tórias inseridas na requisição de registo ou ao significado literal e imediato das expressões utilizadas no seu preenchimento, antes deve ter em consideração o conjunto formado com os documentos apresentados e com as declarações complementares (eventualmente) produzidas, de modo a que se atinja a vontade daquele na sua plenitude.

10 – «I – No exercício da função qualificadora, que tem de ser exercida com inteira independência, cumpre ao conservador apreciar a viabilidade do pedido de registo, nomeadamente no que diz respeito ao conteúdo dos documentos, qualquer que seja a sua origem.

II – Em tal função não lhe cabe, porém, julgar do mérito dos conflitos de interesses, invadindo a área exclusiva dos Tribunais – ainda que entenda não terem sido apreciados todos os elementos relativos à publicidade registral.

III – Se por decisão judicial transitada em julgado foi resolvido declarar que determinada sociedade não tem sede no lugar que o registo indica, ordenando-se que isso dele passe a constar – sem, no entanto, se tornar viável o registo da mudança de sede –, deverá o conservador limitar-se, nesta fase, a fazer constar, por averbamento à inscrição respetiva, o facto contido naquela decisão.

IV – Vindo, assim, a realidade tabular a confrontar-se com uma situação de deficiência, o que em consequência se impõe ao conservador será promover a subsequente retificação do registo, a que passou a faltar um elemento essencial». – Cfr. os pareceres proferidos nos proc.ºs n.ºs 27/93-R.P.4 e 24/11, entre muitos outros.

Artigo 48.º – Recusa do registo

1 – O registo por transcrição deve ser recusado nos seguintes casos:

a) **(Revogada.)**

b) **Quando for manifesto que o facto não está titulado nos documentos apresentados;**

c) **Quando se verifique que o facto constante do documento já está registado ou não está sujeito a registo;**

d) **Quando for manifesta a nulidade do facto;**

e) **Quando o registo já tiver sido lavrado como provisório por dúvidas e estas não se mostrem removidas;**

f) **(Revogada.)**

g) **(Revogada.)**

h) **Quando a entidade se encontrar em incumprimento quanto à obrigação do registo da prestação de contas, sem prejuízo das exceções previstas no n.º 3 do artigo 17.º, e não proceder ao referido registo durante o prazo fixado para o suprimento de deficiências.**

2 – Além dos casos previstos no número anterior, o registo só pode ser recusado se, por falta de elementos ou pela natureza do ato, não puder ser feito como provisório por dúvidas.

COMENTÁRIOS

Qualificação negativa do pedido de registo – casos em que o registo deve ser recusado

Alínea *b)* Quando for manifesto que o facto não está titulado nos documentos apresentados

1 – Sendo requisitado o registo de um facto não titulado nos documentos apresentados deve, naturalmente, o mesmo ser recusado, ao abrigo do disposto nesta alínea *b)*.

2 – Os registos por transcrição são nulos quando tiverem sido efetuados com base em títulos insuficientes para a prova legal dos factos, como decorre do prescrito na alínea *b)* do n.º 1 do artigo 22.º do Código supracitado.

2.1 – A referida nulidade é, porém, passível de retificação, mediante cancelamento do registo em causa, com o consentimento de todos os interessados ou em execução de decisão tomada no âmbito do processo de retificação ao abrigo do preceituado no n.º 2 do artigo 82.º do Código do Registo Comercial – vd., em conformidade, o parecer proferido no proc.º n.º R.Co.36/2012 SJC-CC.

3 – «I – Deverá ser considerada nula a ata respeitante a uma assembleia geral que não contenha os nomes dos sócios nela participantes, ainda que se diga que a deliberação foi tomada por unanimidade dos três sócios presentes que a subscrevem com as suas assinaturas (artigos 37.º do Código Comercial e 63.º do Código das Sociedades Comerciais);

II – A suposta deliberação pela qual se nomeia um gerente da sociedade, com a omissão da referida formalidade, que é essencial, não pode servir de suporte ao pretendido ato de registo;

III – A não ter sido recusado, à luz da alínea *b)* do n.º 1 do artigo 48.º do Código do Registo Comercial, as dúvidas suscitadas para a qualificação do registo como provisório, são de manter até que se mostrem removidas, através de nova ata em que se mencionem os nomes das pessoas que a subscreveram e se verifique que à data em que foi tomada a referida deliberação, eram sócios inscritos nos livros da Conservatória.» – Cfr. o parecer do CT exarado no proc.º n.º 83/87-R.P.3., in *Pareceres do Conselho Técnico,* I Vol., pág. 351.

Alínea *c)* – Quando se verifique que o facto já está registado ou não está sujeito a registo

1 – A primeira parte desta alínea *c)* visa evitar a indesejável e sempre perturbadora duplicação de registos.

Com efeito, a verificação de que o registo já está efetuado determina inexoravelmente a recusa do mesmo.

2 – Resultando da qualificação do pedido de registo que o mesmo não é enquadrável em nenhum dos factos elencados nos artigos 2.º a 10.º, o registo deve ser igualmente recusado, ao abrigo do prescrito no segundo segmento desta alínea *c)*.

3 – «I – Os factos que a lei sujeita a registo comercial – designadamente os que, quanto às sociedades comerciais, se acham indicados no artigo 3.º do Código do Registo Comercial – são taxativos e não meramente exemplificativos.

II – Os factos respeitantes à aquisição, penhora e outras providências, relativos às ações de sociedades anónimas ou em comandita por ações, não estão enumerados naquela, nem em qualquer outra, disposição legal e, consequentemente, – como também resulta da própria natureza desses títulos – não estão sujeitos a registo». – Cfr. o parecer do CT proferido no proc.º n.º 80/96-R.P.4 , in BRN 6/97, I, pág. 11.

4 – Se um facto que não está sujeito a registo ingressar nas tábuas, o mesmo não padece, *ipso facto*, de nulidade, sendo antes um registo indiferente ou inócuo, já que nada acrescenta à situação jurídica do bem – cfr., neste sentido, o parecer proferido nos proc.os n.os R.P. 19 e 20/2000DST-CT.

5 – «Não constitui o fundamento da recusa previsto na alínea *c)* do n.º 1 do art. 48.º do Código do Registo Comercial a inscrição anterior da nomeação para o mesmo triénio do conselho de administração ainda não destituído, mas a inscrição do novo corpo diretivo deve, por esse motivo, ser lavrada provisoriamente». – Cfr. o parecer constante do proc.º n.º 76/87-R.P.3.

Alínea *d)* – Quando for manifesta a nulidade do facto

1 – Também a manifesta nulidade do facto conduz, inexoravelmente, à recusa do registo pedido, por força do disposto nesta alínea *d)*.

Como é evidente, a aplicação desta norma não respeita a uma qualquer nulidade, esta tem de ser manifesta, ostensiva. – Veja-se, quanto a esta questão, o disposto nos artigos 220.º, 280.º e 285.º do Código Civil.

2 – «I – *O direito à imagem* previsto no artigo 79.º do Código Civil Português, bem como no artigo 26.º, n.º 1 da Constituição da República Portuguesa

constitui, *notoriamente*, um *direito de personalidade* básico, tanto à luz do nosso direito interno, como à do direito espanhol, como à dos outros ordenamentos jurídicos dos demais países comunitários.

II – Os direitos de personalidade integram também a *noção jurídica* – universalmente admitida e sancionada por diversos e conhecidos tratados internacionais – dos "direitos do homem", histórica e normativamente desenvolvida sobretudo após a abolição do esclavagismo, a instituição do atual "Estado de Direito" e a correspetiva *ideologia)*, salientando-se o facto de não poderem ser onerados nem alienados, devendo ainda considerar-se *irrenunciáveis*.

III – Consequentemente, não pode o " direito à imagem" de qualquer pessoa ser alienado a título indiscriminado, genérico e principalmente *vitalício*, sem prejuízo da publicitação de determinada ou determinadas imagens concretas dessa mesma pessoa – com a sua necessária *permissão* e a título gratuito ou *oneroso* – as quais podem, assim, ser difundidas e comercializadas.

IV – Tal comercialização do direito à imagem só é, portanto, lícita sendo *definida* e autorizada pelo próprio em situações precisas e concretas, se daí não resultar *impossibilidade de revogação* e antagonismo com os princípios da ordem pública (artigos 79.º e 81.º do Código Civil).

V – As "entradas em espécie" para integrar ou aumentar o capital social de qualquer tipo de sociedade comercial (incluindo a sociedade unipessoal por quotas) devem ter um valor *concreto e real* – (permitindo assim garantir os direitos de quaisquer credores ou interessados) pelo que se torna necessário que os bens sejam devidamente identificados, suscetíveis de oneração e alienação e *objetivos* – tal como decorre, designadamente, do disposto no artigo 28.º do Código das Sociedades Comerciais e do artigo 10.º da 2.ª Diretiva (N.º 77/91/CEE, de 13 de dezembro de 1976).

VI – Por conseguinte, uma "entrada em espécie" constituída pela transmissão a *título vitalício* do direito à imagem de um sócio viola os mencionados princípios e normas legais (inclusive constantes dos aludidos tratados internacionais) pelo que é manifestamente nula.

VII – Nestes termos, sendo o aumento de capital de uma sociedade realizado unicamente pela citada *entrada em espécie constituída pela transferência vitalícia do direito à imagem do sócio*, o registo respetivo deve ser recusado em conformidade com o disposto no artigo 48.º, n.º 1, d), do Código do Registo Comercial». – Veja-se a deliberação constante do proc.º n.º R.Co.56/2000 DSJ-CT.

3 – «I – É nula a cláusula que exclui um sócio da comunhão nos lucros da sociedade, por se tratar de um caso de «pacto leonino».

II – Pela mesma razão, é nula a deliberação pela qual se faz a repartição das reservas com violação das regras da proporcionalidade.

III – Deve, pois, ser recusado, por motivo da nulidade do facto, o subsequente registo de aumento do capital e alteração do pacto social». – Cfr. o parecer do CT proferido no proc.º n.º 2/86-R.P.3, in BRN n.º 11.

4 – Quando a lei não previr a nulidade para uma cláusula do pacto social e esta possa apenas estar ferida de mera anulabilidade, tal não irá, por si só, constituir obstáculo ao registo definitivo do ato solicitado. – Cfr. o parecer do CT ínsito no proc.º n.º 22/89-R.P.3, in Regesta n.º 3, 1989, pág. 52.

5 – É nulo o ato efetuado sem que se verifique a disponibilização do certificado de admissibilidade, bem como os que não observem as condições impostas no certificado de admissibilidade, designadamente, quando é emitido com fundamento na participação como constituinte de pessoa singular ou de titular de firma, denominação, nome de estabelecimento ou marca registadas, e esta condição não venha a verificar-se, como decorre do disposto no artigo 55.º em conjugação com o artigo 53.º ambos do RRNPC.

A nulidade prevista na alinea b) do artigo 55.º é sanável mediante a apresentação do certificado de admissibilidade de firma ou denominação no prazo de três meses a contar da data do ato – n.º 2 do mesmo preceito.

Veja-se, no sentido expresso, o parecer proferido no proc.º n.º 34-Not.96 DSJ, in BRN n.º 10/98, I, pág. 18, e ainda a informação constante do proc.º n.º C.N. 58/98-DSJ, respeitante a nulidade da escritura pública lavrada em desconformidade com o certificado de admissibilidade da firma.

6 – «I – É nula, por ir contra a disposição imperativa do artigo 1714.º, n.º 2 do Código Civil, a cessão onerosa de quotas entre cônjuges não separados judicialmente de pessoas e bens.

II – As inscrições efetuadas na dependência de um registo recusado, enquanto não decorrer o prazo para a interposição de reclamação ou recurso da recusa, devem ser lavradas provisoriamente por natureza, nos termos da al. *d)* do n.º 2 do artigo 64.º do Código do Registo Comercial». – Cfr. o parecer do CT constante do proc.º n.º 34/90-R.P.4.

7 – «I – Os valores nominais de todas as quotas inferiores aos mínimos estabelecidos no Código das Sociedades Comerciais deverão ser ajustados a esses mínimos desde que o capital seja aumentado por força do disposto no artigo 533.º daquele Código ou por outras circunstâncias.

II – A deliberação de aumento de capital que não contemple tais valores mínimos é ferida de nulidade, de acordo com o disposto na al. *d)* do n.º 1 do art. 56.º do Cód. Soc. Com.

III – Sendo, nos indicados termos, nula a deliberação, é-o também a escritura pela qual aquela venha a ser titulada.

IV – Consequentemente, o correspondente registo de aumento de capital terá de ser recusado, de harmonia com o estabelecido no art. 48.º, n.º 1, al. *d)*, do Cód. Reg. Com». – Cfr. o parecer do CT proferido no proc.º n.º 24/92-R.P.4., in BRN n.º 3/2002, II, pág. 48.

Alínea *e)* – Quando o registo já tiver sido lavrado como provisório por dúvidas e estas não se mostrem removidas

1 – A recusa prevista nesta alínea abrange duas situações:

a) que o registo tenha sido anteriormente requerido e efetuado como provisório por dúvidas, tenha caducado pelo decurso do seu prazo de vigência, e seja novamente feito o pedido do mesmo registo sem remoção das dúvidas suscitadas; ou

b) que o interessado, na vigência ainda do registo provisório, venha requerer a sua conversão em definitivo, sem, contudo, proceder à remoção das dúvidas aduzidas.

Com efeito, vindo o registo do mesmo facto a ser novamente pedido sem que as dúvidas que motivaram a provisoriedade inicialmente apontada se mostrem removidas, e concluindo o conservador pela subsistência das mesmas, sobre tal pedido deve recair despacho de recusa do registo, salvo se, ao tempo, as dúvidas então aduzidas já não tiverem justificação legal.

De igual modo, também o pedido de conversão de registo elaborado como provisório por dúvidas (ainda vigente), sem que as mesmas sejam removidas demanda a recusa da conversão peticionada.

2 – Na qualificação do pedido de registo, anteriormente efetuado como provisório por dúvidas e que, entretanto, caducou, o conservador não está vinculado à decisão registral proferida por si ou por outrem, no mesmo ou em diverso serviço de registo, podendo efetuar o registo como definitivo se considerar que inexistem motivos que demandem a qualificação minguante do mesmo – vd., nesta conformidade, o parecer proferido no proc.º n.º R.P.112/2012 SJC-CT.

3 – Diversa é, contudo, a solução que preconizamos para o pedido de conversão do registo provisório por dúvidas apresentado noutro serviço ou perante outro qualificador que entenda que, apesar de se mostrarem removidas todas as dúvidas inicialmente aduzidas, às dúvidas então invocadas deveriam ainda ter acrescido outras que não foram atempadamente suscitadas.

Pois bem, *in casu*, tendo em vista a estabilização das decisões e por se considerar que o interessado não pode ser sucessivamente confrontado com novas dúvidas suscitadas pelo qualificador, seja ou não pessoa diversa, o registo tem de ser convertido em definitivo.

Daí que os despachos de qualificação devam ser cuidadosamente elaborados e suficientemente abrangentes de molde a dar a conhecer aos interessados, de uma só vez, todos os obstáculos que a nível registal os atos peticionados suscitam.

Alínea *h)* – Quando a entidade se encontrar em incumprimento quanto à obrigação do registo da prestação de contas, sem prejuízo das exceções previstas no n.º 3 do artigo 17.º, e não proceder ao referido registo durante o prazo fixado para o suprimento de deficiências.

1 – Esta alínea foi introduzida pelo artigo 2.º do Decreto-Lei n.º 250/2012, de 23 de novembro. A sua aplicação demanda a conjugação com o disposto no n.º 3 do artigo 17.º do CRC relativo ao incumprimento da obrigação de registar dentro do prazo legal.

N.º 2 – Recusa proveniente da falta de elementos ou pela natureza do ato

1 – O registo será ainda recusado se houver falta de elementos ou devido à natureza do ato.

A recusa determinada pela natureza do ato prende-se, como facilmente se conclui, com registos a elaborar por averbamento e que não admitam a possibilidade de serem lavrados como provisórios por dúvidas (vd. o disposto no n.º 3 do artigo 69.º).

2 – Apesar de a lei não indicar um critério concreto para se poder aquilatar dos elementos que, faltando, conduzem à recusa, é de entender que em nenhum registo podem ser omitidas as menções consideradas necessárias e suficientes para que terceiros possam tomar conhecimento preciso das relações jurídicas nele contidas e que, por força do disposto no artigo 14.º, lhes podem ser opostas.

Como é sabido, o artigo 22.º, n.º 1, alínea *c)*, fere de nulidade o registo que enferme de omissões ou inexatidões de que resulte a incerteza dos sujeitos ou do objeto da relação jurídica a que o facto registado respeita.

3 – Nesta conformidade, também o artigo 63.º dispõe que as inscrições extratam dos documentos depositados os elementos que definam a situação jurídica dos comerciantes individuais, das pessoas coletivas e dos estabelecimentos individuais de responsabilidade limitada.

4 – A recusa do registo da constituição de qualquer entidade por lei sujeita a registo dá lugar à abertura da matrícula, para fins de anotação dessa mesma recusa.

Se o despacho de qualificação não for impugnado no prazo legal ou se, tendo-o sido, se verificar algum dos factos previstos no n.º 2 do artigo 111.º, a matrícula é oficiosamente cancelada ao abrigo do disposto na alínea *c)* do artigo 62.º-A.

Artigo 49.º – Registo provisório por dúvidas

Se as deficiências do processo de registo não forem sanadas nos termos do artigo 52.º, o registo por transcrição deve ser feito provisoriamente por dúvidas quando existam motivos que obstem ao registo do ato tal como é pedido que não sejam fundamento de recusa.

COMENTÁRIOS

Registos provisórios por dúvidas

Em que consiste a «dúvida» aposta ao registo

Prazo de vigência destes registos

1 – Os registos que não possam ser lavrados em termos definitivos, mas que também não estejam feridos de qualquer vício que acarrete a sua recusa nem respeitem a situações que conduzam a provisoriedades por natureza, caem no âmbito de aplicação desta amplíssima norma, sendo, consequentemente, lavrados como provisórios por dúvidas, desde que as deficiências do processo de registo não possam ser supridas nos termos previstos no artigo 52.º.

2 – Esta norma tem caráter residual, abrangendo todos os casos em que o ato não esteja perfeitamente documentado, mas não haja motivo para o recusar nem exista possibilidade de o lavrar como provisório por natureza.

A produção dos efeitos do registo provisório por dúvidas não é, então, total nem imediata, só se verificando com a conversão do mesmo em definitivo (e publicação, sendo o caso).

3 – Nos termos do que precede, havendo certeza de que o registo peticionado não pode ser efetuado definitivamente mas que também inexistem motivos para a sua recusa e não se enquadrando na *facti species* do artigo 64.º, o registo deverá ser efetuado como provisório por dúvidas, sem que daí seja legítimo cogitar-se que o conservador tenha dúvidas quanto à qualificação que deve recair sobre o ato de registo peticionado.

É que a «dúvida» não existe na mente do conservador ao qualificar o pedido em causa mas tão somente no desfecho tabular do registo, o qual é feito sob condição suspensiva até que seja preenchido o requisito em falta ou desfeita a contradição latente – Vd., em conformidade, os pareceres proferidos nos proc.os n.os R.P. 127/98 DSJ-CT e 129/2010 STC-CT.

4 – No sentido referido, pode ainda ler-se no parecer emitido pelo CT no proc.º n.º 11/84 R.P.3 o trecho que, por ilustrativo, transcrevemos: «Ao lavrar o registo como provisório por dúvidas, o conservador deve ter a certeza de que existe fundamento que, não sendo motivo de recusa, obsta ao registo tal como é pedido. Não tem dúvidas, opõe-nas ao registo, refletindo certezas objetivas que o levam àquela decisão em estrito cumprimento da lei».

5 – Na mesma linha de pensamento também Seabra de Magalhães, in Regesta n.º 21, janeiro de 1982, salienta que a «dúvida» que o conservador suscita, no exercício da sua função qualificadora e segundo o princípio da legalidade, é o resultado de um juízo de valor, em face dos atos sujeitos a registo, dos títulos apresentados e da situação tabular existente, através do qual se exprime todo e qualquer obstáculo que, não determinando a recusa, se oponha ainda assim ao registo tal como ele é pretendido.

6 – «A contradição, existente no título, quanto ao valor do capital realizado é fundamento de dúvidas a opor ao registo do contrato de sociedade anónima, as quais só podem ser removidas desde que previamente se retifique o título deficiente». – Cfr. a informação prestada no proc.º n.º R.Co. 41/98-DSJ.

7 – Os motivos de provisoriedade inicialmente consignados no despacho de dúvidas não podem posteriormente ser ampliados ou modificados no despacho de sustentação da decisão impugnada.

Ao conservador é, porém, concedida a possibilidade de, em sede impugnatória, reparar a decisão proferida se, após uma análise mais aprofundada da questão controvertida, tiver deixado de se rever na posição inicialmente defendida.

8 – «I – O Código do Registo Comercial estabelece prazo de caducidade dos registos provisórios não convertidos em definitivos, mas não indica a data a partir da qual se faz a sua contagem.

II – Tal prazo conta-se desde a data de notificação, quando o desfecho do registo provisório por dúvidas tenha sido lançado fora do prazo de realização do registo.

III – Se for lançado dentro do prazo de realização do registo o prazo de caducidade conta-se da data do termo do prazo de registo». – Sumário do Ac. do STJ, de 17 de abril de 1997, in CJ (STJ), II, pág. 51, 1997.

9 – «I – São anuláveis as deliberações sociais que violem disposições quer da lei, quando ao caso não caiba a nulidade, nos termos do art. 56.º do Código das Sociedades Comerciais, quer do contrato de sociedade.

II – A simples anulabilidade da deliberação social não obsta ao registo do ato com caráter definitivo». – Cfr. o parecer do CT proferido no proc.º n.º 55/88-R.P.3, in *Pareceres do Conselho Técnico,* II Volume, pág. 301.

Artigo 50.º – Despachos de recusa e de provisoriedade

1 – Os despachos de recusa e de registo provisório por dúvidas são lavrados pela ordem de apresentação dos respetivos pedidos de registo, salvo quando deva ser aplicado o mecanismo de suprimento de deficiências, nos termos do artigo 52.º, e são notificados aos interessados nos dois dias seguintes.

2 – Salvo nos casos previstos nas alíneas *a), c)* e *n)* do n.º 1 do artigo 64.º, a qualificação do registo como provisório por natureza é notificada aos interessados no prazo previsto no número anterior.

3 – A data da notificação prevista nos números anteriores é anotada na ficha.

COMENTÁRIOS

Despachos de qualificação dos pedidos de registo

Notificação dos mesmos

1 – Com a nova redação conferida a este preceito pelo artigo 5.º do Decreto-Lei n.º 76-A/2006, de 29 de março, ultrapassou-se (e bem) a dualidade de critérios existente na aludida norma no que respeitava à notificação dos despachos.

Até então, os interessados só eram notificados da qualificação desfavorável do pedido se os registos fossem efetuados fora do prazo legal para a sua realização.

Ora, tal confundia e desprotegia o utente que podia ficar a aguardar uma notificação que nunca se viria a concretizar por, eventualmente, os registos terem passado, após a apresentação do pedido, a ser elaborados dentro do prazo legal, não obstante tivesse havido qualificação minguante do pedido. – Veja-se, adrede, o Acórdão do STJ, de 17 de abril de 1997, in CJ (STJ), Ano V, Tomo II, pág. 52, salientando o contrassenso daí resultante e as implicações na contagem do prazo de caducidade do registo provisório.

1.1 – A redação do preceito em apreço é, também, louvável por uma outra razão que não posso deixar de assinalar tanto mais que no Código do Registo Comercial, de 2005, (pág. 440) tinha criticado o seu teor.

Com efeito, no direito pregresso previa-se a devolução dos documentos e do excesso de preparo com a notificação do despacho de recusa ou de provisoriedade, quando a apresentação tivesse sido feita pelo correio.

Era evidente, contudo, que nem os documentos nem o excesso de preparo deviam ser devolvidos nesta fase, uma vez que contra o despacho em causa podia ser deduzida impugnação e, sendo procedente, lavrar-se-ia o correspondente registo ou proceder-se-ia à conversão do registo provisório, pelo que os documentos que instruíram o pedido, assim como o preparo, deviam permanecer na conservatória.

2 – A notificação presume-se efetuada no terceiro dia posterior ao do registo do correio, ou no primeiro dia útil seguinte a esse, quando o não seja, por força do disposto no n.º 1 do artigo 249.º do CPC.

Mesmo que o expediente seja devolvido, a notificação não deixa de produzir os efeitos legais, desde que tenha sido corretamente enviada para o endereço do apresentante, presumindo-se também feita no dia referido no parágrafo anterior, como decorre do preceituado no n.º 2 do citado artigo 249.º.

3 – «I – A notificação dos despachos de recusa e de registo provisório, a que se refere o artigo 50.º, n.º 1, do CRCom., é efetuada nos termos previstos no Código de Processo Civil (cfr. art.º 147.º-B, do C.R.P., *ex vi* do art.º 115.º do CRCom.), ainda que os registos sejam lavrados no prazo legal.

II – De acordo com o Código de Processo Civil, os despachos de qualificação são notificados ao apresentante por carta registada dirigida para o endereço por si indicado (cfr. art.s 254.º, n.º 1, e 255.º, n.º 1, do C.P.C.).

III – A notificação postal presume-se feita no terceiro dia posterior ao do registo, ou no primeiro dia útil seguinte a esse, quando o não seja (cfr. art. 254.º, n.º 2, do C.P.C.).

IV – A notificação não deixa de produzir efeito pelo facto de o expediente ser devolvido, desde que a remessa tenha sido feita para o endereço do apresentante; nesse caso, ou no de a carta não ter sido entregue por ausência do destinatário, juntar-se-á ao processo o sobrescrito, presumindo-se a notificação feita no dia a que se refere o número anterior (cfr. art. 254.º, n.º 3, do C.P.C.).

V – Conforme já se referiu no ponto 2, a notificação do despacho de qualificação é efetuada ao «apresentante» que vem indicado no cabeçalho do impresso-requisição, não se justificando a notificação a outros interessados ainda que estes assinem a requisição do registo». – Conclusões firmadas na deliberação constante do proc.º n.º R.Co. 293/2002 DSJ-CT, in BRN n.º 10/2003, II, pág. 27, a ler atualizadamente no que concerne aos preceitos do CPC.

4 – «I – Pelo atual art. 254.º do CPC a carta registada expedida para notificação deixou de o ser com aviso de receção; a notificação passou a considerar-se feita no 3.º dia posterior ao do registo ou no 1.º dia útil seguinte, quando

o não seja aquele; passou a admitir-se a elisão da presunção quanto à data em que a carta foi recebida pelo notificando, embora mantendo-se que a notificação se considera feita no caso de não entrega da carta por ausência do destinatário.

II – Quem seja parte no processo judicial e queira receber as notificações que lhe sejam dirigidas, deve providenciar no sentido de haver alguém presente na sua residência, a indicada no processo, ou, pelo menos, abrir ou mandar abrir a caixa do correio para se inteirar dos avisos de registo que os correios ali depositem e proceder ao respetivo levantamento.

III – Quem assim não proceda, quem pelo seu desinteresse ou negligência deixa que as cartas registadas, que lhe são dirigidas pelos tribunais, sejam devolvidas, sujeita-se à respetiva consequência, ou seja, à de a notificação se considerar feita no 3.º dia posterior ao do registo. – Cfr. o Ac. do STJ, de 15 de dezembro de 1998, in CJ (STJ), VI, Tomo III, pág.160.

5 – O n.º 3 deste preceito foi aditado pelo Decreto-Lei n.º 116/2008, de 4 de julho. Dele decorre que a data da notificação aos interessados dos despachos de recusa ou de provisoriedade por dúvidas e por natureza (com respeito à qualificação de alguns registos como provisórios por natureza veja-se o prescrito no n.º 1 do artigo 64.º), deve ser sempre anotada na ficha do registo em causa.

6 – «O prazo de caducidade do registo provisório por dúvidas começa a correr na data da notificação ao interessado do respetivo despacho de qualificação». – Cfr. o parecer do CT proferido no proc.º n.º R.P. 317/2002 DSJ-CT, in BRN n.º 4/2004, II, pág. 2.

7 – Nos despachos de qualificação e de apreciação de impugnações propostas pelos apresentantes dever-se-á (para um desejável aperfeiçoamento técnico-jurídico) ter em consideração todas as razões que estes invoquem, mas, caso isso não se verifique, tais despachos não são, só por isso, nulos, já que não se trata de decisões de natureza administrativa, a que se lhes apliquem as normas do respetivo procedimento, mas antes do âmbito do direito privado e, portanto, em que, globalmente, regem as disposições próprias do processo civil.

Artigo 51.º – Obrigações fiscais

1 – Nenhum ato sujeito a encargos de natureza fiscal pode ser definitivamente registado sem que se mostrem pagos ou assegurados os direitos do fisco.

2 – Não está sujeita à apreciação do funcionário competente para o registo a correção da liquidação de encargos fiscais feita nas repartições de finanças.

3 – Presume-se assegurado o pagamento dos direitos correspondentes a qualquer transmissão desde que tenham decorrido os prazos de caducidade da liquidação ou de prescrição previstos nas leis fiscais.

4 – A verificação do cumprimento de obrigações fiscais relativamente a factos que devam ser registados por depósito não compete às conservatórias.

COMENTÁRIOS

Encargos fiscais – interferência na qualificação do pedido de registo.

1 – Ao longo dos tempos o legislador tem atribuído ao conservador funções de auxiliar dos serviços de fiscalização das contribuições e impostos.

Contra tal facto se rebelou, entre outros, Catarino Nunes, in *Código do Registo Predial*, anotado, 1967, pág. 300, considerando que «efetivamente, é impensável que o Estado, através de um seu serviço, esteja a garantir a eficácia de atos sujeitos a encargos fiscais (impostos ou taxas), que a tais encargos tenham querido ou queiram fugir.

2 – Na verdade, afigura-se-nos que melhor seria que a fiscalização atribuída ao conservador não tivesse o caráter preventivo que assume entre nós, interferindo na qualificação do próprio ato de registo, antes se limitando a uma comunicação *a posteriori* aos serviços competentes, como acontece noutras legislações estrangeiras.

É que, assim, o ato de registo só é efetuado em termos definitivos se as obrigações fiscais estiverem antecipadamente pagas ou asseguradas.

3 – De qualquer modo, o conservador não tem de apurar se os encargos devidos foram ou não bem liquidados, mas apenas verificar se a lei tributária foi ou não aplicada ao facto a registar, isto é, tem apenas de saber se o facto a registar está relacionado na participação apresentada nos serviços competentes e, se estiver, a qualificação do correspondente registo não pode ser afetada – vd. Deliberação tomada no proc.º n.º R.P.72/2014 STJ-CC.

4 – «I – Nenhum ato pode ser definitivamente registado sem que se mostrem pagos ou assegurados os direitos do fisco.

II – Não está, porém, neste caso a inscrição de alteração do contrato de sociedade, que consiste no aumento de capital com nova redação dos artigos referentes ao novo quantitativo e sua distribuição». – Cfr. o parecer do CT exarado no proc.º n.º 47/91-R.P.4.

5 – «A transmissão *mortis causa* de uma quota em sociedade com sede em Portugal, pertencente a sócio de nacionalidade estrangeira e falecido também no

estrangeiro, onde tinha a sua residência, para pessoas singulares igualmente de nacionalidade estrangeira e residentes no estrangeiro, não está sujeita a imposto sobre sucessões e doações, atento o disposto no art.6.º, § único, regra 2.ª, do CIMSISSD, pelo que não se justifica *in casu* a observância da norma do art. 51.º do CRCom». – Cfr. a deliberação aprovada em sessão do CT e homologada pelo Diretor-Geral em 26 de julho de 2001, constante do proc.º n.º R.Co.80/2001 DSJ-CT, in BRN n.º 8/2002, II, pág. 2.

6 – Os registos por depósito não são objeto de qualificação, logo o conservador não pode verificar o cumprimento das obrigações fiscais. Tal obrigação incumbe, porém, às próprias sociedades comerciais, por força do disposto no n.º 2 do artigo 242.º-F do CSC.

7 – As quantias que determinam a rejeição da apresentação (alínea *b)* do n.º 1 do artigo 46.º do CRC) têm um valor único, incluindo, além das respeitantes à elaboração do registo, apenas as relativas aos atos subsequentes de inscrição no ficheiro central de pessoas coletivas e de publicação obrigatória, bem como aos emolumentos pessoais.

Não é devido o pagamento do imposto do selo previsto no n.º 8 da Tabela Geral do Imposto do Selo nos casos de alteração do contrato de sociedade, titulada nos termos do n.º 3 e na 1ª parte do n.º 4 do artigo 85.º do CSC. – Cfr. o parecer proferido no proc.º n.º R.Co.35/2006 SJC-CT.

8 – A constituição de uma sociedade civil sob forma comercial por quotas, na sequência da sua *redomiciliação* em Portugal, não está sujeita ao pagamento do imposto do selo previsto na verba 26.1 da Tabela Geral do Imposto do Selo, aprovada pela Lei n.º 150/99, de 11 de setembro – Vd., em conformidade, a deliberação tomada no proc.º n.º C.Co.15/2009 SJC-CT.

9 – O conservador do registo comercial é sujeito passivo do imposto do selo relativamente a atos, contratos e outros factos em que seja interveniente, competindo-lhe, por isso, a liquidação do referido imposto, como decorre da aplicação conjugada do disposto na alínea *b)* do n.º 1 do artigo 2.º e do n.º 1 do artigo 23.º, ambos do Código do Imposto do Selo.

Não sendo pago o imposto do selo devido o registo do facto correspondente deve ser efetuado como provisório por dúvidas, sendo estas removíveis mediante a junção do documento comprovativo do pagamento daquele imposto ou pela liquidação do mesmo no próprio serviço de registo.

Caso o registo tenha sido efetuado em termos definitivos, não obstante o incumprimento das obrigações fiscais, deve tal omissão ser comunicada aos serviços de finanças ao abrigo da Circular n.º 20, de 28 de agosto de 2002, da então Direção de Serviços dos Impostos de Selo e das Transmissões do Património, para os efeitos que, em cada caso concreto, considerem ser os mais convenientes.

Nos certificados de conta emitidos pelos serviços de registo e confirmados pelo presidente do IRN, I.P., para fins de execução, não deve englobar-se, em situação alguma, o valor correspondente ao imposto do selo em falta, visto que, atento o âmbito das atribuições do Instituto, este não tem legitimidade para desencadear a cobrança coerciva do mesmo – veja-se, neste sentido e para mais desenvolvimentos, o parecer emitido no proc.º n.º C.Co.19/2013 STJ-CC, do qual extraímos as conclusões precedentes.

Artigo 52.º – Suprimento das deficiências

1 – Sempre que possível, as deficiências do processo de registo por transcrição devem ser supridas oficiosamente com base nos documentos apresentados ou já existentes no serviço de registo ou por acesso direto à informação constante de base de dados das entidades ou serviços da Administração Pública.

2 – Não sendo possível o suprimento das deficiências, nos termos previstos no número anterior, e tratando-se de deficiência que não envolva novo pedido de registo nem constitua motivo de recusa nos termos das alíneas *c)* a *e)* e *h)* do n.º 1 do artigo 48.º, o serviço de registo competente comunica este facto ao interessado, por correio eletrónico, sempre que o interessado tenha fornecido o respetivo endereço, ou por qualquer outro meio idóneo, para que este, no prazo de cinco dias, proceda a tal suprimento, sob pena de o registo ser lavrado como provisório ou recusado.

3 – O registo não é lavrado provisoriamente ou recusado se as deficiências em causa respeitarem à omissão de documentos a emitir pelas entidades referidas no n.º 1 e a informação deles constante não puder ser obtida nos termos aí previstos, desde que o interessado tenha expressamente solicitado ao serviço de registo, pessoalmente ou por escrito, através de correio eletrónico ou sob registo postal, e no prazo referido no número anterior, que diligencie pela sua obtenção diretamente às entidades ou serviços da Administração Pública.

4 – (Revogado.)

5 – A falta de apresentação do título que constitua motivo de recusa, nos termos da alínea *b)* do n.º 1 do artigo 48.º pode ser suprida, com observância dos números anteriores, desde que o facto sujeito a registo seja anterior à data da apresentação ou à hora desta se, sendo da mesma data, o título contiver a menção da hora em que foi assinado ou concluído.

6 – (Revogado.)

7 – O suprimento de deficiências nos termos dos n.ºs 2, 3, e 5 depende da entrega das quantias devidas.

8 – Das decisões tomadas no âmbito do suprimento de deficiências não cabe recurso hierárquico ou impugnação judicial.

COMENTÁRIOS

Suprimento das deficiências do processo de registo por transcrição

1 – A norma consagrada no n.º 1 permite que as deficiências do processo de registo a elaborar por transcrição sejam supridas oficiosamente pelos respetivos serviços com base nos documentos apresentados ou neles já existentes ou por acesso direto à informação constante de base de dados das entidades ou serviços da Administração Pública.

2 – Não sendo possível sanar as deficiências em causa mediante o recurso aos processos previstos no n.º 1, embora sejam supríveis, o serviço de registo competente comunica esse facto ao apresentante para que, no prazo de cinco dias, proceda ao suprimento devido, sob pena de o registo ser lavrado como provisório ou recusado, consoante o caso – n.º 2 do presente artigo.

3 – No entanto, o registo não é lavrado provisoriamente nem recusado se as deficiências em causa respeitarem à omissão de documentos a emitir por entidades ou serviços da Administração Pública e a informação deles constante não puder ser obtida nos termos consignados no n.º 1, desde que o interessado, no prazo de cinco dias, solicite expressamente (pessoalmente ou por escrito) que se diligencie pela sua obtenção diretamente às entidades ou serviços referidos.

Neste caso, a conservatória solicita os documentos diretamente às referidas entidades ou serviços, a expensas do apresentante – n.º 3.

4 – No parecer emitido nos proc.os n.os C.P.1/2010 e 12/2010 SJC-CT, a propósito das normas plasmadas nos n.os 3 e 4 do artigo 73.º do CRP (na redação anterior à introduzida pelo Decreto-Lei n.º 125/2013) equivalentes às consagradas no artigo 52.º do CRC, firmaram-se as seguintes conclusões: «I – A convicção do qualificador/decisor não é, em regra, sindicável hierárquica ou contenciosamente, incidindo o objeto da impugnação sobre o conteúdo da decisão de recusa da prática do ato de registo nos termos requeridos, como decorre do disposto no n.º 1 do artigo 140.º do Código do Registo Predial.

II – Em princípio, o recurso ao mecanismo previsto no n.º 3 do artigo 73.º do Código do Registo Predial não está na livre disponibilidade das partes – qualificador ou requerente do registo – devendo ser utilizado sempre que as deficiências do procedimento registal conducentes à provisoriedade ou recusa do registo respeitem à omissão de documentos a emitir pelas entidades ou serviços da Administração Pública e a informação deles constantes não possa ser obtida nos termos previstos no n.º 1 do citado preceito.

III – Nestes casos, o serviço de registo competente deve solicitar os documentos em falta diretamente às entidades ou serviços da Administração Pública, sendo os inerentes custos suportados, inicialmente, pelo fundo de maneio do serviço requisitante.

IV – Posteriormente, o serviço de registo tem direito a ser reembolsado pelo interessado das despesas resultantes dos pagamentos entretanto efetuados às entidades ou serviços da Administração Pública ao abrigo do prescrito no n.º 4 do artigo 73.º do Código do Registo Predial.

V – Verificando-se, contudo, que, no âmbito do procedimento de suprimento de deficiências, o qualificador requisitou documentos para a instrução do peticionado ato de registo contra a vontade expressa do requerente, os custos inerentes à sua obtenção não podem a este ser imputados.

VI – A Administração Pública assume a responsabilidade pela prática dos atos dos titulares dos seus órgãos, funcionários e agentes causadores de danos, assistindo-lhe, porém, o direito de regresso sempre que na ação ou omissão verificada exista dolo ou culpa grave daqueles – artigos 6.º e segs. da Lei n.º 60/2007, de 31 de dezembro.

VII – Sempre que o Instituto dos Registos e do Notariado, I.P., apure, seja em sede de recurso hierárquico seja por qualquer outra via, que os seus serviços cobraram excessivamente qualquer quantia deve determinar a restituição da mesma ao abrigo do prescrito no artigo 128.º do Regulamento dos Serviços, aprovado pelo Decreto n.º 55/80, de 8 de outubro, que acolheu o princípio geral do enriquecimento sem causa consagrado no artigo 473.º do Código Civil.

VIII – Considerando que, no caso em apreço nos autos, não foi satisfeita a quantia indevidamente pedida à senhora notária pela obtenção da certidão judicial deve a mesma ser suportada pelo fundo de maneio dos respetivos serviços, devido à frontal oposição daquela.

IX – No caso de estabelecimento de novo trato sucessivo, a existência de título em que tenha intervindo o titular inscrito torna inexigível o requisito da notificação prévia do referido titular ou, tendo já falecido, dos seus herdeiros, como decorre *a contrario* do prescrito no artigo 117.º-G, n.º 2, do Código do Registo Predial, e no artigo 99.º, n.º 1, do Código do Notariado.

X – Os documentos autênticos fazem prova plena dos factos que referem como praticados pela autoridade ou oficial público, assim como dos factos que nele são atestados com base na perceção da entidade documentadora, sendo que a sua força probatória apenas pode ser ilidida mediante a instauração do incidente de falsidade – cfr. o que dispõem os artigos 371.º e 372.º do Código Civil».

5 – A aplicabilidade do n.º 5 do artigo 52.º implica que o título apresentado nesta sede de suprimento tenha anterioridade em relação à data da apresentação. Essa anterioridade, quando não seja logo patenteada relativamente à data, já que aquelas podem ser coincidentes, terá de ser apurada em função da hora, devendo neste último caso constar do documento a data e hora em que o mesmo foi assinado ou concluído.

6 – Em face da literalidade da norma em apreço e da sua *ratio legis*, afigura-se que o procedimento de suprimento não pode ser desencadeado nem para fundamentar eventuais dúvidas do qualificador que não se encontrem patenteadas nos títulos apresentados para instruir o ato de registo peticionado, nem mesmo para averiguar da veracidade das declarações proferidas designadamente em escritura pública, posto que não se trata de matéria por si sindicável – vd., neste sentido e com as devidas adaptações legais, a Deliberação tomada no proc.º n.º R.P.5/2013 STJ-CC.

7 – «I – Tem caráter funcional o poder que a lei confere ao conservador de suprir as deficiências de que enferme o processo registral, quando designadamente, a conservatória disponha, por aí estarem apresentados ou arquivados já, dos documentos necessários para tal, nos termos do art. 52.º, n.º 1, do CRC.

II – É, assim, ilegítimo o procedimento do conservador ao ignorar deliberadamente o documento destinado a suprir deficiências de determinado processo de registo com a alegação de ter sido apresentado complementarmente com referência expressa a outro processo». – Conclusões firmadas no parecer do CT constante do proc.º n.º 1/91-R.P.4.

8 – O artigo em apreço veio de encontro à necessidade de colocar os serviços e organismos da Administração Pública ao serviço do cidadão e de lhe prestarem a devida assessoria, pautando a sua conduta de acordo com os princípios da qualidade, da proteção da confiança, da comunicação eficaz e transparente, privilegiando os procedimentos mais simples, expeditos, cómodos e eficazes, em detrimento dos mais complexos e dispendiosos.

Artigo 53.º – Desistência

A apresentação de pedido de desistência de um registo e dos que dele dependam só pode ser aceite no caso de deficiência que motive recusa ou se for junto documento comprovativo da extinção do facto desde que o pedido de desistência seja apresentado antes da assinatura do registo.

COMENTÁRIOS

Desistência do pedido – Seu condicionamento
Devolução do emolumento cobrado, sendo o caso.

1 – A desistência de um registo e dos que dele dependam é condicionada, devendo, quando permitida, ocorrer até ao momento imediatamente anterior ao da assinatura do registo.

2 – Sublinha-se, assim, tendo em conta o princípio da obrigatoriedade do registo, que a desistência apenas é permitida em dois casos:

a) quando a deficiência motive recusa do registo; e
b) quando for junto documento comprovativo da extinção do facto.

Em qualquer dos casos o pedido de desistência tem de ser formulado por escrito.

3 – A desistência de registo prevista neste artigo deve ser autorizada em despacho fundamentado, ainda que sumariamente. No entanto, quando seja apresentado documento bastante para provar a extinção do facto nem o requisitante tem que fundamentar o seu pedido nem o conservador necessita de justificar a aceitação do mesmo, por razões óbvias.

4 – A desistência do registo não deve em circunstância alguma ser aconselhada pelos Serviços, sabendo-se da estrita ligação da apresentação dos pedidos de registo com o princípio da prioridade e da oponibilidade dos registos a terceiros, bem como da responsabilização pelos prejuízos que eventualmente possam advir do facto de o apresentante ter sido indevidamente aconselhado pelos Serviços à desistência do pedido.

Quanto à responsabilização civil do Estado veja-se o disposto na Lei n.º 67/2007, de 31 de dezembro, e, ainda, o que preceitua o artigo 22.º da Constituição da República Portuguesa.

5 – O pedido de desistência do registo fica arquivado na respetiva conservatória, devendo aquela ser anotada no impresso-requisição, mediante o qual foi introduzido o pedido de registo em causa.

O deferimento do pedido de desistência determina a devolução do excesso de preparo, se o houver.

Pela desistência do pedido de registo, é cobrada a quantia emolumentar prevista no n.º 11 do artigo 22.º do RERN.

CAPÍTULO IV
Atos de Registo

Artigo 53.º-A – Formas de registo

1 – Os registos são efetuados por transcrição ou depósito.

2 – O registo por transcrição consiste na extratação dos elementos que definem a situação jurídica das entidades sujeitas a registo constantes dos documentos apresentados.

3 – Sem prejuízo dos regimes especiais de depósito da prestação de contas, o registo por depósito consiste no mero arquivamento dos documentos que titulam factos sujeitos a registo.

4 – (Revogado.)

5 – São registados por depósito:

_a_) Os factos mencionados nas alíneas _b_) a _l_), _n_), _p_), _q_), _u_), _v_) e _z_) do n.º 1 do artigo 3.º, salvo o registo do projeto de constituição de sociedade anónima europeia gestora de participações sociais, bem como o da verificação das condições de que depende a sua constituição;

_b_) Os factos referidos nas alíneas _b_), _c_) e _e_) do n.º 2 do artigo 3.º;

_c_) Os factos constantes das alíneas _b_) e _d_) do artigo 5.º;

_d_) O facto mencionado na alínea _b_) do artigo 6.º;

_e_) O facto referido na alínea _g_) do artigo 7.º;

_f_) O facto constante da alínea _e_) do artigo 8.º;

_g_) Os factos constantes do artigo 9.º se respeitarem a factos que estão sujeitos a registo por depósito;

_h_) Os factos mencionados nas alíneas _a_), _d_) e _e_) do artigo 10.º;

_i_) Todos os factos que por lei especial estejam sujeitos a depósito.

6 – Os suportes, processo e conteúdo dos registos são regulamentados por membro do Governo responsável pela área da justiça.

COMENTÁRIOS

Forma de elaboração dos registos – transcrição ou depósito

1 – Após a grande reforma do registo comercial, consagrada no Decreto-Lei n.º 76-A/2006, de 29 de Março, os registos passaram a ser efetuados por transcrição ou por depósito.

1.1 – A primeira forma referida consiste na extratação (não transcrição) dos elementos que definem a situação jurídica das entidades sujeitas a registo constantes dos documentos apresentados – cfr. o disposto no artigo 63.º – daí que se considere imprópria a terminologia introduzida no preceito em análise.

A propósito da referida incorreção veja-se, *inter alia*, Mouteira Guerreiro, in Temas de Registo e do Notariado, pág. 63.

1.2 – A segunda forma de elaboração dos registos consiste no mero arquivamento dos documentos que servem de base ao registo pedido, sem prejuízo do regime especial de depósito de prestação de contas.

2 – Os registos efetuados por depósito encontram-se elencados no n.º 5 deste preceito, sendo, *a contrario sensu*, todos os demais lavrados por transcrição.

2.1 – Os registos por depósito devem obedecer ao prescrito nos artigos 6.º, 14.º e 15.º do RRC, enquanto que os registos lavrados por transcrição devem conter as menções gerais e especiais plasmadas nos artigos 9.º a 13.º do citado Regulamento.

3 – O registo de prestação de contas obedece ao prescrito na Portaria n.º 1416-A/2006, de 19 de dezembro.

O pedido, que é feito por via eletrónica, através do envio da IES, nos termos previstos no n.º 1 do artigo 4.º do Decreto-Lei n.º 8/2007, de 17 de janeiro. O pagamento, validação, diligências subsequentes, bem como a taxa devida, encontram-se previstos nos artigos 13.º-A a 13.º-E da aludida portaria.

4 – Na Reforma de 2006, o legislador desvalorizou clara e deliberadamente o registo por depósito, subtraindo-o à aplicação dos grandes princípios que enformam o registo comercial, designadamente ao princípio da legalidade consagrado no artigo 47.º.

Esta alteração legislativa, no que respeita ao registo dos atos relativos a direitos sobre quotas, é vista por Carlos Ferreira de Almeida, in *Estudos de Homenagem ao Professor Raúl Ventura*, pág. 282, como uma privatização do registo, geradora de insegurança, conflitos e um acréscimo de despesas, especialmente para as pequenas empresas.

Também Menezes Cordeiro, in Código das Sociedades Comerciais Anotado, 2009, págs. 639 e segs., se insurge contra a medida uma vez que o «registo» por depósito não dá quaisquer garantias de licitude e, até, de seriedade. Logo, dele não poderá derivar todo um conjunto de efeitos substantivos, ficando reduzido a um arquivo público do material que para lá os interessados queiram enviar.

Artigo 54.º – Prazo e ordem dos registos

1 – O registo por transcrição é efetuado no prazo de 10 dias e pela ordem de anotação no diário, salvo nos casos de urgência e de suprimento de deficiências, nos termos do artigo 52.º.

2 – No caso de o apresentante requerer urgência, o registo deve ser efetuado no prazo máximo de um dia útil, podendo o funcionário proceder à feitura do registo sem subordinação à ordem da anotação, mas sem prejuízo da dependência dos atos.

3 – A menção na ficha do registo por depósito é efetuada no próprio dia em que for pedido.

COMENTÁRIOS

Prazos para a elaboração do registo por transcrição
Pedido de urgência. Direito pregresso
Menção na ficha do registo por depósito

1 – No que concerne à contagem do prazo previsto no n.º 1 veja-se o regime consagrado no artigo 279.º do CC bem como nos artigos 155.º do CRP e 115.º deste Código.

2 – No caso de o apresentante requerer urgência e sendo o pedido de urgência reportado apenas a um dos atos de registo, e pese embora o facto de terem sido requisitados vários atos no mesmo impresso-requisição (ou noutro impresso com pedidos de registo entrados anteriormente), não é legal alargar aquele pedido aos demais, salvo se existir entre eles uma relação de dependência.

No sentido expresso, veja-se a doutrina firmada no parecer do CT proferido no proc.º n.º 67/88-R.P.3, que apesar de versar matéria de registo predial, tem plena aplicação em sede de registo comercial, mesmo atualmente.

3 – Antes da alteração legislativa introduzida neste preceito pelo Decreto-Lei n.º 76-A/2006, o conservador avaliava a motivação aduzida pelo interessado no pedido de urgência e proferia decisão fundamentada de deferimento ou indeferimento do pedido tendo em consideração a pertinência daquela.

O referido despacho de indeferimento, porque proferido no exercício de um poder discricionário, só era atacável se fosse afetado pelo vício de desvio de poder.

Nesta senda, transcreve-se, por ilustrativo, do parecer do CT proferido no proc.º n.º 99/93-R.P.4, in BRN n.º 1/2002, II, pág. 30, o seguinte trecho respeitante ao indeferimento do pedido de urgência:

«A doutrina assente na Direção-Geral é a de que se trata de matéria que cabe dentro dos poderes discricionários do conservador, não se lhe aplicando as regras do recurso hierárquico. Da respetiva decisão só cabe recurso com fundamento em desvio de poder (P.ºs 1/55-R.P.87, 287-R.P.87 e 1/94-R.P.93).

Em todo o caso, cumpre fazer notar que o conservador goza da presunção de que exerce o poder discricionário tendo em vista o fim legal, apenas ficando ao seu critério a escolha em cada caso do procedimento mais adequado».

4 – Atualmente basta que o interessado requeira urgência na feitura do registo para que o mesmo seja efetuado, no prazo de um dia útil, sem subordinação à ordem de anotação, mas sem prejuízo das regras da dependência dos atos, e independentemente das razões subjacentes à urgência, que nem sequer têm de ser invocadas.

5 – A elaboração do registo com urgência (logo sem subordinação à ordem de anotação no Diário) implica o pagamento, em dobro, do emolumento correspondente ao ato, por força do prescrito no n.º 10 do artigo 22.º do RERN.

Se o ato de registo em causa beneficiar de isenção ou da redução emolumentar estabelecida no artigo 28.º do RERN, o emolumento da urgência indicado no n.º 10 do citado artigo 22.º também não será devido ou será reduzido, consoante o caso, visto que a isenção ou a redução deverá ser extensível ao pedido de urgência nos mesmos termos.

As razões que fundamentam a isenção ou a redução dos emolumentos de determinado ato sujeito a registo legitimam também, em regra, a gratuitidade ou a redução do emolumento devido pelo pedido de urgência respeitante ao mesmo, consoante o caso.

6 – Ultrapassado que seja o prazo legal para a elaboração dos registos sem que os mesmos se mostrem efetuados, devido a culpa dos serviços, não é devido o pagamento acrescido de qualquer emolumento pela elaboração, com urgência, do registo em falta.

É que os atrasos na execução do serviço não podem afetar negativamente os direitos dos interessados nos registos. Estes esperam e têm direito a que o serviço seja prestado de forma célere e eficaz, pelo que, não obstante o pedido de urgência tenha custos acrescidos para os serviços, estando os registos a ser lavrados para além do prazo legal, a conservatória não pode cobrar o emolumento correspondente à urgência, apesar dos transtornos internos que daí possam advir.

7 – No sentido referido no número 5, muito embora proferido no âmbito de aplicação de legislação diversa e versar apenas sobre atos gratuitos, veja-se o parecer emitido pelo CT no proc.º n.º 53/91-R.P.4, cujo entendimento se mantém atual, e do qual extraímos um pequeno excerto:

«Por um lado, pareceria que, por se tratar de uma sobrecarga de trabalho para a repartição, no exclusivo interesse do registante, não deveria a urgência ser abrangida pela isenção do ato de registo. Para se poder lavrar o registo sem subordinação à ordem de anotação, tem que se fazer uma cuidada busca no Diário, que representa um acréscimo de trabalho de outro modo dispensável.

Mas, por outro lado, importaria ter em conta que um pedido (o da urgência) é indissociável do outro (o do registo). O interessado só pede urgência porque pediu o registo, não tendo que a invocar se não tiver que requisitar o registo cuja gratuitidade lhe é reconhecida. Logo, não pode a razão da gratuitidade que assiste ao pedido principal deixar de valer para o acessório, tirando-se ao registante, com uma das mãos, o que se lhe deu com a outra».

8 – O registo por depósito de factos relativos a quotas ou partes sociais e respetivos titulares deve ser efetuado pela ordem do respetivo pedido – veja-se, nesta conformidade, o n.º 3 do preceito em anotação bem como o artigo 6.º do RRC.

9 – A filosofia subjacente à constituição imediata de sociedades consagrada no Decreto-Lei n.º 111/2005, de 8 de julho, determina que o registo do contrato de sociedade seja lavrado no próprio dia em que o processo é iniciado, com observância rigorosa da sequência do procedimento consagrado no artigo 8.º do citado diploma.

Tal traduz-se, afinal, numa exceção ao que se encontra consagrado no artigo 54.º deste Código, visto que o registo em causa pode vir a ser lavrado sem subordinação à ordem de anotação no diário.

Artigo 55.º – Âmbito e data do registo

1 – O registo por transcrição compreende a matrícula das entidades sujeitas a registo, bem como as inscrições, averbamentos e anotações de factos a elas respeitantes.

2 – Sem prejuízo do disposto no número seguinte, o registo por depósito abrange os documentos arquivados e a respetiva menção na ficha de registo.

3 – O registo por depósito dos factos relativos a participações sociais e respetivos titulares pode ser efetuado de modo diverso do previsto no número anterior, nos termos a definir por portaria do Ministro da Justiça.

4 – A data do registo por transcrição é a da apresentação ou, se desta não depender, a data em que tiver lugar.

5 – A data do registo por depósito é a do respetivo pedido.

6 – Para efeitos do disposto no número anterior, a data do pedido de registo da prestação de contas é a do respetivo pagamento por via eletrónica.

COMENTÁRIOS

Data do registo por transcrição e por depósito

Registos oficiosos

1 – O registo por transcrição compreende a matrícula das entidades sujeitas a registo, as inscrições e averbamentos, bem como as anotações de factos a elas respeitantes, como decorre do disposto no n.º 1 deste artigo.

2 – A data do registo por transcrição é a da apresentação ou, se desta não depender, a data em que aquele tiver lugar, sendo que a data do registo por depósito é a do respetivo pedido.

A cada pedido de registo por transcrição deve ser atribuído um número de apresentação, salvo nos casos de oficiosidade previstos neste Código.

3 – Os registos oficiosos dependentes têm a data da apresentação do registo de que dependem.

No entanto, se o referido ato foi requisitado e lhe foi atribuída numeração própria é com esta que deve ser efetuado o registo, atribuindo-se, consequentemente, prevalência ao princípio da instância.

4 – O registo por depósito abrange os documentos arquivados e a respetiva menção na ficha de registo.

A data do registo por depósito é a do respetivo pedido, sendo que no registo das prestações de contas, a data do pedido é aquela em que for efetuado o pagamento por via eletrónica. Sobre o ponto, veja-se o que dispõe a Portaria n.º 1416-A/2006, de 19 de dezembro, que regulamenta os termos da promoção *online* de atos de registo.

5 – O número de matrícula das sociedades comerciais corresponde ao número de identificação de pessoa coletiva que, por seu turno, nas ENH está também associado à firma – cfr. o disposto na alínea *a)* do n.º 1 do artigo 8.º do RRC bem como nos artigos 10.º, n.º 2, e 15.º, n.º 1, ambos do Decreto-Lei n.º 111/2005.

Artigo 55.º-A – Funcionário competente para o registo

1 – O funcionário competente para o registo é o conservador ou o seu substituto legal, quando em exercício, sem prejuízo do disposto no número seguinte.

2 – Os oficiais dos registos têm competência para os seguintes atos de registo:

- ***a)*** **Os previstos nas alíneas *m*), *o*) e *s*) do n.º 1 do artigo 3.º;**
- ***b)*** **O referido na alínea *b*) do artigo 4.º;**
- ***c)*** **O previsto na alínea *c*) do artigo 5.º e a designação e cessação de funções dos liquidatários das empresas públicas;**
- ***d)*** **O mencionado na alínea *c*) do artigo 6.º;**
- ***e)*** **Os referidos nas alíneas *d*) e *i*) do artigo 7.º;**
- ***f)*** **Os previstos nas alíneas *d*) e *h*) do artigo 8.º;**
- ***g)*** **As alterações ao contrato ou aos estatutos;**
- ***h)*** **Os registos por depósito;**

i) Outros atos de registo para os quais o conservador lhes tenha delegado competência.

3 – Os oficiais dos registos têm ainda competência para a extratação de atos de registo.

4 – A menção de depósito pode ser efetuada pelo próprio requerente quando o pedido seja entregue por via eletrónica, nos termos de portaria do Ministro da Justiça.

COMENTÁRIOS

Regras de competência funcional

1 – A competência para o registo encontra-se atribuída ao conservador (ou o seu substituto legal), sem prejuízo de, para determinados atos expressamente fixados na lei, ser também atribuída competência aos oficiais dos registos, por força do disposto nos n.ºs 1 e 2 deste artigo. A competência destes, respeitante à extratação de atos de registo, decorre do prescrito no n.º 3.

1.1 – Com referência à competência atribuída aos oficiais dos registos no n.º 2 deste preceito, veja-se a posição crítica de Mouteira Guerreiro, in Temas de Registos e de Notariado, págs. 64 e segs., bem como Mónica Jardim, in Delimitação de jurisdição territorial – Reflexos nos efeitos registais, que sublinha que a função qualificadora se encontra mais próxima da função jurisdicional do que da administrativa.

2 – Como decorre do disposto no n.º 2 do artigo 3.º da Portaria n.º 109/2013, de 19 de março, as competências de cada conservador são fixadas por despacho do presidente do IRN, I.P. Nestes termos, não cabe na competência do conservador dirigente proceder à distribuição de serviço, que se insira no âmbito da sua própria competência, a outro conservador, ainda que baseado em conveniência do serviço, posto que tem de existir prévio despacho do referido presidente a alterar a definição da competência na conservatória. A previsão do disposto na alínea i) do n.º 2 do artigo 55.º-A apenas é aplicável a oficiais dos registos. A propósito desta temática vejam-se, *inter alia*, os pareceres proferidos nos proc.ºs n.ºs Div. 18/2015STJSR-CC e o C.Co. 63/2006SJC-CT.

3 – O Decreto-Lei n.º 115/2018, de 21 de dezembro, estabelece o regime das carreiras especiais de conservador de registos e de oficial de registos, procedendo à revisão das atuais carreiras de conservador, de notário, de ajudante e de escriturário dos registos e notariado.

Deste diploma importa agora destacar, particularmente, o seu artigo 7.º, que define o perfil profissional do conservador nos seguintes termos:

«1 – O conservador de registos é o profissional com preparação jurídica, a quem incumbe, com responsabilidade, imparcialidade, autonomia técnica e funcional, e sujeição a critérios de legalidade e de objetividade estritos, exercer funções nos domínios da identificação civil, da nacionalidade e dos registos civil, predial, comercial, de bens e direitos sujeitos a registo e das pessoas coletivas.

2 – No exercício da sua atividade, o conservador de registos prossegue o interesse público, atribuindo fé pública aos atos jurídicos e garantindo segurança e certeza jurídicas».

4 – Do disposto no n.º 3 do artigo 8.º do referido diploma decorre que nos serviços de registo em que exerça funções mais do que um conservador de registos, compete ao conselho diretivo do IRN, I. P., definir as funções atribuídas a cada conservador.

5 – A menção de depósito, como flui do n.º 4 do artigo 53.º-A, pode ser efetuada pelo próprio requerente do registo quando o pedido seja entregue por via eletrónica – vd., ainda, o que se encontra preceituado no n.º 3 do artigo 12.º da Portaria n.º 1416-A/2006.

Artigo 56.º – Suportes documentais
(Revogado.)

Artigo 57.º – Organização do arquivo

1 – A cada entidade sujeita a registo é destinada uma pasta, guardada na conservatória situada no concelho da respetiva sede, onde são arquivados todos os documentos respeitantes aos atos submetidos a registo.

2 – Por despacho do diretor-geral dos Registos e do Notariado pode ser determinado o arquivo dos documentos em suporte eletrónico, em substituição do arquivo previsto no número anterior.

3 – Os documentos arquivados em suporte eletrónico referidos no número anterior têm a força probatória dos originais.

COMENTÁRIOS

Pastas privativas

Remessa de documentos

Remessa da própria pasta

1 – A conservatória da área da sede de cada comerciante individual, pessoa coletiva ou estabelecimento de responsabilidade limitada destina uma pasta privativa a cada uma destas entidades, na qual são arquivados os documentos

respeitantes aos factos submetidos a registo, bem como o texto das publicações devidas, quando não sejam efetuadas por via eletrónica, como decorre do disposto nos n.os 1 e 2 do artigo 3.º do RRC.

2 – Os documentos relativos a registos que já não se encontrem em vigor podem, em caso de necessidade, ser transferidos para uma pasta-desdobramento, com anotações recíprocas desse facto nas duas pastas com vista a uma rápida e perfeita localização dos referidos documentos – n.º 3 do citado artigo 3.º.

3 – Sendo o registo elaborado em conservatória não detentora da respetiva pasta, esta conservatória deve remeter à competente a requisição de registo bem como todos os documentos que o instruíram e, sendo o caso, dos despachos a que tenha dado origem, para arquivamento na pasta correspondente – n.º 5 do aludido artigo 3.º.

4 – Decorre do disposto no n.º 8 do citado artigo 3.º que havendo mudança da sede da entidade para outro concelho, a correspondente pasta é remetida oficiosamente à conservatória agora competente, notificando-se desse facto a entidade em causa.

O envio dos documentos previsto nos n.os 5, 7 e 8 do citado artigo 3.º só ocorre enquanto não estiverem criadas condições que garantam o acesso por via eletrónica à informação sobre as entidades sujeitas a registo.

5 – As pastas, nas quais são arquivados todos os documentos respeitantes aos atos submetidos a registo, são ordenadas pelos números que lhes couberem, cronologicamente em função da data de apresentação do pedido de início de atividade do comerciante individual, ou da constituição de pessoa coletiva ou de estabelecimento individual de responsabilidade limitada.

O referido arquivo pode ser substituído pelo arquivo dos documentos em suporte eletrónico, nos termos do despacho n.º 99/2010, do presidente do IRN, I.P.

6 – O sistema do depósito dos documentos em pasta foi transposto para o nosso ordenamento jurídico em cumprimento da 1.ª Diretiva Comunitária n.º 68/151 CEE, de 9 de março de 1968.

Esta Diretiva tende a coordenar as garantias que, para proteção dos interesses dos sócios e de terceiros, são exigidas nos Estados membros às sociedades, na aceção do 2.º parágrafo do artigo 58.º do Tratado, a fim de tornar equivalentes essas garantias em toda a comunidade europeia

7 – A Primeira Diretiva do Conselho (68/151/CEE, de 9 de março de 1968), no n.º 1 do seu artigo 3.º, determinou que em cada Estado-membro fosse aberto um *processo*, quer junto de um registo central ou de um registo das sociedades, para cada uma das sociedades que aí estiverem inscritas.

Ao *processo* referido no número anterior, o legislador nacional fez corresponder as referidas pastas.

8 – Os documentos arquivados em suporte eletrónico têm a força probatória dos originais, por força do disposto no n.º 3 do artigo em apreço.

Artigo 58.º – Línguas e termos

1 – Os atos referidos no n.º 1 do artigo 55.º são efetuados em suporte informático.

2 – As inscrições e averbamentos são efetuados por extrato e deles decorre a matrícula.

3 – Quando solicitada, a informação constante do registo comercial é disponibilizada através de certidão permanente em língua inglesa ou noutras línguas estrangeiras determinadas por despacho do presidente do Instituto dos Registos e do Notariado, I.P.

4 – Para os efeitos previstos no número anterior, a informação disponibilizada em língua estrangeira tem efeitos jurídicos equivalentes à informação disponibilizada em língua portuguesa.

COMENTÁRIOS

Termos do registo

Línguas estrangeiras

1 – A aplicação do n.º 1 deste preceito pressupõe, naturalmente, a informatização plena dos serviços de registo comercial.

2 – As inscrições e os averbamentos são lavrados com base no resumo dos elementos essenciais e relevantes que definem a vida jurídica da entidade registada, extraídos dos documentos apresentados para o registo em causa, e não por reprodução do conteúdo dos referidos documentos, como decorre do disposto nos artigos 53.º, n.º 2, e 63.º.

3 – Como se salienta no preâmbulo do Decreto-Lei n.º 73/2008, de 16 de abril, a disponibilização da informação do registo comercial em língua inglesa ou noutras línguas estrangeiras visa possibilitar aos cidadãos estrangeiros a informação sobre as empresas portuguesas de forma acessível e imediata, sem ser necessário recorrer a serviços de tradução.

Artigo 59.º – Arquivo de documentos

1 – Os documentos que servem de base ao registo lavrado por transcrição são obrigatoriamente arquivados.

2 – Relativamente a cada alteração do contrato de sociedade devem ser apresentadas, para arquivo, versões atualizadas e completas do texto do contrato alterado e da lista dos titulares das participações sociais, com os respetivos dados de identificação.

COMENTÁRIOS

Arquivo obrigatório de documentos atinentes a registos efetuados por transcrição

1 – A redação atual do n.º 2 deste artigo foi conferida pela Lei n.º 58/2020, de 31 de agosto.

2 – Os documentos respeitantes a atos sujeitos a registo, lavrados por transcrição, devem ser arquivados na pasta própria do comerciante individual, pessoa coletiva ou estabelecimento individual de responsabilidade limitada.

3 – O n.º 2 deste artigo prescreve ainda que, sempre que ocorra alteração do contrato, devem ser apresentadas, para arquivo, versões atualizadas do texto do contrato alterado e da lista dos titulares das participações sociais, com os respetivos dados de identificação.

4 – A faculdade de elaborar e assinar as versões atualizadas do texto do contrato alterado parece poder ser atribuída a quem, nos termos dos artigos 29.º e 30.º, tem legitimidade para requerer os atos de registo, entre os quais se encontra quem tem poderes de representação, legal ou voluntária.

Nesta senda, veja-se Rodrigues Fontinha, in *Código do Registo Comercial,* pág. 301, bem como o parecer do CT proferido no proc.º n.º 76/93-R.P.3, embora com respeito a disposição legal diversa.

5 – As cláusulas atinentes à designação dos membros dos órgãos sociais não se encontram incluídas no conteúdo mínimo obrigatório do contrato de sociedade, pelo que também não estão sujeitas às regras aplicáveis à alteração desse mesmo contrato que se encontram consagradas no n.º 1 do artigo 85.º do Código das Sociedades Comerciais.

Logo a disposição transitória, que entretanto tenha caducado, referente à designação dos membros dos órgãos sociais não tem que ser incluída no texto atualizado do pacto social apresentado com o pedido de alteração do contrato de sociedade para cumprimento do disposto no n.º 2 do artigo 59.º do CRC, não constituindo motivo para a qualificação minguante do pedido de registo correspondente, logo não tem cabimento desencadear-se o procedimento de suprimento de deficiências e proceder-se à cobrança do correspondente emolumento, visto que, em face da lei aplicável, nada há a colmatar – cfr., neste sentido, o parecer proferido no proc.º n.º C.Co.8/2013 STJ-CC.

6 – A propósito da mudança de sede efetuada pela administração veja-se, ainda, a Deliberação tomada no proc.º n.º C.Co.30/13 STJ-CC, em especial o seu n.º 3.

Artigo 60.º – Natureza do depósito
(Revogado.)

Artigo 61.º – Primeiro registo

1 – Nenhum facto referente a comerciante individual, pessoa coletiva sujeita a registo ou estabelecimento individual de responsabilidade limitada pode ser registado sem que se mostre efetuado o registo do início de atividade do comerciante individual ou da constituição da pessoa coletiva ou do estabelecimento de responsabilidade limitada.

2 – O disposto no número anterior não é aplicável aos registos decorrentes do processo de insolvência.

3 – No caso de transferência da sede de sociedade anónima europeia para Portugal, o primeiro registo referente a essa sociedade é o da alteração dos estatutos decorrente de tal transferência, sem prejuízo do disposto no número anterior quanto aos registos decorrentes do processo de insolvência.

4 – Do primeiro registo decorre a matrícula do comerciante individual, da pessoa coletiva ou do estabelecimento individual de responsabilidade limitada.

COMENTÁRIOS
Primeiro registo referente a entidades comerciais
Abertura da matrícula

1 – Do primeiro registo decorre inexoravelmente a matrícula do comerciante individual, da pessoa coletiva ou do estabelecimento individual de responsabilidade limitada, como flui do prescrito no n.º 4 deste artigo 61.º.

2 – A matrícula é sempre aberta com caráter definitivo, ainda que a sua abertura decorra na dependência da elaboração de um registo qualificado como provisório, por força do disposto no n.º 4 do artigo 62.º do CRC.

Do extrato da matrícula, que se destina à identificação da entidade sujeita a registo, devem, obrigatoriamente, constar todas as menções estabelecidas no n.º 1 do artigo 8.º do RRC.

Anteriormente, como se realçou no preâmbulo do Decreto-Lei n.º 403/86, a matrícula encontrava-se reduzida a mera ficha de identificação.

3 – Nenhum facto respeitante às referidas entidades pode ser registado sem que se mostre efetuado o registo do início de atividade do comerciante individual (artigos 2.º e 34.º) ou da constituição da pessoa coletiva (artigos 3.º e seguintes e 35.º) ou do estabelecimento individual de responsabilidade limitada (artigo 8.º), salvo os registos decorrentes do processo de insolvência.

4 – No caso de transferência da sede de sociedade anónima europeia para Portugal, o primeiro registo referente a esta sociedade é o da alteração dos estatutos decorrente de tal transferência, o qual dá necessariamente lugar à abertura da correspondente matrícula. – Cfr., também, o artigo 4.º do Decreto-Lei n.º 2/2005, de 4 de janeiro.

5 – No caso de recusa de um ato referente a uma entidade não matriculada deve também, e de qualquer modo, ser aberta a matrícula, para efeitos de anotação do facto recusado, que será posteriormente cancelada, nos termos preceituados na alínea *c)* do artigo 62.º-A, se o despacho não for impugnado no prazo legal ou, tendo-o sido, ocorrer algum dos factos previstos no n.º 2 do artigo 111.º.

6 – Sendo tempestivamente interposto recurso hierárquico ou impugnação judicial e vindo a proceder, é lavrado o ato recusado na referida ficha, com base na apresentação que havia sido atribuída ao correspondente pedido de registo.

Artigo 62.º – Matrícula

1 – A matrícula destina-se à identificação da entidade sujeita a registo.

2 – A cada entidade sujeita a registo corresponde uma só matrícula.

3 – Os elementos constantes da matrícula e a sua correspondente atualização ou retificação resultam dos registos que sobre ela incidem.

4 – A matrícula é aberta com caráter definitivo, independentemente da qualificação atribuída ao registo que origina a sua abertura.

5 – A atualização ou retificação dos elementos da matrícula só pode decorrer de registo definitivo que publicite tais factos.

COMENTÁRIOS

Abertura da matrícula. Elementos desta

Atualização ou retificação

1 – A matrícula destina-se à identificação do comerciante individual, pessoa coletiva e estabelecimento individual de responsabilidade limitada.

A cada uma destas entidades corresponde uma só matrícula, que as individualiza.

2 – A matrícula é sempre aberta com caráter definitivo, ainda que os registos que sobre ela incidam tenham sido qualificados como provisórios. No caso de se verificar a caducidade destes registos e de se proceder à devida anotação, cancela-se a correspondente matrícula.

A atualização ou retificação desta, porém, só pode decorrer de registos definitivos que publicitem tais factos.

3 – No dizer de Rocheta Gomes, in *O Direito,* Ano 122, 1990, págs. 60 e seguintes, em termos de prática registral, a matrícula é tecnicamente um ato desvalorizado no contexto dos registos.

Essa desvalorização era tanto mais evidente quanto era certo que o extrato da matrícula continha apenas um número escasso de menções. E, isto porque (dizia-se), todos os elementos constam de documentos arquivados.

4 – No entanto, presentemente, com a publicação do RRC, aprovado pela Portaria n.º 657-A/2006, de 29 de junho (e subsequentes alterações), a situação referida alterou-se radicalmente tendo, por força do previsto no artigo 8.º do citado Regulamento, passado a constar do extrato da matrícula inúmeras menções, e, em consequência de tal, esta atingiu uma importância que até então lhe tinha sido deliberadamente negada.

Artigo 62.º-A – Cancelamento da matrícula

A matrícula é oficiosamente cancelada, por meio de inscrição:

a) **Com o registo definitivo de factos que tenham por efeito a extinção da entidade registada;**

b) **Se a conversão em definitivo do registo provisório, na dependência do qual foi aberta, não se efetuar dentro do prazo legal;**

c) **Se aberta na dependência de um ato recusado, se o despacho de qualificação não tiver sido impugnado no prazo legal ou, tendo-o sido, se se verificar algum dos factos previstos no n.º 2 do artigo 111.º;**

d) **Com o registo definitivo de transferência de sede para o estrangeiro.**

COMENTÁRIOS

Cancelamento oficioso da inscrição

1 – Em face do que se encontra estabelecido neste artigo o cancelamento da matrícula passou a ser efetuado por inscrição, sendo o registo gratuito, por força do prescrito na alínea *d)* do n.º 1 do artigo 15.º do RERN.

Note-se, porém, que não obstante a norma prescreva que a matrícula é cancelada mediante inscrição, não se procedeu à conformação do disposto na alínea *f)* do n.º 1 do artigo 70.º que, relativamente às publicações obrigatórias dos atos de registo, continua a referir-se a «averbamento de cancelamento» em vez de inscrição.

2 – Sobre a atual técnica registal não podemos deixar de manifestar alguma estranheza, posto que se nos afigura que seria mais correto proceder ao cancelamento da matrícula por averbamento, como aliás, sucede com todos os demais cancelamentos previstos neste Código (bem como no CRP).

Com efeito, decorre claramente do disposto na alínea *f)* do n.º 2 do artigo 69.º que o cancelamento, total ou parcial, dos registos é efetuado por averbamento.

3 – Entre os factos que determinam o cancelamento da matrícula correspondente à sociedade extinta figura o encerramento da liquidação, como decorre do disposto no n.º 2 do artigo 160.º do CSC, bem como o registo de fusão por incorporação ou mediante a constituição de nova sociedade, uma vez que a sociedade incorporada ou a fundidas são extintas, por força do disposto na alínea *a)* do artigo 112.º e do artigo 120.º do CSC.

3.1 – Ora, este caso, *inter alia*, evidencia bem o desacerto da medida plasmada no artigo sob anotação no que concerne ao cancelamento, uma vez que o seu cumprimento demanda que, a seguir à inscrição de encerramento da liquidação, se proceda ainda à elaboração de uma outra inscrição simplesmente para publicitar o cancelamento da matrícula, em vez do «antigo» averbamento efetuado imediatamente a seguir à matrícula, que é o seu lugar próprio.

Consequentemente, afigura-se-nos que esta matéria, em termos do direito a constituir, deverá ser tida em consideração.

4 – O registo definitivo de transferência de sede para o estrangeiro, determina também o cancelamento oficioso da respetiva matrícula – vd., também, o artigo 27.º, n.º 2.

5 – Em cumprimento do prescrito no artigo 4.º-A do RRC com o pedido de registo de factos que determinem a extinção da entidade sujeita a registo deve

ser indicado o seu número de identificação da segurança social ou declarada a sua inexistência, se for o caso.

Sendo o registo dos referidos factos realizado oficiosamente incumbe à conservatória a obrigação de diligenciar pela realização dos atos que se mostrem necessários à obtenção do referido número.

Artigo 63.º – Inscrições

As inscrições extratam dos documentos depositados os elementos que definem a situação jurídica dos comerciantes individuais, das pessoas coletivas e dos estabelecimentos individuais de responsabilidade limitada.

COMENTÁRIOS

Definição da situação jurídica das entidades comerciais

1 – Das inscrições, lavradas por extrato, devem constar as menções gerais e especiais previstas nos artigos 9.º e 10.º do RRC.

2 – Quando as inscrições sejam lavradas como provisórias por dúvidas devem conter essa menção, e, no caso de revestirem o caráter de provisoriedade por natureza previsto no artigo 64.º, deve ainda indicar-se a norma legal concretamente aplicável.

3 – As inscrições definitivas correspondem a uma situação juridicamente regular, como refere Catarino Nunes, in *Código do Registo Predial Anotado*, 1967, pág. 402.

Artigo 64.º – Inscrições provisórias por natureza

1 – São provisórias por natureza as seguintes inscrições:

a) **De constituição de sociedades antes de titulado o contrato;**
b) **De constituição de sociedades dependente de alguma autorização especial, antes da concessão desta;**
c) **De constituição provisória de sociedades anónimas com apelo a subscrição pública de ações;**
d) **(Revogada.)**
e) **De declaração de insolvência ou de indeferimento do respetivo pedido, antes do trânsito em julgado da sentença;**
f) **(Revogada.)**
g) **(Revogada.)**
h) **(Revogada.)**
i) **(Revogada.)**
j) **O negócio celebrado por gestor ou por procurador sem poderes suficientes, antes da ratificação;**

_l)_ (Revogada.)
_m)_ (Revogada.)
_n)_ De ações judiciais.
2 – São ainda provisórias por natureza as inscrições:
_a)_ (Revogada.)
_b)_ Dependentes de qualquer registo provisório ou que com ele sejam incompatíveis;
_c)_ Que, em reclamação contra a reforma de livros e fichas, se alega terem sido omitidas;
_d)_ Efetuadas na pendência de recurso hierárquico ou impugnação judicial da recusa do registo ou enquanto não decorrer o prazo para a sua interposição.

COMENTÁRIOS

Elenco das inscrições provisórias por natureza

Alínea *a)* – De constituição de sociedades antes de titulado o contrato

1 – O pedido de registo prévio do contrato de sociedade antes de titulado o contrato, previsto na alínea *a)* do n.º 1 do preceito em apreço, é acompanhado do projeto completo do contrato de sociedade, elaborado e assinado (com reconhecimento das assinaturas), por todos os interessados na constituição daquela – veja-se, adrede, o que se encontra previsto no artigo 18.º do CSC.

2 – Só é possível proceder ao registo referido, quando não tenham sido convencionadas entradas em espécie ou aquisições de bens pela sociedade, como decorre, *a contrario sensu*, do prescrito na primeira parte do n.º 1 do citado artigo 18.º.

3 – O prazo de vigência da inscrição do mencionado contrato é de um ano, não renovável, como resulta da análise conjugada do disposto no n.º 1 do artigo 65.º.

4 – Veja-se ainda, a propósito do registo de constituição de sociedades, o que ficou anotado relativamente ao n.º 2 do artigo 35.º deste Código.

Alínea b) – De constituição de sociedades dependente de alguma autorização especial, antes da concessão desta

1 – Para a constituição de determinadas sociedades comerciais é necessário obter previamente autorizações especiais, sendo que a falta da sua concessão torna inviável o registo definitivo da constituição das sociedades em causa.

2 – No caso de, no momento do pedido de registo, não ser logo comprovada a existência da referida autorização, o contrato de sociedade é registado como provisório por natureza nos termos do disposto na alínea em apreço.

O interessado dispõe, então, do prazo de um ano, não renovável, por força do prescrito no n.º 1 do artigo 65.º, para formular o pedido de conversão do registo em causa, procedendo à referida prova, mediante apresentação de documento bastante, que fica depositado na pasta correspondente à sociedade em causa.

3 – No que respeita à matéria em apreço, e em especial à destrinça entre as autorizações a conceder para a constituição de sociedades e as autorizações a conceder para o exercício da atividade das sociedades e as suas repercussões a nível registal, veja-se também a anotação efetuada ao n.º 1 do artigo 35.º.

Alínea *c)* – De constituição provisória de sociedades anónimas com apelo a subscrição pública de ações

1 – A legitimidade para formular o pedido de registo de constituição de sociedade anónima com apelo à subscrição pública de ações encontra-se atribuída aos seus promotores, que também elaboram o projeto completo do contrato, como decorre do disposto no artigo 279.º do CSC.

2 – Esta inscrição, que é lavrada como provisória por natureza, nos termos previstos nesta alínea *c)*, tem o prazo de validade de um ano, não renovável, por força do preceituado no n.º1 do citado artigo 65.º.

3 – A este propósito vejam-se, também, as anotações efetuadas ao n.º 4 do artigo 35.º do CRC e, ainda, o n.º 4 do artigo 18.º do CSC.

Alínea *e)* – De declaração de insolvência ou de indeferimento do respetivo despacho, antes do trânsito em julgado da sentença

1 – No que respeita aos sujeitos passivos da declaração de insolvência, bem como à legitimidade para apresentar o pedido de declaração de insolvência e o de desistência, veja-se o disposto nos artigos 18.º e seguintes do CIRE.

2 – A inscrição da declaração de insolvência é feita com base na certidão da respetiva decisão judicial, remetida pela secretaria à conservatória do registo comercial para efeitos de registo, nos termos prescritos na alínea *b)* do n.º 2 do artigo 38.º do CIRE.

3 – O registo da sentença e despachos proferidos no âmbito dos processos de insolvência revestem caráter urgente, por força do disposto no n.º 5 do artigo 9.º do CIRE.

Nestes termos, entendemos que os referidos registos devem ser efetuados sem subordinação à ordem de apresentação, mas, naturalmente, sem prejuízo da dependência dos atos.

Alínea *j)* – O negócio celebrado por gestor ou procurador sem poderes suficientes, antes da ratificação

1 – Dá-se a gestão de negócios quando uma pessoa assume a direção de negócio alheio no interesse e por conta do respetivo dono, sem para tal estar devidamente autorizada, como flui do disposto no artigo 464.º do CC.

2 – O negócio celebrado pelo gestor ou procurador sem poderes suficientes pode ser ratificado, obedecendo à forma exigível para a procuração que confira poderes para a celebração do negócio ratificando, nos termos previstos nos artigos 471.º e 268.º do Código Civil.

Após a aprovação, o negócio jurídico produz todos os efeitos em relação ao gestido, por força do preceituado no artigo 469.º do Código Civil.

3 – «I – A ratificação de negócio celebrado por gestor em nome do respetivo dono pode resultar, e normalmente resulta, de pedido deste do registo desse negócio (ratificação tácita).

II – Para tanto, na formulação da requisição nada deve obstar a que se deduza dele com toda a probabilidade a declaração de ratificar e deve ainda a requisição obedecer à forma exigida para a procuração». – Veja-se o parecer do CT constante do proc.º n.º R.P.48/97-DSJ.

Alínea *n)* – De ações judiciais

1 – Os registos provisórios de ações judiciais e os de procedimentos cautelares de suspensão de deliberações sociais são elaborados com base em certidão de teor do articulado ou em duplicado acompanhado da prova da sua apresentação em juízo, nos termos prescritos no n.º 1 do artigo 43.º.

Sendo a apresentação feita por mandatário judicial a entrega da cópia do articulado e declaração da sua prévia ou simultânea apresentação em juízo com indicação da respetiva data é bastante para titular o registo do referido facto.

2 – «I – Deverá ser registada provisoriamente por natureza, nos termos do n.º 64.º, n.º 2, b), do CRCom., a designação de diretores de cooperativa, por ser dependente do registo prévio da ação de anulação da respetiva deliberação social.

II – O averbamento à inscrição da ação da decisão final de procedência do pedido de anulação determinará a caducidade do registo de designação de diretores; e o cancelamento ou a caducidade do registo da ação determinará a conversão oficiosa do registo da designação de diretores». – Cfr. o parecer do CT emitido no proc.º n.º R.Co.43/2003 DSJ-CT, in BRN n.º 10/2003, II, pág. 29.

Alínea *i)* – Não podemos dar por concluídos os comentários ao n.º 1 deste preceito sem sublinharmos que a sua alínea i) – De negócio jurídico anulável, ou ineficaz por falta de consentimento, antes de sanado o vício ou caducado o direito de o arguir – foi revogada pelo Decreto-Lei n.º 116/2008, de 4 de julho.

Este diploma, que alterou o Código do Registo Predial, procedeu também, paralelamente, à revogação da alínea *e)* do n.º 1 do artigo 92.º do CRP, que acolhia norma de idêntico teor.

Posteriormente, porém, a aludida alínea foi reposta em vigor no Código do Registo Predial, sem que, incompreensivelmente, idêntica medida tivesse sido tomada em relação à norma que lhe corresponde no Código do Registo Comercial.

N.º 2 – São ainda provisórias por natureza as inscrições referidas no n.º 2:

Alínea *b)* – Dependentes de qualquer registo provisório ou que com ele sejam incompatíveis

1 – São também provisórias por natureza as inscrições dependentes de qualquer registo provisório, ou que com ele sejam incompatíveis, mantendo-se em vigor pelo prazo de vigência do registo de que dependem ou com o qual colidem, salvo se antes caducarem por outra razão (própria), como decorre do prescrito no n.º 4 do artigo 65.º.

2 – Para se aferir se a inscrição é ou não dependente de outra, tem de se ter em conta se o ato subsiste, ou não, relativamente ao ato recusado.

Efetivamente, as inscrições dependentes esperam pela elaboração do ato recusado para poderem ser convertidas (n.º 1 do artigo 112.º do CRC), enquanto que as inscrições incompatíveis esperam que seja impossível lavrar o ato recusado para elas poderem ser convertidas em definitivo (n.º 2 do artigo 112.º do mesmo Código).

3 – Assim, sempre que se mostre pertinente qualificar um registo como provisório por natureza ao abrigo da norma ora em apreço, importa publicitar devidamente se a relação entre esses registos é de dependência ou de incompatibilidade – vd., nesta conformidade e para mais desenvolvimentos, o parecer proferido no proc.º n.º R.P.63/2013STJSR-CC, com as devidas adaptações.

4 – Deliberada a fusão de três sociedades (por incorporação), em que ambas as incorporadas haviam resultado de cisão (simples) da ora incorporante, a exis-

tência , sobre a incorporante, de inscrição de ação com pedido de declaração de nulidade e/ou de anulação da deliberação de cisão de uma das incorporadas, determina a provisoriedade por natureza do registo de fusão, ao abrigo da alínea b) do nº2, do art. 64º do CRC, por incompatibilidade – conclusão firmada no parecer constante do proc.º n.º R.Co.1/2014STJ-CC.

Alínea *c)* – Que, em reclamação contra a reforma de livros e fichas, se alega terem sido omitidas

1 – As inscrições alegadamente omissas, lavradas em reclamação contra a reforma de livros e fichas, são provisórias por natureza, mantendo-se em vigor pelo prazo de cinco anos, se não forem também provisórias com outro fundamento.

O prazo supra mencionado é renovável por períodos de igual duração, mediante prova da subsistência da razão da provisoriedade, como flui do disposto no n.º 2 do artigo 65.º.

2 – Para mais desenvolvimentos sobre esta matéria, vejam-se, adiante, as anotações aos artigos 95.º e seguintes.

Alínea *d)* – Efetuadas na pendência de recurso hierárquico ou impugnação judicial da recusa do registo ou enquanto não decorrer o prazo para a sua interposição

1 – São igualmente provisórias por natureza as inscrições lavradas na pendência de recurso hierárquico ou de impugnação judicial contra a recusa do registo ou enquanto não tiver decorrido o prazo para a sua interposição.

As referidas inscrições mantêm-se em vigor pelo prazo de cinco anos, renovável por períodos de igual duração, salvo se antes caducarem por outra razão, por força disposto no n.º 5 do artigo 65.º.

2 – No caso de não ocorrer interposição de recurso hierárquico ou de impugnação judicial dentro do prazo legal procede-se oficiosamente à anotação da caducidade dos registos dependentes e à conversão dos registos incompatíveis, salvo se outra for a consequência da requalificação do registo dependente, em cumprimento do prescrito no n.º 2 do artigo 112.º.

Artigo 65.º – Prazos especiais de vigência

1 – É de um ano o prazo de vigência das inscrições provisórias referidas nas alíneas *a)* a *c)* do n.º 1 do artigo anterior.

2 – As inscrições referidas nas alíneas *e)* do n.º 1 e *c)* do n.º 2 do artigo anterior, se não forem também provisórias com outro fundamento, mantêm-se

em vigor pelo prazo de cinco anos, renovável por períodos de igual duração, mediante prova de subsistência da razão da provisoriedade.

3 – As inscrições referidas na alínea *n)* do n.º 1 do artigo anterior não estão sujeitas a qualquer prazo de caducidade.

4 – As inscrições referidas na alínea *b)* do n.º 2 do artigo anterior, mantêm-se em vigor pelo prazo do registo de que dependem ou com o qual colidem, salvo se antes caducarem por outra razão, e a conversão do registo em definitivo determina a conversão oficiosa das inscrições dependentes ou a caducidade das inscrições incompatíveis, sendo que o cancelamento ou a caducidade do registo provisório determina a conversão oficiosa da inscrição incompatível.

5 – Sem prejuízo do disposto no artigo 112.º, as inscrições referidas na alínea *d)* do n.º 2 do artigo anterior mantêm-se em vigor nos termos previstos no n.º 2, salvo se antes caducarem por outra razão.

COMENTÁRIOS

Prazos especiais de vigência das inscrições provisórias por natureza

1 – Este preceito consagra os prazos especiais de vigência das inscrições provisórias por natureza contempladas no artigo imediatamente anterior.

2 – Consabidamente, o registo provisório, por natureza ou por dúvidas, caduca se não for convertido em definitivo, dentro do seu prazo de vigência.

O prazo de vigência do registo provisório é de seis meses, salvo disposição legal em contrário, como decorre do disposto nos n.os 2 e 3 do artigo 18.º.

O prazo de vigência das inscrições provisórias por natureza referidas nas alíneas *a)*, *b)* e *c)* do n.º 1 do artigo 64.º do CRC é de um ano, não renovável.

3 – As inscrições provisórias previstas nas alíneas *e)*, do n.º 1, e *c)* do n.º 2, se não forem também provisórias com outro fundamento, mantêm-se em vigor pelo prazo de cinco anos.

O prazo destas inscrições é renovável, por períodos de igual duração, a pedido dos interessados mediante a prova da subsistência da razão que determinou a provisoriedade das mesmas.

4 – O disposto no n.º 4 é aplicável aos registos vigentes à data da sua entrada em vigor, isto é, em 30 de junho de 2006, por força do prescrito no n.º 1 do artigo 64.º do Decreto-Lei n.º 76-A/2006, de 29 de março.

5 – Após a caducidade dos registos, e mesmo que esta não esteja ainda anotada na correspondente ficha de registo, não é possível proceder à renovação ou

prorrogação do prazo de vigência dos registos em causa, visto que a caducidade opera, imediatamente, *ope legis.*

Artigo 66.º – Unidade de inscrição

1 – Todas as alterações do contrato ou ato constitutivo da pessoa coletiva ou estabelecimento individual de responsabilidade limitada dão lugar a uma só inscrição desde que constem do mesmo título.

2 – A nomeação ou recondução dos gerentes, administradores, diretores, membros do órgão de fiscalização, liquidatários e secretários da sociedade feita no título constitutivo da pessoa coletiva ou estabelecimento individual de responsabilidade limitada ou da sua alteração não tem inscrição autónoma, devendo constar, consoante os casos, da inscrição do ato constitutivo ou da sua alteração.

3 – A nomeação de administrador judicial da insolvência, a atribuição ao devedor da administração da massa insolvente e a proibição ao devedor administrador da prática de certos atos sem o consentimento do administrador judicial, quando determinadas simultaneamente com a declaração de insolvência, não têm inscrição autónoma, devendo constar da inscrição que publicita este último facto; a inscrição conjunta é também feita em relação aos factos referidos que sejam determinados simultaneamente em momento posterior àquela declaração.

4 – A nomeação de curador ao comerciante individual insolvente, quando efetuada na sentença de inabilitação daquele, é registada na inscrição respeitante a este último facto.

5 – A cumulação prevista nos números anteriores só é permitida se a qualificação dos atos for a mesma.

COMENTÁRIOS

Unidade da inscrição relativamente a factos que constem do mesmo título

Qualificação coincidente

Registos elaborados por transcrição e por depósito

1 – Um dos princípios vigentes em registo comercial é, consabidamente, o da especialidade, o que equivale a dizer que a cada facto corresponde uma única inscrição própria e autónoma.

Contudo, por força do disposto no n.º 1 deste preceito, todas as alterações do contrato de sociedade, incluindo as que tenham por objeto o aumento de capital ou a sua transformação noutro tipo societário, dão lugar a uma única inscrição, desde que constem do mesmo título. – Cfr., neste sentido, a doutrina firmada no parecer do CT ínsito no proc.º n.º 103/92-R.P.4, in BRN n.º 1/96, pág. 8.

2 – A norma consagrada neste artigo, sendo embora imposta por razões de economia registral, é insuscetível de aplicação analógica, por constituir ela própria exceção dentro do nosso sistema jurídico registral.

Ora, como se sabe, as normas excecionais são aquelas que consagram, para certos casos, soluções contrárias às dos princípios gerais de direito admitidas em determinado sistema, admitindo, contudo, interpretação extensiva. – Cfr. Rodrigues Bastos, in *Das Leis, sua Interpretação e Aplicação,* 1978, pág. 45.

3 – «I – Não carece de redação intercalar nem de inscrição própria a alteração do artigo do pacto social relativa à distribuição do capital entre os sócios, após o aumento de capital social, quando, na mesma escritura, se procede a cessões e divisões de quotas que a modificam.

II – Do princípio de que o registo dos factos jurídicos se efetua por inscrição própria, excetua-se o registo dos factos modificativos do pacto social, a efetuar pela mesma inscrição desde que constem do mesmo título.

III – O pedir-se o registo de um facto antes de outro que deveria, lógica e cronologicamente, precedê-lo, não viola, por si só, o princípio do trato sucessivo». – Cfr. o parecer do CT proferido no proc.º n.º 65/87-R.P.3.

4 – A figura do secretário da sociedade foi criada pelo artigo 3.º do Decreto-Lei n.º 257/96, de 31 de dezembro, que aditou os artigos 446.º-A a 446.º-F, ao CSC, fazendo coincidir a duração das suas funções com a do mandato dos órgãos sociais que o designarem.

Nesta sequência, pelo artigo 9.º do citado Decreto-Lei foi também alterada a redação da alínea *m)* do n.º 1 do artigo 3.º do CRC, que passou a sujeitar a registo a designação e cessação de funções do secretário da sociedade, sem que se tenha alterado o n.º 2 do artigo 66.º deste Código, em conformidade, o que só veio a acontecer com a alteração introduzida pelo artigo 5.º do Decreto-Lei n.º 76-A/2006, de 29 de março.

No entanto, e apesar de a figura do secretário não ser confundível com qualquer órgão da administração ou de fiscalização da sociedade, sempre se entendeu que quando a sua nomeação ou recondução constasse do mesmo título, deveria ser inserida no extrato da inscrição do contrato ou da sua alteração, consoante o caso.

5 – «1 – A fusão por incorporação, com aumento de capital da sociedade incorporante e alteração do respetivo contrato, determina a feitura duma só inscrição.

2 – A fusão de sociedades por constituição duma nova sociedade determina igualmente a feitura duma só inscrição, simultaneamente de contrato da nova sociedade e de fusão das sociedades de que ela resultou, sem embargo da

inexistência de lei expressa nesse sentido». – Conclusões firmadas no parecer do CT constante do proc.º n.º 49/90-R.P.4.

6 – A nomeação do administrador judicial de insolvência, bem como a atribuição ao devedor da administração da massa insolvente e a proibição ao devedor administrador da prática de certos atos sem o consentimento de administrador judicial, são registadas com a declaração de insolvência quando determinadas simultaneamente com esta.

7 – Também posteriormente à declaração de insolvência, será lavrada uma só inscrição que abranja todos os factos referidos no n.º 3 deste artigo 66.º, desde que tenham sido determinados em simultâneo.

8 – A nomeação do administrador de insolvência é registada com base na certidão judicial enviada pela secretaria, como decorre do disposto no n.º 2 do artigo 38.º do CIRE.

A escolha do administrador tem de recair sobre uma entidade inscrita como tal na lista oficial de administradores de insolvência, nos termos prescritos nos artigos 32.º, n.º 1, e 52.º do CIRE.

9 –A nomeação do acompanhante ao comerciante individual insolvente pode ser efetuada simultaneamente com a inscrição da sentença de acompanhamento de maior, consoante tenha ou não sido determinada ao mesmo tempo, conforme decorre do n.º 4 deste preceito lido à luz das alterações introduzidas no Código Civil pela Lei n.º 49/2018, de 14 de agosto, que criou o Regime Jurídico do Maior Acompanhado e eliminou os institutos da interdição e da inabilitação.

A este propósito, vejam-se também as anotações levadas efetuadas às alíneas *a)* e *j)* do artigo 9.º do CRC.

10 – A cumulação prevista no artigo 66.º só é permitida se a qualificação dos atos em presença for a mesma, isto é, se os atos em apreço forem todos qualificados como definitivos ou todos qualificados como provisórios por natureza ou por dúvidas, exigindo-se ainda, nestes casos, que as causas da provisoriedade sejam comuns – n.º 5.

11 – A declaração de insolvência sobre bens sujeitos a registo comercial que integrem a massa insolvente (o n.º 3 do artigo 38.º do CIRE deve ser interpretado extensivamente), designadamente sobre quotas de sociedades comerciais ingressa no registo por depósito, por força do disposto nos n.os 1, 3, e 5, alínea *g)*, do artigo 53.º-A do CRC, devendo apenas constar da respetiva ficha de registo as

menções gerais e as menções especiais consignadas nos artigos 14.º e 15.º, n.º 2, do RRC.

Aqui não é colocável, portanto, a questão concernente à elaboração conjunta do registo de nomeação do administrador judicial nem sendo, consequentemente, de convocar a aplicação do disposto no n.os 3 e 5 do artigo 66.º do mesmo Código, uma vez que cada facto segue uma modalidade distinta de registo – a insolvência é registada por depósito enquanto a nomeação é registada por transcrição.

12 – Chama-se, todavia, a atenção para o facto de o registo da sentença de declaração de insolvência, que se encontra expressamente previsto na alínea *i)* do artigo 9.º do CRC, ser elaborado por transcrição estando, naturalmente, sujeito ao princípio da legalidade consagrado no artigo 47.º do CRC.

Neste caso, se a nomeação de administrador judicial de insolvência for determinada simultaneamente com a declaração de insolvência não tem inscrição autónoma, devendo constar da inscrição que publicita este último facto, como decorre do prescrito no n.º 3 do artigo 66.º do CRC. Nesta conformidade, veja-se, ainda, o parecer proferido no proc.º n.º R.Co.12/2014STJ-CC.

13 – Resulta, porém, do disposto no n.º 5 do aludido preceito que a referida cumulação de factos na mesma inscrição só é aplicável se a sua qualificação for a mesma.

Logo, coloca-se a necessidade de *qualificar* previamente o pedido de registo da declaração de insolvência e da nomeação do administrador judicial da insolvência para se aquilatar da possibilidade da sua elaboração em termos definitivos, ou se for de elaborar com o caráter de provisório – por dúvidas ou por natureza – saber da motivação e do enquadramento legal correspondente ao registo de cada um destes factos, individualmente considerados, para efeitos da cumulação dos mesmos numa só inscrição.

É que ainda que ambos os factos devam ingressar no registo como provisórios, se as causas conducentes a essa mesma provisoriedade for distinta será de aplicar, de igual modo, a proibição prescrita no n.º 5 do citado artigo 66.º.

Cremos que o legislador ao determinar que a qualificação dos atos deve ser a mesma tem precisamente em vista a elaboração da inscrição em termos definitivos, ou, sendo a mesma provisória, que tenha por base os mesmos motivos com vista a que a posterior remoção dos mesmos seja simultânea de molde a que se permita a conversão em definitiva da inscrição ou, caso a mesma não ocorra dentro do prazo legal, a anotação da caducidade da inscrição (na totalidade, claro).

14 – O n.º 3 do referido artigo 66.º só quadra, assim, com o preceituado nos artigos 9.º, alíneas *i)*, e *l)*, 53.º-A, n.os 1, 2 e 5, *a contrario sensu*, do CRC, e não já

quando o registo da declaração de insolvência incida sobre as quotas ou participações sociais que integrem a massa insolvente – artigo 3.º, n.º 1, alínea *f)*, e 53.º-A, n.ºs 1, 3 e 5, alíneas *g)*, do CRC –, o que faz ressaltar a diversidade de forma que segue o registo da declaração de insolvência conforme incida ou não sobre os bens da massa insolvente.

Com efeito, o registo da declaração de insolvência sobre os bens será, em condições pautadas pela normalidade, pedido isoladamente, isto é, não trará acoplado o pedido de registo de nomeação do administrador de insolvência.

Consequentemente, o registo sobre os bens não é abrangido pela *facti species* da norma plasmada no artigo 66.º do CRC, seguindo o regime previsto para os registos por depósito, não se lhe aplicando o princípio da legalidade nos termos em que se encontra previsto no artigo 47.º do CRC, mas antes o regime consagrado nos artigos 242.º-A e segs. do CSC.

Todavia, reafirma-se, ao registo por transcrição de nomeação de administrador judicial já é aplicável o disposto no citado artigo 47.º.

15 – Respeitando o registo da declaração de insolvência a quotas ou ao direito aos lucros e à quota de liquidação, o mesmo é efetuado por depósito, atento o que se encontra plasmado nos artigos 3.º, n.º 1, alínea *f)*, e 53.º-A, n.ºs 1, 3 e 5, alínea *g)*, do CRC, não se encontrando, por isso, submetido ao princípio da legalidade nos termos em que o mesmo se encontra consagrado no artigo 47.º do mesmo Código.

Artigo 67.º – Factos constituídos com outros sujeitos a registo

1 – (Revogado).

2 – O registo da decisão de encerramento do processo de insolvência, quando respeitante a sociedade comercial ou sociedade civil sob forma comercial, determina a realização oficiosa:

a) **Do registo de regresso à atividade da sociedade, quando o encerramento do processo se baseou na homologação de um plano de insolvência que preveja a continuidade daquela;**

b) **Do cancelamento da matrícula da sociedade, nos casos em que o encerramento do processo foi declarado após a realização do rateio final.**

3 – O registo referido no número anterior determina ainda, qualquer que seja a entidade a que respeite, a realização oficiosa do registo de cessação de funções do administrador judicial da insolvência, salvo nos casos em que exista plano de insolvência homologado e este lhe confira competências e ainda nos casos a que se refere a alínea b) do número anterior.

4 – O registo do cancelamento da sociedade representada determina a realização oficiosa do cancelamento da matrícula da representação per-

manente criada em Portugal na sequência da comunicação do competente registo do respetivo Estado-Membro da União Europeia, através do sistema de interconexão dos registos da União Europeia.

5 – O disposto no número anterior não é aplicável nos casos em que o registo da sociedade representada tenha sido cancelado na sequência de transformação, fusão, cisão ou mudança de sede transfronteiriça.

COMENTÁRIOS

Realização oficiosa de determinados registos

1 – O n.º 1 deste artigo foi revogado pelo artigo 61.º, alínea *c)*, do Decreto-Lei n.º 76-A/2006, de 29 de Março. Este diploma, que procedeu também à republicação do Código do Registo Comercial omitiu o n.º 3 do artigo 67.º, ora em apreço. Nem na Declaração de Retificação n.º 28-A/2006, de 26 de Maio, nem em qualquer outro diploma posterior se procedeu à reparação do erro em causa. Em consequência de tal, durante algum tempo, algumas das publicações do referido Código não contemplaram o referido n.º 3.

1.1 – Os n.ºs 4 e 5 do artigo 67.º foram aditados pelo Decreto-Lei n.º 24/2019, de 1 de fevereiro.

2 – O termo «oficiosidade» e «gratuitidade» do registo não são sinónimos, encontrando-se, por isso, sujeitos a tributação emolumentar os atos de registo lavrados oficiosamente por força do prescrito neste n.º 2.

Com efeito, pela elaboração oficiosa dos registos, é cobrado emolumento igual ao que caberia ao ato se fosse efetuado na sequência de pedido formulado autonomamente pelo interessado.

Oficiosidade e gratuitidade só são coincidentes nos casos em que a gratuitidade do registo esteja também, a par da oficiosidade, expressamente consignada na lei.

3 – O registo do regresso à atividade da sociedade, quando o encerramento do processo se baseou na homologação de um plano de insolvência que previa a continuidade daquela, bem como o de cancelamento da matrícula da sociedade nos casos em que o encerramento foi declarado após a realização do rateio final, são efetuados oficiosamente com o registo da decisão de encerramento do processo de insolvência, quando respeitante a sociedade comercial ou sociedade civil sob forma comercial.

4 – No parecer firmado no proc.º n.º C.Co.18/2017STJ-CC, concluiu-se que a previsão de um registo de designação de funções é, naturalmente, seguida da

previsão do registo da sua cessação, demandando a unidade do sistema jurídico-registal que havendo inscrição de designação de funções também se efetue o correspondente registo de cessação dessas funções, pois que o n.º 5 do artigo 17.º-C do CIRE ao remeter para o disposto no artigo 38.º do mesmo código se reporta ao regime de publicidade previsto para a nomeação do administrador de insolvência, o qual engloba não só a nomeação como também a cessação de funções [cfr. artigo 9.º, alínea l), e artigo 67.º, n.º 3, do CRCom e artigo 22.º, 4.1 do RERN].

Artigo 67.º-A – Registo da fusão

1 – O registo da fusão interna na entidade incorporante ou o registo da nova entidade resultante da fusão interna determina a realização oficiosa do registo da fusão nas entidades incorporadas ou fundidas na nova entidade.

2 – No caso do registo da fusão transfronteiriça, aplica-se o disposto no número anterior às sociedades participantes na fusão que tenham sede em território nacional.

3 – O registo de fusão transfronteiriça na sociedade incorporante, ou de constituição da nova sociedade resultante da fusão, determina a notificação desse facto e do consequente início de produção de efeitos, através do sistema de interconexão dos registos da União Europeia, aos registos competentes dos Estados-Membros onde estejam sediadas as sociedades participantes.

4 – A receção de notificação do início da produção de efeitos de fusão transfronteiriça, efetuada por registo competente do respetivo Estado-Membro da União Europeia, determina a realização oficiosa do registo da fusão transfronteiriça e o cancelamento da matrícula das sociedades participantes na fusão que estejam sediadas em território nacional.

COMENTÁRIOS

Registo da fusão interna e da fusão transfronteiriça

1 – A redação deste preceito, aditado pelo artigo 13.º do Decreto-Lei n.º 8/2007, de 17 de janeiro, tinha sido conferida pela Lei n.º 19/2009, de 12 de maio, e entrado em vigor 30 dias após a sua publicação. Os n.ºs 3 e 4 foram posteriormente alterados pelo Decreto-Lei n.º 24/2019, de 1 de fevereiro.

2 – No que respeita ao âmbito de aplicação do n.º 1 deste preceito veja-se o parecer proferido no proc.º n.º C.Co.6/2010 SJC-CT, relativo a uma cisão-fusão de que resultou a extinção da sociedade cindida e a criação de nova sociedades.

3 – Os registos realizados oficiosamente ao abrigo desta disposição legal beneficiam da gratuidade prevista na alínea *g)* do n.º 1 do artigo 15.º do RERN, na redação estabelecida pelo referido Decreto-Lei n.º 8/2007.

Também o cancelamento das matrículas a efetuar na sequência do registo oficioso da fusão transfronteiriça nas sociedades participantes na fusão (ou na cisão) que estejam sediadas em território nacional [artigo 62.º-A, alínea *a)*] é gratuito em face do prescrito na alínea d) do n.º 1 do citado artigo 15.º.

Artigo 67.º-B

Sociedades comerciais com representações permanentes sediadas noutro Estado-Membro

1 – O registo definitivo de criação e encerramento de representação permanente de sociedade portuguesa por quotas, anónima e em comandita por ações, efetuado noutro Estado-Membro e comunicado através do sistema de interconexão dos registos da União Europeia, determina o registo oficioso desse facto no registo comercial nacional.

2 – Os registos definitivos dos factos que determinem a abertura e o encerramento de quaisquer processos de liquidação ou insolvência, bem como o cancelamento da matrícula, quando respeitantes a sociedades por quotas, anónimas e em comandita por ações com representações permanentes registadas noutros Estados-Membros são comunicados ao registo competente do Estado-Membro do local da representação através do sistema de interconexão dos registos da União Europeia.

COMENTÁRIOS

1 – Este preceito foi aditado pelo Decreto-Lei n.º 24/2019, de 1 de Fevereiro (alterado pelo artigo 9.º do Decreto-Lei n.º 109-A/2021, de 9 de dezembro). Este diploma veio estabelecer as regras aplicáveis ao acesso e intercâmbio de informação entre o registo comercial nacional e os registos comerciais de outros Estados-Membros da União Europeia, transpondo para a ordem jurídica interna a Diretiva n.º 2012/17/UE, do Parlamento Europeu e do Conselho, de 13 de junho de 2012, cujas disposições foram codificadas através da Diretiva n.º 2017/1132, do Parlamento Europeu e do Conselho, de 14 de junho.

Artigo 68.º – Alteração das inscrições

A inscrição pode ser atualizada ou retificada por averbamento.

COMENTÁRIOS

Atualização e retificação das inscrições

1 – Além dos factos elencados no artigo 69.º, que ingressam no registo por averbamento às inscrições a que respeitam, outros existem, designadamente de atualização e de retificação, que também são lavrados por averbamento às inscrições correspondentes.

2 – No n.º 3 do artigo 82.º, encontra-se prevista a elaboração de averbamentos de retificação a levar a efeito, no termo do processo especial previsto neste Código, no correspondente registo retificando.

3 – Os averbamentos de retificação de atos de registo resultantes de erro ou inexatidão proveniente de deficiência dos títulos emitidos pelos serviços dos registos e do notariado são gratuitos, por força do preceituado na alínea *a)* do n.º 2 do artigo 15.º do RERN.

4 – Nesse âmbito, convém sublinhar que, *a contrario*, o averbamento de retificação de registos não será gratuito nos casos de erro ou deficiência proveniente dos títulos que não tenham sido emitidos pelos serviços dos registos e do notariado.

Artigo 69.º – Factos a averbar

1 – São registados por averbamento às inscrições a que respeitam os seguintes factos:

- ***a)*** **(Revogada.)**
- ***b)*** **(Revogada.)**
- ***c)*** **(Revogada.)**
- ***d)*** **(Revogada.)**
- ***e)*** **(Revogada.)**
- ***f)*** **(Revogada.)**
- ***g)*** **(Revogada.)**
- ***h)*** **(Revogada.)**
- ***i)*** **(Revogada.)**
- ***j)*** **(Revogada.)**
- ***l)*** **A recondução ou cessação de funções de gerentes, administradores, diretores, representantes e liquidatários;**
- ***m)*** **(Revogada.)**
- ***n)*** **(Revogada.)**
- ***o)*** **(Revogada.)**
- ***p)*** **(Revogada.)**
- ***q)*** **A cessação de funções do administrador judicial e do administrador judicial provisório da insolvência;**
- ***r)*** **A decisão judicial de proibição ao devedor insolvente da prática de certos atos sem o consentimento do administrador da insolvência, quando tal proibição não for determinada conjuntamente com a atribuição ao devedor da administração da massa insolvente;**
- ***s)*** **A decisão judicial que ponha termo à administração da massa insolvente pelo devedor;**

_t)_ A decisão judicial de cessação antecipada do procedimento de exoneração do passivo restante de comerciante individual e a de revogação dessa exoneração;

_u)_ A decisão judicial de confirmação do fim do período de fiscalização incidente sobre a execução de plano de insolvência.

_v)_ A declaração de perda do direito ao uso de firma ou denominação.

2 – São igualmente registados nos termos do número anterior:

_a)_ (Revogada.)

_b)_ A decisão final das ações inscritas;

_c)_ A conversão em definitivos, no todo ou em parte, dos registos provisórios;

_d)_ A renovação dos registos;

_e)_ A nomeação de terceiro ou a sua não nomeação em contrato para pessoa a nomear;

_f)_ O cancelamento, total ou parcial, dos registos.

3 – Podem ser feitos provisoriamente por dúvidas os averbamentos referidos no número 1.

4 – A conversão em definitiva da inscrição de ação em que se julgue modificado ou extinto um facto registado, ou se declare nulo ou anulado um registo, determina o correspondente averbamento oficioso de alteração ou cancelamento.

5 – O trânsito em julgado da sentença prevista na alínea _e)_ do n.º 1 do artigo 64.º determina o averbamento de conversão em definitivo do correspondente registo.

6 – As decisões judiciais previstas na alínea _s)_ do n.º 1 são averbadas, respetivamente, à inscrição do despacho inicial de exoneração do passivo restante e à do despacho final que determine essa exoneração.

7 – A decisão judicial prevista na alínea _t)_ do n.º 1 é averbada à inscrição da decisão de encerramento do processo de insolvência que publicite a sujeição da execução de plano de insolvência a fiscalização.

COMENTÁRIOS

Elenco dos factos que ingressam nas tábuas por averbamento às respetivas inscrições

Possibilidade de elaborar com a natureza de provisórios por dúvidas os averbamentos previstos no n.º 1 deste preceito

1 – Alerta-se, desde já, para o facto de o artigo 2.º do Decreto-Lei n.º 2/2005, de 4 de janeiro, ter procedido à introdução da alínea *n)* no n.º 1 deste artigo 69.º e, nessa sequência, ter alterado a enumeração das alíneas subsequentes desse mesmo número.

Foi também introduzido um novo n.º 4 neste artigo 69.º, passando o anterior n.º 4 a n.º 5, o anterior n.º 5 passou a n.º 6, o anterior n.º 6 passou a n.º 7, e o anterior n.º 7 passou a n.º 8, respetivamente.

O texto dos referidos números manteve-se nos seus precisos termos, donde decorre que às alíneas *s)* e *t)* referidas nos atuais n.os 6 e 7, correspondem, na verdade, as alíneas *t)* e *u)*, do n.º 1, tendo em consideração a alteração processada na enumeração das referidas alíneas, de que damos aqui nota.

A atual redação deste preceito foi conferida pelo Decreto-Lei n.º 76-A/2006, de 29 de março.

2 – Os averbamentos mencionados no referido n.º 1 do artigo 69.º traduzem-se substancialmente em inscrições – *rectius*, em *subinscrições* –, visto que através deles se definem determinadas situações jurídicas por lei sujeitas a registo.

Segundo Rocheta Gomes, in *Rev. de Not., Reg. Pred. e Crítica Jurídica,* 1986, (Ano 39), pág. 65, as subinscrições são verdadeiras figuras *híbridas*, com a natureza de inscrição e a forma de averbamento. São «por assim dizer inscrições satélites, inscrições subordinadas a outras inscrições».

Com efeito, os averbamentos mencionados no n.º 1 deste preceito têm sido considerados como «subinscrições», tendo em conta que, na sua substância, são verdadeiras inscrições, visto que definem determinadas situações jurídicas por lei sujeitas a registo, mas, por outro, a técnica registral que revestem é a do averbamento.

É por esta razão que os referidos averbamentos podem também ser lavrados como provisórios por dúvidas, de harmonia com o disposto no n.º 3 do artigo 69.º.

3 – Como é sabido, a nomeação de funções de gerentes, administradores, diretores, representantes, liquidatários e secretários da sociedade tanto pode constar da inscrição do ato constitutivo, como das suas alterações subsequentes como ainda de inscrição autónoma, nos termos prescritos no n.º 2 do artigo 66.º. Atente-se, também, no disposto na alínea *m)* do n.º 1 do artigo 3.º.

3.1 – A recondução, bem como a cessação, daqueles são factos lavrados por averbamento à inscrição a que respeitam ao abrigo do disposto na alínea *l)* do n.º 1 do artigo 69.º.

3.2 – No que concerne às menções especiais e gerais do aludido averbamento às respetivas inscrições veja-se, respetivamente, o prescrito nas alíneas *a)* e *b)* do artigo 12.º e o artigo 13.º do RRC.

4 – O registo da cessação de funções do administrador judicial provisório da insolvência encontra-se previsto não só na alínea *q)* do n.º 1 deste artigo 69.º, como também no artigo 57.º do CIRE.

5 – A decisão judicial de proibição ao devedor insolvente da prática de certos atos sem o consentimento do administrador da insolvência, quando tal proibição não seja determinada conjuntamente com a atribuição ao devedor da administração da massa insolvente, bem como a decisão judicial que ponha termo à administração da massa insolvente pelo devedor, é feita por averbamento à inscrição de atribuição ao devedor da administração da massa insolvente ou à inscrição do despacho inicial de exoneração do passivo restante e à do despacho final que determine essa exoneração, respetivamente. – Cfr. o disposto nos artigos 223.º e seguintes do CIRE, bem como o disposto no n.º 6 do artigo 69.º.

6 – Também a decisão judicial de confirmação do fim do período de fiscalização incidente sobre a execução do plano de insolvência é averbada, nos termos do n.º 7 do citado artigo 69.º, à inscrição da decisão de encerramento do processo de insolvência que publicite a sujeição da execução de plano de insolvência a fiscalização.

7 – No que respeita à declaração de perda do direito ao uso de firma ou denominação referida na alínea *v)*, do n.º 1, veja-se o disposto no artigo 61.º do RRNPC.

8 – Como decorre do disposto na alínea *d)* do n.º 2 do artigo 69.º, a renovação dos registos é lavrada mediante averbamento à inscrição correspondente, sendo, em regra, feita por períodos de igual duração ao do período inicial da sua vigência.

A renovação dos registos elencados neste artigo é feita a pedido do interessado, sem necessidade de proceder à junção de qualquer prova documental.

Diferente é, porém, a exigência para a renovação de registos provisórios por natureza previstos na alínea *e)* do n.º 1, e c) do n.º 2, do artigo 64.º, em que o pedido formulado pelo interessado no impresso-requisição deve ser acompanhado de documento idóneo para provar a subsistência da razão da provisoriedade, como decorre do disposto nos n.º 2 do artigo 65.º.

9 – O pedido de renovação do registo deve ser apresentado pelo interessado no momento em que o registo deixaria de vigorar se não fosse o pedido. – Cfr., a este propósito, Catarino Nunes, in *Código do Registo Predial* de 1967, em anotação ao artigo 225.º, págs. 468 e segs. Assim, interessado no registo, neste caso concreto, é aquele a favor de quem funciona a inscrição que se pretende renovar.

10 – A nomeação de terceiro deve ser feita mediante declaração escrita ao outro contraente, nos termos previstos no artigo 453.º do Código Civil.

Estando o contrato sujeito a registo, pode ser feito em nome do contraente originário, com indicação da cláusula para pessoa a nomear, indicando-se posteriormente o nome da pessoa nomeada, como decorre do disposto no artigo 456.º do citado Código.

11 – As ações judiciais são inscritas como provisórias por natureza [artigo 64.º, n.º 1, alínea *n)*] sendo, após a decisão final, convertidas em definitivas [alínea *b)* do n.º 2 do artigo 69.º], ou melhor, segundo o elemento literal da norma, a decisão final das ações inscritas é registável por averbamento.

12 – Como atrás se salientou já, as secretarias dos tribunais devem proceder ao envio das decisões finais proferidas nas ações e procedimentos referidos no artigo 15.º, n.ºs 7 e 8, para efeitos de registo – cfr. o que dispõe o n.º 2 do artigo 16.º.

13 – A conversão da inscrição de ação em que se julgue modificado ou extinto um facto registado, ou se declare nulo ou anulado um registo, determina a feitura oficiosa do correspondente averbamento de alteração ou de cancelamento, consoante o caso.

14 – O averbamento de conversão pode também consubstanciar alteração da própria inscrição, desde que não se verifique ampliação, como flui do disposto no n.º 5 do artigo 65.º.

No mesmo sentido, veja-se ainda a disposição paralela consignada no n.º 4 do artigo 102.º do CRP.

15 – O averbamento de cancelamento dos registos deve conter apenas essa menção, salvo se for parcial, caso em que tem de acolher a especificação do conteúdo respetivo.

Os registos são cancelados mediante a ocorrência de qualquer um dos factos elencados no artigo 20.º.

16 – Caso o procedimento cautelar não tenha sido submetido a registo e apenas conste da ficha da entidade comercial o registo da providência já decretada (suspensão de deliberação social), cremos que a natureza de composição definitiva do litígio que esta providência venha a assumir, nas condições previstas no art. 371.º do CPC ou por força da improcedência da ação de impugnação da existência do direito acautelado, poderá ingressar no registo como "facto

modificativo" da providência registada, ficando, assim, patenteada a transmutação operada quanto ao alcance da dita providência.

Do ponto de vista da técnica registal, não se vê obstáculo legal a que também este registo se faça mediante averbamento especial (ou subinscrição), por analogia com as situações elencadas neste artigo 69.º, n.º 1, as quais também correspondem, na sua generalidade, a factos modificativos e ou dependentes de outros factos anteriormente registados – cfr. o parecer proferido no proc.º C.P.25/2018STJSR-CC.

Artigo 70.º – Publicações obrigatórias

1 – É obrigatória a publicação dos seguintes atos de registo:

a) **Os previstos no artigo 3.º, quando respeitem a sociedades por quotas, anónimas ou em comandita por ações, desde que sujeitas a registo obrigatório, salvo os das alíneas *c), e), f)* e *i)* do n.º 1;**

b) **Os previstos nos artigos 4.º, 6.º, 7.º e 8.º;**

c) **(Revogada.)**

d) **Os previstos nas alíneas *c), d)* e *h)* do artigo 9.º;**

e) **Os previstos nas alíneas *c)* e *d)* do artigo 10.º**

f) **O averbamento de cancelamento a que se refere o n.º 2 do artigo 27.º.**

2 – As publicações referidas no número anterior devem ser feitas em sítio na Internet de acesso público, regulado por portaria do Ministro da Justiça, no qual a informação objeto de publicidade possa ser acedida, designadamente por ordem cronológica.

3 – (Revogado.)

4 – A constituição e o encerramento da liquidação de um agrupamento europeu de interesse económico, bem como os factos cujo registo determina a abertura ou o cancelamento da matrícula de uma sociedade anónima europeia, são publicados no *Jornal Oficial da União Europeia* após a publicação referida no n.º 2.

5 – (Revogado.)

COMENTÁRIOS

Publicações obrigatórias

Sítio na Internet e JOUE

1 – As publicações obrigatórias devem ser efetuadas em sítio na Internet (www.mj.gov.pt/publicaçoes), sendo taxadas nos termos previstos no artigo 3.º da Portaria n.º 590-A/2005, de 14 de julho, revertendo a receita a favor do Instituto dos Registos e do Notariado, entidade responsável pela manutenção do referido sítio.

Veja-se, ainda, o que se encontra estabelecido nos artigos 22.º, n.º 24, e 27.º, n.ºs 3 e 4, do RERN relativamente ao custo global do serviço prestado e ao seu tratamento.

2 – A especial importância atribuída às publicações oficiais prende-se com a cominação prevista no n.º 2 do artigo 14.º, segundo a qual os factos sujeitos a registo e a publicação obrigatória só produzem efeitos contra terceiros depois da data da respetiva publicação.

3 – Os contratos de sociedade em nome coletivo e em comandita simples não estão abrangidos pela obrigatoriedade da publicação consignada no artigo 70.º, n.º 1, alínea *a)* para os contratos sociais das demais sociedades comerciais.

A razão que determinou esta medida residirá no facto de os sócios, neste tipo societário, assumirem responsabilidade solidária.

3.1 – No entanto, a referida opção legislativa originou críticas diversas, nomeadamente, de Raúl Ventura, in *Separata de Documentação e Direito Comparado,* Lisboa, 1981, pág. 23, que entende que em caso algum se justifica a dispensa de publicação do ato constitutivo.

4 – Os factos relativos a comerciantes individuais não estão submetidos a registo comercial obrigatório, nem os correspondentes atos estão sujeitos a publicação, como resulta do disposto neste artigo 70.º.

5 – A publicação da constituição e do encerramento da liquidação dos agrupamentos europeus de interesse económico, bem como dos factos cujo registo determine a abertura ou cancelamento da matrícula de sociedades anónimas europeias, é efetuada no *Jornal Oficial da União Europeia,* após a publicação prevista no n.º 2 do artigo 70.º.

As publicações referidas no n.º 4 devem ser promovidas no prazo de cinco dias a contar do registo, por força do disposto no n.º 2 do artigo 71.º.

6 – A publicação dos atos relativos à sociedade sujeitos a registo obrigatório é, em regra, promovida oficiosamente pelos serviços de registo, a expensas do interessado, nos termos da aplicação conjugada do prescrito nos artigos 70.º, 71.º e 72.º do CRC e nos artigos 166.º e 167.º do CSC.

7 – Todavia, sendo o projeto de fusão registável por depósito *online* pelo seu requerente, a publicação prevista no n.º 1 do artigo 100.º do CSC não pode ser promovida automática e imediatamente pelos serviços de registo, devendo,

por isso, o interessado diligenciar nos termos da informação prestada pelo portal da empresa aquando da feitura do registo em causa.

Mesmo quem considere que a publicação do registo do projeto de fusão e a do próprio projeto são indissociáveis, não pode extrair da omissão da publicação deste qualquer cominação que se deva refletir negativamente na qualificação do posterior registo de fusão, dado que da ordem jurídica não são eliciáveis quaisquer efeitos inerentes à publicação do projeto de fusão.

Nesta conformidade e para mais desenvolvimentos, veja-se o que deixamos dito no parecer proferido no proc.º n.º R.Co. 2/2013 STJ-CC.

8 – A responsabilidade por discordâncias de publicidade recai sobre as pessoas que têm o dever de requerer o registo, pelo que devem diligenciar para que eventuais discordâncias entre o ato praticado, o registo efetuado e as publicações sejam sanadas, no mais curto espaço de tempo, como decorre do disposto no n.º 3 do artigo 169.º do CSC.

Relativamente ao sentido deste n.º 3, veja-se Fazenda Martins, in *Os Efeitos do Registo e das Publicações na Constituição das Sociedades Comerciais*, 1994, pág. 32 e seguintes, bem como Henrique Mesquita, in RLJ, Ano 133, n.os 3 919 e 3 920, págs. 303 e segs.

9 – Não obstante conste da alínea f) do n.º 1 do artigo em apreço que é obrigatória a publicação do averbamento de cancelamento da matrícula ocorrido nos termos do n.º 2 do artigo 27.º, alerta-se para o facto de as matrículas serem, atualmente, canceladas oficiosamente, mediante inscrição, com o registo definitivo de transferência da sede para o estrangeiro [cfr., neste sentido, o disposto na alínea d) do artigo 62.º-A].

Artigo 71.º – Oficiosidade da publicação

1 – Efetuado o registo, a conservatória deve promover, imediatamente e a expensas do interessado, as respetivas publicações.

2 – As publicações a que se refere o n.º 4 do artigo anterior são promovidas no prazo de cinco dias a contar do registo.

3 – As publicações efetuam-se com base nos dados transmitidos por via eletrónica entre a conservatória e a Direção-Geral dos Registos e do Notariado e, apenas nos casos em que este meio não esteja disponível, com base em certidões passadas na conservatória ou com base em certidões passadas em cartório notarial ou tribunal judicial e juntas ao pedido de registo, as quais devem ser remetidas à Direção-Geral dos Registos e do Notariado, no prazo previsto no n.º 1, por via postal ou ainda por telecópia ou por correio eletrónico, nos termos do n.º 1 do artigo 2.º e do artigo 4.º

do Decreto-Lei n.º 66/2005, de 15 de março, aplicáveis com as necessárias adaptações.

4 – As certidões emitidas pelas conservatórias para efeitos das publicações referidas no n.º 4 do artigo anterior devem conter as indicações cuja publicitação é exigida pela legislação comunitária aplicável.

5 – As publicações devem ser anotadas na ficha de registo, sendo competentes para a sua assinatura o conservador e qualquer oficial dos registos.

COMENTÁRIOS

Publicação – promoção oficiosa

1 – Mediante a norma ínsita no n.º 1, o legislador retirou o ónus das publicações do registante, como até este momento acontecia, encarregando o conservador de as promover, ainda que a expensas daquele.

Em sentido idêntico ao expresso na parte final da citada norma, também o n.º 1 do artigo 167.º do CSC preceitua que as publicações são feitas a expensas da sociedade.

2 – As referidas publicações passaram a ser efetuadas num sítio da Internet, de acesso público – www.mj.gov.pt/publicacoes –, sendo, naturalmente, devida uma taxa a favor do serviço incumbido da manutenção do sítio referido, isto é, do Instituto dos Registos e do Notariado, I.P.

No que respeita aos custos das publicações, veja-se o disposto na alínea *c)* do n.º 1 do artigo 14.º do Decreto-Lei n.º 111/2005, de 8 de julho, e no artigo 3.º da Portaria n.º 590-A/2005, de 14 de julho.

3 – As publicações efetuam-se com base nos dados transmitidos por via eletrónica entre a conservatória e o IRN, I.P., e, nos casos de indisponibilidade deste meio, com base em certidões passadas e enviadas nos termos prescritos no n.º 3 desse artigo.

Pode ainda ser utilizada a via postal ou correio eletrónico, nos termos dos artigos 2.º, n.º 1, e 4.º do Decreto-Lei n.º 66/2005, de 15 de março.

4 – Salvo os casos expressamente previstos na lei, não deve ser promovida a publicação dos atos de registo lavrados como provisórios, pois aquela só deve ocorrer após a conversão dos registos em definitivo, caso contrário pode correr-se o risco de se publicitar um registo que já tenha caducado ou que venha, entretanto, a caducar.

5 – Quando as publicações sejam efetuadas com base em certidões emitidas pelo cartório ou pelo tribunal judicial, devem estas ser apresentadas no momento do pedido do correspondente registo, juntamente com os demais documentos.

As publicações, sendo do registo, são efetuadas com base em certidões emitidas oficiosa e gratuitamente na conservatória.

Na emissão de certidões, quando for caso disso, deve ter-se em conta as regras de publicitação exigidas pela legislação comunitária aplicável.

Artigo 72.º – Modalidades das publicações

1 – Das publicações devem constar as menções obrigatórias do registo.

2 – A publicação do contrato ou do estatuto por que se rege a pessoa coletiva, bem como das respetivas alterações, é efetuada nos termos do número anterior, com a menção especial do depósito do texto atualizado do contrato ou estatuto.

3 – (Revogado.)

4 – A publicação da informação constante dos documentos de prestação de contas das sociedades não inclui a certificação legal das contas, mas é nela divulgado:

a) **Se o parecer de revisão traduz uma opinião sem reservas ou com reservas, se é emitida uma opinião adversa ou se o revisor oficial de contas não está em condições de exprimir uma opinião de revisão;**

b) **Se no documento de certificação legal das contas é feita referência a qualquer questão para a qual o revisor oficial de contas tenha chamado a atenção com ênfase, sem qualificar a opinião de revisão.**

5 – (Revogado.)

COMENTÁRIOS

Modalidades das publicações

Menções obrigatórias

1 – A redação atual deste preceito foi introduzida pela Lei n.º 99-A/2021, de 31 de dezembro.

2 – A modalidade das publicações deve obedecer ao prescrito neste artigo, sendo anotadas na ficha de registo respetiva e assinadas pelo conservador ou pelos oficiais de registo, por força do prescrito no n.º 5 do artigo 71.º.

Por se tratar de uma anotação e apesar de não existir, até agora, disposição legal expressa a determinar que os oficiais pudessem assinar este tipo de registo, era já essa a prática seguida em diversas conservatórias, especialmente naquelas que tinham um volume muito acentuado de serviço.

3 – A publicação da alteração parcial do contrato ou estatuto deve ainda mencionar o depósito do texto completo do contrato ou estatuto na sua versão

atualizada, que tem de ser apresentado, para arquivo, em face do que se encontra estabelecido no n.º 2 do artigo 59.º.

4 – O relatório elaborado pelo revisor oficial de contas quando as entradas sejam efetuadas em bens diferentes de dinheiro, bem como a informação contida no n.º 4 do artigo 28.º do CSC, faz parte integrante da documentação sujeita às formalidades da publicidade prescritas na lei.

No entanto, por força do disposto no n.º 6 do citado artigo 28.º, a publicação tanto pode ser feita integralmente como por menção do depósito na pasta respetiva, acompanhada do extrato de onde constem as indicações referidas nas alíneas *c)* e *d)* do n.º 3 do citado artigo 28.º, conforme a opção do requisitante.

5 – A publicação dos documentos das prestações de contas das sociedades seguem os trâmites previstos nos n.ºs 3 ou 4 do artigo 72.º, consoante respeitem ou não a sociedades abertas que não tenham valores mobiliários admitidos à negociação em mercado regulamentado.

6 – No que concerne aos termos da publicação do registo de constituição de sociedades veja-se, entre outros, o parecer proferido no proc.º n.º C.Co.52/2011 SJC-CT.

Artigo 72.º-A – Comunicações obrigatórias

1 – É oficiosa e gratuitamente comunicado, por via eletrónica, o conteúdo dos seguintes atos de registo aos serviços da administração tributária e da segurança social:

- ***a)*** **A inscrição no registo comercial;**
- ***b)*** **As alterações aos estatutos quanto à natureza jurídica, à firma, ao nome ou à denominação, à sede ou à localização de estabelecimento principal, ao capital e ao objeto;**
- ***c)*** **A designação e cessação de funções, por qualquer causa que não seja o decurso do tempo, dos órgãos de administração e fiscalização;**
- ***d)*** **A fusão e a cisão;**
- ***e)*** **A designação e cessação de funções, anterior ao encerramento da liquidação, de liquidatários;**
- ***f)*** **A nomeação e destituição do administrador de insolvência;**
- ***g)*** **A dissolução e o encerramento da liquidação.**

2 – Para os efeitos do disposto na alínea *g)* do número anterior, no momento do registo do encerramento da liquidação deve ser obrigatoriamente indicado o representante da entidade para efeitos tributários, nos termos do n.º 4 do artigo 19.º do Decreto-Lei n.º 398/98, de 17 de dezembro.

3 – As comunicações obrigatórias efetuadas nos termos dos números anteriores determinam que os serviços da administração tributária e da segurança social não podem exigir a apresentação das respetivas declarações.

COMENTÁRIOS

Comunicações obrigatórias – oficiosidade e gratuitidade

1 – Este artigo, que foi aditado pelo Decreto-Lei n.º 122/2009, de 21 de maio, visa essencialmente facilitar a vida dos cidadãos e das empresas que estavam obrigados, até ao momento, a transmitir a mesma informação a três entidades estatais distintas, a saber: aos serviços de registo, aos serviços das finanças e aos serviços da segurança social.

Com a simplificação resultante da obrigação de comunicação ora instituída, o interessado apenas tem de pedir o registo junto dos respetivos serviços de registo, incumbindo a estes, em momento ulterior, proceder oficiosa e gratuitamente à comunicação da informação recebida aos restantes serviços referidos.

Esta medida, como se proclama (e bem) no exórdio do citado diploma, elimina burocracia desnecessária, deslocação a mais dois serviços da Administração Pública e redução de custos para os cidadãos e as empresas.

Artigo 72.º-B – Disponibilização de informação

1 – Para simples consulta, é oficiosa e gratuitamente disponibilizada no Portal Europeu da Justiça Eletrónica a seguinte informação sobre as sociedades por quotas, anónimas e em comandita por ações, bem como sobre as representações permanentes e sucursais financeiras exteriores de sociedades de responsabilidade limitada com sede noutro Estado-Membro:

a) **Natureza jurídica;**

b) **Firma;**

c) **Sede das pessoas coletivas inscritas no registo comercial;**

d) **Número de identificação de pessoa coletiva e o seu identificador único europeu (EUID);**

e) **Estado da sociedade, nomeadamente que se encontra encerrada, em situação de liquidação ou de dissolução;**

f) **Objeto da sociedade;**

g) **Representantes legais e outras pessoas que podem agir em nome da sociedade;**

h) **Qualquer representação permanente registada pela sociedade noutro Estado-Membro, incluindo a denominação, o número de registo, o EUID e o Estado-Membro onde está registada.**

2 – No sítio na Internet a definir por portaria do membro do Governo responsável pela área da justiça é disponibilizada uma síntese explicativa das normas respeitantes à oponibilidade a terceiros dos factos sujeitos a registo.

COMENTÁRIOS

1 – Este preceito foi aditado pelo Decreto-Lei n.º 24/2019, de 1 de fevereiro, que estabeleceu as regras aplicáveis à comunicação eletrónica entre o registo comercial nacional e os registos de outros Estados-Membros da União Europeia, transpondo, simultaneamente, a Diretiva n.º 2012/17/UE.

2 – É oficiosa e gratuitamente disponibilizada, para simples consulta, no Portal Europeu da Justiça Eletrónica, a informação referida nas diversas alíneas do n.º 1 deste artigo 72.º-B, designadamente a natureza jurídica, firma, objeto, número de pessoa coletiva e sede das pessoas coletivas inscritas no registo comercial.

3 – A portaria aludida no n.º 2 do citado artigo aguarda publicação.

CAPÍTULO V
Publicidade e prova do registo

SECÇÃO I
Publicidade

Artigo 73.º – Caráter público do registo

1 – Qualquer pessoa pode pedir certidões dos atos de registo e dos documentos arquivados, bem como obter informações verbais ou escritas sobre o conteúdo de uns e outros.

2 – Para efeitos do disposto no número anterior, apenas os funcionários podem consultar os suportes documentais e de registo, de harmonia com as indicações dadas pelos interessados.

COMENTÁRIOS

Legitimidade para pedir certidões

Consulta dos suportes documentais

1 – A nossa lei faculta a qualquer pessoa a possibilidade de pedir certidões dos atos de registo e dos documentos arquivados, bem como obter informações (escritas ou verbais) sobre o conteúdo daqueles, sem quaisquer restrições e sem necessidade de provar qualquer interesse direto ou indireto, ao contrário do que acontece noutros ordenamentos jurídicos estrangeiros, designadamente no alemão – é, afinal, a manifestação plena do caráter público do registo.

Com efeito, neste preceito patenteia-se o princípio da publicidade formal absoluta.

2 – O princípio da publicidade registral visa dar a conhecer intencionalmente determinada situação jurídica aos cidadãos e fá-lo através dos seus serviços especializados, neste caso, através dos seus serviços de registo.

Para mais desenvolvimentos sobre esta temática, veja-se, da autora, *Impugnação das Decisões do Conservador nos Registos,* pág. 16 e seguintes.

3 – Não está prevista a apresentação do pedido de certidões no Diário, como resulta, *a contrario sensu,* do disposto no artigo 45.º.

As certidões devem ser emitidas imediatamente a seguir ao pedido, observando a ordem do pedido.

Em regra, o pagamento do emolumento é satisfeito no momento do pedido, sendo restituído ao interessado, no caso de a emissão da certidão requerida vir a ser posteriormente recusada.

4 – As certidões extraídas de documentos arquivados na conservatória têm a força probatória dos originais.

Veja-se, quanto a esta matéria, o disposto nos artigos 383.º a 387.º do Código Civil.

5 – O n.º 2 do artigo 73.º foi introduzido pelo Decreto-Lei n.º 76-A/2006, correspondendo sensivelmente ao n.º 1 do anterior artigo 74.º, que também sofreu alteração.

Esta norma tinha já eliminado (e bem) a possibilidade de consulta direta dos livros, fichas, pastas e documentos, por parte dos interessados.

No entanto, o acesso dos interessados aos referidos suportes documentais é feito por via indireta, vale por dizer, as informações pretendidas são-lhes transmitidas pelos funcionários, em conformidade com as indicações prestadas por aqueles.

A propósito dos termos da prestação de informações verbais sobre o conteúdo dos atos de registo e dos documentos arquivados veja-se o parecer emitido no proc.º C.P.44/2012 SJC-CT.

6 – A regra plasmada no referido n.º 2 não comporta exceções, sendo, portanto, também extensível aos advogados e solicitadores, pese embora o facto de os respetivos estatutos preverem determinadas preferências, designadamente quanto ao atendimento prioritário nos serviços públicos.

7 – Não obstante os advogados e os solicitadores tenham preferência no atendimento, por força do preceituado no artigo 79.º da Lei n.º 145/2015, de 9 de setembro, e no artigo 118.º do Estatuto dos Solicitadores, aprovado pela Lei n.º 154/2015, de 14 de setembro, respetivamente, tal preferência é afastada no que concerne à apresentação de pedidos de registo, sob pena de violação do princípio da prioridade, bem como à consulta direta dos suportes físicos do registo previstos no n.º 1 deste artigo.

7.1 – O direito de atendimento preferencial previsto no art. 79.º, n.º 2, do EOA, assim como os demais direitos de atendimento prioritário ou preferencial, tem como pressuposto o atendimento presencial espontâneo ou por ordem de chegada, pelo que não poderá ser exercido na modalidade de atendimento presencial com agendamento ou marcação prévia – vd. proc.º n.º Div. 21/20STJSR.

8 – A propósito desta temática, transcrevem-se as conclusões firmadas no parecer do CT constante do proc.º n.º 4/89-R.P.3, in *Regesta*, n.º 3, de 1989, pág. 61:

«1 – Os direitos concedidos aos advogados pelo artigo 63.º do Estatuto da Ordem dos Advogados, aprovado pelo Decreto-Lei n.º 84/84, de 16 de março, serão sempre condicionados pelas disposições legais e pelos princípios orientadores que regem os diversos serviços públicos, nomeadamente quando os limitem ou contrariem.

2 – Face ao que se estabelece nos artigos 105.º, n.º 1, do Código do Registo Predial e 74.º do Código do Registo Comercial, a consulta dos livros, fichas e documentos apenas pode ser feita pelos funcionários das Conservatórias.

3 – O acesso aos referidos suportes por parte dos advogados efetuar-se-á por via indireta, ou seja, com a intervenção e o apoio do funcionário que, na ocasião, tenha a seu cargo a referida tarefa».

9 – De igual modo e pelas razões aduzidas no número anterior também o Decreto-Lei n.º 58/2016, de 29 de agosto, relativo ao atendimento prioritário de pessoas idosas, grávidas, deficientes e pessoas acompanhadas de crianças de colo, excluiu expressamente esse atendimento preferencial nas conservatórias ou outras entidades de registo, quando a alteração da ordem de atendimento coloque em causa a atribuição de um direito subjetivo ou posição de vantagem decorrente da prioridade do registo – cfr. o que dispõe o artigo 2.º do referido diploma.

10 – No que concerne ao atendimento preferencial dos administradores judiciais nos serviços de registo consignado no seu Estatuto veja-se a deliberação tomada no proc.º n.º Div.10/2016STJ-CC.

11 – A propósito da emissão de certidão do registo comercial solicitada pelo Conselho de Deontologia da Ordem dos Advogados ao abrigo dos artigos 7.º e 8.º do Estatuto da Ordem dos Advogados, e tributação emolumentar devida (ou não) veja-se o parecer proferido no proc.º n.º C.Co.11/2016 STJSR-CC.

Artigo 74.º – Cópias não certificadas

1 – Podem ser passadas cópias integrais ou parciais não certificadas, com o valor de informação, dos registos e despachos e de quaisquer documentos.

2 – Nas cópias referidas no número anterior deve ser aposta a menção «cópia não certificada».

3 – As cópias não certificadas podem ser disponibilizadas em suporte eletrónico, em termos a definir por portaria do membro do Governo responsável pela área da justiça.

COMENTÁRIOS

Cópias não certificadas

1 – O n.º 3 do presente artigo foi introduzido pelo artigo 9.º do Decreto-Lei n.º 109-A/2021, de 9 de dezembro.

2 – Podem ser passadas cópias, integrais ou parciais, com o valor de informação, dos registos e despachos e de quaisquer outros documentos, das quais conste, de forma bem visível, a menção de «cópia não certificada» – n.º 2.

A sua disponibilização pode ocorrer também em suporte eletrónico, a regulamentar por portaria do membro do Governo competente – n.º 3.

Artigo 74.º-A – Certificado prévio à fusão transfronteiriça

1 – A emissão do certificado ou dos certificados comprovativos do cumprimento dos atos e formalidades prévias à fusão transfronteiriça, relativamente à sociedade ou sociedades participantes com sede em território nacional, pode ser solicitada, após o registo do respetivo projeto, em qualquer serviço de registo com competência para a prática de atos de registo comercial.

2 – O pedido de emissão do certificado previsto no número anterior deve ser instruído com o projeto de fusão e os relatórios de órgãos sociais e de peritos que, no caso, devam existir.

3 – A apresentação dos documentos referidos no número anterior é dispensada sempre que estes se encontrem arquivados em serviço de registo nacional.

COMENTÁRIOS

Pedido de emissão de certificados

1 – Tendo em conta a abolição da competência territorial, a emissão de certificado comprovativo dos atos e formalidades prévias à fusão transfronteiriça respeitante a sociedade ou sociedades participantes com sede no território nacional, pode ser pedida, após o registo do respetivo projeto, em qualquer serviço de registo competente para a prática de atos de registo comercial.

2 – O pedido de emissão do referido certificado deve ser acompanhado do projeto de fusão e dos relatórios dos órgãos sociais e de peritos, salvo se tais documentos se encontrarem arquivados em serviço de registo nacional.

SECÇÃO II
Meios de prova

Artigo 75.º – Meios de prova

1 – O registo prova-se por meio de certidão.

2 – A validade das certidões de registo é de seis meses.

3 – As certidões podem ser disponibilizadas em suporte eletrónico, em termos a definir por portaria do Ministro da Justiça.

4 – As certidões disponibilizadas nos termos do número anterior fazem prova para todos os efeitos legais e perante qualquer autoridade pública ou entidade privada, nos mesmos termos da correspondente versão em suporte de papel.

5 – Faz igualmente prova para todos os efeitos legais e perante qualquer autoridade pública ou entidade privada a disponibilização da informação constante da certidão em sítio da Internet, em temos a definir por portaria do Ministro da Justiça.

6 – Por cada processo de registo é disponibilizado gratuitamente, pelo período de três meses, o serviço referido no número anterior.

7 – (Revogado.)

COMENTÁRIOS

Prova do registo

Certidões disponibilizadas em suporte eletrónico

Validade das certidões

Gratuitidade destas na sequência de processo de registo

1 – A redação deste preceito foi alterada pelo Decreto-Lei n.º 209/2012, de 19 de setembro, com entrada em vigor no dia 1 de outubro.

2 – Como decorre do disposto no n.º 1 deste artigo, a prova do registo comercial faz-se através de certidões.

No que respeita à força probatória das mesmas veja-se o que se encontra preceituado nos artigos 383.º e seguintes do Código Civil.

3 – O prazo de validade das certidões consta agora expressamente do n.º 2 deste preceito, sendo fixado em seis meses. Porém, e ao contrário do que acontecia no direito pregresso, deixou de se aludir aqui à possibilidade de confirmação da validade das referidas certidões, embora tal possibilidade tenha sido acolhida no n.º 1 do artigo 76.º.

Esta norma é, de qualquer modo, omissa no que concerne ao período de duração da revalidação e aos termos em que esta pode ocorrer.

Cremos, no entanto, que o período de validade das certidões e fotocópias revalidadas é igual ao período de duração inicialmente fixado, vale por dizer, é de seis meses.

A revalidação pode ser efetuada por qualquer conservatória (parte final do n.º 1 do artigo 76.º do CRC) desde que não tenha havido alteração do seu conteúdo, como decorre do disposto no n.º 2 do artigo 110.º do CRP, aplicável *ex vi* do artigo 115.º do CRC.

No n.º 13.3 do artigo 22.º do RERN encontra-se contemplada a previsão de cobrança de emolumento pela confirmação do conteúdo de certidões ou fotocópias.

4 – Independentemente da certidão do registo predial se encontrar, ou não, dentro do seu prazo de validade, e na condição de os factos por ela certificados não terem sofrido qualquer alteração, pode esse prazo ser prorrogado pela conservatória competente para o efeito. – Conclusão firmada no parecer constante do proc.º n.º C.P.57/2003-DSJ, in BRN n.º 1/2004, I, pág. 13, igualmente aplicável em sede de registo comercial.

5 – Em face do disposto no n.º 2 do artigo em apreço, o prazo de validade das certidões de registo comercial anteriormente estabelecido no n.º 1 do artigo 49.º do Código do Notariado, tem de ser, forçosamente, conformado com esta nova realidade

6 – A grande inovação consagrada neste artigo respeita, na verdade, à criação da certidão permanente disponível num sítio na Internet.

Com efeito, o n.º 3 deste preceito possibilitou a criação da certidão permanente *on-line,* permitindo às empresas ter uma certidão permanentemente disponível num sítio na Internet, nos termos a definir por portaria do Ministro da Justiça.

Em cumprimento do prescrito nos n.os 3 e 5 do artigo 75.º, coube à Portaria n.º 1416-A/2006, de 19 de dezembro, definir, além do mais, o regime da certidão permanente.

Às certidões disponibilizadas em suporte eletrónico foi atribuída para todos os efeitos legais a mesma força probatória das emitidas em suporte papel.

7 – No âmbito de aplicação do regime especial de constituição imediata de sociedades, após a conclusão do procedimento da sua constituição, o serviço competente entrega, gratuitamente, aos representantes da sociedade, uma certidão do pacto ou ato constitutivo e do registo deste último, além do recibo comprovativo do pagamento dos encargos devidos, por força do prescrito no artigo 12.º do Decreto-Lei n.º 111/2005, de 8 de julho.

Veja-se, também, o que prescreve o artigo 7.º do Decreto-Lei n.º 73/2008, de 16 de abril, bem como o artigo 12.º, n.º 3, alínea *c)*, do Decreto-Lei n.º 125/2006, de 29 de junho, relativos ao regime especial de criação imediata de representações permanentes em Portugal de entidades estrangeiras e ao regime especial de constituição *online* de sociedades, respetivamente.

Artigo 76.º – Competência para a emissão

1 – As certidões e as cópias não certificadas de registos podem ser emitidas e confirmadas por qualquer conservatória.

2 – As certidões negativas de registos e as certidões de documentos ou despachos apenas podem ser emitidas pela conservatória competente para o registo.

3 – Para a emissão dos documentos referidos nos números anteriores é competente o conservador e qualquer oficial dos registos.

COMENTÁRIOS

Conservatória competente para a emissão e confirmação de certidões

1 – Qualquer conservatória do registo comercial do País é competente para a emissão e confirmação de certidões e cópias não certificadas de registos.

Porém, se respeitarem a certidões negativas e a certidões de documentos ou despachos só podem ser emitidas pela conservatória competente para o registo.

2 – A exequibilidade da medida acolhida no n.º 1 deste preceito está, naturalmente, dependente da informatização plena dos serviços de registo e da sua interligação em rede.

Artigo 77.º – Requisição de certidões

1 – As certidões podem ser requisitadas verbalmente ou por escrito, em termos a definir por portaria do Ministro da Justiça.

2 – Os modelos dos requerimentos de certidões que possam ser requisitadas por escrito são aprovados por despacho do diretor-geral dos Registos e do Notariado.

3 – As requisições de certidões podem ser entregues na conservatória ou enviadas pelo correio ou ainda por via eletrónica, nos termos previstos em diploma próprio.

4 – Os pedidos de certidão de registo devem conter, além da identificação do requerente, o número de matrícula da entidade ou, nos casos de certidão negativa, o nome ou firma da entidade.

COMENTÁRIOS

Termos em que podem ser requisitadas as certidões

Elementos do respetivo pedido

1 – O pedido das certidões pode ser formulado verbalmente ou por escrito, nos termos definidos em Portaria, devendo ser imediatamente satisfeito.

Do aludido pedido deve constar o número da matrícula da entidade em causa ou, nos casos de certidão negativa, o nome ou firma da entidade, além de, naturalmente, a identificação do requerente.

A aprovação dos modelos dos requerimentos das certidões que devam ser formulados por escritos é feita por despacho do presidente do Instituto dos Registos e do Notariado.

2 – A Resolução n.º 180/98, tomada em Conselho de Ministros em 28 de outubro de 1998, determinou que os serviços da Administração Pública, que tenham o dever legal de emitir certidões, aceitem requerimentos de emissão das mesmas, que lhe sejam dirigidos pelos particulares, por telecópia ou pelo correio, e enviem os referidos documentos pelo correio à cobrança do destinatário, fazendo acrescer à taxa devida os portes de correio, se aquele não tiver providenciado pagamento suficiente por outra forma.

3 – Nesta senda veja-se, também, a Resolução do Conselho de Ministros n.º 156/2000, de 16 de novembro, que criou o Serviço Público Direto mediante o qual se ofereceu aos interessados a possibilidade de procederem à requisição *online* de certidões de registo civil, predial e comercial.

4 – O Decreto-Lei n.º 66/2005, de 15 de março, regula a transmissão e receção, por telecópia e por via eletrónica, de documentos com valor de certidão respeitantes aos arquivos dos registos e do notariado ou destinados à instrução dos respetivos atos ou processos ou a arquivo nos mesmos serviços.

Os procedimentos necessários à execução do disposto no referido diploma estão definidos no respetivo artigo 9.º.

Artigo 78.º – Conteúdo das certidões de registo

As certidões de registo devem conter:

a) A reprodução dos registos em vigor respeitantes à entidade em causa, salvo se tiverem sido pedidas com referência a todos os atos de registo;

b) A menção das apresentações e dos pedidos de registo pendentes sobre a entidade em causa;

c) As irregularidades ou deficiências de registo não retificadas.

COMENTÁRIOS

Conteúdo das certidões

Sinalização das irregularidades ou deficiências não retificadas

1 – As certidões de registo devem reproduzir os registos em vigor, salvo se forem pedidos com relação a todos os atos de registo, mesmo dos que já não se encontrem em vigor.

Deve ainda dar-se conta das apresentações e dos pedidos de registo pendentes sobre a entidade em causa, se for caso disso, mencionando-se também, expressamente, a existência de eventuais irregularidades ou deficiências não retificadas.

2 – Podem, também, ser pedidas certidões e fotocópias com referência apenas a certos atos, mas, neste caso, serão passadas por forma a não induzirem em erro acerca do conteúdo do registo e da posição dos seus titulares, devendo ainda mencionar-se os factos registados ou os títulos apresentados que alterem o pedido do interessado.

3 – Das certidões deve constar a indicação do registo ou registos cujo conteúdo reproduzem, a menção da sua conformidade com o original, a data da emissão e a assinatura do funcionário competente, que também rubrica todas as folhas, sendo aposto sobre a assinatura e as rubricas o selo branco em uso no serviço de registo respetivo.

4 – No que respeita à data a mencionar na certidão emitida transcreve-se a seguir a orientação publicada no BRN n.º 2/98 e republicada no BRN n.º 1/2003, I, pág. 9, que apesar de ser atinente a registo predial, vale, *mutatis mutandi*, em sede de registo comercial, com as devidas adaptações:

«A certificação ou confirmação das certidões não pode ser feita com data anterior à sua emissão, sob pena de se estar a postergar o fim visado pelo n.º 2 do artigo 112.º do C.R.P. – a segurança do comércio jurídico imobiliário.

Não havendo coincidência entre a data do pedido da certidão e a da sua emissão, dever-se-á referir a circunstância de, entre os dois momentos, ter sido ou não requerido qualquer ato de registo sobre o mesmo prédio e, ainda, na primeira hipótese, a sua espécie».

Artigo 78.º-A – Emissão de certidões

1 – As certidões são emitidas imediatamente após a receção do requerimento.

2 – Sem prejuízo de outros fundamentos de recusa de emissão de certidão previstos na lei, a emissão da certidão deve ser recusada nos casos seguintes:

***a*) Se o requerimento não contiver os elementos previstos no n.º 4 do artigo 77.º;**

***b*) Se a entidade não estiver sujeita a registo.**

COMENTÁRIOS

Prazos para a emissão de certidões

Recusa da sua emissão

1 – O prazo para a emissão das certidões, que anteriormente era de cinco dias, passou a ser imediato.

2 – O n.º 2 deste artigo consagra expressamente alguns dos fundamentos para a recusa de emissão de certidões, a qual pode ser objeto de impugnação, ao abrigo do disposto no artigo 110.º.

3 – Para além das situações referidas no n.º 2 outras existem que demandam recusa da emissão de certidão – entre elas figura a falta de pagamento do emolumento devido (vd. n.ºs 1, 2 e 8 do artigo 114.º).

SECÇÃO III
Base de dados do registo comercial

Artigo 78.º-B – Finalidade da base de dados

A base de dados do registo comercial tem por finalidade organizar e manter atualizada a informação respeitante à situação jurídica das entidades sujeitas a tal registo com vista à segurança do comércio jurídico, nos termos e para os efeitos previstos na lei, não podendo ser utilizada para qualquer outra finalidade com aquela incompatível.

COMENTÁRIOS

Finalidade da base de dados

1 – Esta secção III, que é inteiramente nova, foi aditada pelo Decreto-Lei n.º 76-A/2006, ficando, assim, a matéria em causa harmonizada com o que já se encontrava prescrito nos artigos 106.º a 109.º-F do Código do Registo Predial.

2 – A Lei n.º 67/98, de 26 de outubro, transpôs para o ordenamento jurídico português a Diretiva 95/46/CE, do Parlamento Europeu e do Conselho, de 24 de outubro de 1955, relativa à proteção das pessoas singulares no que respeita ao tratamento dos dados pessoais e à livre circulação desses dados.

O Regulamento nº 2016/679 do Parlamento Europeu e do Conselho, de 27 de abril de 2016, relativo à proteção das pessoas singulares no que diz respeito ao tratamento de dados pessoais e à livre circulação desses dados, procedeu à revogação da Diretiva 95/46/CE, do Parlamento Europeu e do Conselho, de 24 de outubro de 1995.

3 – Nos termos do referido supra, em 25 de maio de 2018, por força do disposto no artigo 99º, nº 2, entrou em vigor o Regulamento Geral de Proteção de Dados (RGPD), que veio substituir a aludida Diretiva nº 95/46/CE, relativa à proteção das pessoas singulares no que diz respeito ao tratamento dados pessoais e à livre circulação desses dados, tendo aplicação direta e imediata nos Estados Membros, independentemente de qualquer ato destes.

4 – A Lei n.º 58/2019, de 8 de agosto, veio assegurar a execução, na ordem jurídica nacional, do Regulamento (UE) 2016/679 do Parlamento e do Conselho, de 27 de abril de 2016, relativo à proteção das pessoas singulares no que diz respeito ao tratamento de dados pessoais e à livre circulação desses dados

Nesta sequência, o artigo 66.º da referida lei procedeu à revogação expressa da Lei n.º 67/98, de 26 de outubro, que tinha transposto para a ordem jurídica portuguesa a Diretiva 95/45/CE, do Parlamento Europeu e do Conselho, de 24 de outubro de 1995, relativa à proteção de pessoas singulares no que diz respeito ao tratamento dos dados pessoais e à livre circulação desses dados.

4.1 – Nestes termos, os artigos desta secção III que aludam à Lei n.º 67/98 devem ser lidos à luz do prescrito na atual Lei n.º 58/2019.

5 – No que respeita à finalidade do tratamento dos dados, fundamento da legitimidade e princípio da proporcionalidade veja-se, *inter alia*, a deliberação n.º 765/2009, tomada pela Comissão Nacional de Proteção de Dados (CNPD).

6 – A satisfação de pedidos genéricos de certidões e fotocópias relativamente a certos registos respeitantes a sociedades comerciais, formulados por entidades que exercem a sua atividade no âmbito da prestação das chamadas "informações de valor acrescentado", tem suscitado alguns constrangimentos, quando confrontados com o disposto na Lei da Proteção de Dados Pessoais, uma vez que o tratamento informático desses dados, com vista à sua utilização posterior, abrange, ou pode abranger, dados referentes à situação patrimonial e financeira de determinadas pessoas. – Veja-se a este propósito o despacho n.º 11/94, proferido pelo Diretor-Geral em 4 de abril, in BRN n.º 2/94, pág. 3.

6.1 – O especial melindre da problemática atinente à delimitação da fronteira entre a publicidade registral versus a proteção de dados pessoais determinou que a então Direção-Geral dos Registos e do Notariado submetesse o assunto à Comissão Nacional de Proteção de Dados, a fim de que as conservatórias ficassem habilitadas a pautar a sua atuação por critérios inequívocos e de respeito rigoroso pelo estatuído na Lei n.º 67/98, de 26 de outubro.

A CNPD concluiu:

«Sendo certo que os dados pessoais constantes do Registo Comercial constituem dados públicos e, portanto, consultáveis e registáveis, não devendo verificar-se, dado o seu caráter público, restrições à sua consulta, já a sua utilização para finalidade diversa, bem como a sua comparação ou acoplamento a outros dados públicos, está sujeita a regras e condições, que resultam da Lei da Proteção de Dados Pessoais.».

Para mais desenvolvimentos e melhor apreensão desta problemática (Acesso à informação – Informação para Negócios ou Informações de Valor Acrescentado), veja-se a Informação constante do BRN n.º 11/2001, I, pág. 7.

Artigo 78.º-C – Entidade responsável pelo tratamento da base de dados

1 – O diretor-geral dos Registos e do Notariado é o responsável pelo tratamento da base de dados, nos termos e para os efeitos definidos na alínea *d*) do artigo 3.º da Lei n.º 67/98, de 26 de outubro, sem prejuízo da responsabilidade que, nos termos da lei, é atribuída aos conservadores.

2 – Cabe ao diretor-geral dos Registos e do Notariado assegurar o direito de informação e de acesso aos dados pelos respetivos titulares, a correção de inexatidões, o completamento de omissões e a supressão de dados indevidamente registados, bem como velar pela legalidade da consulta ou comunicação da informação.

COMENTÁRIOS

Responsabilidade pelo tratamento dos dados pessoais

1 – Este preceito consagra o princípio da responsabilidade, atribuindo-o ao presidente do IRN, I.P. sem prejuízo da responsabilidade que, nos termos da lei, é também atribuída aos conservadores.

2 – No que concerne à «responsabilidade pelo tratamento» veja-se o prescrito no n.º 4 do artigo 4.º do citado RGPD.

3 – A definição de «dados pessoais» e «tratamento de dados pessoais» encontra-se consagrada nos n.ºs 1 e 2, do citado artigo 4.º do RGDP.

4 – Tendo em conta o princípio da qualidade dos dados, estes devem ser exatos e, quando tal se mostre necessário, atualizados, sendo que os dados inexatos, incompletos ou indevidamente registados devem ser retificados ou apagados.

Artigo 78.º-D – Dados recolhidos

1 – São recolhidos para tratamento automatizado os dados pessoais referentes a:

a) Sujeitos do registo;
b) Apresentantes dos pedidos de registo.

2 – Relativamente aos sujeitos do registo, são recolhidos os seguintes dados pessoais:

a) Nome;
b) Estado civil e, sendo o de solteiro, menção de maioridade ou menoridade;
c) Nome do cônjuge e regime de bens;
d) Residência habitual ou domicílio profissional;
e) Número do documento de identificação;
f) Número de identificação fiscal;
g) Endereço eletrónico, quando facultado.

3 – Relativamente aos apresentantes dos pedidos de registo, são recolhidos os seguintes dados pessoais:

a) Nome;
b) Residência habitual ou domicílio profissional;
c) Número do documento de identificação;
d) Número de identificação bancária, se disponibilizado pelo apresentante;

4 – São ainda recolhidos quaisquer outros dados referentes à situação jurídica das entidades sujeitas a registo.

COMENTÁRIOS

Dados pessoais recolhidos

1 – A redação atual deste preceito foi introduzida pelo Decreto-Lei n.º 109-A/2021, de 9 de dezembro.

2 – Os dados pessoais devem ser recolhidos para finalidades determinadas, explícitas e legítimas, não podendo ser posteriormente tratados em desconformidade com essas finalidades.

3 – Considera-se «ficheiro de dados pessoais» ou simplesmente «ficheiro»: qualquer conjunto estruturado de dados pessoais, acessível segundo critérios específicos, quer seja centralizado, descentralizado ou repartido de modo funcional ou geográfico, como decorre do disposto no nº 6 do artigo 4º do citado Regulamento,

O âmbito de aplicação do referido Regulamento abrange também os dados tratados por computador, bem como os tratados manualmente, desde que estes se destinem a constituir um ficheiro.

Artigo 78.º-E – Modo de recolha

1 – Os dados pessoais constantes da base de dados têm por suporte a identificação dos sujeitos ativos e passivos dos factos sujeitos a registo e são recolhidos dos documentos apresentados pelos interessados.

2 – Dos modelos destinados ao pedido de registo devem constar as informações previstas no n.º 1 do artigo 10.º da Lei n.º 67/98, de 26 de outubro.

COMENTÁRIOS

Modo de recolha dos dados pessoais

1 – Os dados pessoais respeitam à identificação dos sujeitos ativos e passivos dos factos submetidos a registo, sendo recolhidos dos documentos apresentados pelos interessados.

2 – Quando os dados são recolhidos junto do titular, o responsável pelo tratamento dos dados deve facultar-lhe as informações prescritas no artigo 13.º do RGPD; quando os referidos dados não são recolhidos junto do titular segue-se o preceituado no artigo 14.º do citado Regulamento.

Artigo 78.º-F – Comunicação e acesso aos dados

1 – Os dados referentes à situação jurídica de qualquer entidade sujeita a registo comercial constantes da base de dados podem ser comunicados a qualquer pessoa que o solicite, nos termos previstos neste Código.

2 – Os dados pessoais referidos no n.º 2 do artigo 78.º-D podem ainda ser comunicados aos organismos e serviços do Estado e demais pessoas coletivas de direito público para prossecução das respetivas atribuições legais e estatutárias.

3 – Às entidades referidas no número anterior pode ser autorizada a consulta através de linha de transmissão de dados, garantido o respeito pelas normas de segurança da informação e da disponibilidade técnica.

4 – A informação pode ser divulgada para fins de investigação científica ou de estatística desde que não possam ser identificáveis as pessoas a que respeita.

5 – A informação para fins de investigação científica ou de estatística relativa a entidades sujeitas a registo comercial pode resultar do cruzamento dos dados contidos nas diversas bases de dados registais, Ficheiro Central de Pessoas Coletivas e Base de Dados das Contas Anuais, desde que não possam ser individualizadas as entidades a que respeita a informação.

COMENTÁRIO

1 – Não obstante a informação recolhida possa ser divulgada para fins de investigação científica ou de estatística deve ser preservada a identificação das pessoas a que a mesma respeita, por força do disposto nos nºs 4 e 5.

A este propósito veja-se, também, o prescrito no artigo 31.º da Lei n.º 58/2019 bem como no artigo 85º do RGPD.

Artigo 78.º-G – Condições de comunicação e acesso aos dados

1 – A comunicação de dados deve obedecer às disposições gerais de proteção de dados pessoais constantes da Lei n.º 67/98, de 26 de outubro, designadamente respeitar as finalidades para as quais foi autorizada a consulta, limitando o acesso ao estritamente necessário e não utilizando a informação para outros fins.

2 – A consulta referida no n.º 3 do artigo anterior depende da celebração de protocolo com a Direção-Geral dos Registos e do Notariado, que define os seus limites face às atribuições legais e estatutárias das entidades interessadas.

3 – A Direção-Geral dos Registos e do Notariado comunica ao organismo processador dos dados os protocolos celebrados a fim de que este providencie para que a consulta por linha de transmissão possa ser efetuada, nos termos e condições deles constantes.

4 – A Direção-Geral dos Registos e do Notariado remete obrigatoriamente à Comissão Nacional de Proteção de Dados cópia dos protocolos celebrados, devendo fazê-lo por via eletrónica.

5 – (Revogado.)

COMENTÁRIO

1 – Veja-se, sobre esta matéria, o parecer proferido no proc.º n.º C.Bm.15/98 STJ-CC.

Artigo 78.º-H – Acesso direto aos dados

1 – Podem aceder diretamente aos dados referidos nos n.os 1 e 2 do artigo 78.º-F:

***a*) Os magistrados judiciais e do Ministério Público, no âmbito da prossecução das suas atribuições;**

***b*) As entidades que, nos termos da lei processual, recebam delegação para a prática de atos de inquérito ou instrução ou a quem incumba cooperar internacionalmente na prevenção e repressão da criminalidade e no âmbito dessas competências;**

***c*) As entidades com competência legal para garantir a segurança interna e prevenir a sabotagem, o terrorismo, a espionagem e a prática de atos que, pela sua natureza, podem alterar ou destruir o Estado de direito constitucionalmente estabelecido, no âmbito da prossecução dos seus fins.**

2 – As condições de acesso direto pelas entidades referidas no número anterior são definidas por despacho do diretor-geral dos Registos e do Notariado.

3 – As entidades autorizadas a aceder diretamente aos dados obrigam-se a adotar todas as medidas necessárias à estrita observância das regras de segurança estabelecidas na Lei n.º 67/98, de 26 de outubro.

4 – As entidades referidas na alínea *a)* do n.º 1 podem fazer-se substituir por funcionários por si designados.

COMENTÁRIO

1 – As condições de acesso direto aos dados pelas entidades referidas no n.º 1 são definidas, *in concreto*, por despacho do presidente do conselho diretivo do Instituto dos Registos e do Notariado.

Artigo 78.º-I – Direito à informação

1 – Qualquer pessoa tem o direito de ser informada sobre os dados pessoais que lhe respeitem e a respetiva finalidade, bem como sobre a identidade e o endereço do responsável pela base de dados.

2 – A atualização e a correção de eventuais inexatidões realiza-se nos termos e pela forma previstos neste Código, sem prejuízo do disposto na alínea *d*) do n.º 1 do artigo 11.º da Lei n.º 67/98, de 26 de outubro.

COMENTÁRIO

1 – O titular dos dados tem direito a ser informado sobre os dados pessoais que lhe respeitem e a respetiva finalidade, e a obter do responsável, *inter alia*, a retificação, o apagamento ou o bloqueio dos dados cujo tratamento não cumpra o disposto na Lei de Proteção de Dados Pessoais.

2 – O dever de informação consiste essencialmente no seguinte: identidade do responsável do tratamento, finalidade do tratamento, destinatários dos dados, caráter obrigatório ou facultativo das respostas e condições do direito de acesso.

Artigo 78.º-J – Segurança da informação

1 – O diretor-geral dos Registos e do Notariado e as entidades referidas no n.º 2 do artigo 78.º-F devem adotar as medidas de segurança referidas no n.º 1 do artigo 15.º da Lei n.º 67/98, de 26 de outubro.

2 – À base de dados devem ser conferidas as garantias de segurança necessárias a impedir a consulta, a modificação, a supressão, o acrescentamento ou a comunicação de dados por quem não esteja legalmente habilitado.

3 – Para efeitos de controlo de admissibilidade da consulta, 1 em cada 10 pesquisas efetuadas pelas entidades que tenham acesso à base de dados é registada informaticamente.

4 – As entidades referidas no n.º 1 obrigam-se a manter uma lista atualizada das pessoas autorizadas a aceder à base de dados.

COMENTÁRIO

1 – Este preceito consagra o princípio das garantias de segurança da informação, incumbindo ao presidente do conselho diretivo do Instituto dos Registos e Notariado, bem como as entidades referidas no n.º 2 do artigo 78.º-F, garantir as medidas de segurança enunciadas nos artigos 32.º e segs. do RGPD.

Artigo 78.º-L – Sigilo

1 – A comunicação ou a revelação dos dados pessoais registados na base de dados só podem ser efetuadas nos termos previstos neste Código.

2 – Os funcionários dos registos e do notariado, bem como as pessoas que, no exercício das suas funções, tenham conhecimento dos dados pessoais registados na base de dados do registo comercial, ficam obrigados a sigilo profissional, nos termos do n.º 1 do artigo 17.º da Lei n.º 67/98, de 26 de outubro.

COMENTÁRIO

1 – O artigo 51.º da Lei n.º 58/19 estabelece a punição para quem, obrigado a sigilo profissional nos termos da lei, sem justa causa e sem o devido consentimento, revelar ou divulgar no todo ou em parte dados pessoais. A referida punição é agravada se a violação provier de trabalhador em funções públicas ou equiparado.

2 – O sigilo profissional dos funcionários dos registos e do notariado, bem como das demais pessoas que, no exercício das suas funções, tenham conhecimento dos dados pessoais registados na base de dados do registo comercial, mantém-se mesmo para além do termo do exercício das suas funções.

CAPÍTULO VI
Suprimento, retificação e reconstituição do registo

Artigo 79.º – Suprimento

(Revogado.)

Artigo 79.º-A – Procedimento simplificado de justificação

1 – A justificação das situações de dissolução imediata de sociedades a que se refere o n.º 2 do artigo 141.º do Código das Sociedades Comerciais pode ser declarada em procedimento simplificado de justificação.

2 – O procedimento inicia-se mediante requerimento escrito dos interessados com alegação da situação que fundamenta a dissolução imediata e confirmação do facto por três declarantes que o conservador considere dignos de crédito.

3 – Quando o pedido seja efetuado presencialmente perante funcionário competente, esse pedido é sempre verbal e reduzido a auto, não havendo lugar a qualquer requerimento escrito.

4 – Verificando-se o disposto nos números anteriores, o conservador profere decisão pela qual declara justificada a dissolução da sociedade, lavra o registo da dissolução e promove as comunicações previstas no regime jurídico do procedimento administrativo de dissolução de entidades comerciais.

COMENTÁRIOS

Justificação – Tramitação

1 – Este preceito foi aditado pelo já citado Decreto-Lei n.º 76-A/2006, de 29 de março, diploma que revogou também o artigo 79.º (Suprimento) deste Código.

2 – Como é sabido, o Decreto-Lei n.º 284/84, de 22 de agosto, respeitante à regulação do processo especial de justificação judicial, era aplicável com as devidas adaptações em sede de registo comercial, mas foi revogado pelo artigo 1.º do Decreto-Lei n.º 273/2001.

Foi, assim, facilitado o acesso ao processo de justificação já que se retirou do texto legal a possibilidade de se recorrer à ação judicial, até então existente.

2.1 – Veja-se, a este propósito, o acórdão do TRL, de 28 de outubro de 2004, proferido no proc.º n.º 8550/04 – 6.ª secção (entre outros), que decidiu no sentido de que o tribunal comum é agora incompetente, em razão da matéria, para instruir e julgar os processos de justificação.

3 – Para a promoção do procedimento simplificado de justificação para a dissolução da sociedade nos casos consignados nas alíneas *a), c)* e *d)* do n.º 1 do artigo 141.º do CSC é aberto um vasto leque de legitimidade posto que pode ser desencadeado por qualquer sócio, sucessor de sócio ou credor da sociedade, ou por credor de sócio de responsabilidade ilimitada (nos tipos de sociedade que admitem a responsabilidade ilimitada do sócio devedor) como decorre do disposto no n.º 2 do citado preceito.

4 – Nos casos previstos no n.º 2 do artigo 141.º do CSC a dissolução imediata de sociedades pode ser declarada em procedimento simplificado de justificação – n.º 1.

5 – Por força do disposto no n.º 4 do artigo 79.º-A, verificando-se o disposto nos números anteriores do mesmo preceito, o conservador profere decisão a declarar justificada a dissolução da sociedade e procede ao correspondente registo, promovendo as comunicações previstas no artigo 14.º do RJPADLEC.

6 – Para mais desenvolvimentos sobre o ponto, vd., Justificação Relativa ao Trato sucessivo, 2018, págs. 193 e 194, de Isabel Quelhas Geraldes e Olga Barreto.

Artigo 80.º – Suprimento em caso de arresto, penhora ou apreensão (Revogado.)

Artigo 81.º – Processo especial de retificação

1 – O processo previsto neste capítulo visa a retificação dos registos e é regulado pelos artigos seguintes e, subsidiariamente, pelo Código de Processo Civil.

2 – O processo especial de retificação é aplicável, com as necessárias adaptações, aos registos por depósito.

COMENTÁRIOS

Transferência de competências

1 – O Decreto-Lei n.º 273/2001, de 13 de outubro, introduziu profundas e significativas alterações ao regime do processo especial de retificação.

Com efeito, como se retira logo do respetivo preâmbulo, este diploma procedeu à «transferência de competências em processos de caráter eminentemente registral dos tribunais judiciais para os próprios conservadores do registo», inserido-se tal medida, segundo os termos do mesmo preâmbulo, «numa estratégia de desjudicialização de matérias que não consubstanciam um verdadeiro litígio».

2 – Apesar disto, há quem defenda que, no processo de retificação, o legislador, não obstante as intenções proclamadas, atribuiu competências legais ao conservador sobre matérias verdadeiramente jurisdicionais.

Consequentemente, a decisão que o conservador venha a proferir sobre o mérito do pedido de retificação (ou sobre a retificação, se o impulso processual lhe couber), é uma verdadeira decisão jurisdicional, imbuída de autoridade e força vinculativa equivalente à que gozam as decisões judiciais.

Na fixação dos efeitos da retificação, o conservador deve ordenar o cancelamento dos registos incompatíveis existentes a favor dos subadquirentes a título gratuito, se for o caso, e apreciar a boa-fé dos subadquirentes a título oneroso, para decidir se os direitos podem ou não ser afetados com a retificação em causa.

3– Não obstante decorra do n.º 2 que o processo de retificação é aplicável , com as devidas adaptações, aos registos por depósito, o seu âmbito de aplicação é, na verdade, muito restrito, afigurando-se-nos que apenas está reservado ao vício de inexatidão previsto no artigo 23.º deste Código.

– No que concerne à retificação de registos por depósito veja-se o parecer proferido no proc.º n.º R. Co. 4/2015 STJ-CC, segundo o qual, em breve síntese, o registo por depósito que se mostre desconforme com a realidade substantiva não pode ser cancelado no âmbito do processo de retificação previsto e regulado nos artigos 82.º e segs. do CRC.

Com efeito, inexiste disposição legal que estabeleça a invalidade desses registos e que confira ao conservador os poderes necessários para a respetiva expurgação tabular. Nestes termos, o cancelamento do registo por depósito é feito mediante novo registo por depósito, a realizar através do arquivamento do documento comprovativo da extinção do facto registado ou da decisão judicial transitada em julgado que o determine, e de menção efetuada nos termos da alínea *l)* do n.º 1 do artigo 15.º do RRC.

Artigo 82.º – Iniciativa

1 – Os registos inexatos e os registos indevidamente lavrados devem ser retificados por iniciativa do conservador logo que tome conhecimento da irregularidade, ou a pedido de qualquer interessado, ainda que não inscrito.

2 – Os registos indevidamente efetuados que sejam nulos nos termos das alíneas *b)* e *d)* do n.º 1 do artigo 22.º podem ser cancelados com o consentimento dos interessados ou em execução de decisão tomada neste processo.

3 – A retificação do registo é feita, em regra, por averbamento, a lavrar no termo do processo especial para esse efeito previsto neste Código.

4 – (Revogado.)

5 – Os registos lançados em ficha distinta daquela em que deveriam ter sido lavrados são oficiosamente transcritos na ficha que lhes corresponda, anotando-se ao registo errado a sua inutilização e a indicação da ficha em que foi transcrito.

COMENTÁRIOS

Objetivo da retificação: fazer coincidir a realidade registal com a verdade substantiva

Oficiosidade e instância

Cancelamento dos registos nulos previstos nas alíneas *b)* e *d)* do n.º 1 do artigo 22.º

Retificação por averbamento, em regra.

Transcrição na ficha devida

1 – A harmonização do registo com a verdade material e jurídica é um imperativo legal para o cumprimento do qual todos devem contribuir.

Por conseguinte, ao conservador incumbe, na sua função de garante da legalidade, promover a retificação dos registos inexatos e dos registos indevidamente lavrados, logo que tome conhecimento da irregularidade ou a pedido de qualquer interessado, ainda que não inscrito, fazendo coincidir a realidade registal com a verdade substantiva, contribuindo, deste modo, para reforçar a fé pública registal.

2 – A retificação dos registos, seja por iniciativa do conservador, logo que tome conhecimento da irregularidade, seja a pedido de qualquer interessado, ainda que não inscrito, pressupõe que os mesmos registos sejam inexatos ou que tenham sido indevidamente lavrados, como decorre do preceituado no n.º 1 deste artigo 82.º.

3 – Os registos indevidamente efetuados que sejam nulos nos termos das alíneas *b)* e *d)* do artigo 22.º, podem ser cancelados por via intrassistemática mediante o consentimento de todos os interessados ou em execução de decisão tomada no âmbito do processo de retificação, ao abrigo do R.Co.36/2012 SJC-CC.

4 – Tratando-se de registo nulo por ser falso ou por ter sido lavrado com base em título falso, nos termos da alínea *a)* do n.º 1 do artigo 22.º do CRC, a nulidade do mesmo só pode ser invocada depois de declarada por decisão judicial com trânsito em julgado, por força do disposto no n.º 3 do citado artigo.

A referida declaração judicial de nulidade não prejudica os direitos adquiridos a título oneroso por terceiro de boa fé, se o registo dos correspondentes factos for anterior ao do registo da ação de nulidade, como flui do n.º 4 do citado artigo 22.º.

5 – Os registos nulos que correspondam a registos indevidamente lavrados podem ser cancelados, no âmbito do processo de retificação – vd., conjugadamente, o disposto nas alíneas b) e d) do n.º 1 do artigo 22.º e no n.º 2 do artigo 82.º do CRC,

Consideram-se registos indevidamente lavrados os registos feitos com base em título manifestamente insuficiente para a prova legal do facto que, por inadvertência, lapso de qualificação ou outro motivo, não tenham sido recusados ao abrigo do disposto nas alíneas b) ou d) do n.º 1 do artigo 48.º do citado Código. Vd., nesta conformidade, o parecer constante do proc.º n.º R.Co.22/2017STJSR-CC.

6 – Tratando-se de registos lavrados em ficha distinta daquela em que deviam ter sido, são os mesmos oficiosamente transcritos na ficha que efetivamente lhes corresponda, procedendo-se naquela à anotação da inutilização do registo errado e à indicação da ficha para a qual o registo em causa foi transcrito.

7 – A legitimidade para requerer a retificação de registos não é confundível com a legitimidade de quem, no processo, há de intervir para dar o seu consentimento à retificação pretendida (ainda que, eventualmente, a pessoa possa coincidir e, a maioria das vezes, coincidirá), como decorre da análise do prescrito nos n.os 1 e 2 do artigo sob anotação.

Nesta conformidade, veja-se o parecer proferido no proc.º n.º R.Co.15/2009 SJC-CT.

8 – O registo por transcrição que tenha por base pedido instruído com título insuficiente para a prova do facto deve ser recusado ao abrigo do disposto na alínea *b)* do n.º 1 do artigo 48.º do Código do Registo Comercial.

Contudo, se, apesar da insuficiência do título para a prova legal do facto a registar, o registo tiver sido efetuado o mesmo padece de nulidade, como decorre do prescrito na alínea *b)* do n.º 1 do artigo 22.º do Código supracitado.

Ora, os registos indevidamente efetuados que padeçam da nulidade prevista na norma referida no parágrafo anterior podem ser cancelados com o consentimento de todos os interessados ou em execução de decisão tomada no âmbito do processo de retificação nos termos do preceituado no n.º 2 do artigo 82.º do Código do Registo Comercial.

9 – A propósito da inexatidão de registos subsequente ao cumprimento de decisão judicial transitada em julgado (que, como é obvio, formava caso julgado relativamente a todos os interessados no processo), e da retificação daqueles registos veja-se o entendimento expresso no acórdão do TRP de 21 de dezembro de 2008 (Proc.º n.º 5378/08-5.ª), em conformidade, aliás, com a declaração de voto proferida no processo de recurso hierárquico n.º R.Co.2/2006 DSJ-CT.

Artigo 83.º – Efeitos da retificação

A retificação do registo não prejudica os direitos adquiridos a título oneroso por terceiros de boa-fé se o registo dos factos correspondentes for anterior ao registo da retificação ou da pendência do respetivo processo.

COMENTÁRIOS

Efeitos da retificação

Direitos adquiridos a título oneroso por terceiros de boa fé

Anterioridade em relação ao registo da retificação ou do averbamento da pendência do respetivo processo

1 – Os direitos adquiridos a título oneroso por terceiros de boa-fé que tenham procedido ao registo dos factos correspondentes antes do registo de retificação ou do averbamento de pendência de retificação previsto no artigo 87.º deste Código não podem ser afetados pela retificação.

Neste sentido, e a este propósito, no parecer proferido no proc.º n.º R.Bm.1/2014 STJ-CC sublinhou-se que existindo registo do direito de propriedade a favor de A, adquirente do bem a título oneroso e de boa fé, efetuado em data anterior à da pendência da retificação, não pode o mesmo ser posto em causa nesta sede, devendo, por isso, manter-se nos seus precisos termos, já que os poderes do conservador não são de molde a apreciar os efeitos da retificação na posição jurídica dos terceiros, até porque, se estes existem, haverá verdadeiro litigio só dirimível em sede judicial.

Sobre o ponto, veja-se também Mónica Jardim, *in Efeitos Substantivos do Registo Predial – Terceiros para Efeitos de Registo.*

2 – Terceiros de boa fé são aqueles que desconhecem, sem culpa, a desconformidade entre a situação substantiva, real, e a situação registral. – Cfr., sobre a questão, Menezes Cordeiro, in *Da Boa Fé no Direito Civil*, I Volume, 1986, pág. 461.

3 – Quanto à prova da boa-fé e da possibilidade de esta ser ilidida mediante prova em contrário, veja-se Isabel Pereira Mendes, in *Estudos Sobre Registo Predial*, 1993, pág. 153.

Artigo 84.º – Pedido de retificação

1 – No pedido de retificação devem ser especificados os fundamentos e a identidade dos interessados.

2 – O pedido de retificação é acompanhado dos meios de prova necessários e do pagamento dos emolumentos devidos.

3 – Constitui causa de rejeição do pedido a falta de pagamento dos emolumentos devidos.

COMENTÁRIOS

Especificação dos fundamentos e identificação dos interessados

Meios de prova

Pagamento dos emolumentos devidos – Consequências da sua falta

1 – Partindo do interessado a iniciativa de promover a retificação do registo, deve dirigir ao conservador competente um requerimento especificando claramente a causa de pedir e os fundamentos, bem como a identidade das pessoas nele interessadas.

2 – Interessados são, no dizer de Catarino Nunes, in Código do Registo Predial, de 1967, pág. 478, todos aqueles que, de algum modo, possam vir a ser afetados com a retificação, abrangendo o termo "afetados" também os que eventualmente não tenham um prejuízo concreto, mas possam ver o seu direito alterado.

3 – O requerimento deve ser acompanhado da prova documental e da indicação dos restantes meios de prova, sendo o caso, bem como do pagamento dos emolumentos devidos – artigo 22.º, n.º 6, do RERN.

A falta de pagamento dos emolumentos devidos determina a rejeição do pedido de retificação, impugnável ao abrigo do disposto no artigo 46.º, n.º 5, e nos termos dos artigos 101.º e segs. do CRC.

4 – O pedido de retificação de registo (envolvendo um registo a efetuar, em regra, por averbamento) pode ser formulado por via eletrónica, mas esta modalidade demanda que o pedido seja feito através do sítio na Internet, mantido pelo

IRN – cfr. o que dispõe o n.º 5 do artigo 45.º do CRC, bem como o artigo 2.º da Portaria n.º 1416-A/2006, de 19 de dezembro.

Artigo 85.º – Consentimento dos interessados

Se a retificação tiver sido requerida por todos os interessados, é retificado o registo sem necessidade de outra qualquer formalidade, se os pressupostos da retificação pedida resultarem dos documentos apresentados.

COMENTÁRIOS

Retificação imediata

1 – Sendo a retificação requerida por todos os interessados, o conservador, sem observância de qualquer outra formalidade, profere despacho determinando que se proceda à retificação do registo em causa, se considerar, em face dos documentos apresentados e dos registos lavrados, que os pressupostos da retificação pedida se encontram verificados.

Artigo 86.º – Casos de dispensa de consentimento dos interessados

1 – A retificação que não seja suscetível de prejudicar direitos dos titulares inscritos é efetuada, mesmo sem necessidade do seu consentimento, nos casos seguintes:

- *a)* **Sempre que a inexatidão provenha da desconformidade com o título, analisados os documentos que serviram de base ao registo;**
- *b)* **Sempre que, provindo a inexatidão de deficiência dos títulos, a retificação seja requerida por qualquer interessado com base em documento bastante.**

2 – Deve entender-se que a retificação de registo inexato por desconformidade com o título não prejudica o titular do direito nele inscrito.

3 – Presume-se que da retificação não resulta prejuízo para a herança se tal for declarado pelo respetivo cabeça de casal.

COMENTÁRIOS

Dispensa de consentimento dos interessados

Presunção de inexistência de prejuízo

1 – Pode, ainda, proceder-se à retificação do registo sem necessidade do consentimento dos titulares inscritos, desde que a inexatidão provenha de desconformidade com o título que lhe serviu de base, ou sempre que, provindo a inexatidão de deficiência dos títulos, a retificação seja requerida por qualquer interessado, mediante junção de documento bastante e aquela não prejudique direitos dos titulares inscritos.

2 – Tratando-se de retificação de registo por desconformidade com o título, entende-se que o titular do direito nele inscrito indevidamente não é prejudicado com a respetiva retificação.

No domínio do direito pregresso, mesmo antes da alteração legislativa expressamente plasmada no atual n.º 2 do artigo 86.º, este era já o tratamento dispensado pela maioria das conservatórias à questão em apreço.

Tal entendimento foi sufragado, designadamente, no parecer do C.T. constante do proc.º n.º 226-R.P.94.

3 – A administração da herança, até à sua liquidação e partilha, pertence ao cabeça de casal, daí que se presuma que da retificação não resulta prejuízo para a herança se tal for declarado pelo cabeça de casal. – Cfr., ainda, o disposto nos artigos 2079.º e seguintes do CC.

Artigo 87.º – Averbamento de pendência da retificação

1 – Quando a retificação não seja de efetuar nos termos dos artigos 85.º ou 86.º, é averbada ao respetivo registo a pendência da retificação, com referência à anotação no Diário do requerimento inicial ou à data em que tiver sido levantado o auto de verificação da inexatidão, consoante os casos.

2 – O averbamento a que se refere o número anterior não prejudica o decurso do prazo de caducidade a que o registo retificando esteja sujeito.

3 – Os registos de outros factos que venham a ser lavrados e que dependam, direta ou indiretamente, da retificação pendente estão sujeitos ao regime de provisoriedade previsto na alínea *b)* do n.º 2 do artigo 64.º, sendo-lhes aplicável, com as adaptações necessárias, o disposto no n.º 4 do artigo 65.º.

4 – O averbamento da pendência é oficiosamente cancelado mediante decisão definitiva que indefira a retificação ou declare findo o processo.

COMENTÁRIOS

Averbamento de pendência de retificação. Data deste

Registos dependentes – provisoriedade por natureza

Cancelamento posterior. Oficiosidade

1 – Os registos lavrados em momento posterior ao da instauração da retificação e que dela dependam, direta ou indiretamente, ficam feridos da provisoriedade por natureza consignada na alínea *b)* do n.º 2 do artigo 64.º, com aplicação do disposto no n.º 4 do artigo 65.º, com as devidas adaptações, no que concerne ao seu prazo de vigência.

2 – Nesse sentido, embora com enquadramento legal diverso, veja-se o parecer proferido pelo CT no proc.º n.º R.Co.7/2001 DSJ-CT, in BRN n.º 4/2001, II, pág. 11, do qual se extraem as seguintes conclusões:

«III – Revelando a situação tabular que subsistem averbamentos de pendência de retificação de inscrições anteriormente lavradas – "in casu" por incumprimento do trato sucessivo – e que, em consequência da retificação, a titularidade ou o montante das quotas de alguns dos sócios possa ser modificada, a ulterior inscrição de alteração do contrato de sociedade em que é aumentado o capital e em que são redefinidas as novas quotas desses sócios, só como provisória por natureza [artigo 64.º, n.º 2, d),] pode ser lavrada».

3 – A data do averbamento de pendência de retificação é a data da anotação no diário do requerimento inicial ou a data em que tiver sido levantado o auto de verificação da inexatidão, consoante a retificação em causa tenha sido encetada a pedido dos interessados ou oficiosamente pelo conservador.

4 – Consta do n.º 4 do artigo sob anotação que o averbamento da pendência de retificação de registo é cancelado oficiosamente mediante despacho que indefira a retificação ou que declare findo o processo.

No entanto, sabendo-se que, atualmente (posto que o artigo 89.º, que previa que na falta de pagamento do emolumento devido o conservador declarava findo o processo, foi revogado pelo Decreto-Lei n.º 116/2008), o processo finda com o indeferimento da retificação ou com a retificação pedida e que só o indeferimento da retificação é que dá lugar ao cancelamento do averbamento de pendência da retificação, mais acertado será que em futuras alterações se proceda à supressão da parte final desse preceito, vale por dizer, à eliminação do seguinte segmento: «ou declare findo o processo».

Veja-se, nesta conformidade, o que dispõe (e bem) o n.º 4 do artigo 126.º do CRP que versa, precisamente, sobre matéria análoga.

5 – «IV – Tendo havido erro de qualificação em algumas das inscrições lavradas com caráter definitivo, em data posterior à do registo provisório de ação, em vigor, por serem dependentes deste, impõe-se que sejam promovidos os respetivos processos de retificação averbando-se desde logo aos registos a sua pendência (cfr. os art.ºs 126.º e seguintes do Código citado)». – Conclusão extraída do parecer do CT proferido no proc.º n.º R.P.28/2002 DSJ-CT.

Artigo 88.º – Indeferimento liminar

1 – Sempre que o pedido se prefigure como manifestamente improcedente, o conservador indefere liminarmente o requerido, por despacho fundamentado de que notifica o requerente.

2 – A decisão de indeferimento liminar pode ser impugnada nos termos do artigo 92.º.

3 – Pode o conservador, face aos fundamentos alegados no recurso interposto, reparar a sua decisão de indeferir liminarmente o pedido mediante despacho fundamentado que ordene o prosseguimento do processo, do qual é notificado o recorrente.

4 – Não sendo a decisão reparada, são notificados os interessados a que se refere o artigo 90.º para, no prazo de 10 dias, impugnarem os fundamentos do recurso, remetendo-se o processo à entidade competente.

COMENTÁRIOS

Indeferimento liminar do requerido

Despacho – sua notificação

Recurso hierárquico ou impugnação judicial

Reparação da decisão pelo seu autor

Notificação dos interessados, no caso de não ser reparada a decisão, para impugnarem os fundamentos do recurso

1 – Revelando-se o pedido manifestamente improcedente, o conservador procede ao seu indeferimento liminar, em despacho devidamente fundamentado, notificando-se o requerente em conformidade.

2 – O requerente, se não se conformar com o decidido, pode interpor recurso hierárquico para o presidente do Instituto dos Registos e Notariado ou deduzir impugnação judicial para o tribunal da comarca da área da circunscrição a que pertence a conservatória, ao abrigo do disposto no artigo 92.º.

3 – O prazo para a impugnação só começa a correr depois da notificação da decisão proferida sobre o requerimento apresentado. – Cfr. Ribeiro Mendes, in *Direito Processual Civil,* III, Recursos, pág. 212.

4 – O conservador, em face da bondade dos argumentos expendidos na petição de recurso, pode, mediante despacho fundamentado, reparar a decisão de indeferir liminarmente o pedido e ordenar o prosseguimento dos autos, notificando o recorrente dessa ocorrência.

Caso não repare a decisão, cita os interessados a que se refere o artigo 90.º, para, no prazo de dez dias, impugnarem os fundamentos do recurso, querendo, procedendo posteriormente à remessa do processo à entidade *ad quem*.

4.1 – Tendo sido preterida esta importante formalidade – citação dos interessados –, a entidade *ad quem* deve fazer baixar os autos à conservatória recorrida para que supra a aludida omissão e proceda, em devido tempo, ao reenvio dos autos à entidade competente.

Artigo 89.º – Emolumentos

(Revogado.)

COMENTÁRIO

1 – Em registo comercial, a regra, no que tange a emolumentos, consiste no pagamento de preparo no momento da apresentação do pedido de registo, da retificação, ou de interposição do recurso hierárquico, como decorre do disposto no artigo 8.º do RERN, bem como no n.º 1 do artigo 114.º.

No n.º 6 do artigo 22.º do referido Regulamento encontra-se fixado o quantitativo devido pelo processo especial de retificação.

Apesar de não se vislumbrar qualquer justificação plausível para o desvio à regra geral no que concerne à cobrança de emolumentos, ela encontrava-se consagrada na norma ora revogada pelo Decreto-Lei n.º 116/2008, de 4 de julho. Com efeito, na vigência do aludido artigo fazia-se preceder a cobrança do quantitativo emolumentar devido da notificação aos interessados, concedendo-lhe o prazo de cinco dias prorrogável por mais oito dias, mediante agravamento emolumentar de 20%, para procederem ao pagamento dos emolumentos devidos.

Se o pagamento devido não se mostrasse efetuado decorrido o prazo limite, o conservador declarava findo o processo e do despacho respetivo notificava os requerentes.

2 – Atualmente, a falta de pagamento das quantias devidas demanda logo a rejeição da apresentação ou do pedido – vd., em conformidade, o disposto na alínea *b)* do n.º 1, e na alínea *a)* do n.º 2, do artigo 46.º.

No caso de não se ter procedido tempestivamente à referida rejeição, sem prejuízo do prescrito no n.º 8 do artigo 114.º, tal dá, então, lugar à recusa – n.º 8 do artigo 46.º.

Artigo 90.º – Notificação

1 – Os interessados não requerentes são notificados para, no prazo de 10 dias, deduzirem oposição à retificação, devendo juntar os elementos de prova e pagar os emolumentos devidos.

2 – Se os interessados forem incertos, o conservador notifica o Ministério Público, nos termos previstos no número anterior.

3 – A notificação realiza-se por via eletrónica, nos termos a definir por portaria do membro do Governo responsável pela área da justiça ou, não sendo possível, por carta registada com aviso de receção.

4 – Se for possível realizar a notificação pela forma prevista no n.º 3 é publicado um aviso, nos termos do n.º 1 do artigo 167.º do Código das Sociedades Comerciais.

5 – Não é devida taxa pela publicação referida no número anterior.

COMENTÁRIOS

Os contra interessados podem deduzir oposição, juntando os meios de prova pertinentes e pagando os emolumentos devidos

Defesa dos incertos e incapazes

Termos da notificação

1 – O n.º 1 determina que o conservador mande notificar os interessados não requerentes no processo de retificação para, no prazo de 10 dias, deduzirem oposição à retificação, efetuarem o oferecimento da prova julgada conveniente e procederem ao pagamento dos emolumentos devidos.

2 – O termo «interessados», parece estar aqui aplicado com o sentido de incluir aqueles que figuram nos registos e podem ficar prejudicados/afetados com a retificação pretendida.

Assim, também os terceiros subadquirentes são «interessados», devendo ser citados para deduzirem oposição à retificação e deduzirem os elementos de prova que considerem pertinentes.

3 – Muito embora tenha sido proferido em sede de registo predial pode ver-se, a propósito do tema "Conceito de terceiros – Retificação de registos – Citação dos interessados", o parecer do CT, proferido no proc.º n.º C.P.145/2002 DSJ-CT, in BRN n.º 8/03, II, 23.

4 – A defesa dos incertos, ausentes ou incapazes, que por si ou seus representantes não deduzam oposição, incumbe ao Ministério Público, que deve ser citado na pessoa do seu agente junto do tribunal de 1.ª instância competente na área da circunscrição a que pertença a conservatória, correndo novamente o prazo para a oposição.

5 – Em face do prescrito no n.º 3 do artigo em apreço, a notificação dos interessados, para deduzirem oposição à retificação, deve, em primeira linha, ser realizada por via eletrónica, ou, não sendo tal via possível, subsidiariamente, por carta registada com aviso de receção.

Se for possível proceder à notificação nos termos referidos no primeiro segmento do n.º 3, é publicado um aviso de harmonia com o prescrito no n.º 1 do artigo 167.º do CSC mediante recurso à funcionalidade informática adequada (artigo 3.º-A da Portaria n.º 590-A/2005, de 14 de julho, aditado pela Portaria n.º 621/2008, de 18 de julho).

Artigo 91.º – Instrução e decisão

1 – Recebida a oposição ou decorrido o respetivo prazo, o conservador procede às diligências necessárias à produção de prova.

2 – A prova testemunhal tem lugar mediante a apresentação das testemunhas pela parte que as tiver indicado, em número não superior a três, sendo os respetivos depoimentos reduzidos a escrito por extrato.

3 – A perícia é requisitada pelo conservador ou realizada por perito a nomear nos termos previstos no artigo 568.º do Código de Processo Civil, aplicável com as necessárias adaptações.

4 – O conservador pode, em qualquer caso, ordenar as diligências e a produção de prova que considerar necessárias.

5 – (Revogado.)

6 – A decisão sobre o pedido de retificação é proferida pelo conservador no prazo de 10 dias.

COMENTÁRIOS

Prova testemunhal

Perícia

1 – No que respeita à prova testemunhal, veja-se o disposto nos artigos 498.º e seguintes do Código de Processo Civil.

2 – Ao artigo mencionado no n.º 3 corresponde, hoje, o artigo 467.º do Código de Processo Civil.

3 – As perícias são efetuadas nos termos prescritos nos artigos 467.º e seguintes do citado Código.

O resultado da perícia é expresso em relatório, que fica arquivado no respetivo processo de retificação.

4 – O pagamento aos peritos obedece ao prescrito no artigo 17.º do Regulamento das Custas Processuais (RCP).

Veja-se, sobre esta questão, o que ficou dito no parecer proferido pelo C.C. no proc.º n.º C.Co.32/2013 STJ-CC.

Artigo 92.º – Recurso hierárquico e impugnação judicial

1 – A decisão de indeferimento do pedido de retificação pode ser impugnada mediante a interposição de recurso hierárquico para o diretor-geral dos Registos e do Notariado, nos termos previstos nos artigos 101.º e seguintes ou mediante impugnação judicial para o tribunal da comarca da área da circunscrição a que pertence a conservatória, nos termos dos números seguintes.

2 – Têm legitimidade para impugnar judicialmente a decisão do conservador qualquer interessado e o Ministério Público.

3 – A impugnação judicial prevista no n.º 1 tem efeito suspensivo e deve ser proposta no prazo previsto no artigo 685.º do Código de Processo Civil.

4 – A impugnação judicial é proposta por meio de requerimento onde são expostos os respetivos fundamentos.

5 – A propositura de ação de impugnação judicial considera-se efetuada com a apresentação do respetivo requerimento na conservatória em que o processo foi objeto da decisão impugnada, sendo aquela anotada no Diário.

COMENTÁRIOS

Impugnação da decisão de indeferimento do pedido de retificação
Legitimidade para a impugnação judicial
Apresentação do requerimento na conservatória

1 – Contra a decisão de indeferimento proferida sobre o pedido de retificação pode ser interposto recurso hierárquico, nos termos prescritos nos artigos 101.º e seguintes, ou impugnação judicial atento o disposto nos n.ºs 2 a 5 do artigo 92.º.

2 – A legitimidade para deduzir impugnação judicial contra a decisão do conservador encontra-se conferida no n.º 2 a qualquer interessado e ao Ministério Público.

3 – Da análise do n.º 1 do artigo 92.º decorre que a decisão final tomada no âmbito do processo de retificação de registo comercial só pode ser impugnada hierarquicamente quando seja de indeferimento do pedido, aplicando-se, com as devidas adaptações, o disposto nos artigos 101.º e segs. deste Código, enquanto que a impugnação judicial tanto abarca o indeferimento como o deferimento do pedido de retificação.

Com efeito, do n.º 2 do artigo 92.º extrai-se que a impugnação da decisão de deferimento do pedido de retificação, a interpor pelos demais interessados ou pelo Ministério Público, deve seguir a via judicial nos termos definidos nos n.ºs 2 a 5 do citado artigo – vd., para mais desenvolvimentos, o parecer proferido no proc.º n.º 50/CC/17.

4 – A propositura da ação de impugnação judicial, considera-se efetuada mediante a apresentação do respetivo requerimento na conservatória detentora do processo que foi objeto da impugnação, cabendo-lhe anotação própria no Diário como decorre do disposto no n.º 5 deste preceito.

5 – O prazo referido no n.º 3 encontra-se hoje previsto no artigo 638.º do Código de Processo Civil.

5.1 – Com referência à possibilidade de este prazo poder (ou não) beneficiar da dilação consignada no n.º 6 do artigo 139.º do CPC, veja-se o que a esse propósito ficou dito em anotação ao prescrito no artigo 101.º do CRC bem como nos artigos 140.º e segs. do Código do Registo Predial de Isabel Quelhas Geraldes.

Artigo 93.º – Decisão da impugnação judicial

1 – Recebido o processo, o juiz ordena a notificação dos interessados para, no prazo de 10 dias, impugnarem os fundamentos da impugnação judicial.

2 – Não havendo lugar a qualquer notificação, ou findo o prazo a que se refere o número anterior, vai o processo com vista ao Ministério Público.

COMENTÁRIOS

Decisão da impugnação judicial

1 – Após a receção do processo é feita a notificação dos interessados para impugnarem os fundamentos da impugnaçao judicial, no prazo de dez dias.

2 – Caso não haja lugar à notificação referida no número anterior, ou findo o prazo para impugnação dos fundamentos do recurso, o processo vai com vista ao Ministério Público.

3 – Quanto à intervenção do Ministério Público no processo, vejam-se, adiante, as anotações produzidas a propósito do artigo 105.º.

Artigo 93.º-A – Recurso para o tribunal da Relação

1 – Da sentença proferida pelo tribunal de 1.ª instância podem interpor recurso para o tribunal da Relação os interessados, o conservador e o Ministério Público.

2 – O recurso, que tem efeito suspensivo, é processado e julgado como agravo em matéria cível.

3 – Do acórdão do tribunal da Relação não cabe recurso para o Supremo Tribunal de Justiça, sem prejuízo dos casos em que o recurso é sempre admissível.

COMENTÁRIOS

Legitimidade para a interposição de recurso

Casos de admissibilidade de recurso para o Supremo Tribunal de Justiça

1 – A sentença que vier a ser proferida pelo tribunal de 1.ª instância admite recurso para o tribunal da Relação, tendo legitimidade para o efeito, o conservador, os interessados e o Ministério Público.

2 – O agravo referido no texto do n.º 2 do preceito em análise não tem cabimento em face do novo Código de Processo Civil. Veja-se, ainda, a disposição paralela ínsita no n.º 2 do artigo 132.º-A do CRP.

3 – Do acórdão do tribunal da Relação não cabe recurso para o Supremo Tribunal de Justiça, salvo nos casos em que é sempre admissível.

Veja-se ainda, a este propósito, o acórdão do STJ, de 20 de junho de 2000, publicado no BMJ n.º 498, pág. 184, bem como o referido artigo 132.º-A do CRP.

4 – No que concerne à admissibilidade de recurso para o STJ vejam-se as anotações efetuadas ao artigo 106.º deste Código.

Artigo 93.º-B – Devolução do processo

Após o trânsito em julgado da sentença ou do acórdão proferidos, o tribunal devolve à conservatória o processo de retificação.

COMENTÁRIOS

Devolução do processo à conservatória

1 – Como resulta do disposto no artigo 628.º do Código de Processo Civil, a decisão considera-se passada ou transitada em julgado, logo que não seja suscetível de recurso ordinário ou reclamação.

2 – A devolução do processo de retificação à conservatória respetiva determina o cumprimento do decidido.

Sendo a decisão proferida no sentido do deferimento da retificação é aquela efetuada nos termos fixados; sendo indeferido o pedido de retificação o averbamento da pendência é oficiosamente cancelado, nos termos prescritos no n.º 4 do artigo 87.º.

Artigo 93.º-C – Gratuitidade do registo e custas

(Revogado.)

Este preceito foi expressamente revogado pelo artigo 34.º, alínea b), do Decreto-Lei n.º 116/2008, de 4 de julho.

Artigo 93.º-D – Incompatibilidades

Ao conservador que exerça advocacia é vedada a aceitação do patrocínio nos processos de retificação previstos no presente capítulo.

COMENTÁRIOS

Incompatibilidades – Direito pregresso

1 – O referido artigo não faz hoje qualquer sentido tendo em conta que o exercício da advocacia é incompatível com o exercício do cargo de conservador, por força do disposto na alínea *g)* do n.º 1 do artigo 82.º do Estatuto da Ordem dos Advogados, aprovado pela Lei n.º 145/2015, de 9 de setembro.

2 – No domínio da legislação anterior, por força do disposto na alínea *g)* do n.º 1 do artigo 69.º do Decreto-Lei n.º 84/84, de 16 de março, também já se encontrava extremamente limitada a possibilidade de exercício da advocacia pelos conservadores.

Com efeito, apenas nas comarcas onde não houvesse advogados inscritos na Ordem dos Advogados, poderiam os conservadores ser autorizados pelo conselho geral, a título excecional, a exercer a referida atividade.

Nesta senda, o disposto na alínea *h)* do n.º 1 do artigo 77.º da Lei n.º 15/2005, de 26 de janeiro, veio mesmo vedar totalmente o exercício da advocacia pelos conservadores.

3 – A propósito de incompatibilidades e impedimentos bem como de acumulação de funções veja-se o que preceituam os artigos 31.º e 32.º do Decreto-Lei n.º 115/2018, de 21 de dezembro, diploma que estabelece o regime das carreiras especiais de conservador de registos e de oficiais de registos.

Artigo 94.º – Reconstituição

1 – Em caso de extravio ou inutilização dos suportes documentais, os registos podem ser reconstituídos por reprodução a partir dos arquivos existentes, por reelaboração do registo com base nos respetivos documentos, ou por reforma dos referidos suportes.

2 – A data da reconstituição dos registos deve constar da ficha.

COMENTÁRIOS

Termos em que pode ocorrer a reconstituição dos registos

Data da sua reconstituição

1 – A reconstituição de registos opera-se nos seguintes termos:

a) por reprodução – a partir de outros documentos que contenham os registos na íntegra;

b) por reelaboração – a partir dos documentos, normalmente depositados nas pastas ou requeridos às entidades emitentes; e

c) por reforma – método que exige, para além da colaboração dos interessados, a intervenção do Ministério Público e do Juiz, nos termos previstos nos artigos 95.º e seguintes deste Código.

2 – Embora da letra deste preceito não decorra expressamente a ordem a seguir para a reconstituição dos registos, parece-nos óbvio que o conservador deve apurar se o recurso ao processo mais fácil e mais célere – reprodução – permite alcançar os objetivos da reconstituição, e só perante o insucesso deste meio, deverá optar pela reprodução e, finalmente, pela reforma.

3 – O n.º 2 deste preceito, que foi introduzido pelo Decreto-Lei n.º 116/2008, prescreve que a data da reconstituição dos registos deve ser anotada na ficha de registo.

Artigo 94.º-A – Reelaboração do registo

1 – O extravio ou inutilização de um suporte de registo determina a reelaboração oficiosa de todos os registos respeitantes à entidade comercial.

2 – Devem ser requisitados aos serviços competentes os documentos que se mostrem necessários à reelaboração do registo, os quais são isentos de emolumentos e de quaisquer outros encargos legais.

COMENTÁRIOS

Extravio ou inutilização

1 – Este preceito também foi aditado pelo Decreto-Lei n.º 116/2008, de 4 de julho, sendo o seu teor correspondente ao do artigo 135.º do CRP.

2 – A reelaboração do registo é feita oficiosamente e não acarreta o pagamento de qualquer quantia emolumentar nem quaisquer outros encargos legais, porque os emolumentos (se devidos) e os demais encargos foram pagos, ou estavam assegurados (artigo 51.º) aquando da elaboração do primitivo registo (extraviado ou inutilizado).

2.1 – De igual modo, a requisição aos serviços competentes de documentos que se mostrem necessários para a elaboração do registo em causa beneficiam de isenção de emolumentos e de quaisquer outros encargos

Artigo 95.º – Processo de reforma

1 – O processo de reforma inicia-se com a remessa ao Ministério Público de auto lavrado pelo conservador, do qual devem constar as circunstâncias

do extravio ou inutilização, a especificação dos suportes documentais abrangidos e a referência ao período a que correspondem os registos.

2 – O Ministério Público deve requerer ao juiz a citação edital dos interessados para, no prazo de dois meses, apresentarem na conservatória os documentos de que disponham; dos editais deve constar o período a que os registos respeitam.

3 – Decorrido o prazo dos editais e julgada válida a citação, por despacho transitado em julgado, o Ministério Público deve promover a comunicação do facto ao conservador.

COMENTÁRIOS

Termos do processo de reforma

Editais. Citação válida

Comunicação ao conservador

1 – Nos casos em que o registo não possa ser reconstituído pela forma prevista nos artigos anteriores procede-se à reforma dos respetivos suportes documentais.

2 – O processo de reforma é encetado pelo conservador, que consigna em auto as circunstâncias do extravio ou inutilização dos registos, especificando os suportes documentais abrangidos e a referência ao período a que correspondem os registos, procedendo à remessa do mesmo ao Ministério Público.

Este, por seu turno, promove junto do juiz a citação edital dos interessados, para que estes, no prazo de dois meses, apresentem na conservatória os documentos de que disponham respeitantes ao período a que correspondem os registos.

2.1 – A definição e as formalidades da citação edital das pessoas incertas encontram-se previstas nos artigos 219.º, n.º 1, e 243.º do Código de Processo Civil.

3 – Após o decurso do prazo dos editais e julgada válida a citação, por despacho transitado em julgado, o Ministério Público promoverá a comunicação do facto ao conservador, que procederá à reconstituição dos registos em face dos documentos apresentados.

4 – Para se poder falar em reforma é condição essencial que se trate de ato inscrito em livro ou fichas que tenha desaparecido, fazendo-se a reforma dos registos segundo a ordem das apresentações que correspondia aos registos então desaparecidos.

Artigo 96.º – Reclamações

1 – Concluída a reforma, o conservador deve participar o facto ao Ministério Público, a fim de que este promova nova citação edital dos interessados para examinarem os registos reconstituídos e apresentarem na conservatória as suas reclamações no prazo de 30 dias.

2 – Quando a reclamação tiver por fundamento a omissão de alguma inscrição, esta é lavrada como provisória por natureza, com base na petição do reclamante e nos documentos apresentados.

3 – Se a reclamação visar a próprio registo reformado, devem ser juntas ao processo de reclamação cópias do registo impugnado e dos documentos que lhe serviram de base e deve anotar-se a pendência da reclamação.

4 – Cumprido o disposto nos dois números anteriores, as reclamações são remetidas, para decisão, ao tribunal competente, com informação do conservador.

COMENTÁRIOS

Nova comunicação ao Ministério Público
Reclamação
Inscrição provisória por natureza
Prazo de vigência desta

1 – Finda a reforma, o conservador participa o facto ao Ministério Público, para que promova nova citação edital dos interessados a fim de que estes examinem os registos reconstituídos e apresentem as reclamações que tiverem por convenientes, no prazo de trinta dias.

2 – Havendo reclamação contra a omissão de alguma inscrição, esta é lavrada com base na petição do reclamante e nos documentos por si apresentados.

As inscrições que, em reclamação contra a reforma de livros e fichas, se alega terem sido omitidas são efetuadas como provisórias por natureza, ao abrigo do disposto na alínea *c)* do n.º 2 do artigo 64.º do CRC.

3 – Se a reclamação visar o próprio registo reformado, o processo de reclamação deve ser instruído com cópias do registo impugnado e dos documentos que lhe serviram de base, anotando-se a pendência da reclamação deduzida.

4 – As reclamações são enviadas ao tribunal competente, para decisão, com informação devidamente elaborada pelo conservador.

5 – O prazo de vigência das inscrições referidas no número anterior é de cinco anos, renovável por períodos de igual duração, mediante prova de subsistência da razão da provisoriedade, como resulta do preceituado no n.º 2 do artigo 65.º.

6 – A secretaria judicial envia cópia da decisão judicial transitada em julgado à conservatória, com base na qual se procede ao respetivo registo num dos seguintes termos:

a) averbamento de conversão da inscrição lavrada nos termos prescritos na alínea *c)* do n.º 2 do artigo 64.º, ou do seu cancelamento, consoante aquela decisão tenha ou não sido julgada procedente;
b) averbamento de alteração da inscrição se tiver sido alterada; ou
c) anotação de que o registo (reformado) se mantém nos precisos termos em que foi elaborado.

7 – Do extrato dos registos reformados deve sempre constar a data da elaboração dos mesmos.

Artigo 97.º – Suprimento de omissões não reclamadas

1 – A omissão não reclamada de algum registo só pode ser suprida por meio de ação intentada contra aqueles a quem o interessado pretenda opor a prioridade do registo.

2 – A ação não prejudica os direitos decorrentes de factos registados antes do registo da ação que não tenham constado dos suportes documentais reformados.

COMENTÁRIOS

Omissões não reclamadas – Seu suprimento

Efeitos da ação

1 – Este preceito, não obstante respeite já a um outro processo, posterior ao da reforma, encontra-se com ela intrinsecamente relacionado, daí a sua inserção sistemática neste capítulo.

Aplica-se aos casos em que o titular inscrito nos livros ou nas fichas desaparecidas ou inutilizadas só após a reforma tomou conhecimento da omissão de algum registo que não tenha sido tempestivamente reclamada no âmbito daquela, tendo, por isso, de intentar posteriormente ação judicial contra aqueles a quem pretende opor a prioridade do seu direito.

2 – Sublinha-se, contudo, que a ação judicial que venha a ser instaurada neste contexto não pode prejudicar direitos ou factos que, não tendo estado inscritos no livro ou fichas perdidas, venham a inscrever-se, em sede de processo de reforma, antes do registo da referida ação.

CAPÍTULO VII
Impugnação de decisões

Artigo 98.º – Reclamação
(Revogado.)

Artigo 99.º – Prazo e formalidades da reclamação
(Revogado.)

Artigo 100.º – Apreciação da reclamação
(Revogado.)

Artigo 101.º – Admissibilidade e prazo

1 – A decisão de recusa da prática do ato de registo nos termos requeridos pode ser impugnada mediante a interposição de recurso hierárquico para o diretor-geral dos Registos e do Notariado ou mediante impugnação judicial para o tribunal da área da circunscrição a que pertence a conservatória.

2 – O prazo para impugnar judicialmente a decisão referida no n.º 1 é de 30 dias a contar da notificação a que se refere o artigo 50.º.

COMENTÁRIOS

Impugnação hierárquica ou judicial da decisão de recusa da prática do ato de registo

Impugnação da rejeição da apresentação ou do pedido

Prazo

1 – Na senda do que já acontecia em sede de registo predial desde a entrada em vigor das alterações introduzidas pelo Decreto-Lei n.º 533/99, de 11 de dezembro, no Código de Registo Predial, o Decreto-Lei n.º 76-A/2006, de 29 de março, veio consagrar neste preceito a possibilidade de o interessado optar pela interposição de recurso hierárquico ou pela impugnação judicial imediata, sem que esta tenha de ser obrigatoriamente precedida da existência de recurso hierárquico (improcedente), como anteriormente.

2 – A norma vertida no n.º 1 possibilita, assim, que a decisão da recusa da prática de qualquer ato de registo nos termos requeridos pelos interessados seja logo impugnada mediante interposição de recurso hierárquico para o presidente do Instituto dos Registos e Notariado ou mediante impugnação judicial para o tribunal da área da circunscrição a que pertence a conservatória onde a decisão foi proferida, conforme opção livremente tomada pelos interessados, em função da sua exclusiva conveniência.

3 – Sempre que seja requisitado um ato de registo definitivo e vindo o mesmo a ser recusado ou lavrado como provisório por dúvidas, por natureza ou, simultaneamente, por dúvidas e por natureza, pode haver impugnação da decisão, visto que há *recusa* em efetuar o ato de registo nos termos requeridos.

Daqui se infere, portanto, que a *recusa* ínsita no n.º 1 pode não coincidir (e muitas vezes não coincide mesmo) com a recusa do registo prevista no artigo 48.º, posto que está aplicada em termos latos.

4 – São passíveis de impugnação todas as decisões proferidas em desconformidade com o pedido desde que *desfavoráveis* ao interessado.

No caso de a decisão proferida ser favorável ao interessado, embora desconforme com o pedido, não é suscetível de impugnação por esta via, não obstante o registo seja lavrado em termos diversos dos requeridos, só que neste caso a decisão é benéfica para o interessado. Com efeito, a doutrina do Conselho Técnico vai no sentido de que o direito de impugnar a qualificação dos registos decorre da circunstância desta ser desfavorável à pretensão do interessado – Cfr. os pareceres proferidos nos proc.os n.os 83/88-R.P.3 e R.P.94/94 DSJ-CT, in BRN n.º 11/99, II, pág. 16.

5 – É admissível a interposição de um único processo de recurso hierárquico que vise o conjunto das decisões que versem sobre os pedidos de registo formulados pelo apresentante respeitantes à mesma sociedade, ainda que titulados por documentos diversos (e em determinadas circunstâncias, até em momentos distintos), dado que, para efeitos do prescrito no n.º 1 do artigo 101.º do CRC, o que estará em causa será uma só «resolução», composta embora pelo conjunto das decisões correspondentes à globalidade dos pedidos de registo formulados – cfr., neste sentido, a doutrina firmada no proc.º R.P.31/2013 STJ-CC aplicável nesta sede com as devidas adaptações legais.

6– A rejeição da apresentação ou do pedido consignada no artigo 46.º também é passível de impugnação.

Com efeito, a rejeição da apresentação pode ter sido erradamente efetuada, revelando-se tão prejudicial (ou mais) para o interessado como a própria recusa de um ato de registo.

Merece, por isso, idêntica proteção, daí que se facultem aos interessados todos os meios conducentes à reanálise da questão vertente, nos termos do prescrito no n.º 5 do artigo 46.º.

Deve salientar-se, no entanto, que impugnação da rejeição da apresentação ou do pedido não comporta efeitos análogos aos que são atribuídos à recusa da prática do ato de registo, visto que os efeitos da procedência daquela impugnação não se enquadram no âmbito de aplicação do prescrito nos artigos 111.º e 112.º.

7 – A recusa de preenchimento do pacto ou ato constitutivo, por documento particular, de acordo com o modelo previamente escolhido, em face das indicações dos interessados, é impugnável nos termos previstos nos artigos 101.º e seguintes, por força do que preceitua o n.º 4 do artigo 9.º do Decreto-Lei n.º 111/2005, de 8 de julho.

Para o aludido efeito, o conservador, a instâncias dos interessados, deve exarar despacho de recusa da titulação, especificando devidamente os fundamentos respetivos – n.º 3 do citado artigo 9.º.

8 – A decisão proferida pelo conservador no âmbito do procedimento administrativo de dissolução e de liquidação de entidades comerciais apenas pode ser impugnada judicialmente por força do prescrito no artigo 12.º do Regime Jurídico dos Procedimentos Administrativos de Dissolução e de Liquidação de Entidades Comerciais, aprovado pelo Decreto-Lei n.º 76-A/2006, de 29 de março. – Veja-se, nesta conformidade, o parecer emitido no proc.º n.º R.Co.25/2010SJC-CT.

9 – A fixação do prazo legal (30 dias, no caso previsto no n.º 2 do artigo 101.º) funciona como garantia do interesse público, servindo a celeridade das decisões, e do interesse particular, visto que assegura às partes o tempo necessário para a defesa dos seus direitos. – Cfr. Rodrigues Bastos, in *Notas ao Código de Processo Civil*, 1979, pág. 211.

10 – O referido prazo, porque de natureza processual, está sujeito à regra da continuidade dos prazos (artigo 138.º do CPC), incluindo-se na sua contagem os sábados, domingos e dias feriados. Se o prazo terminar num dos assinalados dias o prazo transfere-se para o primeiro dia útil seguinte.

Salienta-se, ainda, que o regime aplicável aos dias de tolerância de ponto, bem como aos dias em que o serviço perante o qual deva ser praticado o ato não esteja aberto ao público, ou não funcione durante o seu período normal, determina também que o aludido prazo se transfira para o primeiro dia útil seguinte, como resulta do disposto no artigo 155.º do CRP, aplicável nesta sede *ex vi* do disposto no artigo 115.º do CRC.

11 – O Decreto-Lei n.º 125/2013, de 30 de agosto, que alterou o Código do Registo Predial, veio estabelecer regras de contagem dos prazos processuais e de realização de notificações, que se devem repercutir nas demais áreas de atividade registal, relativamente às quais as disposições deste código constituam direito subsidiário (vd., em especial, o que prescrevem os artigos 154.º, 155.º e 156.º do referido Código).

Consequentemente, as regras de contagem dos prazos processuais bem como de realização das notificações estabelecidas nos artigos 154.º e 155.º CRP devem repercutir-se em sede de registo comercial, posto que o referido diploma constitui direito subsidiário, como decorre do disposto no artigo 156.º do CRP conjugado com o artigo 115.º do CRC.

12 – Em face da omissão existente no artigo 101.º no que concerne ao prazo para interposição de recurso hierárquico e tendo em conta, além do mais, a unidade do sistema jurídico, o mesmo não pode deixar de se considerar de trinta dias, visto que é o prazo fixado para a impugnação judicial (n.º 2).

13 – O mero decurso do prazo, que é perentório, faz caducar o direito de praticar o ato, como decorre da análise do prescrito no nº 3 do artigo 139º do CPC aplicável por força do disposto no artigo 156º do CRP conjugado com o artigo 115.º do CRC.

Decorrentemente, se o recurso hierárquico ou a impugnação judicial forem extemporâneos devem ser liminarmente indeferidos pela entidade ad quem, ao abrigo do prescrito na alínea *a*) do nº 2 do artigo 641.º do CPC.

Por conseguinte, tal equivale a dizer que ainda que as petições sejam apresentadas na conservatória para além do prazo fixado na lei, têm de ser anotadas no diário e na correspondente ficha de registo nos termos previstos no n.º 1 do artigo 111.º e encaminhadas para a entidade competente para a decisão.

14 – No que respeita à aplicabilidade da Lei do Acesso ao Direito e aos Tribunais à impugnação judicial prevista no artigo 101.º do CRC (ou artigo 140.º CRP), pedido de apoio judiciário na modalidade de nomeação de patrono, anotação deste pedido na respetiva ficha de registo, interrupção do prazo de interposição de impugnação judicial e consequências a nível registal, veja-se a doutrina firmada no proc.º n.º C.P.24/2014STJ-CC, do qual, por ilustrativas, se transcrevem a seguir as suas conclusões, com as devidas adaptações legais ao registo comercial:

«I – Dos princípios da igualdade e do acesso ao direito e à tutela jurisdicional efetiva consagrados nos artigos 13.º e 20.º da Constituição da República Portuguesa bem como do regime jurídico do acesso ao Direito e aos Tribunais, aprovado pela Lei 34/2004, de 29 de julho, republicada pela Lei n.º 47/2007, de 28 de agosto, decorre que a todos é assegurado o acesso ao direito e aos tribunais para defesa efetiva dos seus direitos e interesses legalmente protegidos, sendo que a insuficiência de meios económicos, inter alia, não pode, de modo algum, acarretar a denegação da justiça.

II – Sendo o pedido de apoio judiciário, na modalidade de nomeação de patrono, formulado na pendência de ação, o prazo que estiver em curso interrompe-se com a junção aos autos do documento comprovativo da apresentação do requerimento nos serviços competentes, por força do disposto no n.º 4 do artigo 24.º da referida Lei n.º 34/2004.

III – Consequentemente, feita a prova do pedido de apoio judiciário (cfr. o disposto no n.º 6 do artigo 22.º da citada Lei), na modalidade de nomeação de patrono, junto do serviço de registo recorrido, deve proceder-se imediatamente à anotação do aludido pedido na ficha de registo correspondente, a seguir à anotação da recusa ou à elaboração do registo provisório, por aplicação do prescrito no n.º 1 do artigo 148.º do CRP (e n.º 1 do artigo 111.º do CRC).

IV – A anotação referida na conclusão anterior determina a interrupção do prazo de caducidade do direito de interpor impugnação judicial que se encontra consagrado no n.º 1 do artigo 140.º do CRP (artigos 101.º, n.º 1, e 111.º, n.º 3 do CRC).

V – O prazo interrompido por força do disposto no n.º 4 do artigo 24.º da Lei n.º 34/2004, inicia-se a partir da notificação ao patrono da sua designação, o que só se verifica se houver deferimento do pedido, ou a partir da notificação ao requerente da decisão final de indeferimento do pedido de nomeação de patrono, respetivamente, em conformidade com o preceituado nas alíneas *a)* e *b)* do n.º 5 do artigo 24.º da citada Lei, devendo também tais factos ser anotados no registo».

15 – Em face do disposto no artigo 156.º do CRP, o direito subsidiário aplicável aos atos, processos e respetivos prazos é o plasmado no Código de Processo Civil, com as necessárias adaptações.

Daí que seja pertinente equacionar, designadamente, se à apresentação intempestiva do recurso hierárquico ou da impugnação judicial é, ou não, aplicável o disposto nos artigos 139.º, n.ºs 4 e 5, do CPC, sabendo-se que verificando-se a caducidade do direito de impugnar é anotada a caducidade dos registos dependentes e averbada a conversão dos registos incompatíveis, nos termos previstos no n.º 2 do artigo 112.º do CRC.

15.1 – Como é sabido, o decurso de um prazo perentório tem efeitos preclusivos, conduzindo à impossibilidade da prática do ato respetivo, por força do prescrito no n.º 3 do artigo 139.º do CPC.

Contudo, em face do disposto nos artigos 139.º, n.ºs 4 e 5, e 140.º do CPC, os efeitos preclusivos podem ser contornados em duas situações: uma, pela prática do ato em causa dentro dos três dias subsequentes ao termo do prazo, mediante o pagamento de multa progressiva (n.º 6 do artigo 139.º) e a outra pela ocorrência de justo impedimento.

Pois bem, não obstante as especificidades próprias do registo comercial, parece-nos de concluir que, tendo em conta o prescrito no artigo 156.º do CRP, aplicável subsidiariamente por força do prescrito no artigo 115.º do CRC, o disposto nos artigos 139.º, n.ºs 4 e 5, e 140.º do CPC é aplicável em sede de recurso hierárquico e de impugnação judicial, não tendo aqui cabimento introduzir qualquer distinção em função da entidade *ad quem*.

15.2 – Neste sentido, veja-se o acórdão do TRC, de 16 de Janeiro de 2018, no qual, tendo em consideração a aplicabilidade subsidiária prevista no artigo 156.º do CRP, se entendeu ser aplicável o disposto no artigo 139º, n.ºs. 5 e 6, do CPC, à impugnação judicial das decisões do Conservador prevista no artigo 140.º e segs. do CRP, podendo o ato de impugnação ser praticado num dos três dias úteis subsequente ao termo do prazo, mediante o pagamento da multa aí consignada, atenta a subsidiariedade das regras de processo civil (artigo 156.º do CRP).Nessa conformidade, procedeu-se à revogação da decisão recorrida substituindo-a por outra em que se determinou o cumprimento do disposto no nº6 do artigo 139º do CPC. Sobre o ponto e no mesmo sentido, vd., também, o acórdão do TRC de 6 de outubro de 2009, com as devidas adaptações.

16 – O justo impedimento configura uma exceção à regra de que o decurso do prazo perentório opera a extinção do direito de praticar o ato. No sentido da admissibilidade da prática do ato para além do prazo legal, devido à invocação e prova de justo impedimento, veja-se o que ficou dito no proc.º n.º. R.P.37/2018STJ-CC, entre outros.

16.1 – Realça-se, contudo, que o justo impedimento recortado no artigo 140.º do CPC só vale para o «impedimento» que se verifique dentro do prazo perentório, não constituindo justo impedimento aquele que surge durante o prazo suplementar de «condescendência» a que alude o n.º 5 do artigo 139.º – vd., adrede, o acórdão do STJ, de 27 de novembro de 2008.

16.2 – Para além da invocação do justo impedimento (artigos 139.º, n.º 4, e 140.º do CPC) e das situações de validação previstas no n.º 5 do artigo 139.º do CPC, não é consentida, por outros meios, a admissão da prática de ato processual decorrido que seja o prazo fixado na lei – vd. o Acórdão do STJ, de 26 de maio de 2005.

Artigo 101.º-A – Interposição de recurso hierárquico e impugnação judicial

1 – O recurso hierárquico ou a impugnação judicial interpõem-se por meio de requerimento em que são expostos os seus fundamentos.

2 – A interposição de recurso hierárquico ou a impugnação judicial consideram-se feitas com a apresentação das respetivas petições na conservatória competente.

COMENTÁRIOS

Requerimento

Legitimidade

Apresentação da petição na conservatória

1 – A petição de recurso hierárquico ou de impugnação judicial não carece de ser articulada, bastando que revista a forma escrita, seja minimamente fundamentada e devidamente assinada por quem tenha competência para o efeito.

2 – A legitimidade para a interposição de recurso hierárquico ou impugnação judicial encontra-se reservada ao apresentante (vale por dizer, ao concreto requisitante do registo denegado) e à pessoa que por ele tenha sido representada, se for o caso.

3 – A interposição do recurso hierárquico considera-se efetuada na data da apresentação da petição na conservatória competente, tendo anotação própria no Diário e na ficha correspondente imediatamente a seguir à anotação da recusa do registo ou à sua elaboração como provisório, indicando-se também a respetiva cota dos registos a que o recurso se reporta, nos termos preceituados no artigo 111.º. – Cfr., sobre esta questão, o parecer do CT ínsito no proc.º n.º 78/92-R.P.4, in BRN n.º 7/2002, II, pág. 21.

4 – Não é admissível a apresentação de requerimento de recurso hierárquico ou de impugnação judicial por telecópia por falta de previsão legal – vd., para mais desenvolvimentos sobre o ponto, o parecer recentemente emitido no proc.º n.º C.P.53/2014 STJ-CC.

5 – Nesta fase impugnatória, não podem ser apresentados novos documentos com vista à requalificação do registo, visto que a questão e os documentos a ter em conta na apreciação do processo de recurso hierárquico ou de impugnação judicial, são aferidos inexoravelmente à data da qualificação do pedido e não em qualquer outra posterior.

Assim, os documentos intempestivamente apresentados com a petição de recurso hierárquico, porque irrelevantes para o registo e, consequentemente, para a decisão do recurso, serão devolvidos aos interessados – cfr. o disposto no artigo 443.º, n.º 1, do C.P. Civil, subsidiariamente aplicável, com as necessárias adaptações.

6 – Tendo em conta o princípio da economia processual, deve conceder-se um tratamento unitário a processos em que se impugnem decisões atinentes a vários pedidos de registo, desde que cumuláveis.

Para que se possa verificar a cumulação de pedidos é, contudo, imprescindível que eles sejam substancialmente compatíveis, que tenham subjacentes as mesmas questões de facto e de direito, devendo ainda observar-se a identidade da forma do processo e identidade da entidade *ad quem*.

7 – Verificadas determinadas condições de substância e de forma, é também admissível a coligação de interessados no processo de impugnação das decisões do conservador.

As condições formais da coligação encontram-se preenchidas, quando aos pedidos não correspondam processos diferentes ou a cumulação não ofenda as regras de competência internacional, em razão da matéria ou da hierarquia. – Cfr. o disposto nos artigos 36.º e 37.º do CPC.

8 – No que respeita à admissibilidade da coligação de interessados, veja-se também o parecer do CT ínsito no proc.º n.º 62/92-R.P.4, in BRN n.º 6/2002, II, pág. 42, do qual se transcreve a seguinte conclusão:

«I – Na impugnação das decisões do conservador é permitida a coligação, designadamente quando seja a mesma a causa de pedir, ou, sendo ela diferente, a procedência dos pedidos dependa da apreciação dos mesmos factos (art.ºs 30.º e 498.º, n.º 4, do CPC)».

9 – Não deve obstar à apreciação do recurso hierárquico a unicidade do processo resultante da coligação de interessados quando, apesar da causa de pedir não ser a mesma, a sua procedência dependa essencialmente da apreciação dos mesmos factos ou da interpretação e aplicação das mesmas regras de direito – Vd., nesta conformidade, os pareceres proferidos nos proc.os R.P.106/2007 DSJ-CT e 200/2009 SJC-CT, entre muitos outros.

10 – Ainda que a petição de recurso hierárquico ou de impugnação judicial dê entrada nos serviços de registo fora de prazo não compete ao conservador recusar o seu recebimento, devendo proceder ao encaminhamento daquela para a entidade competente para a decisão do recurso ou da impugnação, não obstante deva sinalizar esse facto no despacho por si proferido.

11 – Não sendo a petição de recurso hierárquico dirigida à entidade competente, o conservador deve, de qualquer modo, conceder-lhe o encaminhamento adequado, remetendo-a ao presidente do Instituto dos Registos e do Notariado, com comunicação de tal facto ao recorrente, contribuindo assim para uma maior celeridade processual e a boa imagem pública dos Serviços.

12 – O recurso hierárquico interposto contra decisão do conservador que qualificou o ato de registo pedido como provisório por dúvidas deve, sempre que ocorra qualquer causa que obste ao seu conhecimento, ser indeferido.

Considera-se como causa que obsta ao conhecimento do recurso hierárquico, o pedido previamente desencadeado pelo interessado no sentido de remoção das dúvidas apostas à inscrição de alteração do contrato da sociedade ora recorrente.

13 – Recaindo também qualificação minguante sobre o pedido de conversão da inscrição referida, a decisão prolatada é igualmente impugnável hierárquica ou judicialmente, nos termos prescritos nos artigos 101.º e segs. do Código do Registo Comercial. – Vd. o parecer proferido no proc.º n.º R.Co.6/2012 SJC-CT.

14 – Pela interposição do recurso hierárquico é devido o pagamento do emolumento previsto no artigo 27.º, n.º 5.1, do RERN.

Havendo procedência do recurso a quantia emolumentar cobrada é devolvida na íntegra ao interessado, por força do disposto no n.º 5.2 do aludido preceito.

Se o recurso proceder apenas parcialmente procede-se à devolução de metade do emolumento cobrado em face do preceituado no n.º 5.3. do referido artigo 27.º.

14.1 – Ainda que o processo abranja recusas correspondentes a vários atos de registo, procede-se uma só vez à cobrança do quantitativo emolumentar referido no citado artigo 27.º, visto que a lei prevê apenas a tributação de cada processo e não a tributação de cada um dos atos nele impugnados.

14.2 – O pagamento deve ser satisfeito pelo recorrente aquando da apresentação da respetiva petição na conservatória, mas, no caso de o pagamento devido não ter sido satisfeito tempestivamente, o recorrente deve ser notificado pelos serviços para, no prazo legal, proceder ao pagamento em falta, sob pena de indeferimento liminar do recurso.

Sobre matéria emolumentar veja-se, com as necessárias adaptações, o que ficou dito na deliberação do Conselho tomada no proc.º n.º R.P.224/2008 STC-CT, bem como nos proc.os n.os R.P. 4, 5 e 6/2014 STJ-CC.

Artigo 101.º-B – Tramitação subsequente

1 – Impugnada a decisão e independentemente da categoria funcional de quem tiver lavrado o despacho recorrido, este é submetido à apreciação do conservador, o qual deve proferir, no prazo de 10 dias, despacho a sustentar ou a reparar a decisão, dele notificando o recorrente.

2 – A notificação referida no número anterior deve ser acompanhada do envio ou entrega ao notificando de fotocópia dos documentos juntos ao processo.

3 – Sendo sustentada a decisão, o processo deve ser remetido à entidade competente, no prazo de cinco dias, instruído com fotocópia autenticada do despacho de qualificação do registo e dos documentos necessários à sua apreciação.

4 – A tramitação da impugnação judicial, incluindo a remessa dos elementos referidos no número anterior ao tribunal competente, é efetuada eletronicamente, nos termos a definir por portaria do Ministro da Justiça.

COMENTÁRIOS

Despacho de reparação ou de sustentação da decisão prolatada
Notificação do recorrente
Instrução do processo e remessa à entidade competente

1 – O despacho proferido pelo conservador, quer seja de reparação (parcial ou integral) quer seja de manutenção da decisão, deve ser bem fundamentado, não abarcando, contudo, questões que não tenham sido já afloradas, ainda que minimamente, na decisão impugnada.

Com efeito, é nesta peça processual que o conservador pode proceder ao aprofundamento e desenvolvimento de toda a fundamentação exposta inicialmente em termos sintéticos no despacho impugnado, tendo já em consideração os argumentos aduzidos pelo recorrente.

Ainda que o despacho de qualificação impugnado não tenha sido proferido pelo conservador a impugnação é sempre submetida à sua apreciação, devendo proferir, no prazo de dez dias, despacho de reparação ou de sustentação da decisão prolatada, dele notificando o recorrente.

2 – A notificação do despacho de sustentação ou de reparação da decisão ao interessado deve ser acompanhada do envio ou entrega ao notificando de fotocópia dos documentos juntos ao processo, para mero conhecimento.

No entanto, deste despacho não cabe já qualquer tipo legal de resposta. O contraditório do recorrente é assegurado em anterior fase processual, pois, como é sabido, o recorrente tem oportunidade de exprimir as razões da sua discordância com a decisão recorrida mediante exposição dos fundamentos que considere pertinentes na petição de recurso – Veja-se, nesta conformidade, o acórdão do TRL, de 1 de julho de 2005 (Proc.º n.º 4897/2005-6).

3 – Ao reanalisar a questão, mediante os argumentos aduzidos pelo recorrente, o conservador pode proceder à reparação do despacho proferido (total ou parcialmente), desde que convencido da procedência dos argumentos esgrimidos.

A reparação de despacho anteriormente proferido em nada desprestigia o seu autor, ponto é que tenha reponderado devidamente as questões em tabela e concluído pela insubsistência das razões que inicialmente aduziu para obstaculizar à elaboração do registo nos termos requeridos.

4 – No parecer do CT ínsito no proc.º n.º R.Co.117/2002 DSJ-CT, in BRN n.º 10/2002, II, pág. 28, firmou-se o entendimento seguinte:

«A impugnação da decisão do conservador que qualificou desfavoravelmente o pedido de registo deve atacar a concreta motivação do respetivo despacho, não sendo requalificáveis neste processo de impugnação registos anteriores que, na tese do interessado, terão sido erradamente qualificados e foram a verdadeira causa da qualificação minguante do registo sob impugnação».

5 – A instrução do processo de recurso hierárquico ou de impugnação judicial incumbe ao conservador que, no prazo de cinco dias, o deve remeter ao Instituto dos Registos e do Notariado ou ao tribunal competente, como dispõe o n.º 3 deste preceito.

A instrução do processo, deve ser feita cuidadosamente, pois que as suas deficiências originam, por vezes, delongas inúteis, que importa obviar.

Do aludido processo deve constar a petição de recurso hierárquico ou de impugnação judicial, consoante o caso, o despacho de sustentação correspondente, bem como fotocópia do despacho de recusa e dos demais documentos que se revelem pertinentes para a análise completa da matéria controvertida nos respetivos autos.

6 – A impugnação da decisão é sempre submetida à apreciação do conservador, independentemente da categoria funcional de quem tiver proferido o despacho recorrido, para que este, no prazo legal, profira despacho de sustentação ou reparação da decisão em causa, nos termos do disposto no n.º 1 do artigo 101.º-B. Este entendimento é aplicável também à impugnação da recusa de emissão de certidões *ex vi* do prescrito no n.º 2 do artigo 110.º deste Código. Neste sentido, veja-se a deliberação tomada no proc.º R.P.148/2011SJC-CT.

Artigo 102.º – Decisão do recurso hierárquico

1 – O recurso hierárquico é decidido no prazo de 90 dias, pelo presidente do Instituto dos Registos e do Notariado, I.P., que pode determinar que seja previamente ouvido o conselho técnico.

2 – (Revogado.)

3 – A decisão proferida é notificada ao recorrente e comunicada ao conservador que sustentou a decisão.

4 – Sendo o recurso hierárquico deferido, deve ser dado cumprimento à decisão no próprio dia.

COMENTÁRIOS
Prazo para a decisão do recurso hierárquico
Limites da apreciação do mérito
Cumprimento da decisão favorável ao recorrente
Caso julgado
Desistência do recurso

1 – O prazo máximo concedido ao presidente do IRN para decisão do recurso é de noventa dias, podendo este determinar a audição prévia do Conselho Consultivo.

Se a decisão do presidente do IRN, I.P. for diferente da proposta no parecer ou deliberação do CC, deve esgrimir argumentação própria a fundamentá-la, caso contrário, isto é, havendo coincidência com o projeto apresentado pelo referido órgão, limita-se a homologar o parecer ou a deliberação.

2 – Em regra, a apreciação do mérito do recurso deve conter-se nos limites das questões suscitadas no despacho impugnado.

No entanto, o referido princípio deve ceder sempre que a omissão de pronúncia sobre questões não suscitadas no despacho impugnado possa conduzir à realização de registos nulos. – Vejam-se, no aludido sentido e entre muitos outros, os pareceres proferidos nos proc.os n.os 2/96-R.P.4, in BRN n.º 5/96, II, pág. 6, e R.P.31/2013 STJ-CC (em especial a nota de rodapé n.º 20).

3 – No parecer do CT proferido no proc.º n.º R.P.9/98 DSJ-CT, in BRN n.º 7/98, II, pág.19, firmou-se o seguinte entendimento:

«I – Não tendo o conservador ao qualificar o pedido levantado a questão da não sujeição a registo, não poderá a entidade decisora, em sede de impugnação hierárquica, alterar essa qualificação com fundamento nessa circunstância».

Isto porque o registo em causa não é nulo, mas apenas inócuo.

4 – A decisão proferida em processo de impugnação de ato do conservador só tem força obrigatória dentro do respetivo processo, não vinculando, em regra, para decisões futuras.

Com efeito, tem natureza voluntária a jurisdição exercida pelo conservador do registo predial, pelo que as suas decisões não formam caso julgado.

Consequentemente, não transita em julgado a recusa de registo não impugnada.

Neste sentido, vejam-se os pareceres do CT proferidos nos proc.os n.os 45/88-R.P.3, in *Pareceres do Conselho Técnico*, Volume II, pág. 146, e 1/94-R.P.96, in BRN n.º 6/97, I, pág. 17.

5 – Na mesma senda foi, também, proferido parecer no proc.º n.º R.P.54/98 DSJ-CT, in BRN n.º 9/98, II, pág. 23, no qual se reafirmou o aludido entendimento:

«III – São revogáveis as decisões desfavoráveis às pretensões dos interessados, ainda que por estes não tenham sido impugnadas oportunamente, devendo o conservador, quando solicitado a reapreciar a legalidade dos respetivos atos de registo (mesmo em sede que não seja de reclamação), revogar a decisão anterior sempre que conclua pela falta de fundamento dos motivos para ela invocados».

6 – A decisão favorável à pretensão do recorrente deve ser cumprida pelo serviço recorrido no próprio dia da notificação.

7 – É possível desistir do recurso hierárquico antes de ser proferida decisão sobre o objeto do mesmo, devendo ser emitido despacho que julgue válida a desistência e determine a extinção da instância, nos termos preconizados na alínea *d)* do artigo 277.º do CPC.

8 – Tendo sido efetuado um registo como provisório por dúvidas, e pretendendo o interessado, depois de impugnar a qualificação do mesmo através de recurso hierárquico, apresentar pedido de remoção das dúvidas, deverá previamente solicitar a desistência do recurso, apresentando requerimento em conformidade na conservatória recorrida ou diretamente junto do presidente do Instituto dos Registos e do Notariado.

Verificada a validade da desistência, o presidente do IRN deve proferir despacho a declarar extinta a instância, procedendo-se às notificações devidas.

Posteriormente, e após a anotação da referida desistência na respetiva ficha de registo, pode então o interessado obter o registo de remoção das dúvidas suscitadas, beneficiando do prazo da suspensão da caducidade do registo provisório entre a data da sua apresentação e a data da desistência da impugnação. – Cfr., quanto a esta temática, o parecer proferido no proc.º n.º R.P.91/99 DSJ-CT, in BRN n.º 3/2000, II, pág. 2, especialmente a VII conclusão.

9 – Caso seja indevidamente efetuado o averbamento de conversão do registo provisório ou qualquer outro registo sem que previamente se tenha verificado a desistência expressa da impugnação, deve tal facto ser, de imediato, comunicado pelo respetivo serviço de registo ao presidente do Instituto dos Registos e do Notariado, para ser declarada a inutilidade superveniente do recurso, inerente à conversão do registo em definitivo ou à sua elaboração, sendo que essa inutilidade se enquadra numa das causa de extinção da instância, como flui do preceituado na alínea *e)* do artigo 277.º do CPC.

Artigo 103.º – Notificação da decisão
(Revogado.)

Artigo 104.º – Impugnação judicial subsequente a recurso hierárquico

1 – Tendo o recurso hierárquico sido julgado improcedente, o interessado pode ainda impugnar judicialmente a decisão de qualificação do ato de registo.

2 – A impugnação judicial é proposta mediante apresentação do requerimento na conservatória competente, no prazo de 20 dias a contar da data da notificação da decisão que tiver julgado improcedente o recurso hierárquico.

3 – O processo é remetido ao tribunal no prazo de cinco dias, instruído com o de recurso hierárquico.

COMENTÁRIOS

Improcedência do recurso hierárquico
Impugnação judicial sucessiva da decisão de qualificação do ato de registo
Apresentação do requerimento na conservatória recorrida
Instrução do processo e envio ao tribunal competente

1 – No caso de o recurso hierárquico ser indeferido, o interessado pode ainda, no prazo de vinte dias, interpor impugnação judicial da decisão de qualificação do ato de registo, para o tribunal competente.

2 – A criação de Tribunais de Comércio foi muito aplaudida por alguns autores, entre os quais figura Pupo Correia, in *Direito Comercial,* 6.ª edição, pág. 24, e muito contestada por outros, designadamente Oliveira Ascensão, in *Direito Comercial,* I Volume, pág. 368, embora os que a criticam o façam por não abranger também matérias análogas e outras em que a necessidade se faz sentir com igual acutilância, nomeadamente as relativas a valores mobiliários.

3 – A interposição do recurso contencioso considera-se efetuada com a apresentação na conservatória da petição dirigida ao juiz competente, no prazo de 20 dias, a contar da data da notificação da decisão que tiver julgado improcedente o recurso hierárquico.

Continua a recair sobre o conservador o dever de instruir o processo de recurso e de o remeter ao tribunal competente, no prazo de cinco dias, nos termos previstos no n.º 3 deste artigo 104.º.

Não obstante a impugnação judicial seja deduzida contra a decisão do conservador (ou do oficial de registos) e não do despacho do presidente do Instituto que indeferiu o recurso, também o processo do recurso hierárquico deve sempre fazer parte integrante do processo de recurso contencioso, para completa instrução dos autos.

4 – A interposição da referida impugnação não está sujeita a qualquer tributação emolumentar por inexistência de disposição legal que expressamente a consagre, sendo de excluir tanto a interpretação extensiva como a integração analógica, por força do disposto no artigo 5.º do RERN.

Artigo 105.º – Julgamento

1 – Recebido em juízo e independente de despacho, o processo vai com vista ao Ministério Público para emissão de parecer.

2 – O juiz que tenha intervindo no processo donde conste o ato cujo registo está em causa fica impedido de julgar a impugnação judicial.

COMENTÁRIOS

Parecer do Ministério Público

Impedimento do Juiz

1 – Logo que o processo de impugnação judicial seja recebido em juízo vai com vista ao Ministério Público, para emissão de parecer.

2 – A intervenção principal e acessória do Ministério Público têm acolhimento na previsão plasmada nos artigos 5.º e 6.º do Estatuto do Ministério Público.

No entanto, a sua intervenção neste processo está fora desse âmbito, sendo antes ditada pela competência que lhe está atribuída para intervir nos processos que envolvam interesse público.

Para mais desenvolvimentos sobre esta temática, veja-se, da Autora, *Impugnação das Decisões do Conservador dos Registos*, pág. 91, bem como o parecer n.º 73/96, da Procuradoria-Geral da República, publicado no BRN n.º 10/2000, I, pág. 17.

3 – O impedimento do juiz de julgar o recurso contencioso está relacionado com a sua intervenção anterior no processo, por força do disposto na alínea *e)* do n.º 1 do artigo 115.º do CPC.

O referido impedimento é considerado objetivo, porquanto se funda na relação do juiz com o objeto do processo vedando-lhe a intervenção por já ter comprometido a sua decisão com factos direta ou indiretamente subjacentes à lide. – Cfr. Lebre de Freitas, in *Código de Processo Civil*, anotado, pág. 221.

O impedimento deve ser declarado pelo próprio juiz no respetivo processo, mas se o não fizer podem as partes, até à prolação da sentença, requerer a declaração do seu impedimento.

4 – O direito registal não fixa qualquer prazo (nem, na verdade, tinha que fixar) para ser proferida decisão judicial no processo de impugnação, devendo,

naturalmente, ocorrer dentro do prazo de trinta dias, por força do que se encontra previsto no artigo 607.º do citado Código.

Artigo 106.º – Recurso de sentença

1 – Da sentença proferida podem sempre interpor recurso para a Relação, com efeito suspensivo, o impugnante, o conservador que sustenta, o presidente do Instituto dos Registos e do Notariado, I.P., e o Ministério Público.

2 – Para os efeitos previstos no número anterior, a sentença é sempre notificada ao presidente do Instituto dos Registos e do Notariado, I.P.

3 – (Revogado.)

4 – Do acórdão da Relação não cabe recurso para o Supremo Tribunal de Justiça, sem prejuízo dos casos em que o recurso é sempre admissível.

COMENTÁRIOS

Recurso da sentença

Recurso para o Supremo Tribunal de Justiça

1 – Da sentença que vier a ser proferida no processo de recurso contencioso cabe recurso para o Tribunal da Relação, com efeito suspensivo, tendo legitimidade para o efeito, o interessado, o Ministério Público, o conservador recorrido e o presidente do Instituto dos Registos e do Notariado.

2 – Do acórdão da Relação não cabe recurso para o Supremo Tribunal de Justiça, salvo nos casos em que cabe sempre recurso.

2.1 – A este propósito a disposição paralela plasmada no n.º 5 do artigo 147.º do CRP, na redação introduzida pelo Decreto-Lei n.º 125/2013, previu, concretamente, que cabe recurso para o Supremo nos casos seguintes:

«*a)* Quando esteja em causa uma questão cuja apreciação, pela sua relevância jurídica, seja claramente necessária uma melhor aplicação do direito;

b) Quando estejam em causa interesses de particular relevância social;

c) Quando o acórdão da Relação esteja em oposição com outro, já transitado em julgado, proferido por qualquer Relação ou pelo Supremo Tribunal de Justiça, no domínio da mesma legislação e sobre a mesma questão fundamental de direito ou, e não houver sido fixada pelo Supremo, salvo se tiver havido acórdão de uniformização de jurisprudência com ele conforme».

2.2 – O referido n.º 5 corresponde, ipsis verbis, ao prescrito no n.º 1 [alíneas *a)*, *b)* e *c)*] do artigo 672.º do CPC.

3 – O conceito vertido na alínea *a)* – *Quando esteja em causa uma questão cuja apre ciação, pela sua relevância jurídica, seja claramente necessária para uma melhor aplicação do direito* – bem como na alínea *b)* – *Quando estejam em causa interesses de particular relevância social* –, são conceitos abertos, que têm de ser casuisticamente densificados, ao passo que o consignado na alínea *c)* é objetivo.

4 – A relevância jurídica de uma questão deve revelar-se pelo elevado grau de complexidade que apresenta, pela controvérsia que gera na doutrina e/ou na jurisprudência ou ainda quando, não se revelando de natureza simples, se revista de ineditismo ou novidade que aconselhem a respetiva apreciação pelo STJ, com vista à obtenção de decisão suscetível de contribuir para formação de uma orientação jurisprudencial, tendo em vista, tanto quanto possível, a consecução da sua tarefa uniformizadora – cfr. o disposto na alínea *a)* do n.º 1 do artigo 672.º do CPC e alínea a) do nº 5 do artigo 147º do CRP.

4.1 – No acórdão do STJ de 24 de fevereiro de 2015 (Revista excepcional nº 324/12.4TBFAF.G1.S1.-Formação) salientou-se que só há relevância jurídica necessária para uma melhor aplicação do direito quando se trate de questão manifestamente complexa, de difícil resolução, cuja subsunção jurídica imponha um importante e detalhado exercício de exegese, um largo debate pela doutrina e jurisprudência com o objetivo de se obter um consenso em termos de servir de orientação, quer para as pessoas que possam ter interesse jurídico ou profissional na resolução de tal questão a fim de tomarem conhecimento da provável interpretação com que poderão contar das normas aplicáveis, quer para as instâncias, por forma a obter-se uma melhor aplicação do direito.

Nestes termos, apresenta complexidade, suficiente para justificar a intervenção do STJ para melhorar a aplicação o direito, relacionando-se com interesses de particular relevância social, a questão de saber quando deve ter-se uma parcela de terreno por integrada no domínio público de um Município e se a circunstância de a mesma estar afeta à construção de saneamento público é suficiente para impedir a entrega da propriedade a quem se arroga proprietário. Cfr. o disposto na alínea b) do n.º 5 do artigo 147.º do CRP e na alínea *b)* do n.º 1 do artigo 672.º do CPC.

5 – Verificando-se, efetivamente, a existência de contradição, no que toca à decisão da mesma questão fundamental de direito proferida no domínio da mesma legislação, tendo sido junta cópia certificada do acórdão fundamento comprovativa do seu trânsito em julgado e inexistindo acórdão de uniformização de jurisprudência sobre aquela, deve-se concluir pela verificação do requisito

previsto na alínea *c*) do nº 1 do artigo 672º do CPC. Cfr. o acórdão do STJ de 9 de janeiro de 2014 – Revista excecional nº 176/11.1TBTNV-G.C1.S1.

5.1 – No acórdão do STJ, de 20 de junho de 2000, publicado no BMJ n.º 498, pág. 184, também se firmou o entendimento de que, para ser admissível o recurso a que se reporta o n.º 4 do artigo 678.º do CPC (atual 672.º), é necessário, além do mais, que as decisões ditas em oposição sejam irrecorríveis por razões estranhas à alçada da Relação.

O referido n.º 4 teve em consideração os princípios de certeza do direito e da igualdade dos cidadãos perante a lei, pelo que não viola os artigos 13.º, n.º 1, 18.º, n.º 1, 20.º e 202.º da Constituição da República Portuguesa.

Artigo 107.º – Comunicações oficiosas

1 – Após o trânsito em julgado da decisão, a secretaria comunica a decisão proferida ao serviço de registo.

2 – A secretaria deve igualmente comunicar à conservatória:

***a*) A desistência ou deserção da instância;**

***b*) O facto de o processo ter estado parado mais de 30 dias por inércia do autor.**

COMENTÁRIOS

Comunicações oficiosas efetuadas pela secretaria do tribunal

Trânsito em julgado

1 – Assim que o processo de impugnação seja decidido, a secretaria deve remeter oficiosamente à conservatória certidão da decisão judicial nele proferida, transitada em julgado.

2 – Como decorre do disposto no artigo 628.º do CPC a decisão considera-se transitada em julgado, logo que não seja suscetível de recurso ordinário, ou de reclamação.

Após a receção da certidão judicial da sentença transitada em julgado que julgue insubsistente a recusa ou a provisoriedade do registo, o conservador deve efetuar o registo recusado com base na apresentação correspondente ou converter oficiosamente o registo provisório, consoante o caso configurado nos autos.

3 – Havendo deserção ou desistência da instância a secretaria deve também proceder à referida comunicação, para os efeitos devidos.

A instância, tanto numa situação como na outra, extingue-se, como resulta do preceituado nas alíneas *c*) e *d*) do artigo 277.º do CPC.

4 – De igual modo, também a paragem do processo por mais de trinta dias, por inércia do recorrente, deve ser comunicada à conservatória para os fins consignados no n.º 2 do artigo 111.º.

Artigo 108.º – Valor da ação

O valor da ação é o do facto cujo registo foi recusado ou feito provisoriamente.

COMENTÁRIOS

Direito pregresso

Valor da ação

1 – O Decreto-Lei n.º 76-A/2006 procedeu à alteração deste preceito mediante a eliminação das palavras «por dúvidas», imediatamente a seguir à palavra «provisoriamente» repondo, deste modo, o texto da lei nos seus devidos limites.

Com efeito, esta norma, na sua anterior redação – *O valor da ação é o do facto cujo registo foi recusado ou feito provisoriamente por dúvidas* –, não podia ser interpretada literalmente, pois o pensamento legislativo não se continha dentro da letra da lei.

Ora, de harmonia com os ensinamentos de Manuel de Andrade, in *Ensaio sobre a Teoria da Interpretação das Leis*, pág. 26, «Dentre os vários possíveis pensamentos da lei, há de preferir-se aquele mediante o qual a lei exteriorize o sentido mais razoável, mais salutar e produza o efeito mais benéfico».

Assim, razões de índole "histórica" e de unidade do sistema jurídico obrigavam a interpretar a parte final desta norma – *feito provisoriamente por dúvidas* – como abrangendo também, inexoravelmente, os registos provisórios por natureza.

2 – Já a redação conferida ao n.º 1 do artigo 111.º do CRC sempre esteve em conformidade com as demais normas do instituto registral, pois que fala em registo provisório, sem o qualificar, o que equivale a dizer que abrange qualquer tipo de registo provisório (quer seja provisório por natureza quer seja provisório por dúvidas), o que também veio forçar a harmonização das duas normas referidas.

Este é também o entendimento expresso no artigo 147.º-A do CRP, norma que respeita a matéria idêntica, que engloba todos os registos provisórios (por natureza e por dúvidas), não se vislumbrando qualquer razão para o tratamento diferenciado que, até então, resultava dos dois diplomas e que, por isso, agora se lhe pôs cobro.

3 – O valor da ação a ter em conta é o do facto cujo registo foi recusado ou lavrado provisoriamente, por dúvidas ou por natureza.

Como se sabe, o valor deste reflete-se, em regra, na determinação da competência do tribunal, na forma do processo e na relação da causa com a alçada do tribunal.

– Quanto à necessidade de se indicar sempre o valor da causa veja-se o acórdão do STJ, de 20 de maio de 1980, in BMJ n.º 297, pág. 258.

Artigo 109.º – Interposição de reclamação ou recurso por notário

(Revogado.)

COMENTÁRIO

1 – À semelhança do que acontecia já em sede de registo predial, a faculdade de recurso hierárquico concedida ao notário foi retirada (e bem), expurgando-se assim o processo impugnatório das disposições que de todo lhe eram alheias e podiam ser apreciadas por outra via, nos termos gerais.

Artigo 109.º-A – Direito subsidiário

Aos recursos hierárquicos previstos nos artigos anteriores é aplicável, subsidiariamente, o disposto no Código do Procedimento Administrativo.

COMENTÁRIO

1 – Este artigo, inexplicavelmente, foi introduzido pelo Decreto-Lei n.º 76-A/2006, de 29 de março. Apesar das alterações já efetuadas neste Código nunca foi revogado não obstante a norma paralela do CRP (artigo 147.º-B) tenha sido expressamente revogada pelo Decreto-Lei n.º 125/20013, de 30 de agosto.

2 – Sobre esta questão, veja-se o que ficou dito em anotação ao artigo 101.º deste Código (designadamente nos pontos 11 e 12) a propósito da aplicação subsidiária das normas consagradas sobre idêntica matéria no Código do Registo Predial.

Artigo 110.º – Impugnação da recusa de emissão de certidões

1 – Assiste ao interessado o direito de recorrer hierarquicamente ou de promover a impugnação judicial da decisão de recusa de emissão de certidão.

2 – Sem prejuízo do disposto nos números seguintes, ao recurso hierárquico a que se refere o número anterior é aplicável, com as necessárias adaptações, o disposto no n.º 2 do artigo 101.º e nos artigos 101.º-A, 101.º-B e 102.º.

3 – No recurso hierárquico a que se refere o presente artigo, os prazos estabelecidos nos n.os 1 e 3 do artigo 101.º-B e no n.º 1 do artigo 102.º são reduzidos a 5, 2 e 30 dias, respetivamente.

4 – O prazo para a interposição do recurso hierárquico conta-se a partir da comunicação do despacho de recusa.

5 – Ao recurso hierárquico a que se refere o presente artigo é subsidiariamente aplicável o disposto no Código do Procedimento Administrativo.

6 – A impugnação judicial prevista no n.º 1 é dirigida ao tribunal administrativo com jurisdição sobre a área da circunscrição da conservatória e rege-se pelo disposto na legislação processual aplicável.

COMENTÁRIOS
Recurso hierárquico
Impugnação judicial para o tribunal administrativo
Comunicação do despacho de recusa
Prazos

1. A redação deste preceito foi introduzida pelo artigo 22.º do Decreto-Lei n.º 201/2015, de 17 de setembro.

A anterior redação contemplava a possibilidade de o interessado recorrer hierarquicamente ou de promover a impugnação judicial da decisão de recusa de emissão de certidão, bem como da liquidação da conta emolumentar do ato, com fundamento em erro na liquidação ou na aplicação da tabela emolumentar respetiva.

A referida impugnação judicial era dirigida, conforme os casos, ao tribunal administrativo ou ao tribunal tributário com jurisdição sobre a área da circunscrição da conservatória e rege-se pelo disposto na legislação processual aplicável.

2 – O atual n.º 1 admite apenas que os interessados interponham recurso hierárquico ou impugnação judicial contra a decisão de recusa de emissão de qualquer certidão.

A impugnação judicial prevista nesta norma é dirigida ao tribunal administrativo com jurisdição sobre a área da circunscrição da conservatória em causa, regendo-se pela legislação processual aplicável.

3 – O prazo para a interposição de impugnação conta-se a partir da comunicação do despacho de recusa de emissão da certidão, como flui do disposto no n.º 4.

4 – A interposição do recurso hierárquico ou a impugnação judicial contra a recusa de passagem de certidões não é anotada nas fichas de registo da entidade comercial a que o ato impugnado respeite, visto que a procedência ou improcedência do recurso ou da impugnação é irrelevante no que concerne aos efeitos a nível registral, porque, de qualquer forma, isto é, quer venham ou não a ser julgados procedentes, a situação jurídica definida no registo mantém-se, de todo, inalterável.

5. A passagem de certidões enquadra-se nos atos considerados meramente administrativos, razão pela qual o legislador lhes concedeu tratamento diverso a nível impugnatório, seguindo o regime geral das impugnações dos atos administrativos, sendo, consequentemente, competente para a sua apreciação o tribunal administrativo.

5.1. No que concerne à classificação (distinção) dos atos praticados pelo conservador no exercício das suas funções, veja-se, entre outros, o parecer proferido no procº nº 58/93 R.P.4, publicado na Regesta, 2º semestre, 1994, págs. 75 e segs.

Artigo 111.º – Efeitos da impugnação

1 – A interposição de recurso hierárquico ou a impugnação judicial devem ser imediatamente anotadas, a seguir à anotação da recusa ou ao registo provisório.

2 – São ainda anotadas a improcedência ou a desistência do recurso hierárquico ou da impugnação judicial, bem como, sendo caso disso, a deserção da instância ou a paragem do processo durante mais de 30 dias por inércia do autor.

3 – Com a propositura da ação ou a interposição de recurso hierárquico fica suspenso o prazo de caducidade do registo provisório até lhe serem anotados os factos referidos no número anterior.

4 – Proferida decisão final que julgue insubsistente a recusa da prática do ato nos termos requeridos, deve ser efetuado o registo recusado, com base na apresentação correspondente, ou convertido oficiosamente o registo provisório.

COMENTÁRIOS

Anotação da interposição de recurso hierárquico ou da impugnação judicial na respetiva ficha de registo. Efeitos desta

Outras anotações

Suspensão do prazo de caducidade dos registos provisórios

Decisão final favorável ao recorrente – elaboração do registo recusado ou conversão oficiosa do registo provisório

1 – Tanto a interposição de recurso hierárquico como a de impugnação judicial, são imediatamente anotadas na ficha respetiva a seguir à anotação da recusa do registo ou à sua elaboração como provisório.

2 – A anotação reveste efeitos importantíssimos não só no que tange à publicidade perante terceiros, como também relativamente à sua repercussão nos atos de registo lavrados posteriormente, daí que estes tenham de ser efetuados

como provisórios por natureza, nos termos preceituados na alínea *d)* do n.º 2 do artigo 64.º.

O prazo de vigência destas inscrições é de cinco anos, renovável por períodos de igual duração, mediante a prova de subsistência do motivo da provisoriedade, de harmonia com o previsto no n.º 5 do artigo 65.º.

3 – Decorre do n.º 3 que a propositura da ação determina a suspensão do prazo de caducidade do registo provisório até lhe serem anotados os factos referidos no n.º 2 do artigo 111.º.

4 – No caso de o processo de recurso hierárquico ou de impugnação judicial julgar insubsistente a recusa em causa, deve proceder-se, com base na apresentação correspondente e nos documentos apresentados, à elaboração do registo recusado ou à conversão oficiosa do registo provisório, conforme o caso, nos termos do disposto no n.º 4.

Tendo o pedido de registo sido recusado, mas procedendo o recurso hierárquico ou a impugnação judicial, o registo elaborado nessa sequência conserva a prioridade concedida ao ato recusado, como flui do referido n.º 4 do preceito em análise.

5 – Pela razão exposta no número anterior, o ato de registo recusado deve ser anotado na ficha correspondente à entidade a que respeita, com indicação do número de ordem e a data da respetiva apresentação.

A matrícula aberta na dependência de um ato recusado, se o despacho de recusa não tiver sido impugnado no prazo legal ou, tendo-o sido, se se verificar algum dos factos consignados no n.º 2 do artigo 111.º é oficiosamente cancelada, ao abrigo do disposto na alínea *c)* do artigo 62.º-A do CRC, preceito aditado pelo artigo 3.º do Decreto-Lei n.º 2/2005, de 4 de janeiro.

6 – A extinção do recurso hierárquico com fundamento em causa distinta da apreciação do mérito, determina a perda do emolumento paga com a sua interposição.

Com efeito, à luz do disposto no artigo 27.º, n.º 5, do RERN, pela interposição do recurso hierárquico haverá que cobrar o respetivo emolumento ainda que o respetivo processo se venha a declarar extinto com fundamento em inutilidade superveniente.

7 – «I – Sempre que em sede de impugnação hierárquica ou judicial seja revogado despacho de qualificação de ato de registo, por preterição de formalidade do processo registral, ou por qualquer outra causa, deve ser anotada na respetiva ficha de registo a procedência da impugnação, com especificação dos seus precisos termos, seguida de inutilização da anotação da recusa do registo peticionado, dando-se ainda conta da pendência da qualificação desse mesmo pedido,

que é reintroduzido na «lista de trabalho» do respetivo serviço de registos, bem como da requalificação dos registos incompatíveis ou dependentes.

II – Observada que seja a formalidade preterida, proceder-se-á a nova qualificação, devendo ser exarado, se for caso disso, novo despacho de qualificação, cujo teor poderá ser coincidente, ou não, com o anteriormente revogado, a notificar ao interessado nos termos e para todos os efeitos legais – cfr. o disposto nos artigos 71.º e 140.º e segs. do Código do Registo Predial e nos artigos 50.º e 101.º e segs. do Código do Registo Comercial». – Vd., nesta conformidade e para mais desenvolvimentos, o parecer emitido no proc.º n.º C.P.43/2012 SJC-CT, bem como o disposto nos artigos 148.º, n.º 5, e 149.º, n.º 5, do CRP.

Artigo 112.º – Registos dependentes

1 – No caso de recusa, julgado procedente o recurso hierárquico ou a impugnação judicial, deve anotar-se a caducidade dos registos provisórios incompatíveis com o ato inicialmente recusado e converter-se oficiosamente os registos dependentes, salvo se outra for a consequência da requalificação do registo dependente.

2 – Verificando-se a caducidade do direito de impugnação ou qualquer dos factos previstos no n.º 2 do artigo anterior, é anotada a caducidade dos registos dependentes e são convertidos os registos incompatíveis, salvo se outra for a consequência da requalificação do registo dependente.

COMENTÁRIOS

Procedência do recurso hierárquico ou da impugnação judicial

Anotações devidas

Conversão oficiosa dos registos dependentes. Requalificação

Caducidade do direito de impugnação ou qualquer dos factos referidos no n.º 2 do artigo 111.º

Caducidade dos registos dependentes – conversão dos registos incompatíveis Requalificação

Inscrições dependentes – Inscrições incompatíveis

1 – Havendo procedência do recurso hierárquico ou da impugnação judicial, o registo recusado deve ser efetuado, procedendo-se à anotação da caducidade dos registos provisórios que se mostrem incompatíveis com o ato inicialmente recusado, devendo ainda proceder-se à conversão oficiosa dos registos dependentes, salvo se outra for a consequência da requalificação do registo dependente.

2 – Verificando-se a caducidade do direito de impugnação, deve ser anotada a caducidade dos registos dependentes e proceder-se à conversão dos registos incompatíveis, salvo se outra for a consequência da requalificação do registo dependente.

Igual procedimento deve ser seguido quando se verificar a desistência da impugnação, a deserção, ou a sua paragem por mais de trinta dias, por inércia do recorrente, por força do previsto no n.º 2 do artigo 111.º.

3 – São consideradas dependentes as inscrições cuja subsistência esteja interligada ou apoiada noutras já existentes e incompatíveis as inscrições de sinal contrário, vale por dizer, as que atentam contra outras já existentes, excluindo-se reciprocamente.

No dizer de Isabel Pereira Mendes, in *Código do Registo Predial,* 2.ª edição, pág. 138, «São dependentes as inscrições cuja subsistência esteja ligada. No caso contrário, são incompatíveis».

4 – Muito embora reportado a *pedidos incompatíveis,* veja-se Antunes Varela, in *Manual de Processo Civil,* pág. 246, que considera que serão incompatíveis os pedidos que mutuamente se excluam ou, dito de outra forma, *os pedidos incompatíveis* não podem ser ambos acolhidos sem admitir uma contradição na ordem jurídica.

CAPÍTULO VIII
Outros Atos

Artigo 112.º-A – Legalização de livros

(Revogado.)

COMENTÁRIOS

1 – Por força do disposto na alínea c) do artigo 61.º do Decreto-Lei n.º 76-A/2006, procedeu-se à revogação deste preceito, donde decorre a eliminação da obrigatoriedade da legalização de livros da escrituração mercantil dos comerciantes nas conservatórias do registo comercial.

Artigo 112.º-B – Nomeação de auditores e de revisores oficiais de contas

1 – Sempre que a lei exija a nomeação de peritos ou de auditores, bem como de revisores oficiais de contas, e a mesma não possa ser feita pela sociedade, mas seja admitida por processo extrajudicial, deve a entidade interessada requerer à conservatória competente que designe os peritos respetivos.

2 – Logo que apresentado o requerimento, a conservatória oficia, no prazo de dois dias, à Ordem dos Revisores Oficiais de Contas ou, não sendo esta entidade a legalmente competente, ao organismo representativo dos peritos em causa, havendo-o, ou, ainda, em caso negativo, à câmara de comércio mencionado pelo requerente, solicitando a indicação dos nomes e das moradas dos peritos a nomear.

3 – Recebida a comunicação, o conservador, no prazo de três dias, verifica, designadamente em face dos registos existentes na conservatória e dos elementos de que disponha, a existência de alguma incompatibilidade legal relativamente ao perito indicado.

4 – No caso de existir incompatibilidade, direta ou indireta, com a pessoa indigitada, a conservatória solicita, nos mesmos termos e dentro de igual prazo, a indicação de outro perito.

5 – Não existindo incompatibilidade, o conservador procede imediatamente à nomeação, por despacho exarado no próprio requerimento, e comunica o facto, no prazo de vinte e quatro horas, à entidade interessada.

6 – (Revogado.)

7 – O disposto nos números anteriores não é aplicável à designação de peritos independentes no âmbito dos processos de constituição ou transformação de sociedades anónimas europeias, prevista nas normas comunitárias correspondentes, a qual se rege pelo disposto na legislação nacional aprovada em execução dessas normas.

COMENTÁRIOS
Nomeação – processo extra judicial
Tramitação e prazos
Incompatibilidades
Tributação emolumentar

1 – Sempre a sociedade não possa por si proceder à nomeação de peritos, auditores ou revisores oficiais de contas, deve requerer essa designação junto da conservatória competente, desde que a mesma seja admitida por processo extrajudicial.

2 – O processo de nomeação de auditores e de revisores oficiais de contas deve obedecer aos seguintes trâmites:

a) As sociedades interessadas apresentam o seu requerimento à conservatória competente para que esta designe os peritos respetivos (n.º 1);

b) No prazo de dois dias, o conservador solicita à Ordem dos Revisores Oficiais de Contas ou, não sendo esta a entidade competente, ao organismo representativo dos peritos em causa, havendo-o, ou, em caso negativo, à câmara do comércio mencionada pelo requerente, que indique os nomes e moradas dos peritos a nomear (n.º2);

c) Após a receção da comunicação da entidade competente (à qual, note-se, não se fixa qualquer prazo para a resposta), o conservador, no prazo de três dias, verifica a existência de alguma incompatibilidade legal relativamente ao perito indicado, tendo designadamente em conta os registos existentes na conservatória e demais elementos de que disponha (n.º 3);

d) Caso se verifique a existência de alguma incompatibilidade legal, direta ou indireta, com a pessoa indigitada, a conservatória desencadeia, nos mesmos termos e dentro de igual prazo, a indicação de outro perito (n.º 4);

e) Inexistindo incompatibilidade o conservador procede à nomeação em causa, por despacho exarado no próprio requerimento e comunica tal facto à entidade interessada no prazo de vinte e quatro horas (n.º 5).

3 – Tanto a nomeação de auditores como a de revisores oficiais de contas é tributada nos termos prescritos no n.º 14 do artigo 22.º do RERN.

4 – A designação de peritos independentes preconizada no n.º 7 fica a cargo da Ordem dos Revisores Oficiais de Contas, por força do disposto no artigo 3.º do RJSAE.

A designação deve ocorrer a pedido de qualquer das sociedades interessadas ou a pedido conjunto das sociedades interessadas, nos casos de constituição de sociedades anónimas europeias e, ainda, nos casos de transformação da sociedade anónima europeia com sede em Portugal em sociedade anónima regulada pelo direito interno.

CAPÍTULO IX
Disposições Diversas

Artigo 113.º – Modelos oficiais

Os modelos de suportes documentais previstos neste Código são aprovados por despacho do diretor-geral dos Registos e do Notariado.

COMENTÁRIOS

Modelos de suportes documentais

1 – Os modelos de impressos para requerer os registos por transcrição e por depósito bem como os respeitantes à requisição de certidões são aprovados por despacho do presidente do IRN, I.P., sendo disponibilizados aos interessados gratuitamente. A este propósito veja a deliberação do Conselho Diretivo do IRN tomada em 27 de julho de 2022.

Os referidos modelos de impressos encontram-se disponibilizados no site www.irn.mj.ptimpressos.

2 – Relativamente à promoção de atos de registo comercial *online* e aos pedidos de certidão permanente veja-se também o que dispõe a Portaria n.º 1416-

A/2006, de 19 de dezembro, designadamente nos seus artigos 4.º e segs. e 14.º e segs., respetivamente.

3 – No que concerne aos suportes de registo mantêm-se os modelos de fichas e livro diário aprovados pela Portaria n.º 883/89, de 13 de outubro, por força do disposto no artigo 53.º do Decreto-Lei n.º 76-A/2006, de 29 de março.

Contudo, o livro diário é substituído pela listagem diária das anotações de apresentação dos pedidos de registo, obtida por meios informáticos e rubricada pelo conservador – cfr. a Portaria n.º 1089/90, de 30 de outubro, com as alterações introduzidas pela Portaria n.º 1306/93, de 27 de dezembro

Na referida Portaria consigna-se também a introdução em suporte magnético dos atos de registo confirmados pelo conservador, em substituição da utilização das fichas em vigor.

Atualmente, como é sabido, as fichas de registo são apresentadas em suporte informático.

Artigo 114.º – Pagamento dos emolumentos e taxas

1 – Os emolumentos e taxas devidas pelos atos praticados nos serviços de registo são pagos em simultâneo com o pedido ou antes deste.

2 – Quem apresenta o registo ou pede o ato deve proceder à entrega das importâncias que se mostrem devidas, nestas se incluindo as relativas ao cumprimento tardio da obrigação de registar.

3 – (Revogado.)

4 – (Revogado.)

5 – (Revogado.)

6 – (Revogado.)

7 – Para a confirmação da liquidação de contas emolumentares é competente o conservador e qualquer oficial dos registos.

8 – Quando não forem pagos os emolumentos e taxas devidas e não tiver havido rejeição, o serviço de registo notifica o interessado por qualquer meio idóneo para, no prazo de dois dias, proceder à entrega das quantias em falta.

COMENTÁRIOS

Direito pregresso

Emolumentos e taxas

Falta de pagamento tempestivo

Consequências

Regra de custas processuais e apoio judiciário – emolumentos suportados pelo IGFEJ, I.P.

1 – A redação atual deste preceito resulta da alteração introduzida pelo artigo 29.º, alínea *d)*, do Decreto-Lei n.º 201/2015, de 17 de setembro, diploma que aprovou o modelo de contabilidade dos serviços de registo do IRN, I.P.

2 – Como decorre do disposto no n.º 1 do artigo 1.º do RERN, aprovado pelo Decreto-Lei n.º 322-A/2001, de 14 de dezembro, os atos praticados nos serviços de registo estão sujeitos a tributação emolumentar, nos termos fixados na tabela anexa, sem prejuízo dos casos de gratuitidade, isenção ou redução previstos no referido diploma.

3 – A falta de pagamento tempestivo das quantias devidas (n.º 1 deste artigo 114.º) determina a rejeição da apresentação ou do pedido, como decorre do disposto no artigo 46.º, n.º 1, alínea *b)*, e n.º 2, alínea *a)*, do CRC.

4 – Se, não obstante o que se encontra prescrito nas normas citadas no número anterior, não tiver sido pago o emolumento devido e, mesmo assim, não tiver sido rejeitada a apresentação ou o pedido, o serviço de registo notifica o interessado, por qualquer meio idóneo, para, no prazo de dois dias úteis, proceder à entrega das quantias em falta.

5 – As custas do processo englobam a taxa de justiça e os encargos, conforme resulta do disposto no artigo 1.º do Regulamento das Custas Judiciais.

De um modo geral, todos os atos que são requeridos pelo Ministério Público entram em regra de custas de processo.

6 – Sempre que os emolumentos devam entrar em regra de custas processuais ou os requerentes beneficiem de apoio judiciário as quantias são descontadas na receita do IGFEJ, I.P., cobrada pelos serviços de registo, sendo que o montante que vier a ser cobrado por via das referidas custas ou apoio judiciário constitui receita do aludido Instituto, como decorre do prescrito no artigo 19.º do Decreto-Lei n.º 201/2015.

7 – Se falhar o pressuposto consagrado na norma do n.º 6, *in fine*, do artigo 17.º do RCP, o valor da ação de insolvência previsto no primeiro segmento da aludida norma, servirá de limite máximo para o cálculo da remuneração dos liquidatários nomeados pela conservatória devido à sua ligação intrínseca com o procedimento administrativo de liquidação, cuja génese provocou.

Por conseguinte, sendo o património social insuficiente ou de todo inexistente, o pagamento da remuneração do liquidatário fica então a cargo do Instituto de Gestão Financeira e de Equipamentos da Justiça, por força do prescrito na alínea k) do artigo 3.º dos Estatutos aprovados pela Portaria n.º 391/2012, de 29 de novembro.

Os serviços de registo devem sempre apreciar o pedido do liquidatário no que respeita ao montante da remuneração reivindicada e, e se em face dos elementos constantes do correspondente processo e da lei aplicável o considerarem exorbitante ou desconforme, proferir decisão sobre o mesmo, fixando o montante que considerem adequado em face do tempo dispendido, da complexidade dos problemas resolvidos, da utilidade da atividade desenvolvida, do valor dos bens vendidos, sendo o caso, e do saldo disponível, tendo em consideração que lhes compete zelar com equidade pela gestão criteriosa do erário público. Para mais desenvolvimentos veja-se, entre outros, o parecer proferido no proc.º n.º C.Co.32/2013STJ-CC.

8 – Da conta emolumentar correspondente a ato de registo que não tenha sido voluntariamente paga deve o conservador passar certificado de conta e submetê-lo a confirmação superior, para fins de execução, cuja promoção incumbe ao Ministério Público (artigo 133.º do Decreto-Lei n.º 55/1980, de 8 de outubro). Contudo, no referido certificado não deve ser englobado, em situação alguma, o valor correspondente a imposto de selo (ou outros) em falta, visto que o IRN, I.P., atento o âmbito das suas atribuições, não tem legitimidade para desencadear a cobrança coerciva do mesmo – Cfr., neste sentido, o parecer proferido no proc.º n.º C.Co.19/2013STJ-CC.

Artigo 115.º – Direito subsidiário

São aplicáveis, com as necessárias adaptações, ao registo comercial, na medida indispensável ao preenchimento das lacunas da regulamentação própria, as disposições relativas ao registo predial que não sejam contrárias aos princípios informadores do presente diploma.

COMENTÁRIOS

Direito subsidiário aplicável

1 – Quando este Código foi publicado pretendeu-se autonomizar o regime do registo comercial do regime do registo predial.

Nessa conformidade, no n.º 5 do preâmbulo do Decreto-Lei n.º 403/86, de 3 de dezembro, que aprovou o Código do Registo Comercial, refere-se expressamente que se abandona a tradicional subsidiariedade do regime do registo comercial relativamente ao regime do registo predial.

No entanto, a proclamada autonomização durou pouco tempo, tendo, na primeira revisão deste Código, sido logo aditado este preceito pelo artigo 2.º do Decreto-Lei n.º 349/89, de 13 de outubro.

No exórdio deste diploma reassume-se clara e expressamente a ideia da subsidiariedade do registo predial, mas apenas na medida indispensável ao preenchimento das lacunas da regulamentação própria e que não sejam contrárias aos princípios informadores do registo comercial.

2 – A propósito deste artigo, Rocheta Gomes, in *O Direito,* pág. 55 e segs., refere que a razão decisiva por que o nosso direito comercial se deve reger subsidiariamente pelas disposições do registo predial reside no facto de todos os dias, na aplicação dos pressupostos do processo de registo e na sua execução prática, se afirmarem princípios e orientações que desde há século e meio o registo predial tem trabalhado e aperfeiçoado constantemente.

As lacunas com que nos defrontamos no registo comercial só com recurso às normas do registo predial podem ser colmatadas.

3 – Fala-se em lacuna da lei, quando existe uma incompleição do sistema normativo que contraria o plano deste. – Cfr. Oliveira Ascensão, in *O Direito Internacional e Teoria Geral,* pág. 427, 9.ª edição.

Também Batista Machado, in *Introdução ao Estudo do Direito e ao Discurso Legitimador,* 1983, pág. 194 e seguintes, refere ser a *lacuna* sempre uma «incompletude» relativamente a algo que protende para a completude, dizendo-se, pois, que uma lacuna é uma «*incompletude* contrária a um plano».

4 – Se é certo que o artigo 115.º do CRC, introduzido pelo Decreto-Lei n.º 349/89, de 13 de outubro, veio considerar aplicáveis ao registo comercial, com as necessárias adaptações, as disposições relativas ao registo predial que não sejam contrárias aos princípios informadores do CRC, tal aplicabilidade só tem lugar «na medida indispensável ao preenchimento das lacunas da regulamentação própria».

Portanto, apesar de se haver reconhecido que o registo predial continua a ser a matriz que contém a disciplina comum da instituição do registo" (Preâmbulo daquele Decreto-Lei), as suas normas só serão aplicáveis ao registo comercial naquelas especiais e restritas circunstâncias, vale por dizer, quando se verificar que existe uma lacuna da regulamentação própria que demanda preenchimento. – Cfr., neste sentido, os pareceres do CT proferidos nos proc.os n.os 32/90- R.P.4 e 93/91-R.P.4.

5 – Com a publicação do Decreto-Lei n.º 125/2013, de 30 de agosto, acentuou-se, deliberadamente, a aludida subsidiariedade no que respeita aos prazos, sua contagem, e notificações, bem como aos requisitos processuais da impugnação das decisões de qualificação.

Artigo 116.º – Tramitação, comunicações e notificações por via eletrónica

1 – A tramitação dos procedimentos e atos para os quais a conservatória seja competente, bem como a tramitação dos recursos e impugnações previstos no presente diploma, pode ser integralmente eletrónica, em termos a regulamentar por portaria do Ministro da Justiça, sem prejuízo do disposto no n.º 2 do artigo 57.º.

2 – Todas as comunicações e notificações previstas no presente Código podem ser efetuadas por via eletrónica, nos termos a regulamentar por portaria do Ministro da Justiça.

COMENTÁRIOS

Tramitação, comunicações e notificações por via eletrónica

1 – A aplicabilidade deste preceito está dependente da publicação de portaria do Ministro da Justiça.

2 – A propósito da tramitação dos procedimentos, comunicações e notificações por via eletrónica, bem como do prescrito no Decreto-Lei n.º 92/2010, de 27 de junho, veja-se o parecer proferido pelo C.T. no proc.º n.º C.Co.27/2010SJC-CT.

Legislação Complementar

Portaria n.º 657-A/2006, de 29 de junho

O Decreto-Lei n.º 76-A/2006, de 29 de março, procedeu a uma profunda alteração do Código do Registo Comercial, designadamente, com a eliminação da competência territorial das conservatórias do registo comercial, a redução do número de actos sujeitos a registo, a consagração de um novo regime de registo por depósito de documentos, a criação de condições para a plena utilização dos sistemas informáticos e a reformulação de actos e procedimentos internos.

Simultaneamente, procedeu à revogação do Regulamento do Registo Comercial, pelo que se torna necessário aprovar uma nova regulamentação daquele Código, desenvolvendo as novas soluções nele previstas.

Sem prejuízo da regulamentação, a aprovar futuramente, da apresentação por via electrónica de pedidos de registo e de certidão, procede-se, desde já, à regulamentação determinada pelo n.º 2 do artigo 28.º e pelo n.º 1 do artigo 77.º do Código do Registo Comercial, respeitante às formas de apresentação dos pedidos de registo e de requisição de certidões.

Assim:

Manda o Governo, pelo Ministro da Justiça, tendo em conta, designadamente, o disposto no n.º 2 do artigo 28.º e no n.º 1 do artigo 77.º do Código do Registo Comercial, o seguinte:

Artigo 1.º – Objeto

É aprovado o Regulamento do Registo Comercial, em anexo ao presente diploma, do qual faz parte integrante.

Artigo 2.º – Disposições transitórias

1 – Enquanto não se verificar a informatização do serviço de registo, são aplicáveis a este as disposições do Regulamento do Registo Comercial, aprovado pela Portaria n.º 883/89, de 13 de Outubro, que respeitem a livros, fichas e verbetes ou que pressuponham a sua existência.

2 – Por força da transcrição dos registos para suporte informático:

a) A entidade a que aqueles respeitam passa a ter o número de matrícula previsto na alínea a) do n.º 1 do artigo 8.º do Regulamento do Registo Comercial, aprovado pela presente portaria, devendo fazer-se menção adicional ao anterior número de matrícula no registo;

b) As menções constantes dos averbamentos à matrícula e suas correspondentes alterações e rectificações são transcritas para inscrições já lavradas se integrarem o facto publicitado por estas e, em caso contrário, são transcritas para novas inscrições, com menção do número e da data de apresentação ou da data de feitura do averbamento transcrito.

Artigo 3.º – Entrada em vigor e produção de efeitos

1 – A presente portaria entra em vigor no dia 30 de Junho de 2006.

2 – O disposto no n.º 1 do artigo 1.º, no artigo 2.º, nos n.os 1 a 4 e 8 do artigo 3.º e nos artigos 8.º, 9.º, 11.º e 13.º do Regulamento do Registo Comercial, aprovado pela presente portaria, produz efeitos desde 31 de Outubro de 2005.

REGULAMENTO DO REGISTO COMERCIAL[4]

CAPÍTULO I
Suporte e processo de registo

SECÇÃO I
Suportes de registo

Artigo 1.º – Instrumentos do registo

1 – Para o serviço de registo, existem nas conservatórias:

a) Um diário, em suporte informático, destinado à anotação cronológica das apresentações dos pedidos de registo por transcrição e respetivos documentos;

b) Fichas de registo em suporte informático;

c) Pastas destinadas ao arquivo de documentos.

2 – Os suportes previstos na alínea *c)* do número anterior podem ser substituídos pelo arquivo dos documentos em suporte eletrónico, nos termos fixados por despacho do diretor-geral dos Registos e do Notariado.

Artigo 2.º – Fichas informáticas de registo[5]

1 – As fichas informáticas de registo contêm a matrícula da entidade sujeita a registo e os registos por transcrição e menções dos registos por depósito que lhe respeitem.

[4] Vejam-se as alterações introduzidas pelas Portarias n.os 1416-A/2006, de 19 de dezembro, 562/2007 de 30 de abril, 234/2008, de 12 de março, 4/2009, de 2 de janeiro, 1256/2009, de 14 de outubro, 233/2018, de 21 de agosto, 89/2019, de 18 de março, e 47/22, de 20 de janeiro.

[5] Redação conferida pela referida Portaria n.º 1256/2009.

2 – A cada entidade corresponde uma única ficha informática.

3 – Se a alteração da natureza jurídica da entidade registada determinar a atribuição de um novo número de identificação de pessoa coletiva, é aberta uma nova ficha informática para o registo da entidade em causa.

4 – Os registos por transcrição e as menções de depósito são elaborados através do preenchimento obrigatório dos campos específicos da aplicação informática que serve de suporte ao registo comercial.

Artigo 3.º – Pastas[6]

1 – Os documentos que serviram de base ao registo e a respetiva requisição, bem como o texto das publicações, quando não efetuadas por via eletrónica, são arquivados em pastas privativas de cada entidade sujeita a registo, existentes na conservatória da área da respetiva sede.

2 – As conservatórias podem atribuir um número de ordem a cada pasta.

3 – Os documentos respeitantes a registos que já não se encontrem em vigor podem ser transferidos para uma pasta-desdobramento, com anotação do facto em ambas as pastas.

4 – Anotada a caducidade do registo provisório, os documentos são desentranhados da pasta para devolução aos interessados.

5 – Após a feitura de registo solicitado em conservatória não detentora da pasta da entidade, deve esta conservatória remeter à competente a requisição e os documentos que a instruíram, bem como os despachos a que tenha havido lugar, para arquivamento na pasta respetiva.

6 – (Revogado.)

7 – Sempre que a conservatória onde foi solicitado o registo não for a detentora da pasta da entidade e o funcionário competente para o registo tenha necessidade de consultar documentos nela arquivados, deve solicitar àquela Conservatória o envio imediato de cópia dos mesmos, por telecópia ou qualquer outra forma expedita.

8 – Efetuada a inscrição que publicite a mudança voluntária da sede da entidade para outro concelho, a pasta respetiva é remetida oficiosamente à conservatória nele situada, sendo a entidade notificada de tal facto.

9 – O envio dos documentos previsto nos n.os 5, 7 e 8 só ocorre quando não existam condições que garantam o acesso por via eletrónica à informação sobre a entidade.

[6] Redação dada pela Portaria n.º1416-A/2006, de 19 de dezembro.

SECÇÃO II
Processo de registo

Artigo 4.º – Pedido de registo

1 – O pedido de registo é formulado verbalmente, se efetuado presencialmente por pessoa com legitimidade para o efeito.

2 – Nos restantes casos, o pedido de registo é efetuado pela forma escrita, de acordo com modelo aprovado por despacho do diretor-geral dos Registos e do Notariado.

3 – Nos casos previstos no n.º 1, deve ser disponibilizado ao interessado um comprovativo do pedido efetuado.

Artigo 4.º-A – Número de identificação da segurança social[7]

1 – No pedido de registo de facto que importe a extinção da entidade sujeita a registo deve ser indicado o seu número de identificação da segurança social ou declarada a sua inexistência.

2 – No caso de o registo dos factos referidos no número anterior ser realizado oficiosamente, a conservatória deve realizar as diligências necessárias à obtenção do número da segurança social.

Artigo 5.º – Apresentação de pedidos de registo

1 – A anotação da apresentação do pedido de registo por transcrição deve conter os seguintes elementos:

a) O número de ordem e a data da apresentação;
b) O nome completo do apresentante e o número do respetivo documento de identificação;
c) O facto a registar;
d) O nome, a firma ou a denominação da pessoa ou do estabelecimento;
e) A espécie de documentos e o seu número.

2 – Para fins de apresentação, a matrícula e o registo pedido constituem um só ato de registo.

Artigo 6.º – Ordem de feitura dos registos relativos a participações sociais e respetivos titulares

O registo por depósito de factos relativos a quotas ou partes sociais e respetivos titulares deve ser efetuado pela ordem do respetivo pedido.

[7] Aditado pela Portaria n.º 1416-A/2006.

Artigo 7.º – Requisição de certidões

O pedido de certidão é formulado verbalmente, se efetuado presencialmente pelo interessado.

CAPÍTULO II
Menções dos registos

SECÇÃO I
Registos por transcrição

Artigo 8.º – Menções da matrícula[8]

1 – O extracto da matrícula deve conter:

a) O número de matrícula, que corresponde ao número de identificação de pessoa colectiva ou entidade equiparada (NIPC) da entidade sujeita a registo, e a conservatória detentora da pasta desta última;

b) A natureza jurídica da entidade;

c) O nome completo e a firma, se diferente daquele, do comerciante individual, o seu número fiscal e o estabelecimento principal ou o local do exercício da actividade principal, com indicação do código postal válido;

d) A firma ou denominação, o número de identificação de pessoa colectiva e a sede da pessoa colectiva e do estabelecimento individual de responsabilidade limitada, com indicação do código postal válido, bem como o objecto, o capital e a data do encerramento do exercício, e ainda, quanto a sociedades comerciais, empresas públicas, agrupamentos complementares de empresas, agrupamentos europeus de interesse económico e cooperativas, a forma de obrigar, os titulares dos órgãos sociais e a duração dos respectivos mandatos;

e) A firma da representação permanente de pessoa colectiva, bem como o número de identificação de pessoa colectiva e o local de representação, com indicação do código postal válido, o objecto, o capital afecto, quando exista, a data de encerramento de exercício e os representantes;

f) Os fins, a forma;

g) O código CAE (compreendendo o CAE principal e até três CAE secundários);

h) A menção do seu cancelamento, quando este se verifique;

[8] Alterado pelas Portarias n.ºs 233/2018, de 21 de agosto, 80/2019, de 18 de março, e 47/22, de 20 de janeiro.

i) Outros elementos identificadores da entidade sujeita a registo cuja menção no extracto da matrícula seja determinada por despacho do presidente do Instituto dos Registos e do Notariado, I. P.

2 – A matrícula das representações permanentes das sociedades com sede principal e efectiva no estrangeiro deve incluir a referência a 'representação permanente', 'sucursal' ou outra equivalente, à escolha do interessado.

3 – O registo de declaração de perda do direito ao uso de firma ou denominação determina a correspondente menção na matrícula.

4 – As alterações ao código CAE constantes do Sistema de Informação da Classificação Portuguesa das Actividades Económicas (SICAE) são automaticamente reflectidas na matrícula.

5 – É igualmente refletida na matrícula a informação de que a entidade não cumpriu a obrigação de declaração do beneficiário efetivo, que seja comunicada pelo Registo Central do Beneficiário Efetivo[9].

6 – A informação referida no número anterior é eliminada após comunicação do Registo Central de Beneficiário Efetivo de que cessou a situação de incumprimento.

7 – A matrícula das sociedades comerciais por quotas, anónimas, em comandita por ações, sucursais financeiras exteriores e das representações permanentes de sociedades comerciais de responsabilidade limitada com sede em Estado-Membro da União Europeia deve conter o número único de identificação (EUID), previsto no artigo 4.º do Decreto-Lei n.º 24/2019, de 1 de fevereiro, o qual permite a respetiva identificação inequívoca nas comunicações efetuadas através do sistema de interconexão dos registos da União Europeia.

8 – O EUID é composto pelo código PTIRNMJ, seguido do NIPC das pessoas coletivas identificadas no número anterior.

9 – A matrícula deve conter ainda os endereços de correio eletrónico indicados pelos interessados, quando sejam facultados para que constem do registo.

Artigo 9.º – Menções gerais das inscrições[10]

1 – Do extrato da inscrição deve constar:

a) O número de ordem correspondente e o número e a data da apresentação;

b) Sendo a inscrição provisória, a menção de que o é, por natureza ou por dúvidas, com indicação, no primeiro caso, da disposição legal aplicável;

[9] A propósito do disposto nos n.ºs 5 e 6 veja-se o artigo 10.º do CRC, bem como as respetivas anotações.

[10] Redação introduzida pelas Portarias n.ºs 1416-A/2006, de 19 de dezembro, e 47/22, de 20 de janeiro.

c) O facto registado;

d) O nome completo, a residência habitual ou domicílio profissional e o número de identificação fiscal (NIF) ou a firma, a sede e o número de identificação de pessoa coletiva (NIPC) dos sujeitos que figurem ativamente no facto.

2 – Sem prejuízo do disposto no número anterior, deve constar, igualmente, do extrato da inscrição o estado civil dos sócios e, sendo casados, o nome do cônjuge e o respetivo regime de bens.

3 – Devem constar do extrato da inscrição os endereços de correio eletrónico indicados pelos interessados, quando sejam facultados para que constem do registo.

Artigo 10.º – Menções especiais das inscrições[11]

O extrato da inscrição deve ainda conter as seguintes menções especiais:

a) Na de início de atividade do comerciante individual, o nome completo e a firma, se diferente daquele, o seu número de identificação fiscal, a data do início de atividade, a nacionalidade, o estado civil e, sendo casado, o nome do cônjuge e o regime de bens, o ramo de atividade e a localização do estabelecimento principal;

b) Na de constituição de sociedade, a firma, a sede, o prazo de duração, quando determinado, o objecto, o capital e, não estando realizado, o montante em que ficou, as quotas ou partes sociais, ou o valor nominal e a natureza das ações, a data do encerramento do exercício social, a administração, a fiscalização e a forma de obrigar a sociedade e, tratando-se de constituição de sociedade anónima europeia, para além das menções anteriores, a modalidade de constituição;

c) Na de constituição de cooperativa, a firma, a sede, o prazo de duração, quando determinado, o objecto, o capital mínimo, a direção, a fiscalização e a forma de obrigar a cooperativa;

d) Na de constituição de empresa pública, a firma, a sede, o prazo de duração, quando determinado, o objeto, o capital, a administração, a fiscalização e a forma de obrigar a empresa;

e) Na de contrato de agrupamento complementar de empresas e na de agrupamento europeu de interesse económico, a firma, a sede, o prazo de duração, quando determinado, o objeto, o nome ou a firma dos membros, as contribuições genéricas dos agrupados para os encargos e a constituição do capital, havendo-o, a administração e a forma de obrigar o agrupamento;

[11] Redação conferida pela Portaria n.º 80/2019, de 18 de março.

f) Na de constituição de estabelecimento individual de responsabilidade limitada, o nome, a residência e a nacionalidade do titular, a sede, a data do início da atividade, o prazo de duração, quando determinado, o objeto e o capital;

g) Na criação de representação permanente, a identificação da pessoa coletiva representada, por referência à firma, nacionalidade, sede, objeto e capital, e número único de identificação (EUID) quando aplicável, e ainda a firma, o local de representação, o capital afeto quando exigível, e a data de encerramento do exercício social;

h) Na de entrada de novos membros do agrupamento complementar de empresas, a data da deliberação;

i) Na de designação dos membros dos órgãos de administração, fiscalização e liquidação, bem como do secretário da sociedade, o prazo por que foram designados, se o houver, e a data da deliberação;

j) Na de alteração do contrato ou do ato constitutivo, a indicação dos artigos alterados e, tratando-se da alteração de algum dos elementos previstos nas alíneas *b)* a *f)*,a respetiva menção;

l) Na de prorrogação, a data da deliberação;

m) Na de fusão e de cisão, a modalidade, a firma, o número de identificação de pessoa coletiva e a sede das entidades participantes, as alterações ao contrato ou aos estatutos da entidade incorporante ou cindida quanto às menções previstas nas alíneas b) a e), bem como a data da deliberação que aprovou o projeto, nos casos em que, por lei, aquela deliberação não é dispensada;

n) Na de transformação, a data da deliberação e as menções do contrato ou dos estatutos previstas nas alíneas *b)* a *e)*;

o) Na de aumento do capital, o montante após o aumento, a natureza da subscrição e como foi subscrito;

p) Na de redução do capital, a quantia a que este ficou reduzido e a data da deliberação;

q) Na de reintegração do capital, o montante e a sua distribuição pelos sócios;

r) Na de dissolução, o prazo para a liquidação, quando estipulado;

s) Na de encerramento da liquidação, a data da aprovação das contas e o nome, residência habitual ou domicílio profissional e o número de identificação fiscal do depositário designado nos termos do n.º 4 do artigo 157.º do Código das Sociedades Comerciais;

t) Na de regresso à atividade da sociedade, quando deliberada pelos sócios, a data da deliberação;

u) Na de encerramento de representação permanente, a data do encerramento;

v) Na de ação e nas dos procedimentos e providências cautelares, o pedido, o tribunal onde o processo foi instaurado e a respetiva data de entrada;

x) Na de declaração de insolvência, a data e hora de prolação da sentença e a data do respetivo trânsito em julgado e, se for caso disso, a menção adicional da presumível insuficiência do património do devedor para a satisfação das custas do processo e das dívidas previsíveis da massa insolvente;

z) Na de indeferimento do pedido de declaração de insolvência, a data do trânsito em julgado da sentença respetiva;

aa) Na de nomeação de administrador judicial e de administrador judicial provisório da insolvência, o domicílio profissional do administrador nomeado e, no caso de nomeação de administrador judicial provisório, os poderes que lhe foram atribuídos;

ab) Na de atribuição ao devedor da administração da massa insolvente, a data do despacho que a decretou e, sendo decretada a proibição da prática de certos atos pelo devedor sem o consentimento do administrador da insolvência, a especificação dos atos sujeitos a esse condicionalismo;

ac) Na de inabilitação e de inibição de comerciantes individuais para o exercício do comércio e de determinados cargos, a data do trânsito em julgado da sentença, o prazo da inabilitação e da inibição e a especificação das inibições decretadas;

ad) Na de nomeação de curador ao insolvente inabilitado, o domicílio profissional do curador;

ae) Na que publicita o despacho inicial no procedimento de exoneração do passivo restante do comerciante individual, a data do despacho e a menção do nome e domicílio profissional do fiduciário do rendimento disponível do devedor;

af) Na de exoneração do passivo restante do comerciante individual, a data do trânsito em julgado do despacho que a determina;

ag) Na de encerramento do processo de insolvência, a data da respetiva decisão judicial e a razão determinante do encerramento e, no caso de encerramento por homologação de plano de insolvência cuja execução fique sujeita a fiscalização, a menção deste último condicionalismo e, se for o caso, dos atos cuja prática depende do consentimento do administrador da insolvência e do limite quantitativo dentro do qual é lícita a concessão de prioridade a novos créditos;

ah) Na de constituição de entidades resultantes de fusão, cisão ou cisão/fusão, a menção desta circunstância, bem como o número de identificação de pessoa coletiva das entidades fundidas ou cindidas.

Artigo 11.º – Menções gerais dos averbamentos à inscrição

Os averbamentos à inscrição devem conter:

a) O número de ordem privativo do averbamento dentro da inscrição a que respeita;

b) O número e a data da apresentação ou, se desta não dependerem, a data em que são feitos;

c) A menção do facto averbado.

Artigo 12.º – Menções especiais dos averbamentos à inscrição

O extrato do averbamento à inscrição deve ainda conter as seguintes menções especiais:

a) No de recondução de funções de membros dos órgãos de administração e de fiscalização e do secretário da sociedade, o prazo por que foram reconduzidos, quando indicado, e a data da deliberação;

b) No de cessação de funções dos membros dos órgãos de administração, fiscalização e liquidação e do secretário da sociedade, a data e a causa;

c) Nos de concessão e modificação de poderes dos liquidatários, os poderes concedidos ou modificados e a data;

d) No de realização integral do capital, a data;

e) No de declaração de perda do direito ao uso da firma ou denominação, a data e a causa;

f) No de decisão final de ações inscritas, o conteúdo dispositivo da sentença e a data do trânsito em julgado;

g) No de cessação de funções do administrador judicial ou do administrador judicial provisório da insolvência e no de cessação de funções do curador do insolvente inabilitado, a causa;

h) No de proibição ao devedor insolvente da prática de certos atos sem o consentimento do administrador da insolvência, quando tal proibição não for determinada conjuntamente com a atribuição ao devedor da administração da massa insolvente, a data do despacho respetivo e a especificação dos atos sujeitos a esse condicionalismo;

i) No de cessação da administração da massa insolvente pelo devedor, a data do despacho que a decretou;

j) No de confirmação do fim do período de fiscalização incidente sobre a execução de plano de insolvência, a data da decisão judicial respetiva;

l) No de cessação antecipada do procedimento de exoneração do passivo restante de comerciante individual, a data do despacho respetivo;

m) No de revogação da exoneração do passivo restante de comerciante individual, a data do trânsito em julgado do despacho respetivo.

Artigo 13.º – Anotações

As anotações previstas na lei devem conter:

a) A data da apresentação dos documentos ou, se dela não dependerem, a data em que foram lavradas, bem como o número de ordem privativo dentro das inscrições ou averbamentos a que respeitam;

b) O facto anotado.

Artigo 13.º-A – Referência ao código postal[12]

Em todas as menções de sede, localização de estabelecimento, ou residência ou domicílio profissional, é obrigatória a indicação de código postal válido.

SECÇÃO II
Registos por depósito

Artigo 14.º – Menções gerais do registo por depósito[13]

1 – O depósito dos documentos que titulem factos sujeitos a registo é mencionado na ficha de registo, com indicação:

a) Da data do depósito;

b) Do facto a registar;

c) Do nome ou denominação, da residência habitual, domicílio fiscal ou sede, com indicação de código de postal válido, do número de identificação fiscal e, quando facultado, do endereço de correio eletrónico do sujeito ativo do facto;

d) Do nome, qualidade e número de cédula profissional ou documento equivalente, quando aplicável, de quem requereu o depósito, bem como a residência ou domicílio profissional, com indicação de código de postal válido.

2 – As indicações previstas no número anterior são recolhidas do pedido de registo.

Artigo 15.º – Menções especiais do registo por depósito[14]

1 – O registo por depósito de documentos deve ainda conter as seguintes menções especiais:

a) No de deliberação da assembleia geral para a aquisição de bens e no de deliberação de manutenção ou termo do domínio total, a data da deliberação;

b) No de deliberação de amortização, conversão e remissão de ações, a data da deliberação, o montante das ações e a sua espécie, quando indicada;

[12] Aditado pela Portaria n.º 1256/2009, de 14 de outubro.

[13] Redação dada pelas Portarias n.ºs 1256/2009, de 14 de outubro, e 47/22, de 20 de janeiro.

[14] Redação conferida pela referida Portaria n.º 1256/2009.

c) No de emissão de obrigações, o montante da emissão, o valor nominal das obrigações e a data da deliberação;
d) No de prestação de contas, o ano do exercício e os elementos referidos no n.º 4 do artigo 72.º do Código do Registo Comercial;
e) No de deliberação de redução do capital social, o montante e a data da deliberação;
f) No de projeto de fusão ou cisão, a modalidade, a firma, o número de identificação de pessoa coletiva e a sede, com indicação de código de postal válido, das entidades participantes;
g) No de projeto de constituição de sociedade anónima europeia, a modalidade de constituição e, no caso de constituição por meio de fusão ou de constituição de sociedade gestora de participações sociais, a firma e sede, com indicação de código de postal válido, das sociedades participantes;
h) No de contrato de subordinação, no de contrato de agência ou representação comercial e no de mandato, o início de produção de efeitos e o prazo de duração, quando estipulado;
i) No de ação, procedimento ou providência cautelar, o pedido, o tribunal onde o processo foi instaurado e a respetiva data de entrada;
j) No de decisão judicial, o conteúdo dispositivo e a data do trânsito em julgado da sentença, o tribunal que a decretou e o respetivo número de processo.
l) No de cancelamento, o facto a que respeita o registo cancelado e o respetivo número de ordem;
m) No de modificação ou retificação, o facto a que respeita o registo modificado ou retificado, o respetivo número de ordem e, sendo modificado ou retificado algum dos elementos constantes da menção, a sua indicação.

2 – O registo de facto respeitante a participação social ou respetivo titular deve ainda mencionar:

a) A quota ou parte social objeto do facto registado;
b) O estado civil do sujeito ativo do facto e, sendo casado, o nome do cônjuge e o regime de bens;
c) A identificação do sujeito passivo do facto, nos termos previstos para o sujeito ativo;
d) Tratando-se de registo de penhor, para além das menções anteriores, a quantia garantida;
e) Tratando-se de registo de penhora ou arresto, para além das menções previstas nas alíneas *a)* a *d)*, o tribunal onde a providência foi decretada e o respetivo número de processo;

f) Tratando-se de registo de amortização de quota, extinção de parte social, exoneração ou exclusão de sócio, para além das menções das alíneas *a)* e *b)*, a data do facto.

3 – O disposto no n.º 2 do artigo anterior é aplicável às menções previstas neste artigo.

CAPÍTULO III
Disposições finais

Artigo 16.º – Notificações

Sempre que a lei não disponha em contrário e sem prejuízo do disposto no artigo 116.º do Código do Registo Comercial, as notificações são efetuadas por carta registada.

Artigo 17.º – Emolumentos[15]

Para efeitos de tributação emolumentar, o secretário da sociedade é equiparado a órgão social.

[15] Aditado pela Portaria n.º 1416-A/2006.

REGIME ESPECIAL DE CONSTITUIÇÃO IMEDIATA DE SOCIEDADES
Decreto-Lei n.º 111/2005,[16] de 8 de julho

O desenvolvimento da competitividade da economia portuguesa é uma prioridade fundamental do XVII Governo Constitucional.

Tal pressupõe que se realize um forte esforço de eliminação de atos e práticas inúteis, evitando que os cidadãos e as empresas sejam onerados com atividades burocráticas que nada acrescentem e não constituem uma mais-valia. Para o efeito, os serviços do Estado devem oferecer uma resposta ágil, rápida e desburocratizada.

No processo de constituição de sociedades comerciais, a atividade do Estado deve limitar-se ao essencial para garantir a segurança da atividade das empresas e das transações comerciais. A constituição de sociedades comerciais não deve ser permeável à existência de burocracias e atos enraizados pelas práticas e

[16] A redação deste Decreto-Lei tem sofrido diversas alterações (e algumas revogações e aditamentos) introduzidas pelos Decretos Leis n.os 76-A/2006, 29 de março (altera os artigos 8.º e 25.º), 125/2006, 29 de junho (altera os artigos 1.º, 3.º, 6.º, 8.º, 11.º, 12.º, 14.º e 15.º), 318/2007, de 26 de setembro [altera os artigos 12.º, 13.º e 14.º, sendo que o disposto na alínea *d)* do n.º 1 do artigo 13.º, na nova redação, na parte relativa à comunicação oficiosa ao RNPC para efeitos de dispensa da prova prevista no n.º 6 do artigo 33.º do regime do RNPC, é aplicável às sociedades constituídas com aquisição de marca registada desde 14 de julho de 2006, e procede à revogação da alínea *c)* do n.º 1 do artigo 14.º e ao aditamento do artigo 15.º-A], 247-B/2008, de 30 de dezembro, [altera os artigos 2.º a 4.º, 7.º a 15.º e 27.º, revoga as alíneas *a)* e *b)* do artigo 2.º e o artigo 15.º-A e adita o artigo 4.º -A], 99/2010, de 2 de setembro (altera o artigo 11.º) e 33/2011, de 7 de março (altera o artigo 7.º).

por métodos que não constituam um valor acrescentado em função da proteção daqueles valores. Por outras palavras, sendo o crescimento da atividade económica uma prioridade do XVII Governo Constitucional e assentando uma parcela muito relevante desse crescimento nas sociedades comerciais, há que garantir que o Estado não constitui um entrave ao dinamismo dos agentes económicos. Ao invés, o Estado tem de acompanhar a sua competitividade, garantindo as respostas que as empresas exigem.

Cumprindo estes objetivos e no sentido de impulsionar o desenvolvimento da economia nacional, o presente diploma concretiza o Programa de Governo, prevendo a possibilidade de criação de empresas «na hora» perante as conservatórias do registo comercial e os seus respetivos postos de atendimento nos centros de formalidades de empresas.

Os interessados na constituição de uma sociedade comercial podem, assim, dirigir-se a uma destas conservatórias manifestando a intenção de constituir a empresa, bastando-lhes escolher uma das firmas pré-aprovadas à sua disposição e escolhendo o pacto ou ato constitutivo previamente aprovado e certificado pelos serviços de registos e notariado. A conservatória do registo comercial assegurará a comunicação e as formalidades subsequentes a todas as entidades que devam ser notificadas da constituição da sociedade, sem que os interessados fiquem onerados com tal tarefa, o que constitui um importante elemento de desburocratização e simplificação de processos administrativos, com as inerentes vantagens para o cidadão, para as empresas e para a própria Administração Pública.

Pela constituição destas sociedades será devida uma taxa inferior à que hoje impende perante os cidadãos e as empresas que adotem a via tradicional. Por um lado, se o processo que agora se estabelece é mais simples, o preço deve ser menor. Por outro lado, o Estado assegura por esta via a competitividade nacional, pois o custo da criação de sociedades em Portugal passa assim a ser muito competitivo no contexto de um mercado aberto.

Finalmente, o preço da constituição das sociedades cuja atividade principal seja classificada como «atividade informática ou conexa» ou como «atividade de investigação e desenvolvimento» é especialmente reduzido. Visa-se por esta via desenvolver uma opção estratégica fundamental do País: o desenvolvimento da economia nacional em torno do plano tecnológico e da investigação e desenvolvimento, garantindo o incentivo a estas áreas de desenvolvimento.

Foram promovidas as diligências necessárias à audição da Ordem dos Advogados, da Câmara dos Solicitadores e da Câmara dos Técnicos Oficiais de Contas.

Assim:

Nos termos da alínea *a)* do n.º 1 do artigo 198.º da Constituição, o Governo decreta o seguinte:

Capítulo I
Regime especial de constituição imediata de sociedades

Artigo 1.º – Objeto

É criado um regime especial de constituição imediata de sociedades comerciais e civis sob forma comercial do tipo por quotas e anónima, com ou sem simultânea aquisição, pelas sociedades, de marca registada[17].

Artigo 2.º – Âmbito

O regime previsto no presente diploma não é aplicável:

a) (Revogada.)
b) (Revogada.)
c) Às sociedades anónimas europeias.

Artigo 3.º – Pressupostos de aplicação

1 – São pressupostos de aplicação do regime previsto no presente diploma:

a) A opção por pacto ou ato constitutivo de modelo aprovado pelo presidente do Instituto dos Registos e do Notariado, I. P. (IRN, I. P.);
b) Se o capital da sociedade for total ou parcialmente realizado mediante entradas em bens diferentes de dinheiro sujeitos a registo, os bens estiverem registados definitivamente em nome do sócio que os dá como entrada.

2 – No caso previsto na alínea *b)* do número anterior, os serviços de registo devem verificar oficiosamente a titularidade dos bens, através do acesso direto às bases de dados respetivas.

3 – É ainda pressuposto da aplicação do regime previsto no presente diploma a escolha da firma da sociedade através de uma das seguintes formas:

a) Aprovação no posto de atendimento;
b) Escolha de firma constituída por expressão de fantasia previamente criada e reservada a favor do Estado, associada ou não à aquisição de uma marca previamente registada a favor do Estado;
c) Apresentação de certificado de admissibilidade de firma.

4 – A competência dos serviços de registo para a aprovação de firma referida na alínea *a)* do número anterior é atribuída por despacho do presidente do IRN, I. P.

[17] A redação deste preceito bem como a do artigo 6.º foi dada pelo Decreto-Lei n.º 125/2006, de 29 de junho.

Artigo 4.º – Competência

1 – O regime a que se refere o artigo 1.º é da competência das conservatórias do registo comercial, ou de quaisquer outros serviços desconcentrados do IRN, I. P., independentemente da localização da sede da sociedade a constituir.

2 – Os interessados podem igualmente optar por promover o procedimento no posto de atendimento do registo comercial a funcionar junto dos centros de formalidades de empresas (CFE).

3 – A competência prevista nos números anteriores abrange a tramitação integral do procedimento, incluindo a prática de todos os atos de registo comercial, predial ou de veículos efetuados em consequência do procedimento.

4 – Os CFE podem adotar as medidas necessárias para adequar as suas estruturas ao disposto no presente diploma, nomeadamente através de modificações ao respetivo manual de procedimentos.

Artigo 4.º-A – Marcação prévia no caso de entradas em espécie

Os procedimentos de constituição imediata de sociedades em que o capital seja total ou parcialmente realizado mediante entradas em bens diferentes de dinheiro sujeitos a registo, podem ser realizados mediante agendamento da data da realização do negócio jurídico, nos termos a regulamentar por portaria do membro do Governo responsável pela área da justiça

Artigo 5.º – Prazo de tramitação

Os serviços referidos no artigo anterior devem iniciar e concluir a tramitação do procedimento no mesmo dia, em atendimento presencial único.

Artigo 6.º – Início do procedimento

1 – Os interessados na constituição da sociedade formulam o seu pedido junto do serviço competente, manifestando a sua opção pela firma ou firma e marca e pelo modelo de pacto ou ato constitutivo.

2 – A prossecução do procedimento depende da verificação inicial da identidade, da capacidade e dos poderes de representação dos interessados para o ato.

Artigo 7.º – Documentos a apresentar

1 – Para o efeito da constituição da sociedade, os interessados devem apresentar os documentos comprovativos da sua identidade, capacidade e poderes de representação para o ato, bem como autorizações especiais que sejam necessárias.

2 – Caso ainda não haja sido efetuado, os sócios devem declarar, sob sua responsabilidade, que o depósito das entradas em dinheiro é realizado no prazo de cinco dias úteis ou, nos casos e termos em que a lei o permite, que as respetivas

entradas em dinheiro são entregues nos cofres da sociedade, até ao final do primeiro exercício económico.

3 – Sendo o capital total ou parcialmente realizado mediante entradas em bens diferentes de dinheiro, deve ser apresentado o relatório elaborado por um revisor oficial de contas sem interesses na sociedade, nos termos do artigo 28.º do Código das Sociedades Comerciais.

4 – No caso de o capital social ser realizado mediante a entrada de imóveis, deve ser preferencialmente comprovada por acesso à base de dados, ou mediante a apresentação dos respetivos documentos pelos interessados:

a) A situação matricial do prédio;
b) A existência ou dispensa de licença de utilização ou de licença de construção, quando exigível;
c) A existência de ficha técnica do prédio, quando exigível;
d) A inexistência de manifestação da intenção de exercer o direito de preferência legal por parte do Estado, Regiões Autónomas, municípios, outras pessoas coletivas públicas ou empresas públicas.

5 – A mera referência à existência de licença de utilização ou o facto de que resulte a respetiva dispensa efetuada em caderneta predial, em base de dados de serviço da Administração Pública ou em documento autêntico, constitui prova bastante para os efeitos do disposto na alínea *b)* do número anterior.

6 – Os interessados podem proceder à entrega imediata da declaração de início de atividade para efeitos fiscais.

7 – Caso não procedam à entrega do documento referido no número anterior, os interessados são advertidos de que o devem fazer no serviço competente, no prazo legalmente fixado para o efeito.

8 – Os serviços fiscais devem notificar por via eletrónica os serviços da segurança social dos elementos relativos ao início da atividade.

Artigo 8.º – Sequência do procedimento

1 – Efetuada a verificação inicial da identidade, da capacidade e dos poderes de representação dos interessados para o ato, bem como a regularidade dos documentos apresentados, o serviço competente procede aos seguintes atos, pela ordem indicada:

a) Cobrança dos encargos que se mostrem devidos;
b) Promoção da liquidação do IMT, nos termos declarados pelo contribuinte, e de outros impostos que se mostrem devidos, tendo em conta os negócios jurídicos a celebrar, assegurando o seu pagamento prévio à celebração do negócio jurídico;
c) Aprovação de firma nos termos da alínea *a)* do n.º 3 do artigo 3.º ou afetação, por via informática e a favor da sociedade a constituir, da firma

escolhida ou da firma e marca escolhidas e do número de identificação de pessoa coletiva (NIPC) associado à firma nos casos previstos na alínea *b)* do n.º 3 do artigo 3.º;

d) Preenchimento do pacto ou ato constitutivo, por documento particular, de acordo com o modelo previamente escolhido, nos termos das indicações dos interessados;

e) Reconhecimento presencial das assinaturas dos intervenientes no ato, apostas no pacto ou ato constitutivo;

f) Anotação de apresentação dos pedidos verbais de registo nos respetivos diários;

g) Registo de constituição de sociedade e de outros factos sujeitos a registo comercial, predial e de veículos a serem efetuados em consequência do procedimento;

h) Comunicação automática e eletrónica da constituição da sociedade ao ficheiro central de pessoas coletivas e, se for o caso, codificação da atividade económica (CAE);

i) Disponibilização imediata do cartão eletrónico da empresa mediante a atribuição de código de acesso, bem como comunicação aos interessados do número de identificação da sociedade na segurança social;

j) Sendo caso disso, completamento da declaração de início de atividade, para menção da firma, NIPC e CAE.

2 – A atribuição de firma referida na primeira parte da alínea *c)* do número anterior ocorre com a aprovação da primeira das firmas requeridas que for viável.

3 – A realização dos atos previstos no n.º 1 é da competência do conservador e dos oficiais de registo, com exceção dos atos que envolvam entradas em imóveis que são da competência do conservador, sem prejuízo da possibilidade de delegação em oficial de registo.

Artigo 9.º – Recusa de titulação

1 – O conservador deve recusar a realização do ato previsto na alínea *d)* do n.º 1 do artigo anterior sempre que verifique a existência de omissões, vícios ou deficiências que afetem a formação e exteriorização da vontade dos intervenientes no ato ou nos documentos que devam instruir e que obstem à realização, com caráter definitivo, do registo da constituição de sociedade ou de qualquer outro registo incluído no procedimento, bem como quando, em face das disposições legais aplicáveis, o ato não seja viável.

2 – O conservador deve ainda recusar a realização do ato previsto na alínea *d)* do n.º 1 do artigo anterior quando o ato seja anulável ou ineficaz.

3 – Em caso de recusa, se o interessado declarar, oralmente ou por escrito, que pretende impugnar o respetivo ato, o conservador deve lavrar despacho especificando os fundamentos respetivos.

4 – À recusa de titulação é aplicável o regime de impugnação previsto nos artigos 98º e seguintes do Código do Registo Comercial.

Artigo 10.º – Aditamentos à firma e número de matrícula

1 – Nos casos previstos na alínea *b)* do n.º 3 do artigo 3.º, o serviço competente deve completar a composição da firma com os aditamentos legalmente impostos assim como com qualquer expressão alusiva ao objeto social que os interessados optem por inserir entre a expressão de fantasia escolhida e os referidos aditamentos.

2 – O número de matrícula das sociedades constituídas ao abrigo do presente diploma corresponde ao número de identificação de pessoa coletiva.

Artigo 11.º – Caducidade do direito ao uso da firma

A não conclusão do procedimento no prazo previsto no artigo 5.º por facto imputável aos interessados, determina a caducidade do direito ao uso da firma, ou da firma e marcas escolhidas afetas à sociedade a constituir, nos termos da alínea *c)* do n.º 1 do artigo 8.º, não conferindo o direito à restituição dos encargos cobrados.

Artigo 12.º – Documentos a disponibilizar à sociedade

1 – Concluído o procedimento de constituição da sociedade, o serviço competente entrega de imediato aos representantes da sociedade, a título gratuito:

a) Uma certidão do pacto ou ato constitutivo do registo deste último;
b) Sendo caso disso, disponibilização online das certidões de registo a que haja lugar através da atribuição do código de acesso e promoção da emissão do certificado de matrícula;
c) O recibo comprovativo do pagamento dos encargos devidos;
d) Caso tenha havido aquisição de marca registada, documento comprovativo dessa aquisição, em modelo aprovado pelo Instituto Nacional da Propriedade Industrial, I. P. (INPI, I. P.).

2 – Nos casos previstos na alínea *d)* do número anterior, é dispensado o documento escrito e assinado pelas partes, previsto no n.º 6 do artigo 31.º do Código da Propriedade Industrial, e não há lugar à emissão do título de concessão previsto no artigo 27.º do mesmo diploma.

3 – O serviço procede ainda ao envio posterior do cartão da empresa a título gratuito.

Artigo 13.º – Diligências subsequentes à conclusão do procedimento

1 – Após a conclusão do procedimento de constituição da sociedade, o serviço competente, no prazo de vinte e quatro horas:

a) Promove as publicações legais;

b) Remete a declaração de início de atividade ao serviço fiscal competente;

c) Disponibiliza aos serviços competentes, por meios informáticos, os dados necessários para efeitos de comunicação do início de atividade da sociedade à Inspeção-Geral do Trabalho, bem como os dados necessários à inscrição oficiosa da sociedade nos serviços da segurança social e, quando for o caso, no cadastro comercial;

d) Caso tenha havido aquisição de marca registada, comunica ao INPI, I. P., por meios informáticos, a transmissão da mesma, para que se proceda à sua inscrição oficiosa no processo de registo, e ao RNPC para efeitos de dispensa da prova prevista no n.º 6 do artigo 33.º do regime do RNPC;

e) Promove as restantes diligências que venham ser fixadas por via regulamentar ou protocolar.

2 – No mesmo prazo, o serviço que conduziu o procedimento deve remeter a pasta da sociedade à conservatória do registo comercial da área da respetiva sede.

3 – O envio previsto no número anterior só ocorre quando não existam condições que garantam o acesso à informação sobre a sociedade por via eletrónica.

Artigo 14.º – Encargos

1 – Pelo procedimento de constituição de sociedade regulado no presente diploma são devidos encargos relativos:

a) Aos emolumentos previstos no Regulamento Emolumentar dos Registos e do Notariado;

b) Ao imposto do selo, nos termos da Tabela respetiva;

c) (Revogada.)

d) Ao Imposto Municipal sobre Transmissões Onerosas de Imóveis, nos termos declarados pelo contribuinte, e outros impostos que se mostrem devidos, tendo em conta os negócios jurídicos a celebrar, devendo ser assegurado o seu pagamento prévio à celebração do negócio jurídico, sem prejuízo do disposto na alínea *b)*;

e) Às taxas previstas em portaria do membro do Governo responsável pela área da justiça, caso tenha havido aquisição de marca registada.

2 – O Estado goza de isenção do pagamento das taxas devidas pela prática de atos junto do INPI, ao abrigo do presente diploma.

3 – Sem prejuízo do disposto no artigo 11.º, não são devidos quaisquer encargos pela recusa de titulação e de registo, procedendo-se nesses casos à devolução

de todas as quantias cobradas pelo procedimento de constituição de sociedades regulado neste diploma.

4 – Pelo procedimento de constituição de sociedades regulado neste diploma não são devidos emolumentos pessoais.

Artigo 15.º – Bolsas de firmas e de marcas

1 – É criada pelo RNPC uma bolsa de firmas reservadas a favor do Estado, compostas por expressão de fantasia e às quais está associado um NIPC, independentemente da localização da sede da sociedade, para o efeito de afetação exclusiva às sociedades a constituir no âmbito do presente diploma.

2 – É criada pelo RNPC e pelo INPI uma bolsa de firmas reservadas e de marcas registadas a favor do Estado, compostas por expressões de fantasia e às quais está associado um NIPC e um número de processo de marca, independentemente da localização da sede da sociedade, para o efeito de afetação às sociedades a constituir no âmbito do presente diploma.

3 – As marcas constantes da bolsa referida no número anterior são registadas a favor do Estado, representado pelo RNPC, para os produtos e serviços definidos por despacho conjunto do presidente do IRN, I. P., e do presidente do conselho de administração do INPI.

4 – Até à sua afetação nos termos da segunda parte da alínea *c)* do n.º 1 do artigo 8.º, as firmas constantes das bolsas referidas nos n.os 1 e 2 gozam de proteção em todo o território nacional.

5 – O recurso à bolsa referida no n.º 2 pressupõe a adoção conjunta das firmas e marcas que se encontram reciprocamente associadas.

6 – A dependência prevista no número anterior cessa com a conclusão do procedimento de constituição imediata da sociedade, momento a partir do qual a firma e a marca passam a vigorar autonomamente.

7 – A reserva a favor do Estado das firmas constantes das bolsas referidas nos n.os 1 e 2 confere o direito à sua exclusividade em todo o território nacional.

Artigo 15.º-A – Declaração de intenção de uso

(Revogado.)[18]

Artigo 16.º – Protocolos

1 – Podem ser celebrados protocolos entre a Direção-Geral dos Registos e do Notariado (DGRN) e os vários organismos da Administração Pública envolvidos

[18] Este preceito, que tinha sido aditado pelo Decreto-Lei n.º 318/2007, de 26 de setembro, foi revogado pelo Decreto-Lei n.º 247-B/2008, de 30 de dezembro.

no procedimento de constituição de sociedades com vista à definição dos procedimentos administrativos de comunicação de dados.

2 – A DGRN pode ainda celebrar protocolos com a Direção-Geral dos Impostos e com a Câmara dos Técnicos Oficiais de Contas com vista à definição dos procedimentos relativos ao preenchimento e entrega da declaração fiscal de início de atividade e posterior comprovação destes factos.

CAPÍTULO II
Alterações legislativas

(...)

Capítulo III
Postos de atendimento e informação obrigatória

Artigo 25.º – Postos de atendimento do registo comercial

1 – Para efeitos da aplicação do regime especial de constituição imediata de sociedades, podem ser criados, por despacho conjunto dos Ministros da Justiça e da Economia e da Inovação, postos de atendimento das conservatórias do registo comercial junto dos CFE do respetivo concelho, sem prejuízo do disposto no n.º 1 do artigo 27.º.

2 – O quadro das conservatórias do registo comercial que disponham dos postos de atendimento referidos no número anterior pode ser acrescido de um lugar de conservador, nos termos do artigo 1.º do Decreto-Lei n.º 253/96, de 26 de dezembro.

3 – Na falta ou impedimento do conservador, as suas funções são exercidas pelo ajudante por ele designado para o efeito.

4 – A competência dos postos de atendimento abrange:

a) A prática de todos os atos próprios das conservatórias respetivas que se mostrem necessários à execução do regime mencionado no n.º 1;

b) A prática dos atos de registo comercial relativos aos processos previstos no artigo 1.º do Decreto-Lei n.º 78-A/98, de 31 de março, e para os quais seja competente a conservatória do registo comercial a que pertencem;

c) A emissão e confirmação de certidões e cópias não certificadas de registo, nos termos legalmente previstos para a conservatória a que pertencem.

5 – A competência dos postos de atendimento pode ser alargada à prática de outros atos do registo comercial, por despacho do diretor-geral dos Registo e do Notariado[19].

[19] A redação deste preceito foi introduzida pelo Decreto-Lei n.º 76-A/2006, de 29 de março.

Artigo 26.º – Disponibilização da informação obrigatória

Para o cumprimento do disposto no n.º 2 do artigo 14.º, na alínea *c)* do n.º 1 do artigo 55.º e no artigo 70.º do Código do Registo Comercial e no artigo 167.º do Código das Sociedades Comerciais é suficiente a disponibilização, designadamente por ordem cronológica, da informação obrigatória aí prevista através de sítio na Internet de acesso público, cujo funcionamento e respetivos termos e custo são definidos por portaria do Ministro da Justiça[20].

Capítulo IV
Disposições finais e transitórias

Artigo 27.º – Período experimental

1 – A partir da data de entrada em vigor do presente diploma e por um período a fixar por portaria conjunta do Ministro de Estado e da Administração Interna, do Ministro da Justiça e do Ministro da Economia e da Inovação, o regime especial de constituição imediata de sociedades funciona a título experimental nas Conservatórias do Registo Comercial de Aveiro, Coimbra, Moita e Barreiro e nos postos de atendimento do registo comercial junto dos CFE de Aveiro e Coimbra[21].

2 – Durante o período experimental referido no número anterior não é permitido aos interessados requerer a constituição de sociedades utilizando certificado de admissibilidade de firma emitido pelo RNPC, nos termos previstos na final da alínea *a)* do artigo 3.º.

3 – Decorrido o período experimental previsto no n.º 1, a extensão do regime a outros serviços depende:

a) Do despacho conjunto referido no n.º 1 do artigo 25.º, quanto a outros CFE;

b) De despacho do presidente do IRN, I.P., quanto a serviços dependentes do IRN, I.P. não integrados nos CFE.

Artigo 28.º – Entrada em vigor

1 – O disposto no artigo 15.º entra em vigor no dia seguinte ao da sua publicação.

2 – O disposto no artigo 17.º, na parte em que altera os artigos 100.º e 167.º do Código das Sociedades Comerciais e o disposto no artigo 19.º, na parte em que altera os artigos 14.º, 55.º, 70.º e 71.º do Código do Registo Comercial, entram em vigor no dia 1 de janeiro de 2006, sem prejuízo da sua entrada em vigor nos

[20] Cfr. a Portaria n.º 590-A/2005, de 14 de julho.

[21] Cfr. o disposto na Portaria n.º 811/2005, de 12 de setembro.

termos gerais no que respeita às sociedades constituídas ao abrigo do regime especial de constituição imediata de sociedades.

PUBLICAÇÕES OBRIGATÓRIAS EM SÍTIO DA INTERNET
Portaria n.º 590-A/2005,[22]
de 14 de julho

Com a aprovação do Decreto-Lei n.º 111/2005, de 8 de julho, a partir de 1 de janeiro de 2006, os atos relativos às sociedades comerciais sujeitos a publicação obrigatória vão passar a ser publicados em sítio da Internet de acesso público, em vez do *Diário da República*. O mesmo sucede, no caso das sociedades anónimas, com os avisos, anúncios e convocações dirigidos aos sócios ou a credores, quando a lei ou o contrato mandem publicá-los. Este regime é também aplicável às publicações, eventualmente necessárias, das sociedades anónimas europeias, e aos atos de registo sujeitos a publicação obrigatória de outras pessoas coletivas, como, por exemplo, as cooperativas.

Por seu turno, o n.º 2 do artigo 28.º do Decreto-Lei n.º 111/2005, de 8 de julho, que criou a «empresa na hora», através de um regime especial de constituição imediata de Sociedades, prevê que, em relação às sociedades constituídas ao abrigo deste regime, as publicações obrigatórias em sítio da Internet de acesso público se iniciem com a entrada em vigor daquele diploma.

O artigo 26.º do Decreto-Lei n.º 111/2005, de 8 de julho, estipula que, de forma a cumprir o disposto no n.º 2 do artigo 14.º, na alínea *c)* do n.º 1 do artigo 55.º e no artigo 70.º do Código do Registo Comercial e no artigo 167.º do Código das Sociedades Comerciais, a disponibilização da informação obrigatória deve

[22] Alterada pelas Portarias n.ºs 621/2008, de 18 de julho, e 358/2015, de 14 de outubro.

ser realizada através de sítio na Internet de acesso público cujo funcionamento, respetivos termos e custos são definidos por portaria do Ministro da Justiça.

Assim:

Manda o Governo, pelo Ministro da Justiça, ao abrigo do artigo 26.º do Decreto-Lei n.º 111/2005, de 8 de julho, do n.º 1 do artigo 167.º do Código das Sociedades Comerciais e do n.º 2 do artigo 70.º do Código do Registo Comercial, o seguinte:

1.º – Publicações e acessos

1 – As publicações obrigatórias referidas no artigo 167.º do Código das Sociedades Comerciais e do n.º 2 do artigo 70.º do Código do Registo Comercial fazem-se através do sítio da Internet de acesso público com o endereço eletrónico www.mj.gov.pt/publicacoes, mantido pela Direção-Geral dos Registos e do Notariado.

2 – A informação objeto de publicidade no sítio referido no número anterior deve poder ser acedida, designadamente, por ordem cronológica e por outros elementos identificativos, como a denominação, o número de identificação de pessoa coletiva ou o concelho da localização da sede da pessoa coletiva.

3 – O acesso ao sítio referido no n.º 1 e à respetiva informação aí publicada é gratuito.

2.º – Procedimentos para publicação

1 – A publicação obrigatória dos atos sujeitos a registo é oficiosamente promovida pelas conservatórias do registo comercial, nos termos do disposto no artigo 71.º do Código do Registo Comercial.

2 – Os textos relativos aos restantes atos societários sujeitos a publicação obrigatória podem ser entregues junto de qualquer conservatória ou remetidos por via postal aos serviços centrais da Direção-Geral dos Registos e do Notariado, em endereço a identificar no sítio referido no n.º 1 do artigo anterior.

3 – Os textos respeitantes aos atos societários referidos no número anterior podem ainda ser remetidos à Direção-Geral dos Registos e do Notariado mediante transmissão eletrónica de dados, de acordo com as instruções constantes do sítio da Internet identificado no n.º 1 do artigo anterior.

4 – Os textos destinados a publicação dos atos societários referidos nos n.os 2 e 3 devem conter todas as indicações referidas no artigo 171.º do Código das Sociedades Comerciais, cabendo à Direção-Geral dos Registos e do Notariado assegurar a sua publicação no prazo máximo de 15 dias contados a partir da respetiva receção.

3.º – Taxa única

1 – Por cada publicação é cobrada uma taxa única de € 30.

2 – Quando, nos termos do n.º 2 do artigo anterior, os textos para publicação sejam entregues nas conservatórias, a taxa única referida no número anterior é de € 35.

3- Quando, nos termos do n.º 3 do artigo anterior, os textos para publicação sejam disponibilizados por transmissão eletrónica de dados à Direção-Geral dos Registos e do Notariado, a taxa única referida no n.º 1 é de € 27.

4 – (Revogado.)[23]

3.º-A – Notificações eletrónicas no processo de retificação [24]

1 – As notificações por via eletrónica referidas no n.º 3 do artigo 90.º do Código do Registo Comercial são efetuadas mediante aviso publicado, nos termos do n.º 1 do artigo 167.º do Código das Sociedades Comerciais.

2 – Do aviso referido no número anterior devem constar, nomeadamente, os seguintes elementos:

a) A identificação dos requerentes ou a menção da circunstância de o processo ter sido oficiosamente instaurado;
b) A identificação dos notificandos, com os elementos disponíveis;
c) A indicação do serviço de registo onde corre o processo;
d) A identificação do processo;
e) A identificação da entidade comercial, com indicação do número de identificação de pessoa coletiva;
f) O fundamento da retificação, com referência à inexatidão verificada ou cometida e indicação da forma como a mesma vai ser retificada;
g) A data da publicação;
h) O prazo para a dedução de oposição, indicando-se a partir de que momento este prazo começa a contar.

3 – A publicação do aviso nos termos do n.º 1 é gratuita.

4.º – Entrada em vigor

1 – A presente portaria entra em vigor no dia 1 de janeiro de 2006.

2 – No que respeita às sociedades constituídas ao abrigo do regime especial de constituição imediata de sociedades previsto no Decreto-Lei n.º 111/2005, de 8 de julho, a presente portaria entra em vigor no dia 13 de julho de 2005, exceto quanto ao disposto no n.º 3 do artigo 2.º, que entra em vigor no dia 1 de janeiro de 2006.

[23] Este número foi revogado pelo artigo 2.º da Portaria n.º 358/2015, de 14 de outubro.

[24] Este preceito foi aditado pela Portaria n.º 621/2008, de 18 de julho.

REGIME ESPECIAL DE CONSTITUIÇÃO ONLINE DE SOCIEDADES
Decreto-Lei n.º 125/2006,
de 29 de junho[25]

O presente decreto-lei estabelece um meio de criação de empresas através da Internet, introduzindo no nosso ordenamento jurídico uma via inovadora para a constituição de sociedades comerciais e civis sob forma comercial.

Visa-se, com esta iniciativa, continuar a simplificar procedimentos de acordo com o Programa SIMPLEX, contribuir para o desenvolvimento do Plano Tecnológico e reduzir significativamente os custos de contexto, melhorando as condições para investir e criar riqueza e emprego em Portugal.

O regime adotado para a criação de sociedades comerciais e civis sob forma comercial através da Internet pode ser utilizado por qualquer interessado. Tanto pessoas singulares como pessoas coletivas, representadas pelo respetivos responsáveis para as vincular, passam a poder criar sociedades por esta via, desde que utilizando um meio de certificação eletrónica adequado.

[25] O presente diploma encontra-se atualizado de acordo com os Decretos-Leis n.os 318/2007 ,de 26 de setembro, (que procedeu à alteração dos artigos 1.º, 6.º, 12.º, 13.º e 14.º, à revogação do n.º 2 do artigo 14.º e ao aditamento do artigo 14.º-A), 247-B/2008, de 30 de dezembro (que procedeu à alteração dos artigos 6.º e 12.º e à revogação do artigo 14.º; 33/2011, de 7 de março com entrada em vigor em 6 de abril de 2011 (que alterou, novamente, o artigo 6.º), 209/2012, de 19 de setembro (com entrada em vigor em 1 de outubro de 2012, que alterou o artigo 12.º), e 109-D/21, de 9 de dezembro (que altera os artigos 3.º, 5.º, 6.º, 7.º, 10.º, 11.º e 16.º, adita os artigos 14º-B e 17º-A e revoga o n.º 2 do artigo 3.º,o n.º 2 do artigo 5.º, o n.º 4 do artigo 7.º e o artigo 9.º) . Veja-se, também a Declaração de Retificação n.º 65/2012, de 16 de novembro, que retifica a revogação das alíneas do artigo 12.º.

Trata-se, pois, de um método de criação de sociedades comerciais com um ponto de ligação óbvio ao projeto do Cartão do Cidadão. É que, com a emissão de um cartão de identificação para o cidadão que contenha um meio de certificação eletrónico da identidade, a utilização de assinaturas eletrónicas pelas pessoas singulares é seguramente democratizada e, consequentemente, também promovida a utilização das funcionalidades e meios – como a criação de sociedades comerciais através da Internet – que dependam de um reconhecimento eletrónico da identificação.

Além daqueles que sejam diretamente interessados na constituição da sociedade comercial através da Internet, também os advogados, os solicitadores e os notários podem constituí-las, certificando a identidade, a capacidade, os poderes de representação e a vontade dos interessados, sempre com utilização de um meio de validação eletrónico da sua identidade.

O regime adotado pretende ser flexível, tendo o interessado ou o seu representante um alargado conjunto de opções em matéria de escolha da firma e do pacto social da sociedade comercial que pretende constituir.

Assim, quanto ao processo de escolha da firma, estão disponíveis três possibilidades: a opção por uma firma pré-aprovada e registada a favor do Estado, como na «empresa na hora», a obtenção de uma firma admissível escolhida pelos interessados por via exclusivamente eletrónica e o envio de um certificado de admissibilidade da firma previamente obtido através de um meio não eletrónico.

Quanto ao pacto social ou ato constitutivo da sociedade comercial ou da sociedade civil sob a forma comercial, é oferecida uma dupla opção: a escolha de um pacto social ou ato constitutivo de modelo aprovado por despacho do diretor-geral dos Registos e do Notariado ou a apresentação do pedido com envio de pacto ou ato constitutivo elaborado e submetido pelos interessados.

Igualmente se prevê a possibilidade de o cumprimento das obrigações fiscais relativas ao início da atividade da sociedade constituída ser efetuado por via exclusivamente eletrónica.

Além disto, pretende-se que este processo de constituição de sociedades comerciais através da Internet seja rápido e barato. Prevê-se, por isso, que o registo da sociedade constituída se realize imediatamente, ou no prazo máximo de dois dias úteis, consoante os interessados optem por pacto ou ato constitutivo de modelo aprovado ou por submeter pacto ou ato constitutivo por si elaborado. O custo da constituição de sociedades por via eletrónica é, igualmente, mais baixo que o preço da sua criação pela via tradicional.

Ainda é merecedora de especial referência a circunstância de este regime de constituição de sociedades comerciais pela Internet ser dotado de importantes e relevantes mecanismos de segurança e controlo, consubstanciados, por exemplo, em comunicações eletrónicas obrigatórias para as entidades responsáveis pelo cumprimento das obrigações fiscais, da segurança social e dos deveres de natureza laboral da sociedade comercial criada.

Finalmente, aproveita-se para adotar o mecanismo legal que permite a concretização do projeto «marca na hora», que visa a possibilidade de obtenção, no momento da constituição de uma «empresa na hora», de uma marca pré-aprovada e pré-registada em nome do Estado, equivalente à firma escolhida.

Foram promovidas as diligências necessárias à audição da Ordem dos Advogados, da Câmara dos Solicitadores e da Câmara dos Técnicos Oficiais de Contas.

Foi ouvida a Ordem dos Notários.

Assim:

Nos termos da alínea *a)* do n.º 1 do artigo 198.º da Constituição, o Governo decreta o seguinte:

CAPÍTULO I
Regime especial de constituição *on-line* de sociedades

Artigo 1.º – Objeto

É criado um regime especial de constituição online de sociedades comerciais e civis sob forma comercial do tipo por quotas e anónima, com ou sem a simultânea aquisição, pelas sociedades, de marca registada, através de sítio na Internet, regulado por portaria do membro do Governo responsável pela área da justiça.

Artigo 2.º – Âmbito

O regime previsto no presente decreto-lei não é aplicável:

a) Às sociedades cujo capital seja realizado com recurso a entradas em espécie em que, para a transmissão dos bens com que os sócios entram para a sociedade, seja exigida forma mais solene do que a forma escrita;

b) Às sociedades anónimas europeias.

Artigo 3.º – Competência

1 – O procedimento de constituição de sociedades ao abrigo do regime a que se refere o artigo 1.º é da competência do Registo Nacional de Pessoas Coletivas (RNPC), independentemente da localização da sede da sociedade a constituir, sem prejuízo do disposto no número seguinte.

2 – Revogado.

Artigo 4.º – Interessados

Podem recorrer ao regime previsto no presente decreto-lei pessoas singulares e pessoas coletivas.

Artigo 5.º – Meios de certificação

1 – A indicação dos dados e a entrega de documentos no sítio na Internet devem ser efetuadas mediante autenticação eletrónica ou aposição de uma assinatura eletrónica, cujos requisitos e condições de utilização são definidos na portaria referida no artigo 1.º, em articulação com os mecanismos previstos no Sistema de Certificação Eletrónica do Estado – Infraestrutura de Chaves Públicas.

2 – Revogado.

3 – Caso intervenha mais de um interessado na constituição da sociedade, é possível o acesso conjunto, simultâneo ou sucessivo, dos diversos interessados ao respetivo processo de constituição on-line.

4 – Nos casos em que os interessados sejam cidadãos de outros Estados-Membros da União Europeia, é admissível a utilização de meios de identificação eletrónica emitidos noutros Estados-Membros, desde que reconhecidos para efeitos de autenticação transfronteiriça, nos termos do artigo 6.º do Regulamento (UE) n.º 910/2014 do Parlamento e do Conselho, de 23 de junho de 2014, e da portaria a que se refere o n.º 1.

Artigo 6.º – Pedido on-line

1 – Os interessados na constituição da sociedade formulam o seu pedido online praticando, entre outros que se mostrem necessários, os seguintes atos:

a) Opção por firma constituída por expressão de fantasia previamente criada e reservada a favor do Estado, associada ou não à aquisição de uma marca previamente registada a favor do Estado, pela aprovação electrónica e automática da firma nos termos do artigo 50.º-A do regime do RNPC ou pela verificação da admissibilidade e aprovação de firma;

b) Não se optando por nenhuma das possibilidades previstas na alínea anterior, indicação de firma constante de certificado de admissibilidade de firma previamente obtido;

c) Opção por pacto ou ato constitutivo de modelo aprovado pelo presidente do conselho diretivo do IRN, I. P., ou por envio do pacto ou do ato constitutivo por si elaborado;

d) Preenchimento eletrónico dos elementos necessários à apresentação da declaração de início de atividade para efeitos fiscais;

e) Caso ainda não haja sido efectuado, os sócios devem declarar, sob sua responsabilidade, que o depósito das entradas em dinheiro é realizado no prazo de cinco dias úteis a contar da disponibilização de prova gratuita do registo de constituição da sociedade prevista na alínea b) do n.º 3 do artigo 12.º ou, nos casos e termos em que a lei o permite, que as respetivas entradas em dinheiro são entregues nos cofres da sociedade, até ao final do primeiro exercício económico;

f) Pagamento, através de meios eletrónicos, dos encargos que se mostrem devidos.

2 – Nas situações previstas na primeira parte da alínea a) do número anterior, os interessados podem completar a composição da firma com qualquer expressão alusiva ao objeto social que optem por inserir entre a expressão de fantasia escolhida e os aditamentos legalmente impostos.

3 – Se se tiver requerido a verificação e aprovação de firma nos termos da parte final da alínea a) do n.º 1, o pedido deve ser apreciado no prazo máximo de um dia útil, sendo aprovada a primeira das firmas requeridas que for viável.

4 – Se for esse o caso, os interessados devem ainda enviar através do sítio na Internet, entre outros que se mostrem necessários, os seguintes documentos:

a) Documentos comprovativos da sua capacidade e dos seus poderes de representação para o ato;

b) Autorizações especiais que sejam necessárias para a constituição da sociedade;

c) No caso de se tratar de sociedade cujo capital seja realizado com recurso a entradas em espécie, sem que para a transmissão dos bens com que os sócios entram para a sociedade seja exigida forma mais solene do que a forma escrita, o relatório do revisor oficial de contas referido no artigo 28.º do Código das Sociedades Comerciais, tendo sido cumprido o estipulado no n.º 5 dessa disposição;

d) Declaração de aceitação dos gerentes ou administradores das sociedades por quotas ou anónimas, respetivamente, e declaração da qual conste não terem conhecimento de circunstâncias suscetíveis de os inibir para a ocupação do cargo, quando não constem do pacto ou do ato constitutivo a que se refere a alínea c) do n.º 1.

5 – Uma vez iniciado o procedimento ou aprovada a firma nos termos da parte final da alínea a) do n.º 1, o pedido online deve ser submetido pelos interessados no prazo máximo de vinte e quatro horas.

6 – Sem prejuízo da competência para certificação de fotocópias atribuída por lei a outras entidades, para efeitos de constituição online de sociedades os respetivos gerentes, administradores e secretários podem, quando os promovam, certificar a conformidade dos documentos eletrónicos por si entregues, através do sítio na Internet, com os documentos originais em suporte de papel.

7 – Os interessados podem formular, através do sítio na Internet, pedidos de registo relativos a factos posteriores à constituição da sociedade, devendo enviar os documentos que comprovem os factos a registar

Artigo 7.º – Intervenção de advogados, solicitadores e notários

1 – Os advogados, solicitadores e notários que se autentiquem através de meios de autenticação eletrónica previstos na portaria a que se refere o n.º 1 do

artigo 5.º enviam, através do sítio na Internet, o pacto ou o ato constitutivo da sociedade assinado eletronicamente pelos seus subscritores ou com as assinaturas dos seus subscritores reconhecidas presencialmente.

2 – Para o efeito previsto no número anterior, os advogados, os solicitadores e os notários reconhecem presencialmente as assinaturas dos subscritores do pacto ou do ato constitutivo, certificando a sua identidade e, se for esse o caso, a sua capacidade e os seus poderes de representação, e ainda que os mesmos manifestaram a sua vontade em constituir a sociedade.

3 – A apresentação de reconhecimento nos termos dos números anteriores por advogado ou solicitador dispensa o registo em sistema informático previsto no n.º 3 do artigo 38.º do Decreto-Lei n.º 76-A/2006, de 29 de março, na sua redação atual.

4 – (Revogado.)

5 – Caso intervenha mais de um advogado ou solicitador na constituição da sociedade, é possível o acesso conjunto, simultâneo ou sucessivo, dos diversos interessados, estejam ou não representados por advogado ou solicitador, nos termos do n.º 1 do artigo 5.º.

Artigo 8.º – Representação dos interessados na subscrição do pacto ou do ato constitutivo da sociedade

No caso da intervenção prevista no artigo anterior, os advogados e os solicitadores não podem agir como representantes dos interessados na subscrição do pacto ou do ato constitutivo da sociedade.

Artigo 9.º – Intervenção dos notários

Revogado.

Artigo 10.º – Validação do pedido

1 – O pedido de constituição online da sociedade só é considerado validamente apresentado após a emissão pelo sistema de informação de um comprovativo eletrónico, que indique a data e a hora da submissão do pedido, por referência à hora do meridiano de Greenwich, indicada pelo acrónimo UTC (Coordinated Universal Time).

2 – A não conclusão do procedimento de constituição de sociedade por facto imputável ao interessado determina a caducidade do direito ao uso da firma afeta à sociedade a constituir nos termos da primeira parte da alínea *a)* do n.º 1 do artigo 6.º.

Artigo 11.º – Prazo de apreciação do pedido

1 – Emitido o comprovativo electrónico referido no n.º 1 do artigo anterior, o serviço competente aprecia o pedido de constituição de sociedade.

2 – O serviço competente convida os interessados a enviar, através do sítio na Internet a que se refere o artigo 1.º e no prazo de cinco dias, os documentos em falta, quando não seja possível suprir oficiosamente as informações que deles constem.

3 – Se os interessados tiverem optado por pacto ou ato constitutivo de modelo aprovado pelo presidente do conselho diretivo do IRN, I. P., e não se mostre necessária a entrega dos documentos referidos nas alíneas b) e c) do n.º 4 do artigo 6.º, o serviço competente procede a todas as diligências subsequentes previstas no artigo seguinte no prazo de cinco dias a contar da confirmação do pagamento efetuado pelos interessados e desde que tenham sido entregues todos os documentos necessários.

4 – Nas restantes situações, o serviço competente procede a todas as diligências subsequentes previstas no artigo seguinte no prazo de 10 dias a contar da confirmação do pagamento efetuado pelos interessados e desde que tenham sido entregues todos os documentos necessários.

5 – Caso não seja possível efetuar o registo no prazo a que se refere o número anterior, o serviço competente notifica os interessados por via eletrónica dos motivos do atraso.

6 – Aos pedidos de registo relativos à sociedade que sejam apresentados em momento posterior à constituição da sociedade aplica-se o disposto nos n.ºs 2, 4 e 5, com as necessárias adaptações.

Artigo 12.º – Diligências subsequentes

1 – O tratamento dos dados indicados e dos documentos entregues pelos interessados bem como a apreciação do pedido de constituição da sociedade são efetuados pelos serviços competentes.

2 – O serviço competente deve proceder aos seguintes atos:

a) Registo do pacto ou ato constitutivo da sociedade, que deve ser imediatamente comunicado aos interessados por via eletrónica;

b) Comunicação automática e eletrónica da constituição da sociedade ao ficheiro central de pessoas coletivas e, se for o caso, codificação da atividade económica (CAE).

3 – O serviço competente deve ainda proceder aos seguintes atos:

a) Comunicação do código de acesso do cartão eletrónico da empresa e do número de identificação da sociedade na segurança social e envio posterior do cartão da empresa a título gratuito;

b) Caso tenha havido aquisição de marca registada e independentemente da qualificação do correspondente ato de registo comercial, emissão e envio do documento comprovativo dessa aquisição, em modelo aprovado pelo Instituto Nacional da Propriedade Industrial, I. P. (INPI, I. P.);

c) Disponibilização gratuita de código de acesso à certidão permanente da sociedade, pelo período de três meses;
d) Promoção das publicações legais, as quais se devem efetuar automaticamente e por via eletrónica;
e) Disponibilização aos serviços competentes, por meios informáticos, dos dados necessários para o controlo das obrigações tributárias à administração tributária, dos dados necessários para efeitos de comunicação do início de atividade da sociedade à Inspeção-Geral do Trabalho, bem como dos dados necessários à inscrição oficiosa da sociedade nos serviços de segurança social e, quando for o caso, no cadastro comercial;
f) Caso tenha havido aquisição de marca registada, comunicação ao INPI, I. P., por meios informáticos, da transmissão da marca, para que se proceda à sua inscrição oficiosa no processo de registo, e ao RNPC para efeitos de dispensa da prova prevista no n.º 6 do artigo 33.º do regime do RNPC;
g) Promoção das restantes diligências que venham a ser fixadas por via regulamentar ou protocolar;
h) (Revogada.)

4 – Nos casos referidos na alínea *b)* do número anterior, é dispensado o documento escrito e assinado pelas partes, previsto no n.º 6 do artigo 31.º do Código da Propriedade Industrial, e não há lugar à emissão do título de concessão previsto no artigo 27.º do mesmo diploma.

5 – Para os efeitos previstos na alínea *e)* do n.º 3, os serviços da administração tributária devem notificar, por via eletrónica, os serviços de segurança social dos elementos relativos ao início de atividade.

6 – (Revogado.)

7 – A realização dos atos previstos nos n.os 2 e 3 é da competência do conservador e dos oficiais de registo.

Artigo 13.º – Encargos

1 – Pelo procedimento de constituição de sociedade regulado no presente decreto-lei são devidos encargos relativos:

a) Aos emolumentos previstos no Regulamento Emolumentar dos Registos e do Notariado;
b) Ao imposto do selo, nos termos da tabela respetiva.
c) Às taxas previstas em portaria do membro do Governo responsável pela área da justiça, caso tenha havido aquisição de marca registada.

2 – Não são devidos emolumentos pessoais no âmbito do regime especial de constituição on-line de sociedades.

Artigo 14.º – Bolsas de firmas e de marcas

1 – No procedimento de constituição de sociedades previsto no presente decreto-lei são utilizadas a bolsa de firmas ou a bolsa de firmas e de marcas associadas previstas no artigo 15.º do Decreto-Lei n.º 111/2005, de 8 de julho.

2 – (Revogado.)

Artigo 14.º-A – Declaração de intenção de uso

(Revogado.)[26]

Artigo 14.º-B Apresentação subsequente de documentos e informações

O sítio na Internet previsto no artigo 1.º permite a entrega de documentos e a prestação de informações subsequentemente à constituição da sociedade.

Artigo 15.º – Aplicação subsidiária

O Código do Registo Comercial é aplicável subsidiariamente ao regime especial de constituição online de sociedades.

Artigo 16.º – Protocolos

1 – Podem ser celebrados protocolos entre o IRN, I.P., e os vários organismos da Administração Pública envolvidos no procedimento de constituição de sociedades, com vista à definição dos procedimentos administrativos de comunicação de dados.

2 – O IRN, I.P.,pode ainda celebrar protocolos com a Autoridade Tributária e Aduaneira e com a Ordem dos Contabilistas Certificados com vista à definição dos procedimentos relativos ao preenchimento e entrega da declaração fiscal de início de atividade e posterior comprovação destes factos.

Artigo 17.º – Regulamentação

Deve ser regulado por portaria do Ministro da Justiça:

a) A designação, o funcionamento e as funções do sítio na Internet referido no artigo 1.º;

b) Os requisitos e as condições de utilização da autenticação eletrónica e da assinatura eletrónica na indicação dos dados e na entrega de documentos no referido sítio.

[26] Aditado pelo Decreto-Lei n.º 318/2007, de 26 de setembro, e revogado pelo Decreto-Lei n.º 247-B/2008, de 8 de julho (alínea h do artigo 46.º).

Artigo 17.º-A – Disponibilização de informação

1 – O sítio na Internet referido no artigo 1.º disponibiliza informação sobre o procedimento de constituição de sociedades ao abrigo do regime instituído pelo presente decreto-lei em linguagem clara, em língua portuguesa e em língua inglesa.

2 – A informação disponibilizada abrange, pelo menos, o seguinte:

a) Uma descrição do procedimento de constituição de sociedades, incluindo o procedimento de constituição online;

b) Os modelos, em língua portuguesa e em língua inglesa, e os requisitos relativos à sua utilização;

c) Os requisitos relativos a outros documentos relacionados com a constituição da sociedade, à identificação de pessoas e à utilização de línguas estrangeiras;

d) As taxas aplicáveis e o respetivo modo de pagamento;

e) Uma síntese explicativa das normas aplicáveis relativas à designação de um membro de um órgão de administração, de gestão ou de fiscalização de uma sociedade, incluindo das normas relativas à inibição de administradores ou gerentes;

f) Uma síntese dos poderes e das responsabilidades do órgão de administração, do órgão de gestão e do órgão de fiscalização da sociedade, incluindo o poder de representação da sociedade nas relações com terceiros, e síntese dos poderes e das responsabilidades do representante da sucursal.

CAPÍTULO II

(...)

CAPÍTULO III
Disposições finais e transitórias

Artigo 22.º – Período experimental

1 – O regime especial de constituição imediata de sociedades com simultânea aquisição do registo de marca funciona a título experimental no RNPC, nos respetivos postos de atendimento junto dos Centros de Formalidades de Empresas de Lisboa, nas Conservatórias do Registo Comercial de Vila Nova de Gaia e de Coimbra e no respetivo posto de atendimento junto do Centro de Formalidades de Empresas de Coimbra, por um período de quatro meses, a contar da data de entrada em vigor do presente decreto-lei.

2 – Decorrido o período experimental previsto no número anterior, a extensão do regime a outros serviços depende de despacho do Ministro da Justiça.

Artigo 23.º – Entrada em vigor

O presente decreto-lei entra em vigor no dia 30 de junho de 2006, com as exceções seguintes:

a) O disposto nos artigos 1.º e 17.º, quanto à emissão da regulamentação aí prevista, entra em vigor no dia seguinte ao da sua publicação;

b) As alterações legislativas ao Decreto-Lei n.º 111/2005, de 8 de julho, entram em vigor no dia 14 de julho de 2006;

c) A parte final da alínea *c)* do n.º 1 do artigo 6.º, que permite que o pedido de constituição on-line de sociedade apresentado pelos interessados seja feito através do envio de um pacto ou ato constitutivo por eles elaborado, entra em vigor no dia 31 de outubro de 2006.

REGULAMENTAÇÃO DO REGIME ESPECIAL DE CONSTITUIÇÃO *ONLINE* DE SOCIEDADES
Portaria n.º 657-C/2006[27], de 29 de junho

Com a aprovação do Decreto-Lei n.º 125/2006, de 29 de junho, foi consagrado um regime especial de constituição online de sociedades.

Este regime permite que a constituição de sociedades comerciais e civis sob forma comercial do tipo por quotas e anónima se possa fazer através de sítio na Internet, exceto em algumas situações. Para esse efeito, a indicação dos dados e a entrega de documentos no sítio devem ser efetuados, respetivamente, mediante autenticação eletrónica e aposição de uma assinatura eletrónica.

A designação, o funcionamento e as funções do sítio, bem como a utilização dos meios de autenticação eletrónica e de assinatura eletrónica, na indicação dos dados e na entrega de documentos no referido sítio, carecem de ser regulamentados, conforme dispõe o artigo 17.º do Decreto-Lei n.º 125/2006, de 29 de junho.

Assim:

Manda o Governo, pelo Ministro da Justiça, ao abrigo do artigo 17.º Decreto-Lei n.º 125/2006, de 29 de junho, e dos n.os 1 e 5 do artigo 45.º do Código do Registo Comercial, o seguinte:

Artigo 1.º – Objeto

A presente portaria regula:

[27] Veja-se a Declaração de Retificação n.º 54/2006, de 22 de agosto (artigo 5.º).

a) A designação, o funcionamento e as funções do sítio que permite a constituição online de sociedades comerciais e civis sob forma comercial do tipo por quotas e anónima;

b) Os termos em que se deve processar a indicação dos dados e a entrega de documentos pelos interessados no sítio.

Artigo 2.º – Designação do sítio

A constituição online de sociedades comerciais e civis sob forma comercial do tipo por quotas e anónima, nos termos do Decreto-Lei n.º 125/2006, de 29 de junho, faz-se através do sítio na Internet com o endereço www.empresaonline.pt, mantido pela Direção-Geral dos Registos e do Notariado.

Artigo 3.º – Funções do sítio

1 – O sítio deve permitir, entre outras que se mostrem necessárias, as seguintes funções:

a) A autenticação dos utilizadores através de certificados digitais;

b) A indicação dos dados de identificação dos interessados;

c) A escolha de uma firma constituída por expressão de fantasia previamente criada e reservada a favor do Estado;

d) A verificação da admissibilidade e obtenção da firma, nos termos do n.º 3 do artigo 45.º do regime do Registo Nacional de Pessoas Coletivas (RNPC);

e) A indicação da firma constante de certificado de admissibilidade de firma emitido pelo RNPC;

f) A escolha e o preenchimento de pacto ou ato constitutivo de modelo aprovado pelo diretor-geral dos Registos e do Notariado ou o envio de pacto ou ato constitutivo elaborado pelos interessados;

g) A apresentação, através de fórmula própria, das declarações referidas no n.º 3 do artigo 7.º do Decreto-Lei n.º 125/2006, de 29 de junho;

h) O preenchimento eletrónico dos elementos necessários à apresentação da declaração de início de atividade para efeitos fiscais;

i) A entrega dos documentos necessários à apreciação do pedido e ao suprimento de suas eventuais deficiências;

j) A assinatura eletrónica dos documentos entregues;

l) O pagamento dos serviços por via eletrónica;

m) A recolha de informação que permita o contacto entre os serviços competentes e os interessados e seus representantes;

n) O pedido de registo comercial da constituição da sociedade;

o) A certificação da data e da hora em que o pedido de registo foi concluído;

p) O acesso ao sítio na Internet onde se encontrem disponibilizadas as publicações legais.

2 – No caso previsto na alínea *c)*, o sítio deve permitir aos interessados completar a composição da firma com os aditamentos legalmente impostos, assim como com qualquer expressão alusiva ao objeto social que os interessados optem por inserir entre a expressão de fantasia escolhida e os referidos aditamentos.

Artigo 4.º – Ordem de anotação dos pedidos

1 – Os pedidos de constituição online de sociedades efetuados através do sítio são anotados pela ordem da respetiva receção.

2 – Caso a tramitação do procedimento de constituição online de sociedades seja distribuído a outras conservatórias, nos termos do n.º 2 do artigo 3.º do Decreto-Lei n.º 125/2006, de 29 de junho, os pedidos são anotados pela respetiva ordem de receção na conservatória do registo comercial para onde o pedido foi distribuído.

3 – Nos casos de pedidos de registo recebidos após as 16 horas e em que a respetiva anotação não possa ser efetuada automaticamente por via informática, os pedidos são anotados no dia seguinte, imediatamente antes da primeira apresentação pessoal ou por telecópia, caso exista.

Artigo 5.º – Autenticação eletrónica

1 – Para efeitos de constituição online de sociedades, a autenticação eletrónica de advogados, solicitadores e notários deve fazer-se mediante certificado digital que comprove a qualidade profissional do utilizador.

2 – Para os restantes utilizadores, a autenticação eletrónica faz-se mediante a utilização de certificado digital qualificado, nos termos previstos no regime jurídico dos documentos eletrónicos e da assinatura eletrónica, aprovado pelo Decreto-Lei n.º 290-D/99, de 2 de agosto, na redação introduzida pelos Decretos-Leis n.os 62/2003, de 3 de abril, e 165/2004, de julho e 116-A/2006, de 16 de junho.

Artigo 6.º – Certificados digitais de advogados, solicitadores e notários

Na constituição online de sociedades, apenas são admitidos os certificados digitais de advogados, solicitadores e notários cuja utilização para fins profissionais seja confirmada através de listas eletrónicas de certificados, disponibilizadas, respetivamente, pela Ordem dos Advogados, pela Câmara dos Solicitadores e pela Ordem dos Notários.

Artigo 7.º – Assinatura eletrónica de documentos

1 – No processo de constituição online de sociedades, cada subscritor deve apor a sua assinatura eletrónica qualificada no pacto social ou no ato constitutivo da sociedade, exceto no caso de aposição pelo subscritor de assinatura manuscrita, reconhecida presencialmente por advogado, solicitador ou notário.

2 – Aos restantes documentos entregues no processo de constituição online de sociedades deve ser aposta a assinatura eletrónica qualificada do interessado que efetuar o envio, salvo quando este for realizado por advogado, solicitador ou notário.

3 – Os documentos entregues no processo de constituição online de sociedades são assinados digitalmente pelo sistema informático que os receciona.

Artigo 8.º – Comprovativo e comunicação eletrónicos

1 – O comprovativo eletrónico referido no n.º 1 do artigo 10.º do Decreto-Lei n.º 125/2006, de 29 de junho, deve ser enviado aos interessados através de mensagem de correio eletrónico.

2 – O registo do pacto ou ato constitutivo da sociedade deve, nos termos do alínea *a)* do n.º 2 do artigo 12.º do Decreto-Lei n.º 125/2006, de 29 de junho, ser comunicado aos interessados por mensagem de correio eletrónico e, quando possível, por short message service (sms).

Artigo 9.º – Entrada em vigor

A presente portaria entra em vigor no dia 30 de junho de 2006.

PROMOÇÃO ELETRÓNICA DE ATOS DE REGISTO COMERCIAL E CRIAÇÃO DA CERTIDÃO PERMANENTE Portaria n.º 1416-A/2006[28], de 19 de dezembro

O Decreto-Lei n.º 76-A/2006, de 29 de março, aprovou um vasto conjunto de medidas de simplificação da vida dos cidadãos e das empresas. Destas, destacam-se a eliminação da obrigatoriedade de celebração de escrituras públicas, a eliminação da obrigatoriedade de existência de livros de escrituração mercantil e a simplificação dos regimes da fusão, da cisão, da transformação, da dissolução e da liquidação de sociedades e do registo comercial.

A presente portaria vem agora regular a promoção de atos de registo comercial online e a criação da certidão permanente.

Visa-se, tal como com a criação da empresa online, continuar a simplificar procedimentos de acordo com o Programa SIMPLEX, contribuir para o desenvolvimento do plano tecnológico e promover a redução dos custos de contexto, melhorando as condições para investir e criar riqueza e emprego em Portugal.

Os atos de registo comercial online podem ser promovidos por qualquer pessoa que tenha um meio de certificação eletrónica adequado. Trata-se, pois, de mais um projeto em que o cartão de cidadão tem um potencial de utilização muito significativo. Com a emissão de um cartão de identificação para o cidadão que contenha um meio de certificação eletrónico da identidade, a utilização de

[28] Alterada pelas Portarias n.ºs 562/2007, de 30 de abril, 1256/2009, de 14 de outubro, 286/2012, de 20 de setembro, e 358/2015, de 14 de outubro.

assinaturas eletrónicas pelas pessoas singulares é seguramente democratizada e, consequentemente, também promovida a utilização das funcionalidades e meios – como a promoção de atos de registo comercial pela Internet – que dependam de um reconhecimento eletrónico da identificação. Além das pessoas diretamente interessadas na promoção dos atos de registo, também os advogados, os solicitadores e os notários podem fazê-lo, sempre com utilização de um meio de validação eletrónico da sua identidade.

Acresce que a promoção de atos de registo comercial online é mais rápida e barata do que o recurso aos meios tradicionais. Prevê-se, por isso, que os registos sejam realizados imediatamente, ou no prazo máximo de dois dias úteis. O custo da promoção de atos de registo por via eletrónica é, igualmente, mais baixo que o emolumento cobrado pela utilização da via tradicional.

Por outro lado, cria-se a certidão permanente. Este serviço de valor acrescentado compreende a disponibilização, em suporte eletrónico e permanentemente atualizado, da reprodução dos registos em vigor respeitantes a uma sociedade ou outra entidade sujeita a registo. A subscrição da certidãopermanente é mais simples e segura e confere maior transparência ao registo comercial que a certidãoem papel. Por um lado, porque pode ser solicitada pela Internet ou, verbalmente, ao balcão de uma conservatória. Por outro lado, porque o facto de estar permanentemente atualizada confere maior certeza à informação constante do registo comercial.

Após a solicitação do serviço certidão permanente, o requerente recebe um código que permite a sua visualização, sendo a entrega desse código a qualquer entidade pública ou privada equivalente, para todos os efeitos, à entrega de uma certidão do registo comercial em papel.

Assim:

Manda o Governo, pelo Ministro da Justiça, ao abrigo dos n.os 1 e 5 do artigo 45.º e do n.º 5 do artigo75.º do Código do Registo Comercial, o seguinte:

CAPÍTULO I
Registos online e certidão permanente

SECÇÃO I
Disposições gerais

Artigo 1.º – Objeto

A presente portaria regula:

a) A promoção online de atos de registo comercial;

b) A certidão permanente;

c) O cumprimento da obrigação de registo da prestação de contas através do envio, por transmissão eletrónica de dados, da informação empresarial simplificada (IES).

Artigo 2.º – Designação do sítio

A promoção online de atos de registo comercial e a solicitação da certidão permanente fazem-se através do sítio na Internet com o endereço www.empresaonline.pt, mantido pela Direção-Geral dosRegistos e do Notariado.

Artigo 3.º – Funções do sítio

O sítio deve permitir, entre outras que se mostrem necessárias, as seguintes funções:

a) A autenticação dos utilizadores através de certificados digitais;
b) A indicação dos dados de identificação dos interessados;
c) O preenchimento eletrónico dos elementos necessários ao requerimento do registo e ao pedido dacertidão permanente;
d) A entrega dos documentos necessários à apreciação do pedido de registo e ao suprimento de suas eventuais deficiências;
e) A assinatura eletrónica dos documentos entregues;
f) O pagamento dos serviços por via eletrónica;
g) A recolha de informação que permita o contacto entre os serviços competentes e os interessados e seus representantes;
h) A certificação da data e da hora em que o pedido de registo foi concluído;
i) O acesso ao sítio na Internet onde se encontrem disponibilizadas as publicações legais.

SECÇÃO II
Promoção de atos de registo comercial online

Artigo 4.º – Pedido de atos de registo comercial online

1 – Os interessados na promoção de atos de registo comercial online formulam o seu pedido e enviam, através do sítio na Internet a que se refere o artigo 2º, os documentos necessários ao registo, designadamente:

a) Os documentos que legalmente comprovem os factos constantes do pedido de registo;
b) Os documentos comprovativos da sua capacidade e dos seus poderes de representação para o ato.

2 – Todos os documentos entregues através de sítio na Internet, desde que tenham sido corretamente digitalizados, sejam integralmente apreensíveis e tenham sido enviados por quem tenha competência para a conferência de

documentos eletrónicos com os respetivos originais em formato de papel, têm o mesmo valor probatório dos originais.

3 – Os documentos que não tenham sido enviados pelas entidades referidas no número anterior têm de ser certificados nos termos da lei.

4 – A existência do pedido depende da confirmação do pagamento dos encargos devidos.

Artigo 5.º – Ordem de anotação dos pedidos

1 – Os pedidos de atos de registo comercial efetuados através do sítio referido no artigo 2.º são anotados pela ordem da hora da respetiva receção.

2 – Para efeitos do disposto no n.º 1, é possível anotar imediatamente os pedidos de registo online recebidos a qualquer hora e em qualquer dia da semana, incluindo sábados, domingos e feriados.

3 – Para efeitos do disposto nos números anteriores, a hora de receção dos pedidos de registo apresentados online tem por referência a hora do meridiano de Greenwich, assinalada nas certidões de registo pela aposição do acrónimo UTC (universal time, coordinated).

Artigo 6.º – Autenticação eletrónica

1 – Para efeitos da promoção de atos de registo comercial online, a autenticação eletrónica de advogados, solicitadores e notários deve fazer-se mediante certificado digital que comprove a qualidade profissional do utilizador.

2 – Para os restantes utilizadores, a autenticação eletrónica faz-se mediante a utilização de certificado digital qualificado, nos termos previstos no regime jurídico dos documentos eletrónicos e da assinatura eletrónica, aprovado pelo Decreto-Lei n.º 290-D/99, de 2 de agosto, na redação introduzida pelos Decretos-Leis n.os 62/2003, de 3 de abril, 165/2004, de 6 de julho, e 116-A/2006, de 16 de junho.

Artigo 7.º – Certificados digitais de advogados, solicitadores e notários

Na promoção de atos de registo comercial online, apenas são admitidos os certificados digitais de advogados, solicitadores e notários cuja utilização para fins profissionais seja confirmada através de listas eletrónicas de certificados, disponibilizadas, respetivamente, pela Ordem dos Advogados, pela Câmara dos Solicitadores e pela Ordem dos Notários.

Artigo 8.º – Assinatura eletrónica de documentos

1 – Aos documentos entregues no processo de promoção de atos de registo comercial online deve ser aposta a assinatura eletrónica qualificada do interes-

sado que efetuar o envio, salvo quando este for realizado por advogado, solicitador ou notário.

2 – Os documentos entregues no processo de promoção de atos de registo comercial online são assinados digitalmente pelo sistema informático que os receciona.

Artigo 9.º – Validação do pedido

O pedido de atos de registo comercial online só é considerado validamente submetido após a emissão de um comprovativo eletrónico, através do sítio referido no artigo 2.º, que indique a data e a hora em que o pedido foi concluído.

Artigo 10.º – Comprovativo e comunicação eletrónicos

1 – O comprovativo eletrónico do pedido de registo deve ser enviado aos interessados através de mensagem de correio eletrónico.

2 – A realização do registo deve ser comunicada aos interessados por mensagem de correio eletrónico e, sempre que possível, por short message service (sms).

Artigo 11.º – Prazo de apreciação do pedido

Emitido o comprovativo eletrónico referido no n.º 1 do artigo anterior, o serviço competente aprecia o pedido de registo e procede a todas as diligências subsequentes previstas no artigo seguinte no prazo de dois dias úteis a contar da confirmação do pagamento efetuado pelos interessados.

Artigo 12.º – Diligências subsequentes

1 – Após o tratamento dos dados indicados e dos documentos entregues pelos interessados e a apreciação do pedido de registo, o serviço competente deve ainda proceder aos seguintes atos:

a) Registo dos factos, que deve ser imediatamente comunicado aos interessados por via eletrónica;

b) Disponibilização aos interessados do recibo comprovativo do pagamento dos encargos devidos;

c) Inscrição do facto no ficheiro central de pessoas coletivas e codificação da atividade económica (CAE) ou, se for esse o caso, comunicação do registo para aqueles efeitos, quando estes atos sejam necessários;

d) Disponibilização de prova gratuita do registo da sociedade, nos termos e pelos meios previstos no artigo 75.º do Código do Registo Comercial;

e) Promoção das publicações legais que sejam devidas, as quais se devem efetuar automaticamente e por via eletrónica;

f) Promoção das restantes diligências que venham a ser fixadas por via regulamentar ou protocolar;

g) Envio dos documentos à conservatória do registo comercial detentora da pasta da sociedade, para efeitos do disposto no n.º 1 do artigo 59.º do Código do Registo Comercial.

2 – O envio dos documentos previsto na alínea *g)* do número anterior só ocorre quando não existam condições que garantam o acesso à informação sobre a sociedade por via eletrónica.

3 – No caso de se tratar de um registo a efetuar por depósito, a respetiva menção pode ser efetuada pelo requerente.

Artigo 13.º – Encargos

1 – Pelo procedimento de promoção de atos de registo comercial online regulado na presente portaria é devido o pagamento de emolumentos previstos no Regulamento Emolumentar dos Registos e do Notariado.

2 – Não são devidos emolumentos pessoais no âmbito do regime especial de promoção de atos de registo comercial online.

SECÇÃO III
Depósito da prestação de contas

Artigo 13.º-A – Pedido de registo da prestação de contas

O pedido de registo da prestação de contas é feito por via eletrónica, através do envio da IES, nos termos previstos no n.º 1 do artigo 4.º do Decreto-Lei n.º 8/2007, de 17 de janeiro.

Artigo 13.º-B – Pagamento

1 – Após a submissão eletrónica da IES, nos termos referidos no artigo anterior, é gerada automaticamente uma referência para pagamento da taxa devida pelo registo da prestação de contas.

2 – O pagamento da taxa referida no número anterior deve ser efetuado no prazo de cinco dias úteis após a geração da referência para pagamento.

3 – Em caso de envio, nos termos do n.º 1 do artigo 4.º do Decreto-Lei n.º 8/2007, de 17 de janeiro, por parte da mesma entidade, de mais de uma IES referente ao mesmo ano económico e à mesma modalidade de prestação de contas, é disponibilizada ao Ministério da Justiça a informação prevista no n.º 2 do mesmo artigo respeitante a todas elas, mas é apenas gerada uma única referência para pagamento.

4 – O disposto neste artigo não prejudica a disponibilização de outros meios de pagamento.

Artigo 13.º-C – Validação do pedido

O pedido de registo da prestação de contas só é considerado validamente submetido após a confirmação do pagamento da taxa devida.

Artigo 13.º-D – Diligências subsequentes

1 – Após receção da informação respeitante ao cumprimento da obrigação de registo da prestação de contas, nos termos do disposto no n.º 1 do artigo 9.º do Decreto-Lei n.º 8/2007, de 17 de janeiro, são realizados os seguintes atos:

a) Registo eletrónico automático da prestação de contas, nos termos do artigo 42.º do Código do Registo Comercial;

b) Disponibilização automática aos interessados do recibo comprovativo dos encargos efetuados;

c) Promoção automática, por via eletrónica, das publicações legais;

d) Disponibilização automática, por via eletrónica, do código de acesso à certidão prevista no artigo 14.º;

e) Promoção das restantes diligências que venham a ser fixadas por via regulamentar ou protocolar.

2 – A informação constante da IES, bem como a relativa às diligências previstas neste artigo, é arquivada eletronicamente, não havendo lugar a impressão para efeitos de integração na pasta física da sociedade.

Artigo 13.º-E – Taxa

1 – Pelo cumprimento da obrigação de registo da prestação de contas é devido o pagamento da taxa única de (euro) 80.

2 – (Revogado.)

Artigo 13.º-F – Acesso à base de dados das contas anuais

O acesso à informação constante da base de dados das contas anuais (BDCA) prevista no artigo 10.º do Decreto-Lei n.º 8/2007, de 17 de janeiro, é feito pelas seguintes vias:

a) Emissão de certidão de contas anuais relativa a entidades individualizadas;

b) Acesso através de formatos especiais.

Artigo 13.º-G – Pedido de certidão de contas anuais

1 – O pedido de certidão de contas anuais pode ser feito eletronicamente, através do sítio na Internet com o endereço www.empresaonline.pt, mantido pela Direção-Geral dos Registos e do Notariado, ou outro, bem como em qualquer conservatória com competência para a prática de atos de registo comercial.

2 – Quando o pedido seja feito através dos sítios referidos no número anterior, é disponibilizado ao requerente um código que permite a visualização da certidão, em suporte eletrónico, a partir do momento em que seja confirmado o pagamento da taxa devida.

3 – O serviço referido no número anterior é prestado mediante a subscrição de uma assinatura que pode ter a duração de um, dois, três ou quatro anos e que permite a visualização da certidão das contas anuais referente ao número de anos subscrito.

4 – Quando o pedido seja feito na conservatória, pode ser solicitada a certidão de contas anuais através das seguintes vias:

a) Disponibilização do código de acesso que permite a visualização da certidão em suporte eletrónico, nos termos previstos nos números anteriores; ou

b) Disponibilização da certidão das contas anuais em suporte de papel.

Artigo 13.º-H – Identificação do requerente da certidão de contas anuais

A identificação do requerente da certidão de contas anuais faz-se nos termos previstos no artigo 16.º, exceto nos casos da alínea *b)* do n.º 4 do artigo anterior.

Artigo 13.º-I – Taxa da certidão de contas anuais

1 – Pela assinatura, através dos sítios na Internet referidos no n.º 1 do artigo 13.º-G do serviço de certidão eletrónica de contas anuais, é devido o pagamento das seguintes taxas únicas:

a) (euro) 5 pela assinatura por um ano;

b) (euro) 7 pela assinatura por dois anos;

c) (euro) 9 pela assinatura por três anos;

d) (euro) 10 pela assinatura por quatro anos.

2 – Às taxas previstas no número anterior acresce o montante de (euro) 15 quando a assinatura seja solicitada nas conservatórias.

3 – Pela certidão de contas anuais em suporte de papel é devida a taxa única de (euro) 55.

4 – Revogado.

Artigo 13.º-J – Pedido de acesso em formatos especiais[29]

1 – O acesso à informação constante da BDCA noutros formatos distintos dos previstos no artigo 13.º-G é efetuado nos termos e condições a definir em protocolo a celebrar entre o Instituto dos Registos e do Notariado, I. P., e as entidades que o solicitem, com os custos definidos nos números seguintes.

[29] Redação conferida pela Portaria n.º 286/2012.
Os artigos 13.º-A a 13.º-J tinham sido aditados pela Portaria nº 562/2007, de 30 de abril.

2 – Pelo acesso à informação previsto no número anterior é devido o pagamento mínimo de uma assinatura anual em função dos acessos previstos, nos seguintes montantes:

2.1 – Assinatura até 5000 acessos anuais – (euro) 3500;

2.2 – Assinatura até 10 000 acessos anuais – (euro) 8000;

2.3 – Assinatura até 25 000 acessos anuais – (euro) 22 500;

2.4 – Assinatura até 50 000 acessos anuais – (euro) 50 000;

2.5 – Assinatura até 100 000 acessos anuais – (euro) 110 000;

2.6 – Assinatura até 200 000 acessos anuais – (euro) 240 000;

2.7 – Se o número anual de acessos exceder o número de acessos subscrito, cada acesso a mais é tributado em (euro) 1,25, exceto se a entidade optar por alterar a subscrição para assinatura de um número de acessos superior.

3 – Pelo acesso à informação previsto no n.º 1, através do fornecimento de ficheiro com a informação respeitante a todas as entidades, é devida a quantia de (euro) 500 000 por cada ano de prestação de contas.

4 – Por despacho do membro do Governo responsável pela área da justiça pode ser autorizado o acesso gratuito à informação prevista no n.º 1 a entidades de direito público, atendendo, designadamente, às competências que lhe estão legalmente cometidas e aos fins a que a informação se destina.

SECÇÃO III
Certidão permanente

Artigo 14.º – Definição

Designa-se por 'certidão permanente' a disponibilização, em suporte eletrónico e permanentemente atualizada, da reprodução dos registos em vigor respeitantes a entidade sediada em conservatória informatizada, bem como da menção das apresentações e dos pedidos de registo pendentes, nos termos do n.º 5 do artigo 75.º do Código do Registo Comercial.

Artigo 15.º – Pedido de certidão permanente

O pedido de certidão permanente pode ser efetuado através do sítio referido no artigo 2.º ou, verbalmente, em qualquer serviço com competência para a prática de atos de registo comercial.

Artigo 16.º – Identificação do requerente da certidão permanente

A identificação do requerente da certidão permanente faz-se pela indicação do nome ou firma e do endereço de correio eletrónico, sem necessidade de utilização dos meios de autenticação referidos nos artigos 6.º e 7.º .

Artigo 17.º – Código de acesso

1 – Após a solicitação do serviço, é disponibilizado ao requerente um código que permite a visualização da certidão permanente a partir do momento em que seja confirmado o pagamento da taxa devida.

2 – A entrega, a qualquer entidade pública ou privada, do código de acesso à certidão permanente equivale, para todos os efeitos, à entrega de uma certidão do registo comercial.

Artigo 18.º – Assinatura da certidão permanente

O serviço certidão permanente é prestado mediante a subscrição de uma assinatura que pode ter a duração de um, dois, três ou quatro anos.

Artigo 19.º – Taxa da certidão permanente

(Revogado.)

CAPÍTULO II

[...]

CAPÍTULO III
Disposições finais e transitórias

Artigo 23.º – Aplicação subsidiária

Aplicam-se ao regime especial de promoção de atos de registo comercial online e ao regime da certidão permanente as disposições do Código do Registo Comercial e do Regulamento do Registo Comercial que não contrariem o disposto na presente portaria.

Artigo 24.º – Norma transitória

1 – Podem, desde o momento da entrada em vigor da presente portaria, ser promovidos por via eletrónica os atos de registo de transmissão e unificação de quotas e de designação e cessação de funções dos membros dos órgãos de administração e fiscalização das sociedades por quotas e anónimas, bem como do secretário da sociedade, sem prejuízo da possibilidade de promoção eletrónica de outros atos de registo comercial, nos termos de despacho do diretor-geral dos Registos e do Notariado.

2 – Por despacho do diretor-geral dos Registos e do Notariado são definidos os procedimentos a adotar no caso de o pedido de registo ou de certidão per-

manente respeitar a entidade cujos registos não se encontrem extratados para o Sistema Integrado do Registo Comercial (SIRCom).

Artigo 25.º – Entrada em vigor

A presente portaria entra em vigor no dia 20 de dezembro de 2006.

REGIME ESPECIAL DE CRIAÇÃO IMEDIATA DE REPRESENTAÇÕES PERMANENTES EM PORTUGAL DE ENTIDADES ESTRANGEIRAS Decreto-Lei n.º 73/2008[30], de 16 de abril

O presente decreto-lei visa permitir a criação de um registo comercial bilingue, utilizando a língua inglesa para este efeito, e de um regime especial de criação imediata de representações permanentes em Portugal de entidades estrangeiras, a «Sucursal na Hora», assim contribuindo para a concretização do programa SIMPLEX e do Plano Tecnológico.

O Programa do XVII Governo Constitucional na área da justiça estabelece que «os cidadãos e as empresas não podem ser onerados com imposições burocráticas que nada acrescentem à qualidade do serviço» e que «no interesse conjunto dos cidadãos e das empresas, serão simplificados os controlos de natureza administrativa, eliminando-se atos e práticas registrais e notariais que não importem um valor acrescentado e dificultem a vida do cidadão e da empresa».

Com efeito, o presente decreto-lei procura concretizar o Programa do XVII Governo Constitucional colocando a justiça ao serviço dos cidadãos e das empresas, do desenvolvimento económico e da promoção do investimento em Portugal.

Estas medidas não são medidas isoladas. Surgem na sequência de outras medidas que têm sido tomadas pelo XVII Governo Constitucional e que contemplam

[30] O presente diploma encontra-se atualizado de acordo com os Decretos-Leis n.os 247-B/2008, de 30 de dezembro, e 209/2012, de 19 de setembro.

a criação de balcões únicos, a eliminação de formalidades e simplificação de procedimentos e a disponibilização de novos serviços através da Internet.

Assim, estão já em funcionamento diversos balcões de atendimento único que permitem prestar um serviço de valor acrescentado aos cidadãos e às empresas, evitando deslocações desnecessárias. É o caso dos balcões de atendimento único «Empresa na Hora», «Marca na Hora», «Casa Pronta», «Associação na Hora», «Heranças», «Divórcio com Partilha» e o balcão do «Documento Único Automóvel».

Foram também eliminadas várias formalidades desnecessárias nas diversas áreas de registo comercial, registo automóvel e registo civil. Na área do registo comercial deve mencionar-se a eliminação da obrigatoriedade de celebração de escrituras públicas para atos da vida societária e a eliminação da obrigatoriedade de existência de livros de escrituração mercantil.

Finalmente, foram disponibilizados diversos serviços na Internet que podem ser utilizados pelos cidadãos e pelas empresas 7 dias por semana, 365 dias por ano. Alguns exemplos são a «Empresa online», a promoção pela Internet de atos de registo comercial, a «Certidão permanente» (todos em www.empresaonline.pt), as publicações online dos atos da vida societária (www.publicacoes.mj.pt), a informação empresarial simplificada (www.ies.gov.pt), a «Marca online» e a «Patente online» (www.inpi.pt) e o «Automóvel online» (www.automovelonline.mj.pt).

Com a criação de um registo comercial bilingue utilizando a língua inglesa, qualquer interessado passa a poder, por via eletrónica, conhecer a informação sobre a situação jurídica dos registos de uma sociedade comercial em língua inglesa.

Trata-se de uma medida que permite disponibilizar aos investidores estrangeiros informação sobre as empresas portuguesas de forma mais acessível e imediata, sem ser necessário recorrer a serviços de tradução. A utilização da língua inglesa justifica-se por ser a língua universalmente utilizada no ramo dos negócios e compreendida em qualquer parte do mundo. Fica ainda ressalvada a possibilidade de utilizar outras línguas estrangeiras no registo comercial, se tal se vier a justificar no futuro.

Por outro lado, hoje em dia, uma empresa estrangeira que pretenda criar uma sucursal em Portugal para melhor gerir os seus interesses no nosso país tem de cumprir formalidades e burocracias desnecessárias, bem como realizar diversas deslocações a vários serviços. Com a criação da «Sucursal na Hora», passa a ser possível criar uma sucursal em Portugal por parte de uma entidade com sede no estrangeiro no mesmo dia, em atendimento presencial único e sem deslocações a vários serviços de registo, aos serviços das finanças e aos serviços da segurança social.

Na sequência da criação de uma «Sucursal na Hora», são comunicados aos interessados informações que antes implicavam várias deslocações. É o caso da informação constante do registo comercial, que agora passa a constar de uma certidão permanente da sucursal disponibilizada gratuitamente em sítio da Internet pelo período de um ano ou da comunicação aos interessados do número de identificação na segurança social da sucursal.

O balcão «Sucursal na Hora» contempla ainda mais serviços úteis para os cidadãos e para as empresas como a geração automática de um registo de domínio na Internet, a partir da firma da sucursal. Desta forma, a «Sucursal na Hora» criada passa a poder utilizar ferramentas comerciais indispensáveis como o endereço de e-mail ou uma página na Internet num curto espaço de tempo.

Tanto a criação do registo comercial bilingue utilizando a língua inglesa como a criação da «Sucursal na Hora» são incentivos adicionais à competitividade da economia portuguesa e à atração de investimento estrangeiro em Portugal.

Aproveita-se ainda o presente decreto-lei para realizar pequenos aperfeiçoamentos no Código do Registo Comercial no que diz respeito ao incumprimento da obrigação de requerer o registo de factos sujeitos a registo comercial obrigatório.

Foram ouvidos o Conselho Superior do Ministério Público e a Ordem dos Advogados.

Foram promovidas as diligências necessárias à audição da Câmara dos Solicitadores, da Câmara dos Técnicos Oficiais de Contas, do Conselho Superior da Magistratura e do Conselho Superior dos Tribunais Administrativos e Fiscais.

Assim:

Nos termos da alínea *a)* do n.º 1 do artigo 198.º da Constituição, o Governo decreta o seguinte:

CAPÍTULO I
Regime especial de criação imediata de representações permanentes em Portugal de entidades estrangeiras

Artigo 1.º – Objeto

O presente decreto-lei estabelece um regime especial de criação imediata de representações permanentes em Portugal de sociedades comerciais e civis sob forma comercial, cooperativas, agrupamentos complementares de empresas e agrupamentos europeus de interesse económico com sede no estrangeiro, com a simultânea nomeação dos respetivos representantes.

Artigo 2.º – Competência

A tramitação do procedimento referido no artigo anterior é da competência das conservatórias do registo comercial e dos seus postos de atendimento.

Artigo 3.º – Prazo de tramitação

O procedimento de criação imediata de representações permanentes em Portugal de entidades estrangeiras é iniciado e concluído no mesmo dia, em atendimento presencial único.

Artigo 4.º – Início do procedimento

1 – Os interessados na criação da representação permanente formulam o seu pedido junto do serviço competente, apresentando os documentos comprovativos:

a) Da sua identidade e da sua legitimidade para o ato;
b) Da existência jurídica da entidade que cria a representação permanente;
c) Do texto completo e atualizado do pacto social ou dos estatutos da entidade referida na alínea anterior;
d) Das deliberações sociais que aprovam a criação da representação permanente e designam o respetivo representante.

2 – A prossecução do procedimento depende da verificação inicial da identidade e da legitimidade dos interessados para o ato.

Artigo 5.º – Sequência do procedimento

1 – Efetuada a verificação inicial da identidade e da legitimidade dos interessados para o ato, bem como a regularidade dos documentos apresentados, o serviço competente procede aos seguintes atos pela ordem indicada:

a) Cobrança dos encargos que se mostrem devidos;
b) Anotação da apresentação do pedido verbal de registo no diário;
c) Registo de criação da representação permanente e da nomeação dos respetivos representantes;
d) Comunicação automática e eletrónica da criação da representação permanente ao ficheiro central de pessoas coletivas e codificação da atividade económica (CAE);
e) Promoção da publicação legal dos atos de registo referidos na alínea *c)*;
f) Comunicação aos interessados do número de identificação da representação permanente na segurança social.

2 – A firma ou denominação constante da matrícula da representação permanente deve incluir a designação «representação permanente», «sucursal» ou outra equivalente, a escolher pelos interessados.

3 – A realização dos atos previstos no n.º 1 é da competência do conservador e dos oficiais de registo.

Artigo 6.º – Recusa de registo

A realização do registo da representação permanente deve ser recusada sempre que se verifique a existência de omissões, vícios ou deficiências que obstem à realização do correspondente registo definitivo, bem como quando, em face das disposições legais aplicáveis, o ato não seja viável.

Artigo 7.º – Documentos a disponibilizar e a entregar aos interessados

1 – Concluído o procedimento de criação da representação permanente, os interessados são advertidos de que devem entregar a declaração de início de atividade no serviço competente, no prazo legalmente fixado para o efeito, e é-lhes disponibilizado e entregue, de imediato, a título gratuito:

a) Cartão eletrónico da empresa mediante a atribuição de código de acesso;

b) Código de acesso à certidão permanente disponibilizada em sítio da Internet pelo período de três meses;

c) Recibo comprovativo do pagamento dos encargos devidos.

2 – A certidão prevista na alínea *b)* do número anterior é disponibilizada em língua portuguesa ou, a pedido dos interessados, também em língua estrangeira, nos termos dos n.os 3 e 4 do artigo 58.º do Código do Registo Comercial.

3 – O serviço procede ainda ao envio posterior do cartão da empresa a título gratuito.

Artigo 8.º – Diligências subsequentes à conclusão do procedimento

1 – Após a conclusão do procedimento de criação da representação permanente, o serviço competente, no prazo de vinte e quatro horas:

a) Disponibiliza, por meios informáticos, os dados necessários para efeitos de comunicação do início de atividade da representação permanente à Direção-Geral dos Impostos e à Inspeção-Geral do Trabalho, bem como os dados necessários à inscrição oficiosa daquela nos serviços da segurança social e, quando for o caso, no cadastro comercial;

b) Promove as restantes diligências que venham a ser fixadas por via regulamentar ou protocolar.

2 – Os serviços fiscais devem notificar por via eletrónica os serviços da segurança social dos elementos relativos ao início da atividade.

Artigo 9.º – Encargos

1 – Pelo procedimento de criação de representação permanente regulado no presente decreto-lei é devido o emolumento previsto no Regulamento Emolumentar dos Registos e do Notariado.

2 – Não é devido emolumento pela recusa de registo, procedendo-se nesses casos à devolução da quantia cobrada pelo procedimento regulado neste decreto-lei.

3 – Não são devidos emolumentos pessoais pelo procedimento regulado pelo presente decreto-lei.

Artigo 10.º – Protocolos

1 – Podem ser celebrados protocolos entre o Instituto dos Registos e do Notariado, I. P. (IRN, I. P.), e os vários organismos da Administração Pública envolvidos no procedimento de criação de representações permanentes com vista à definição dos procedimentos administrativos de comunicação de dados.

2 – O IRN, I. P., pode ainda celebrar protocolos com a Direção-Geral dos Impostos e com a Câmara dos Técnicos Oficiais de Contas com vista à definição dos procedimentos relativos ao preenchimento e entrega da declaração fiscal de início de atividade e posterior comprovação destes factos.

CAPÍTULO II

[...]

CAPÍTULO III
Disposições finais e transitórias

Artigo 14.º – Período experimental

1 – A partir da data de entrada em vigor do presente decreto-lei, o regime especial de criação imediata de representações permanentes funciona a título experimental, pelo período de 90 dias, no Registo Nacional de Pessoas Coletivas e nas Conservatórias do Registo Comercial de Bragança, Cascais, Elvas, Lisboa e no seu posto de atendimento, Loulé e Vila Nova da Cerveira.

2 – Decorrido o período experimental previsto no número anterior, a extensão do regime a outros serviços depende de despacho do presidente do IRN, I. P.

Artigo 15.º – Entrada em vigor

O presente decreto-lei entra em vigor no dia seguinte ao da sua publicação.

ÍNDICE